.

院士叢書

宋遼金史論叢

陶晉生　著

中央研究院
聯經出版公司

序

　　這本文集包括27篇論文，是我過去約四十年中所謂「成績」的一部分。早年的論文集《邊疆史研究集——宋金時期》，由商務印書館於民國六十年出版。篇幅比較短，而且比較通俗的文章已經於九十四年以《歷史的瞬間》為題，由聯經出版公司出版。本集的論文大部分是為了參加學術會議而提出的，曾經在會議論文集中發表。內容涵蓋兩個主要範圍：遼金史和宋史。在宋遼金史方面的通論包括：〈略論邊疆民族在中國歷史上的重要性〉、〈傳統中國的對外關係〉和〈傳統中國對外關係的省思：以宋遼金時期為例〉，都以傳統的中外關係為主軸。此外〈契丹的黃金時代〉、〈遼金時代漢人的北遷〉、〈金朝在中國歷史上的地位〉、〈遼金兩代對傳統中國文化的影響〉，及〈民國以來遼金史研究的回顧〉也是通論性的討論。有關金史的論文，已經於《中央研究院歷史語言研究所集刊》發表者，本集不錄。本集收有〈金代政權合法地位的建立〉、〈金代的中國知識分子〉，以及關於宋金和戰的〈南宋利用山水寨的防守戰略〉和〈岳飛與完顏宗弼〉。

　　宋遼關係史是著者多年來關心的課題，除出版《宋遼關係史研究》（聯經出版事業公司，1984）外，收入本集者包括：〈雄州與宋遼關係〉、〈宋遼邊界交涉的問題〉、〈范仲淹與宋對遼夏外交〉、

〈余靖與宋遼夏外交〉、〈宋代外交的特色〉、〈10至12世紀東亞國際外交的對等問題〉和〈宋遼關係中的外交文書：以「牒」為例〉。以上最後兩篇及〈金朝在中國歷史上的地位〉是民國九十九年在中央研究院歷史語言研究所主辦的「傅斯年講座」所作的講稿。

在宋代家族與社會方面，最初的試作是〈北宋士人的起家及其家族的維持〉，其他有關這個題目的幾篇都在《北宋士族》專著中發表。〈歐陽修的傳記寫作〉、〈宋高宗的性格〉、〈宋金廟學與儒家思想的傳布〉、〈歌姬舞伎與金蓮〉、〈再思三寸金蓮〉、〈宋代宮女初探〉等文，都是應學術會議的邀請而寫。最近幾篇特別關注宋代婦女的生活。〈歌姬舞伎與金蓮〉一文發表於《唐宋婦女與社會》論文集，並收入《歷史的瞬間》，與近作〈再思三寸金蓮〉有密切關連。最後，〈同化的再思考〉一文是關於漢化問題的討論。〈略論邊疆民族在中國歷史上的重要性〉和〈中國歷史上的分裂時期〉則是不成熟的試探。此外，由於論文發表的時間和會議、期刊的要求不同，所以體例有所差別，也沒有修改劃一。

回顧過去的研究工作，覺得每篇論文都有缺點。現在結集出版，本來應當重新修改，但是又覺得一生中這些「瞬間」，是個人曾經搜集和整理資料，思考和書寫留下的痕跡，似乎值得保持原來的面目。至於在學術上有否貢獻，則有待讀者的評估了。最後，在這裡要對主辦會議的各機構及中央研究院，讓我將文稿在這本文集重印，衷心的感謝。也要感謝中央研究院王汎森副院長、聯經出版公司林載爵發行人的支持，以及歷史語言研究所的蔡淑貞小姐、聯經出版公司的沙淑芬小姐的協助。

陶晉生

謹識於民國一〇二年七月十日

目次

傳統中國的對外關係

我國自古對外夷的態度，基於春秋，將中國與夷狄劃分為內、外兩個世界。凡夷狄喜愛中國文化，入居中國的，都允許他們轉化為中國人；凡是不喜愛中國文化，不願被中國人同化的，都被逐出文明世界。孔子稱讚管仲說：「微管仲，吾其被髮左衽矣！」就表現了一種對夷狄敵視的態度。

一、政治外交關係

認為夷狄傾慕中原文化，願意被中國人同化，有時候是中國人一廂情願的想法。實際上夷狄在我國歷史上始終威脅著漢族的生存。很早就有人體認到這一點，指出夷狄不一定受中原王道和德治的感召。例如歐陽修就在《新五代史》「四夷附錄」篇首寫了這一段話：

> 自古夷狄之於中國，有道未必服，無道未必不來，蓋自因其衰盛。雖嘗置之治外，而羈縻制馭恩威之際，不可失也。其得之未必為利，失之有足為患，可不慎哉？[1]

1　歐陽修，《新五代史》(仁壽本)卷72，「四夷附錄」。

　　雖然如此，我國自古以來的對外政治和外交關係，一直以源於周代封建制度的朝貢制度爲理想。漢代匈奴強盛，司馬遷對於匈奴的描寫，採取平等的筆法；及至范曄寫《後漢書》時，匈奴已經衰弱，所以范曄的筆法就有了改變。在儒家的影響下，范曄將與中國來往的外族都視爲向中國朝貢的部落或屬國。後世史家莫不以朝貢爲中外關係的理想形態。[2]

　　朝貢制度演變到明清時代，已經形成了一種以中國爲中心的「世界秩序」。舉例來說，清朝與朝鮮的關係就是典型的朝貢關係。這一關係的制度化，大略是冊封和朝貢兩種行爲。朝鮮自有王位繼承之法，但國王(不稱皇帝)、王妃(不稱后)、王世子、世子妃之地位須得中國承認，其承認的手續就是冊封。朝鮮對清廷實行定期朝貢，明代朝鮮每年於皇帝誕辰、太子千秋、冬至及正旦遣使朝貢四次，清代併爲一次，於正旦時行禮。但臨時派遣的使臣仍多。朝貢的貢物有兩種，一爲方物一爲歲幣。此外朝鮮呈中國之文書用清帝年號，蓋中國頒發之印信。

　　清政府既爲朝鮮之宗主，一切外交交涉最後決定權自屬於清方。清政府可以調遣朝鮮軍隊從事征伐。朝鮮與他國(如日本)之外交、貿易關係皆需向清廷報備，清帝可以賞罰朝鮮國王及其臣下，以及對朝鮮負有救濟及保護的責任。[3]

　　再以越南爲例，雖然從1789年到1793年，越南幾乎每年都派遣使臣到清廷朝貢，但是從1661到1911年，也就是在250年間，越南僅在

2　Wang Gungrou, "Early Ming Relations with Southeast Asia: A Background Essay," in John K. Fairbank, ed., *The Chinese World Order*, pp. 38-44.

3　以上參看張存武，〈清韓封貢關係之制度性分析〉，《食貨月刊》復刊1卷4期(1971)，頁201-207。

其中45年派遣了使臣到清廷，也就是說，平均5年才一入貢。[4]

就朝鮮與越南而言，清廷僅欲維持以清爲中心的世界秩序，如非必要，不願干涉屬國的內政，而且朝貢是一種形式，實質上在經濟上的價值非常微小。韓國學者全海宗證明朝貢貿易對清與朝鮮都沒有什麼利益。[5]

朝貢制度並不足以涵蓋傳統中國的全部對外關係。在漫長的華夷關係史上，不同的模式與變化使朝貢制度作爲傳統中外關係的描述成爲一個過於簡單的通則。

在上古時期，很多外交慣例是從春秋戰國的多元政體之間發展出來的。漢代漢匈關係最初是平等的。在南北朝時期，北魏與南朝間的平等外交關係是相當著名的。[6]宋代與遼的外交關係，與北魏南朝間的外交關係大同小異。甚至在唐代，與突厥、吐蕃的關係常有對等外交的情形出現。唐與吐蕃的平等關係始於783年，中國與外國之間的第一個平等條約，是821至822年與吐蕃訂立的。唐朝皇帝與吐蕃皇帝的平等關係是以親屬關係爲基礎，雙方自稱皇帝。1005年的宋遼澶淵盟約與這一條有很多相似的地方。[7]到了五代時期，契丹與五代有時是不平等的關係，有時建立平等關係。其中後唐向契丹進貢歲幣，是後來宋向遼贈歲幣的先例。

4　Truong Buu Lam, "Intervention versus Tribute in Sino-Vietnamese Relations, 1788-1790," in Fairbank, *op. cit.*, p.177.

5　Hae-Jong Chun, "Sino-Korean Tributary Relations in the Ch'ing Period," in Fairbank, *op. cit.*, pp. 109-111.

6　逯耀東，〈北魏與南朝對峙期間的外交關係〉，《新亞書院學術年刊》第八卷(1966)，頁31-61。

7　Fang-kuei Li, "The Inscription of the Sino-Tibetan Treaty of 821-822," *T'oung-pao*, XLIV(1956), pp.1-99. 參看Chusei Suzuki "China's Relations with Inner Asia: The Hsiung-nu, Tibet," in Fairbank, *op. cit.*, pp.185-186.

　　宋遼間的平等外交關係特別值得我們注意，因為這種關係明顯的說明中國的對外關係係具有相當大的彈性。雖然對內而言，宋人仍然強調已經一統天下，外夷大都來朝貢，但是對遼的實際關係卻是平等的。這種平等關係可以由以下四方面來看：

　　第一、1005年澶淵誓書規定宋遼雙方，建立友好關係，雙方自稱皇帝，條約用語完全是平等的。

　　第二、兩國君主約為兄弟。自此兩國成為兄弟之邦，以後雙方皇室一直維持著親屬關係。

　　第三、雙方之間的稱呼，從此常用「南朝」「北朝」的用語。以後的正式外交文書上也可以發現「南朝」「北朝」的用法。

　　第四、雙方的貿易關係以榷場貿易為主。由於宋贈送給遼的歲幣是由使臣運送到邊界上交割，並非進貢，所以貿易關係不是朝貢貿易。[8]

　　北宋以後，南宋與金的關係除南宋初年曾向金稱臣納貢外，大致是平等的。南宋末年與蒙古交換使節，也是站在平等的立足點上。降及明清，一般史家大都以為在這兩朝中主要的對外關係是依據朝貢制度而實施的，實際上明成祖與中亞回教亦丹鐵木兒維持了平等的關係；清朝乾隆皇帝也和霍罕(Kokand)建立同樣的關係。至於1689年與俄國訂立的《尼布楚條約》是平等的，甚至滿清使臣在莫斯科和聖彼得堡曾向俄國沙皇行跪拜禮，是大家都知道的事。[9]

　　由此看來，傳統中國固然有一個很長的確認外夷應當是中國屬國的傳統，但是與鄰國保持平等關係，也因環境和情勢的不同而不得不

8　陶晉生，〈宋遼間的平等外交關係〉，《沈剛伯先生八秩榮慶論文集》(1975)，頁223-241。

9　Joseph F. Fletcher, "China and Central Asia 1368-1884," in Fairbank, *op. cit.*, pp. 206-224.

如此。中國既然與外夷在長時間內有不同的強弱消長的形勢，自然必須因應這些形勢，尋找最適當的政策來應付。在作成這樣政策時，我們可以發現在不同時代裡傳統中國政府和決策者顯出相當大的彈性和相當實際的考慮。

二、經濟關係

在朝貢制度之下，朝貢本身就是一種貿易的形式。由屬國派往中國的使節團，包含的人數不少，其中有些外交人員兼做生意，還有商人爭取到使節團一分子的名義，純爲做生意而來。朝貢的物品，是由屬國政府以貢物的形式，換取宗主國賞賜的禮物。通常宗主國的賞賜，超過貢品的價值，這樣「天朝」才顯得仁慈寬大，讓入貢的酋長或國王得到一些好處。

朝貢成爲一種固定的制度後，牽涉的各種花費浩大，有時候對宗主國和屬國都是一種負擔。以清代與朝鮮的關係而論，據最近的研究，朝貢的費用浩大，如沿途的招待，各級政府的賞賜和贈禮，結果對宗主國和屬國都沒有利益可言。

在朝貢制度之下，除貢使本身牽涉的貿易行爲以外，更深一層的意義，是以朝貢(平等關係也有同樣的功用)來保證兩國間的貿易關係得以正常的運行。通常中國與其藩屬的貿易是以榷場貿易爲主，就是在兩國邊界上開放若干榷場，限定在這些地方從事貿易，而由政府管理及徵收賦稅。

就中國的北方和西北而言，游牧民族需要很多中國的產品，尤其是農產品的日用品，以及貴族需要的奢侈品。因此，爲了取得這些貨物，向中國入貢成了維持正常貿易關係的一種手段。中國政府也了解

游牧民族在這方面對於農業社會的倚仗，就時常以停止貿易來制裁或封鎖不肯聽命的部落或鄰國。例如宋代在11世紀中葉與西夏關係由友好轉為敵對時，就停止了對西夏的貿易，這樣一方面使西夏人民不能得到一些必需品，生活困窮，發生怨言，另一方面必需品的價格高漲（當時遼朝將宋的產品如絹帛轉手賣給西夏，獲利一倍以上），對於西夏的政府造成壓力。[10]後來西夏不得不再向宋求和，而宋在和議後給與西夏每年大量的贈品，正是這種微妙的貿易關係的最好寫照。

　　近來有學者(如札奇斯欽)指出，開放與邊疆民族的貿易，是傳統中國最明智的政策，因為游牧民族既能以貿易的手段取得必需的產品，自然不會兵戎相見。這樣對中國和游牧國家都有利益。他們認為以停止貿易來制裁游牧民族不能得到預期的效果，所以不是成功的政策。[11]實際上，中國的決策者並不是不懂其中的道理，即以西夏而言，當趙元昊崛起，抱有一番雄心大志，原有的朝貢制度不能滿足他，他要求與宋、遼都改善關係，與宋遼鼎足而三，號稱南、北、西朝。像元昊這樣的鄰邦領袖，顯然不是一味的姑息可以奏效的。再者，即使中國與鄰邦一直維持友好關係，仍然不免游牧民族的不時抄略，也難怪傳統中國政治家會主張採取嚴防，甚至孤立的政策了。

　　貿易關係的安排，有時候可以得到令雙方都極為滿意的結果，因而維持了雙方長期的和平。宋遼關係是一個最好的例證。據學者的研究，北宋雖然每年贈送相當數量的歲幣(30萬，1042年以後增為50萬)，但是比起用兵時的費用，不到百分之一、二。同時，對遼歲幣

10　參看畑地正憲著，鄭樑生譯，〈北宋與遼的貿易及其歲贈〉，《食貨月刊》4卷，9期(1974)，頁400-415。

11　札奇斯欽，《北亞游牧民族與中原農業民族間的和平戰爭與貿易之關係》(台北：正中書局，1973)。

的支出，使北宋銀子外流，而取回這些銀子的方法，是透過権場貿
易。由於北宋對遼貿易大量出超，政府在對遼貿易方面，每年可以取
回歲幣支出的百分之六、七十。這種安排顯然對宋遼雙方都有利，因
此兩國間的和平關係得以延續了120年以上。[12]

三、文化關係

　　傳統中國對付外夷的一個方法，也許可以稱爲一個理想，是要以
中國的文化來感化或同化外夷（說見下）。的確，在中國的歷史上，外
族屢次的入侵，有時候造成中原很大的災難，但是往往由於外族被中
原所同化，而造成民族和文化融合的結果。難怪傳統中國史家以及一
些現代史家每談及此，就爲中國文化感到驕傲了。舉錢穆的一段話爲
例。他認爲宋元明清（中國近代史）歷史上一件「值得大書特書」的
事，要算民族之再融合。他說：

> 中國儒家思想，本來寓有極濃重的宗教精神的。他們抱著天
> 下太平世界大同的觀念，本想要融和全世界一切人類，來共
> 同到達這一種理想的和平生活的。……中國儒家把政治和宗
> 教兩種功能融通一貫，因此不許有帝國主義之向外征服與不
> 平等的民族界線。在中國人目光下，只有教化是向內向外的
> 終極目標。自宋以下的中國，不斷有異文化的蠻族入侵。中
> 國人在武力抵抗失敗之餘，卻還是抱著此種教化主義之勇氣
> 與熱忱，依然沿襲中國文化之傳統精神，來繼續完成民族融

12　參看畑地正憲前引文。

和之大理想。其間最主要的，如契丹、如女眞、如蒙古、如
滿洲，其先全是在中國邊疆上尚未十分薰染中國文化的異民
族。他們憑藉武力，又乘中國內亂，或割據中國疆土之一部
分，或全部侵入中國。但最多得不到三百年的時期，或則全
部爲中國文化所同化，或則一部分消融在中國民族的大鑪
裡，不再有他特殊的存在。其他如回族藏族苗族，也都或先
或後的在朝向民族融和的方向走去。中國文化譬如是一個電
氣鑪子，看不出什麼鮮紅熱烈的火燄，但挨近他的便要爲他
那一股電力所融化。……13

　　姚從吾認爲遼金元時代是中華民族的又一次大融合。這一時期是
儒家大同文化受考驗的時期。考驗的結果，是證明中華文化能夠兼容
並包，成爲各文化支流和儒家大同文化主流的合流。14
　　但是西方史家則持相反的意見。例如賴德懋（Owen Lattimore）指
出所謂野蠻民族並不像一般所相信的那麼文化低落。侵略中國獲得成
功的邊疆民族都有一套相當可觀的文化，而其社會多半是「邊際」
（marginal）社會，其中的分子了解農業社會和草原社會的優劣。在中
國歷史上，游牧和半游牧民族與農業民族處於對立的地位，因爲環境
的限制，誰也不能完全同化誰。15賴德懋還有一個「貯藏庫」
（reservoir）的觀念：在中國邊疆上的諸民族形成不同時代不同的地
區，在靠近長城的區域，形成內部的「貯藏庫」。在這一區域的異民

13　〈宋以下中國文化之趨勢〉，《思想與時代》，第31期（1941），頁22。
14　姚從吾，〈國史擴大綿延的一個看法〉，《大陸雜誌》15卷，6期（1957），
　　頁22-32。
15　*Inner Asian Frontiers of China* (Beacon Books ed., 1962), pp. 238-251, 542-549.

族可以幫助中國控制邊疆，也可以幫助外部的「貯藏庫」的部落來征服中國。內部「貯藏庫」的民族事實上是中國與邊疆的制衡勢力。[16]

賴德懋認爲東北就是一個標準的貯藏庫，這種地區是了解中國歷史上華北，甚至全部中國的主權的一個關鍵。居住在貯藏庫的部落多次南下，並且曾經成功地樹立王朝。他叫這種區域是中國的「地方分權」（regionalism）。[17]

衛特福格爾(Wittfogel)進一步以民族學的觀念爲基礎，說明兩個民族文化的接觸和交流是雙向而不是單向的，他反對我國傳統的同化論，反駁「吸收」(absorb)之說，而主張異民族始終能夠保持其文化的傳統。他在《遼代中國社會史》一書中，力主遼的文化不是中原文化，不是契丹本身的文化，而是「第三種文化」，包含中原、契丹和新發展的成分。他認爲金、元、清都沒有被中國文化同化。[18]此外，艾柏華(Eberhard)也主張異民族是中國歷史上建立朝代的主要力量之一。[19]

費正清除了綜合外族統治中國的原則外，提出「朝貢貿易論」，認爲中國人一向持有一種「文化主義」(Culturalism)或「中國中心主義」(Sinocentrism)，而不是單純的「種族中心主義」(ethnocentrism)。異族入主中國是可以接受的，也就是他所謂的「華夷合治」，形成中國歷史上的常態。[20]

日本田村實造也同意衛特福格爾的「征服王朝」一詞，認爲南北朝的北朝是「滲透王朝」，遼金元清是「征服王朝」。後者較前者更

16　*Studies in Frontier History*, pp. 115-116.
17　*Ibid.*, pp. 309-310.
18　*History of Chinese Society: Liao(907-1125)*(Philadphia, 1949), "General Introduction."
19　*Confuerors and Pulers: Social Forces in Medieval China* (Leiden, 1970).
20　Fairbank, *op. cit.*, "A Preliminary Frame work."

成熟。田村也提出類似「貯藏庫」的觀念，認爲征服王朝在侵入中國之前就已形成「牧農政權」，內部階級分化激烈。爲打破矛盾，這些政權被迫向外擴張，其征服戰爭是以解決內部社會經濟上的矛盾爲要因。在建立征服王朝後，爲了持續其政權，需要與中國社會各階層結納，尤其是官僚，鄉紳和富商。[21]

島田正郎更強調游牧民族「形成其獨立的歷史世界」，其特質爲：

(一)游牧的生產與生活方式只能生產人類生存所必需的物質的一部分，亦即動物性物質。因此北亞游牧社會非與南方的農耕社會共存不可。

(二)生產與生活方式與土地結合的關係非常稀薄。血緣的結合比較容易，所以游牧民族難成立超民族的政治集團，妨礙北亞草原上強固統一國家的長成。

(三)游牧樸素生活的方法和過這種生活的草原，是單調的大自然，是決定游牧民族思想，如世界觀及宇宙觀等等的主要因素，並形成薩滿教。[22]

對於以上西方及日本學者的看法，在這裡不擬多加討論。應當指出的有三點：[23]

(一)利用社會科學的理論、觀念和方法(如衛特福格爾號召的那樣)來分析問題，不需要也不應當以推翻某一理論或學說(如同化論)爲目的。如果專爲推翻而利用某一科學或某一理論，難免遭受「獨

21　田村實造，〈最終講義〉。
22　〈我觀念中的蒙古史〉，《蒙古研究》(台北：中國邊疆歷史語文學會)，頁313-319。
23　陶晉生，《女真史論》(台北：食貨出版社，1981)。

斷」的譏諷。我也曾利用文化人類學的觀念來看女眞漢化問題，發現
衛特福格爾堅持女眞未被漢族同化的論點，不能成立。

（二）費正清的「朝貢制度論」或「朝貢貿易論」，過於簡單。我已
經指出，傳統中國的對外關係遠超過朝貢制度，而有其他種種現象和制
度。何況，所謂「中國中心主義」這種名詞並沒有什麼特別意義，用意
只是強調中國人的種族中心主義比其他民族來得強烈而已。實際上19世
紀英國人的民族優越感超過中國人，例如首相巴默士東就曾說過，亞洲
和南美洲國家，必須由英國或其他強國每十年去征討一次，才會聽話。
西方人的優越感，遠在古希臘時代對抗波斯時已經形成，近來道森（R.
Dawson）在《中國的變色龍》一書中已經有所討論。[24]至於討論中國
的「文化主義」，認爲過去中國人沒有國界的觀念，不注意疆域被人
侵占則是荒誕不經，不值一駁了。

（三）不過，外國學者討論中國對外關係，時常注意研究外族的文
化，對外政策的形成和執行，以及外族的看法。這樣去做有時比我國
歷史學者只研究中國資料爲客觀。

這一節就討論到此爲止。至於中國與外國文化的交流和物質、思
想的採借，也是重要課題，但限於時間，不能討論了。

四、對外政策
（一）同化與感化

我們在前面已經說過，傳統中國的政治家，常想以高度的中國文
明和道德去同化和感化外夷。孟子曾說：「吾聞用夏變夷者，未聞變

24　Raymond Dawson, *The Chinese Chameleon* (Oxford University Press, 1967).

於夷者也。」自古以來，中國人就持有這種文化的優越感。認為不需要用兵，夷狄就會嚮化。因此在唐太宗在位的盛世，魏徵仍然勸他不要對外用兵，魏徵的對外政策，就是以下八個字：「中國既安，遠人自服。」宋司馬光也說：「古聖王之治天下，必先內而後外，安近以服遠。」[25]

西漢劉敬發明的「和親」政策，就是同化政策的一種。漢室與匈奴單于聯姻，單于生下的兒子必然從母親那裡感染到中原文化，而對匈奴部落發生影響。[26]聯姻政策在唐朝也曾實行。但是到了宋代，皇室和大臣祇肯和外夷維持名義上的親屬關係，而不願真正的實行和親。

宋人對於漢唐的武功，一方面似乎有些妒忌，另一方面因為宋人重視文化的影響，所以不願對外採取較積極的政策。在這種情形下，宋人對於漢唐有很多的批評。茲舉范祖禹的意見如下。

范祖禹和很多其他史家、政治家、哲學家一樣，認為中國和夷狄的並存是必然的，正如晝之於夜、陰陽、君子小人一般。中國不安時，夷狄必然交侵，因此中國必須小心治理內部。祇要中國治理好了，夷狄必然會懷德來附。過去的君主對夷狄採取侵略政策都是不應當的。夷狄也是人，人為什麼要去殺人呢？何況中國人去殺夷人，失敗的時候，不是要犧牲大批的中國人嗎？中國與夷狄之邦地理環境、物產、風俗習慣都不同，何必消耗大量的人力物力去爭取夷狄的土地

25　司馬光，《資治通鑑》（藝文本）卷93，頁28下：「上謂長孫無忌曰：魏徵勸朕偃武修文，中國既安，四夷自服，朕用其言。」司馬光，《溫國文正司馬公文集》（四部叢刊初編）卷57，「遺表」。

26　Chun-shu Chang, "War and Peace with the Hsiung-nu in Early Han China," 列入《陶希聖先生八秩榮慶論文集》（台北：食貨出版社，1979）。

人民呢？何況取得土地人民既是光榮的事，失去了就是不光榮，所以好大喜功的君主不顧一切的要維持已取得的土地和人民，隋煬帝就是這樣失敗的。唐太宗企圖統一天下，也不是好的政策，因爲這種政策不會給世界帶來和平。[27]

范祖禹的這一論調可以說是採取和平的同化政策的基礎。

(二)孤立主義

過去中國人談治理國家和抵抗外夷，常以安內爲主要的工作，而把攘夷視爲次要。例如班固說：

> 是以外而不內，疏而不戚也。政教不及其人，正朔不加其國，來則懲而禦之，去則備而守之。其慕義而貢獻，則接之以禮讓，羈縻不絕，使曲在彼。蓋聖王制御蠻夷之常道也。[28]

換言之，中國不去干涉外夷的事務，如果他們來進犯，就抵禦他們。如果他們願意來歸附，就以禮義來對待他們。不應當主動去做什麼事。這樣的看法接近孤立主義。唐代的劉昫(知幾子)反對質子制度，反對中國與外族之間使臣和經濟上的交往。因爲和外族交往，外族會變得更詐、更貪、更難駕御，而且中國也會因外來的奇巧淫技而敗壞。簡言之，蠻夷禽獸，無須虛禮以待，更無須與之爭辯計較。[29]

宋初張洎討論禦戎之道，綜合過去的意見，認爲嚴於防邊，「來

27　范祖禹，《唐鑑》(上海：商務印書館)卷6，頁49-51。

28　《漢書》卷94下，〈匈奴傳〉末。

29　楊聯陞著，邢義田譯，〈從歷史看中國的世界秩序〉，《食貨月刊》2卷，3期(1972)，頁73-80。

則備禦，去則勿追」策之上也，和親是中策，而征伐則是下策。[30]這
可以代表宋代一般人的意見，也是一種孤立主義的看法。清代倭仁、
徐桐等等把孤立主義發揮得淋漓盡致。徐桐連街對面西式房子都不肯
看一眼；而把前門與窗子封閉，走後門。

(三)主戰論

自古以來對夷狄主戰的議論很多，採取征伐的政策的，著名的事
例發生在漢唐時代。對夷狄除練兵選將牧馬，長驅深入外，還有賈誼
和晁錯的以夷攻夷，以夷制夷等策略的運用。甚至在宋代，對外夷以
和為主，也不乏採用以夷制夷政策的實例。如以契丹制西夏、聯高麗
制契丹、聯金滅遼、聯蒙古滅金等。一般人說宋朝積弱，其實宋人對
於武備非常注意，主戰論也有很多例子，如北宋宋祁主張解決邊患只
有武力最有效，田錫提倡武德，北宋還有《武經總要》一書，很值得
研究。

此外應當注意的是，從來討論攘夷，時常把用兵和以道德感召放
在一起討論，即所謂「畏威懷德」的「威德論」，因為純粹以德來感
化夷狄，而沒有武力作後盾，效力是不會很大的。[31]

(四)彈性外交

對於對外政策檢討得很徹底的人，除班固等人外，首推唐代的陸
贄。他的意見中最值得注意的一點，是認為對外政策應當考慮全盤的
局勢，包括敵我的實力，再加以制定。他說：

30　李燾，《續資治通鑑長編》(台北：世界書局本)卷31，淳化元年六月丙午
　　條。
31　參看拙著：〈宋遼間的平等外交關係〉。

蓋以中夏之盛衰異勢，夷狄之強弱異時，事機之利害異情，
措置之安危異便。知其事而不度其時則敗，附其時而不失其
稱則成。形變不同，胡可專一？夫以中國強盛，夷狄衰微，
而能屈膝稱臣，歸心受制，拒之則阻其向化，滅之則類於殺
降，安得不存而撫之，即而敘之也。又如中國強盛，夷狄衰
微，而尚棄信忤盟，蔑恩肆毒，諭之不變，責之不懲，安得
不取亂摧亡，息人固境也。其有遇中國喪亂之弊，當夷狄強
盛之時，圖之則彼釁未萌，禦之則我力不足，安得不卑辭降
禮，約好通和？啗之以利，以引其懽心；結之以親，以紓其
交禍。縱不必信，且無大侵，雖非御戎之善經，蓋時事有不
得已也。倘或夷狄之勢，強弱適同，撫之不寧，威之不靖，
力足以自保，勢不足以出攻，安得不設險以固軍，訓師以待
寇，來則薄伐以遏其深入，去則攘斥而戒於遠追。雖非安邊
之令圖，蓋勢力亦有不得已也。……故曰：知其事而不度其
時則敗；附其時而不失其稱則成。是無必定之規，亦無長勝
之法。得失著效，不其然歟！……[32]

陸宣公在這篇文章裡指出中國和夷狄勢力強弱消長的三種形勢，其中
最重要的警語是，對付夷狄，「是無必定之規，亦無長勝之法。」是
相當理性的看法。

---

[32]　《陸宣公奏議》（台北：臺灣商務印書館，1956台初版）卷三，「論緣邊守
　　　備事宜狀」，頁62。

五、結論

綜上所述，可以知道，在傳統中國對外外交方面，可以大致歸納出兩種主要的制度或關係，就是朝貢制度和對等關係。前者在某些時代只是一種理想，而以後者為所謂實質關係。但由於前者根深柢固，所以以中國為中心的世界秩序在帝制時代一直被大多數人擁護，與這一制度有關的「大一統」觀念，直到現代仍然有影響力，一般人認為大一統是常態，分裂是特殊情形。

在經濟關係方面，可以知道傳統中國與外族的貿易有好幾種形式，而似乎和平的通商比敵對的斷絕關係比較有利。但與外族的貿易始終是帝制時代的一個重要問題。

在文化關係方面，我們只討論了同化問題，並且知道研究這種問題以能借助於某些社會科學的觀念及研究成績比較能得到更完滿的成果。

在傳統的對外政策方面，也可以看出理想與實際的交互影響。在某些朝代裡，對外政策比較富於彈性，也許在清末，對外政策比較缺乏彈性，比較傾向於孤立主義。

最後，想一提過去和現代的連續性。在現代民族國家興起，民族主義盛行的影響之下，傳統的世界秩序已經破壞，而與外國間對等關係的建立，似乎比較實際，視外族為平等對手的傳統符合。但是即使在對等關係中，仍能發現以中國為中心世界秩序的影子。例如上述「大一統」觀念的延續。又例如中共政權與美國的外交，始終不忘在細節上占便宜。又如對越南的戰爭，稱為懲罰，和傳統的「夷狄是膺」的出師似乎亦有暗合的地方。

原載《中華文化復興月刊》16卷10期，1982。

傳統中國對外關係的省思：
以宋遼金時期為例

　　本文以遼金兩代文化與宋代中原文化方面的關係為例，說明目前研究的成果和關於研究工作的討論和展望。

　　自古以來中原文化就和東北諸民族的文化有著相當密切的互動，契丹族和女真族的先世就已經受到中原文化以及東北鄰近的民族文化的影響。20世紀初葉學者開始以新的方法和新的角度來研究宋遼金三朝的歷史和文化，其後隨著考古工作的展開，學者根據新的資料，包括文獻和實物，對於東北地區的歷史研究遂有了長足的進步。[1]這些新資料對於研究契丹和女真民族與中原漢族間的互動，以及文化之間的關係，有相當重要的貢獻。

　　本文分為三部分，第一部分舉例介紹近年來遼金文化史研究的收穫，以考古發現的遺址和實物為主。第二部分討論出土文字資料的貢獻。第三部分討論契丹、女真族和漢族間的文化交流的問題。

1　關於民國以來對於遼金二史研究的簡介，參看拙著〈民國以來遼金史研究的回顧〉，收入國立臺灣大學歷史系編，《民國以來國史研究的回顧與展望》（台北：國立臺灣大學，1992），頁123-134。

一、遼金考古的收穫舉例

過去數十年，考古學者對於東北地區的發掘和研究，有了豐富的成果。古代東北地區的考古調查，證明東亞文明的起源，不是以中原為唯一的中心向外發展，而是有多元的文化中心。認為中原地區文化水準高，文明起源早，中原周圍地區都是受到中原文化的影響而發展的看法，已經需要修改。[2]這種結論也值得今後關於遼金文化的研究工作者參考和借鏡。

考古學者們在東北地區發現了相當多的遼金城址和墓葬。這些城址和墓葬中出土的文化種類繁多，很多資料和實物是前所未見的，擴充了研究的範圍，也提供學者新的研究途徑。由於著者羈留海外，所見國內考古成就的報告有限，所以本文僅能略舉一些與中原漢族文化有關的契丹和女真民族遺留的例證來討論。

遼代建國時正值唐代衰退，中原大亂，文人百姓頗多北徙。遼初國主耶律阿保機招徠漢人，建城耕地，加以耶律德光一度入侵開封，將大批漢人官員、文士、工匠以及中原寶貨文物擄往東北，漢族大量移民到東北的結果是「城郭相望」。後來金代初期也將中原人士和文物遷徙到東北。城址的發掘和研究，對於契丹和女真在東北的發展，

2　參看許倬雲，〈接觸、衝擊與調適：文化群之間的互動〉，見臧振華編，《中國考古學與歷史學之整合研究》（台北：中央研究院歷史語言研究所，1997），上冊，頁67-82。Katheryn M. Linduff, "Here Today and Gone Tomorrow: the Emergence and Demise of Bronze Producing Cultures Outside the Central Plain." 同上書，頁393-428。郭大順，〈遼西古文化的新認識〉，收入《慶祝蘇秉琦考古五十五年》（北京：文物出版社，1989），頁203-215。

以及漢文化在東北的影響，有很大的貢獻。

過去關於遼代城市的記載，大致根據《遼史‧地理志》，對於當時城市的描寫，不夠詳細。考古工作者近年來則發現了大量的城址：吉林的中部平原和西部草原地區發現了遼金時期的古城址百餘處，黑龍江的遼金城址一百數十處，內蒙古昭烏達盟就有城址五十餘處，遼寧有二百餘處。[3]

遼祖州是太祖耶律阿保機的陵墓所在，其建築模仿唐制而不完全，並且有一個比較特殊的「石室」。這間石室可能是阿保機祭祖的祖廟，顯示在遼建國時已經模仿中原皇帝建太廟。[4]

遼上京在今林東鎭南，包括皇城和漢城兩部分，兩城共有周長28里，現存皇城城牆高約10米。城內大內位居中央偏南。外城即漢城，在皇城之南，城牆較低，約4米。外城由漢人居住，顯示契丹人與漢人分治的特點。[5]遼中京在今寧城縣，城有三重，外城周長30里400米，內城正中爲皇城。城制模仿中原而不完全。特別值得一提的是泰州城址，過去對於這一遼代北部的重要城市說法不一，今於黑龍江泰來縣塔子城發現的城址，出土遼「大安七年」石刻，內有「泰州河堤」、「提點塔事」等語，可以證明此地就是遼泰州。[6]

遼代佛教興盛，佛寺和寶塔的建築很有特色，在東亞建築史上達

3　馮永謙，〈三十年來遼代考古的重要發現〉，《東北考古研究》(鄭州：中州古籍出版社，1994)，第1輯，頁97。

4　參看張松柏、馮雷，〈祖州石室與鮮卑石室——契丹族源探索之二〉，張志立、王宏剛等主編，《東北亞歷史與文化：慶祝孫進己先生六十誕辰文集》(瀋陽：遼瀋書社，1991)，頁414-420。Nancy Shatzman Steinhardt, *Liao Architecture*(Honolulu: University of Hawaii Press, 1997), pp. 243-253.

5　劉素俠，〈從考古材料看契丹民族城鎮建設的基本特點〉，《北方文物》2(1990): 41-44。

6　馮永謙，〈三十年來遼代考古的重要發現〉，頁97-98。

到一個高峰。關於遼代的建築，過去的研究很多。[7]特別應當指出的是山西應縣佛宮寺釋迦塔，也就是著名的應縣木塔，在一尊佛像裡面發現的一百六十件文物中，包括《契丹藏》，這說明了10世紀末至11世紀初，契丹印刷術已經有極高的水準。[8]

據史籍，傳說契丹民族原來的葬俗，是不用棺槨土葬的。在10世紀中，契丹文化飛躍發展，可以從墓葬的變化看出來。關於墓葬的例證，已可以確定為契丹的墓葬為主，東北地區漢人的墓葬大致與華北類似，不在本文討論。其特點為遼代漢人頗多採取火葬，或者影響到中原的火葬實例的增加。[9]

早期契丹人的墓葬，如陳巴爾虎旗西烏珠爾發現的三座遼墓葬，葬式用獨木棺，隨葬有木弓、鐵鏃、馬鐙與革帶銅節飾件等，並有陶器和瓷器。據研究，這些陶器並沒有受到中原的影響，[10]隨葬品大都是實用物品。從早期到中期，出現金銀品。[11]早期有的契丹貴族的墓葬受到唐代的影響，如扎魯特旗封山屯契丹墓是磚石墓，石棺上有雕刻圖案，並有動物和人物畫像磚。[12]耶律羽之墓(941)是近年發現重要的遼早期墓葬，內有數百件隨葬品，包括大量的金銀器，一些器物顯現唐文化和遼文化的交流。不但如此，銀碗底的摩羯紋來自印度，銀把杯的形制來自粟特，而五瓣金杯則來自薩珊文化。據研究，這些

7　See Steinhardt, *Liao Architecture*.

8　馮永謙，〈三十年來遼代考古的重要發現〉，頁93。

9　See Steinhardt, *Liao Architecture*, pp. 311-315.

10　馮永謙，〈遼代陶瓷的成就與特點〉，《遼海文物學刊》2(1992)：116。

11　李逸友，〈內蒙古遼代契丹人墓葬的形式和分期〉，見孫進己、馮永謙、蘇天鈞主編，《中國考古集成——東北卷》(以下簡稱《集成》)(北京：北京出版社，1997)，第15冊，頁769-781。

12　扎魯特旗文物管理所，〈扎魯特旗封山屯契丹墓清理簡報〉，《北方文物》3(1990)：28-31。

影響是從唐代間接傳播，並加以演變而成的。[13]此外，內蒙古赤峰市遼墓發現三件帶有伊斯蘭風格的金銀器，顯示阿拉伯文化的影響。[14]

遼代建國前後，文化的變遷很快，墓葬的形式不一，墓葬中的物品也增加。從隨葬的瓷器和陶器，也可以窺見當時陶瓷業的發展。遼代官窯的產品，水準極高，遼代的三彩釉陶器，雖受唐三彩的影響，卻有創新，如不用藍釉而用綠釉。在器形方面，如雞冠壺、仿生壺等，也多變化。[15]

就墓葬的形式和內容而言，遼墓保留契丹文化特點較女眞墓爲多。[16]墓葬的建築和隨葬品由簡入繁，皇帝、皇室與高官貴族的情形尤其如此。在皇室方面，並未發現遼太祖陵墓。著名的遼皇室陵墓是慶陵，與貴族的墳墓都受到漢人的影響。不過近來有學者認爲宋代四角與八角的陵墓建築似來自遼。[17]遼代中期以後的墓葬，仍然有著契丹文化的特點，例證之一是1981年在察哈爾右前旗豪欠營出土的契丹女屍，保存完好，其髮式、裝飾品、衣服、墓葬形式等，提供了研究契丹髮式、服飾、體質特徵、葬俗和宗教信仰等資料。這一女屍的出土，「已成爲研究古代蒙古高原的體質人類學、醫學、紡織、冶金、

13 齊曉光，〈耶律羽之墓含域外文化因素之金銀器〉，收入李逸友、魏堅主編，內蒙古文物考古研究所編，《內蒙古文物考古文集》（北京：中國大百科全書出版社，1994），頁561-566。李宇峰，〈從出土文物略述契丹與中亞的文化交流〉，《集成》，第14冊，第101至103頁列舉出瓷器如胡人騎獅像、銀壺、玻璃瓶等。

14 張松柏，〈二八地出土的伊斯蘭金銀器研究〉，《集成》，第14冊，頁1321-1324。

15 馮永謙，〈遼代陶瓷的成就與特點〉，頁112-115。張松柏，〈關於雞冠壺研究中的幾個問題〉，《內蒙古文物考古文集》，頁584-591。

16 李健才，〈金代女眞墓葬的演變〉，《遼金史論集》（北京：書目文獻出版社，1989），第四輯，頁348。

17 Steinhardt, *Liao Architecture*, pp. 274-281.

陶器等自然科學史方面提供了可貴的實物證據。而在考古、歷史、民族學等研究中，又補充了文獻的不足，特別對我國北方民族史，更是一份饒有趣味的絕好資料」。[18]豪欠營墓葬有三個契丹葬俗特點：全身以銅絲網絡包裹、銅面具、取出內臟並實以植物。

　　另一個重要的墓葬是陳國公主和其夫的合葬墓。據墓誌，公主的生卒年是1001-1018年。墓中出土金、銀、珠、玉隨葬品，包括銀絲網絡、金面具、鎏金銀冠及銀質鑲玉馬具等。金面具和銀絲網絡顯然較豪欠營的銅網絡為高貴，由頭、臂、手、胸背、腹、腿和足網組成。[19]頭枕銀花枕，腳穿金花銀靴。面具屢見於北亞游牧民族的墓葬中，雖然這種風俗也出現於古代中原漢族的墓葬，[20]但是契丹的面具是糅合了中原和北亞的因素而形成的。

　　巴林右旗圖木胡柱遼墓，出土遺物有「九脊小帳」，具有唐代遺風，也有遼人的創作。[21]木帳在遼墓中數見，代表了中原的影響。隨葬品包括鐵鏃、鐵矛、鐵甲、馬具，以及銅銀帶飾等，則仍然反映了

18　朱子方，〈一九八二年至一九八四年遼金史學術研究概述〉，《社會科學戰線》2(1986)：215-216。

19　內蒙古文物考古研究所，〈遼陳國公主駙馬合葬墓發掘簡報〉，《文物》11(1987)：4-24。張郁、孫建華，〈從陳國公主墓出土的銀絲網絡、金面具淺談契丹族葬俗〉，收入內蒙古文物考古研究所編，《內蒙古文物考古文集》(北京：中國大百科全書出版社，1997)，第二輯，頁580-583。內蒙古自治區文物考古研究所、哲里木盟博物館編，《遼陳國公主墓》(北京：文物出版社，1993)。

20　陸思賢、杜承武，〈察右前旗豪欠營第六號遼墓清理簡報〉，《文物》9(1983)：1-8。吉成章，〈豪欠營第六號墓若干問題的研究〉，《文物》9(1983)：9-14。Steinhardt, *Liao Architecture*, pp. 318-323.另一個特點是多重棺材。

21　韓仁信，〈巴林右旗圖木胡柱遼墓出土九脊小帳〉，《遼海文物學刊》2(1989)：152-155、88。

契丹風俗。[22]

契丹人墓葬的一個特色是墓中的壁畫。遼墓壁畫題材廣泛，內容豐富，過去發現的壁畫題材包括四季山水，鹿、馬等動物，以及人物，如庫倫六號墓的彩色壁畫「出獵圖」包含馬、駱駝、灰狗和鷹。[23]比較特出的是張家口市宣化的張世卿墓中保存的彩色壁畫，墓頂的天文圖繪有二十八宿和黃道十二宮，而後者屬於巴比倫的天文學系統。法庫縣葉茂臺七號墓出土的兩幅彩色絹軸，「山水樓閣圖」和「竹雀雙兔圖」是保存完整的絹軸實物，此外，「出行圖」、「歸來圖」和「武士圖」則仍然描繪契丹人的游牧生活。[24]不過，建國以後契丹墓葬中壁畫描寫孝子、義婦、孝悌的人物故事，則足以反映漢人道德觀念對於契丹人影響之深。人們死後歸葬祖塋、夫妻合葬也是漢人的風俗。[25]

金初女真於滅北宋後，強迫大批漢族統治階層遷移到東北地區，包括徽、欽二帝及其家屬，宮中的宦官、宮女、官員、工匠和農民，以及大量的文物和技術。這些人物和技術對於東北的發展影響深遠，因此從考古發掘的遺址看來，當時東北的農業和手工業的生產水準很高，如黑龍江肇東縣八里城址出土的鐵器很多，共七百餘件，包括武器、馬具、交通工具、手工業工具、農具和生活用具，此外還有宣

22　張洪波、李智，〈北票巨涌遼墓發掘簡報〉，《遼海文物學刊》2(1990)：24-28。Steinhardt, *Liao Architecture*, pp. 323-331.

23　邵清隆，〈庫倫六號墓出獵圖述論〉，《集成》，第15冊，頁952-954。鄭隆，〈庫倫遼墓壁畫淺談〉，《集成》，第15冊，頁958-961。

24　馮永謙，〈三十年來遼代考古的重要發現〉，頁101；遼寧省博物館、遼寧鐵嶺地區文物組發掘小組，〈法庫葉茂臺遼墓紀略〉，《集成》，第16冊，頁2212-2220。

25　宋德金，〈契丹文化禮俗述略〉，《遼金史論集》(上海：上海古籍出版社，1987)，頁131-133。

和、正隆和大定年號的錢幣。[26]

在今黑龍江綏濱中興和松花江下游奧里米古城(距綏濱9里)及其周圍的金代墓群中發掘的文物裡,包括中原定窯、鈞窯、龍泉窯和磁州窯的瓷片和大量的宋代銅錢,是當時南北經濟文化交流的例證。[27]1984年集安通溝河口金代遺址也有宋鈞、龍泉、汝、定等窯的精美瓷器,及宋遼金的貨幣。[28]金蒲峪路故城的發掘,顯示這是一座較大的城址,其砌築磚牆的技術,當是從中原傳入的。[29]

1987年在德惠縣後城子發掘的金代城址內,有房址五座。房的北部有土坑和煙道。出土文物以生活用具為主,包括鐵器、銅器、骨器。[30]黑龍江海林木蘭集的金代遺留的半地穴房址則有炕,炕的起源不詳,最早見於《晉書》和《舊唐書》,是高句麗的室內取暖的設備,後來由女真人傳到華北。[31]

從金代墓葬方式的演變可以看出漢文化對於女真文化的影響。原始女真族的墓葬沒有棺槨,後來才有磚槨或石槨、磚室或石室,火葬後則有木棺、石函、瓷罐等葬具。墓葬的形式包括土坑墓、土坑木棺墓,後者有土葬和火葬的分別。又有土坑瓷罐和石函墓。土坑有槨木棺

26　岑家梧,〈金代女真和漢族及其他民族的經濟文化聯繫〉,《遼金史論文集》(瀋陽:遼寧人民出版社,1985),頁393。李英魁、鄭秀山,〈從依蘭出土鐵農具談金代黑龍江農業〉,《集成》,第18冊,頁1165-1167。

27　張泰湘,前引書,頁195、203、214。

28　陳相偉,〈吉林省遼金考古綜述〉,《北方文物》4(1995):42。

29　張泰湘,前引書,頁208-218。

30　陳相偉,〈吉林省遼金考古綜述〉,頁42。

31　柏忱,〈火炕小考〉,《集成》,第1冊,頁260-261。張志立,〈高句麗風俗研究〉,《東北亞歷史與文化》,頁224-285;關於炕的考古遺跡,見頁241-245。宋德金,〈金代的衣食住行〉,《遼金史論集》(北京:書目文獻出版社,1987),第三輯,頁324-326。

墓、磚室(或石室)、石函或木棺墓。隨葬品在女眞貴族墓中較多。[32]

金建國前的一般墓葬是簡陋的，沒有貴重財物的積蓄。[33]黑龍江阿城發現的金墓群，位於上京城東1.5公里，多數墓穴小，內有陶罐，與火葬有關。少數有棺，爲土葬墓。隨葬品包括陶、瓷、銅、銀、鐵器以及兵器；並有馬具、馬骨，乃殉馬之證。從墓中鐵器和兵器看來，其冶鐵技術已經成熟。墓中發現宋至道、景德元寶各一，據此推測這批墓群是金初的墓葬。[34]

與此對照，於黑龍江阿城巨源發掘的金代齊國王墓，也是屬於金代前期墓葬，但是墓葬的內容則與上述金初墓葬有很大的差異，是金代墓葬的一大發現。墓內木牌有漢字墨書「太尉儀同三司事齊國王」十個字；銀銘牌上有同樣字樣。隨葬品包括完整精美的絲織品服飾，其紡織技術和印染工藝相當進步，是否出於女眞工匠抑或中原的工匠之手，不得而知。[35]

近來關於金墓的研究，既有分期，也有分區。女眞貴族墓葬的分期，爲早期從建國至海陵王遷都的1150年；中期從定都燕京到大定末年也就是1188年；晚期從明昌到金末。簡單的說，女眞貴族墓葬的演變是從有槨墓向墓室墓的轉化，在演變過程中保持自身的特點，如有槨無棺，[36]以及平民墓葬中隨葬生產工具如鐵斧等，不見於宋墓。[37]

32　李健才，〈金代女眞墓葬的演變〉，《遼金史論集》(北京：書目文獻出版社，1989)，第四輯，頁340-347。

33　林樹山，〈關於黑龍江沿岸女眞文化的起源問題〉，《集成》，第18冊，頁1267-1271。

34　閻景全，〈黑龍江省阿城市雙城村金墓群出土文物整理報告〉，《北方文物》2(1990)：28-41。

35　黑龍江省文物考古研究所，〈黑龍江阿城巨源金代齊國王墓發掘簡報〉，《文物》10(1989)：1-10、45。

36　劉曉東、楊志軍、郝思德、李陳奇，〈試論金代女眞貴族墓葬的類型及演

而從金代中期開始於墓葬內外包括墓誌、墓碑以及石人、石羊、石
虎等。山西襄汾金墓的磚室,每一面都有磚雕,包括散樂人物和舞
者,[38]這些發展顯然受到遼、宋的影響。[39]

二、出土的文字資料

考古發掘出來的資料,包括實物和文字資料。文字資料根據碑
誌、印信、銅錢、銅鏡等實物上的記載而來,其中尤其以墓誌為最重
要。墓誌補充了遼金二史不足之處,還讓學者發現了若干過去史籍未
曾觸及的問題。[40]

就遼代的歷史和文化來說,一方面若干墓誌資料可以補充現有史
籍之不足,另一方面還可以發現新史實和新問題。舉例來說,在北鎮
發現的耶律宗教墓,其地理位置可以確定遼乾州的所在地,從墓誌可
知墓主是遼聖宗之姪。墓誌蓋上的一千餘契丹文,是至今發現最早的
文字,對於契丹文字的研究,大有助益。[41]內蒙古發現的耶律祺墓內
也有契丹文大字墓誌近三千字,包括數百個新字。[42]陳國公主和蕭僅

(續)─────────────

　　　變〉,《遼海文物學刊》1(1991):124-136。秦大樹,〈金墓概述〉,
　　　《遼海文物學刊》2(1988),第101-121頁的分類極詳細。

37　李健才,〈金代女真墓葬的演變〉。

38　戴尊德,〈山西襄汾金墓清理簡報〉,《文物》10(1989):11-23。簡報包
　　　含荊村溝、上庄村和西郭村三處墓葬。

39　劉曉東等,前引文,頁135-136。

40　馮永謙記載1949年以後三十餘年中,共發掘出紀年墓誌69篇,見〈三十年
　　　來遼代考古的重要發現〉,頁83-105。

41　魯寶林等,〈北鎮耶律宗教墓〉,《遼海文物學刊》2(1993):36-42,
　　　17。又見向南編,《遼代石刻文編》(石家庄:河北教育出版社,1995),
　　　頁750-753。

42　齊曉光,〈內蒙古發掘契丹貴族耶律祺墓〉,《集成》,第14冊,頁1268-

的墓誌補充及校正了《遼史》。[43]耶律羽之家族墓地中三座墓有墓誌，耶律羽之是東丹國的最高統治者，這個發現有助於了解耶律羽之家族以及東丹國的情況。[44]梁援墓誌除了補充若干《遼史》的記載外，還提供了以下兩個重點。其一是朝廷贈給梁援七個契丹奴隸，顯示契丹統治者與漢人大族的合作。其二是關於契丹和漢人的通婚。梁援祖父並非高官，卻娶耶律道隱之女為妻，而耶律道隱是人皇王耶津倍之子。又〈秦晉國妃墓誌〉載國妃曾嫁劉二玄。韓橁墓誌載其祖父兩娶貴族之女蕭氏，韓橁自己兩娶蕭氏。韓瑜墓誌也記錄了他先後兩個配偶都是蕭氏。這些資料加強了《遼史》中契丹人和漢人通婚的例證。[45]賈師訓墓誌則記載遼人在宋遼邊界地帶設有特務機關。[46]

　　文字資料也見於銅錢、印信和銅鏡。印信上的姓名，可以用來斷定年代以及個人的身分或職業。銅錢上的年號，是學者決定城址和墓葬年代的重要依據，若干墓葬中的唯一文字記錄就是銅錢上的年號。印信代表擁有印信的人物的身分或官職，學者以印信為依據，發現了很多金代猛安謀克的名稱及駐在地。[47]銅鏡上不僅有文字，其雕工和文飾，反映了遼代工藝的水準以及藝術的造詣。[48]

(續)————————————————

1287。

43　朱子方，〈遼陳國公主、蕭僅墓誌芻議〉，《遼海文物學刊》1(1988)：68-78。

44　齊曉光，〈耶律羽之家族墓地搶救發掘再獲成果〉，《集成》，第14冊，頁1283-1284；梁萬龍，〈耶律羽之考略〉，《集成》，第14冊，頁1285。

45　馮永謙，〈遼代梁援墓誌考〉，前引書，頁337-353。又見向南，前引書，頁519-525。

46　陳述，〈契丹考古對中國通史研究的貢獻〉，《集成》，第14冊，頁1-2。

47　張博泉，《金史論稿》(長春：吉林文史出版社，1986)，第三編，第三章根據銅印及碑誌，列舉了相當多不見於《金史》的猛安謀克，可以補《金史》之不足，並和《金史》互證。

48　劉淑娟，〈遼代銅鏡的分類與分期〉，《遼海文物學刊》2(1988)：140-

　　過去金代墓誌的主要發現之一是完顏希尹墓誌。1979年至1980年兩次發掘完顏希尹家族的墓地，共有五個墓區，外有石雕人物和虎、羊等獸類。石室墓似受高麗影響，但磚室、石槨、木棺則模仿宋制，文字資料有完顏守道墓誌等十一盒，若干人物不見於《金史》。[49]在開原縣發掘的金劉元德墓，發現劉元德是劉仁恭之後。將這篇墓誌和朝陽地區發現的劉守奇子劉承嗣及劉宇傑、劉日泳祖孫三代的墓葬合併研究，就可以重建劉氏家族的世系，並且有助於了解從五代至金朝的一些史實。[50]張溫夫婦的墓誌則記載張溫於21歲時被金人俘虜，多年後，至32歲才發遣回到中國的經過，以及擁有地產的情況。[51]

三、有關遼金與中原的文化交流的問題

　　討論契丹文化和中原漢文化的交流，必然會涉及現代中國史學上一個重要的課題，就是少數民族的文化與漢文化的互動，一般採用的術語是「漢化」。[52]雖然近年來若干外國學者反對這個名詞，1994年

（續）──────────────

　　　147。

49　譚英杰等，《黑龍江區域考古學》（北京：中國社會科學出版社，1993），
　　　頁134-136。文在頁155-157。陳相偉，〈吉林省遼金考古綜述〉，頁42-
　　　44。

50　馮永謙，〈金劉元德墓誌考〉，《東北考古研究》（鄭州：中州中籍出版
　　　社，1994），第一輯，頁387-394。

51　孫學瑞，〈金代張溫夫婦墓誌及相關問題〉，見山西省考古學會、山西省
　　　考古研究所編，《山西省考古學會論文集》（太原：山西人民出版社，
　　　1994），頁248-253。

52　關於「漢化」一詞的討論頗多。1996年美國Evelyn Rawski認為漢化即
　　　sinicization或sinification不妥。見其 "Reenvioning the Qing: The Significance
　　　of the Qing in Chinese History," *Journal of Asian Studies*, 55.4(1996), pp. 829-
　　　850. 何炳棣提出反駁，見Ping-ti Ho, "In Defense of Sinicization: A Rebuttal

出版的《劍橋中國史》第六冊的著者仍然使用，書中記述契丹、女眞
和蒙古的漢化，認爲女眞族的漢化尤其深遠。[53]另一部討論金代文化
的《女眞統治下的中國》，書中第一頁就如此說：

（續）————————————

    of Evelyn Rawski's Reenvioning the Qing," *Journal of Asian Studies*, 57.1
(1998), pp. 123-155. 漢化即同化，或中國式的同化。包弼德不用漢化而用
"wen"，即文明。見 "Seeking Common Ground: Han Literati under Jurchen
Rule," *Harvard Journal of Asiatic Studies*, 47.2(1987), pp. 461-538.
關於美國歷史上以及現今同化的研究和討論極多。美國社會是移民社會，
移民和同化問題是美國學術界的重要問題。在1960年之前，美國學者大致
接受20世紀初的「熔爐」(melting pot)論。其後倡「多元文化」(multi-
culturalism)論。看 Barbara Schmitter Heisler, "The Future of Immigrant
Incorporation: Which Models? Which Concepts?" in Steven Vertovec ed.,
Migration and Social Cohesion(Cheltenham, U.K.; Northampton, MA., USA:
Edward Elgar Publishing Limited, 1999), pp. 117-139. 「同化」(assimilation)與
「涵化」(acculturation)兩詞仍然爲很多學者使用。如上引Heisler之文中，
著者說："assimilation did and does occur." "The assimilation mode may
have some usefulness for historical analysis." (pp. 123-124)同書Alejandro
Portes and Min Zhou分析美國新移民的第二代，用「文化同化」(cultural
assimilation)、「部分同化」(segmented assimilation)以及「選擇同化」
(selective assimilation)等詞。見 "The New Second Generation: Segmented
Assimilation and Its Variants," *ibid.*, pp. 467-489. Richard M. Bernard在*The
Melting Pot and the Altar: Marital Assimilation in Early Twentieth-Century
Wisconsin*(Minneapolis: University of Minnesota Press, 1980)一書結論中指
出："When surveyed from the vantage point of the marriage altar, therefore, the
old concept of an American 'melting por' regains its respectability...Such findings
suggest that recent studies stressing cultural and structural pluralism—certainly
important tendencies in the development of many groups—may have improperly
de-emphasized the assimilatve side of immigrant life in America." (p. 124)甚至
還有人主張回到「美國化」(Americanization)和「美國主義」
(Americanism)。見Peter D. Salins, *Assimilation, American Style*(New York,
N.Y.: Basic Books, 1997).

53 Herbert Franke and Denis Twitchett, eds., *Alien Regimes and Border States, 907-
1368*, in *The Cambridge History of China*(Cambridge; New York: Cambridge
University Press, 1994), vol. 6.

　　金朝是一個多民族的國家，統治了中原的大部分，而且比任
何過去外來征服者建立的朝代的漢化更深。[54]

　　關於契丹的漢化，過去的研究幾乎完全依賴文獻的資料，利用碑
誌資料不多。如論及契丹人的漢化，有毛汶著〈遼人漢化考〉和尹克
明的〈契丹漢化考略〉等。[55]值得注意的是劉銘恕分析契丹和女眞文
化的南傳，可見文化的交流不是單向的。[56]在1940年代出版的衛特福
格爾(Karl A. Wittfogel)和馮家昇合著的《遼代社會史》中，衛氏根據
1930年代文化人類學關於涵化(acculturation)的理論，提出當時比較
新穎的看法，認爲應當質疑傳統史家主張所有外來民族都被漢文化同
化的說法。當兩個文化接觸時，文化的採借是雙向的。他強調契丹民
族並沒有被漢人同化，而是其文化與中原文化混合，形成「第三種文
化」。[57]在他們的此一著作中，已經使用了一些考古發掘的實物和文
字資料，不過由於當時考古工作並沒有全面展開，他們參考的資料究
竟有限。
　　近年來關於契丹人漢化的討論，主要仍是以中原文化爲中心來立

54　Hoyt C. Tillman and Stephen H. West, eds., *China under Jurchen Rule*(Albany:
State University of New York Press, 1995), Introduction. 又牟復禮的新著在討
論西夏時用 sinicization 一詞。F.W. Mote, *Imperial China, 900-1800*
(Cambridge: Harvard University Press, 2000), pp. 187-190. 另外一本新出版的
中國通史也敘述元、清，甚至馬克思主義的漢化。見J.A.G. Roberts, A
Concise History of China(Cambridge: Harvard University Press, 1999).

55　毛汶，〈遼人漢化考〉，《國學論衡》6(1935)：23-43。尹克明，〈契丹
漢化考略〉，《禹貢》6.3/4(1936)：233-246。毛文又見氏著《遼金史事論
文集》(開封：河南商務印刷所，1935)。

56　〈宋代遼金文化之南漸〉，《中國文化研究所彙刊》6(1936)：91-105。

57　Karl A. Wittfogel and Feng Chia-sheng, *History of Chinese Society: Liao*(907-
1125)(Philadelphia: American Philosophical Society, 1949), Introduction.

論。宋德金引元人許衡的看法，認為「北方民族的漢化如何，往往是決定其政權能否長期存在的因素」，許衡的話「反映了一定歷史事實」。[58]雖然李錫厚指出，韓德讓家族「實在已經和契丹皇室打成一片，並且已經部分地契丹化了」，他的結論則是：「當時包括契丹統治者階層在內的契丹族全體正在迅速地漢化。」[59]

學者討論金代女真文化與中原文化的關係，也和上述契丹文化與中原文化間的互動類似，即大都認為女真文化在建國前已受到契丹文化甚至中原文化的影響。建國以後，尤其進入華北後，漢化的速度和程度更為加快和深化，如姚從吾先生研究邊疆民族的漢化，著有〈契丹漢化的分析〉、〈女真漢化的分析〉、〈金世宗對於中原漢化與女真舊俗的態度〉、〈忽必烈對於漢化態度的分析〉等文。在〈女真漢化的分析〉一文中，他認為女真族採行漢文化，從金世宗開始是成功的，金世宗竟因此博得「小堯舜」的美譽。女真漢化的成功，一方面由於女真原有的文化和中原文化比較接近；另一方面則因新興的女真族既有力量也有智慧，所以能夠克服環境，知己知彼，接受他族優越的文化。他分析的重點是放在邊疆民族接受漢文化的調適的一面，而較少觸及文化衝突的一面。

張博泉在《金史論稿》書中對於遼金兩代文化的演變，認為是「自行漢制，變夷狄之鄉為冠帶之邦」，「遼、金兩個王朝在北方的建立，也導致政治、經濟、文化的北移」。漢族與北方民族關係的變化，「在各民族的發展、進步以互相影響作用中，有力地維繫了以漢

58　宋德金，〈金代女真的漢化、封建化與漢族士人的歷史作用〉，《宋遼金史論叢》（北京：中華書局，1991），第2輯，頁325。

59　李錫厚，〈試論遼代玉田韓氏家族的歷史地位〉，《宋遼金史論叢》（北京：中華書局，1985），第1輯，頁251-266。

族爲主體、以華夏文化爲核心的中華民族的共同的心理狀態和共同的國家的深厚感情。」[60]此書除第三編第三章〈金代東北猛安謀克分布〉利用了很多近年考古發掘的官印外，其他的考古資料則不多。

本文著者在1976年和1980年先後以英文和中文發表討論女眞漢化的著作，[61]大致沿襲過去以中原爲中心的漢化觀點，不過也參考了當時有關文化互動的一些著作，認爲女眞文化和漢文化的交流不是單向的，而是互相採借。但是女眞文化與漢文化融合的結果，是女眞文化的因素少，而漢文化的因素多。

漢化是當一個民族與漢民族接觸和相處後，這個民族中的大部分成員放棄了自身的族群認同及其文化，而與漢民族通婚，採取其文化。漢化是一個過程，也就是說，在某一時期漢化的程度與另一個時期不同。而且當漢化發生後，並不是說被漢化的民族文化完全消失。由於大量考古資料的出現，今後研究民族文化間的接觸、交流與融洽，勢必需要利用這些資料。

四、展望

傳統關於中國北方、西北、東北游牧及半游牧民族的記載，主要是中文資料。就契丹和女眞民族來說，這兩個民族的歷史有遼金兩部正史，較之其他少數民族，已屬難得。但是無論遼金正史、文集及其他史料，完全出自漢人之手，其中錯誤和偏見自所難免。因此，過去

---

60 張博泉，《金史論稿》（長春：吉林文史出版社，1986），頁21-22。
61 陶晉生，《女眞史論》（台北：食貨出版社，1980）；Jing-shen Tao, *The Jurchen in Twelfth-century China: A Study of Sinicization*(Seattle: University of Washington Press, 1976).

數十年來大陸關於遼金兩代的考古發掘出土的豐富資料，自然成為今後研究遼金史、遼金與宋或高麗的關係，以及漢化等課題必須採用的資料。就遼金與中原宋代的文化關係來說，本文以上所簡略介紹的一些資料，似可作這樣的綜合說明。

出土文字資料可以補充遼金二史之不足以及改正錯誤，自不待言。就本文所舉契丹和漢人的關係來說，遼代既有契丹人漢化，也有漢人契丹化。遼代在第10世紀就已創契丹文字，但是當時的貴族墓誌大都使用漢文。梁援墓誌透露漢人和契丹人通婚的情況。金齊國王墓是用了漢字才知道墓主是金朝貴族。完顏希尹創女真文字，家族墓葬則用漢文寫墓誌，顯示相當程度的漢化。這些都是研究契丹和女真民族文化變遷應當注意的資料。

從城址、寺廟建築和墓葬出土的實物，可以增加我們對於遼金文化的了解，也可以觀察和分析文化變遷的歷程。城址的修建、墓葬形式、建築材料和隨葬物品一方面顯示遼金文化發展的進程，另一方面也代表與他族文化交流豐富了文化的內容。

目前就已經發現和發掘出來的實物和文字資料來說，遼金民族在北方和東北發展了相當高度的文化。不僅這兩個文化之間有傳承的關係，他們和其他文化如渤海、高麗、西夏以及中原的唐宋文化也都有交流。

遼、金和西夏在10至12世紀中相繼崛起，並且和中原的宋朝和東北亞的高麗並存，形成了東亞的多元國際關係。在多元國際系統的架構之外，民族文化之間的接觸和交流也呈現了多元化的現象；不僅如此，契丹和女真民族還占據了一部分或全部的華北，因此這兩個民族與中原漢族之間的接觸和交流更為密切。宋遼金時期漢人向東北地區的移民，對於契丹和女真文化的影響相當深遠；反過來說，遼代不少

契丹人居住在燕雲十六州，與漢人雜處。而在王朝滅亡後，更多的契丹人在華北定居；其後女眞民族滅遼朝和北宋，占據華北，人民大舉向南遷移，到了蒙元時期，更是如此。因此我們可以說從西元第10世紀或更早，在相當漫長的的四個世紀中，一方面遼金元王朝相繼統治下的東北，漢人移民造成了當地的移民社會；另一方面，大量契丹、女眞、蒙古以及西域人移居中原，也將華北甚至華南造成了移民社會。從這個觀點來觀察這四、五世紀裡中原和域外民族的互動，漢族與域外民族的互相遷移，以及移民社會文化的變遷，也許可以稍稍擺脫以中原漢族爲中心來討論歷史的主觀。

原載《第三屆國際漢學會議論文集》。台北：中央研究院，2003。

民國以來遼金史研究的回顧

　　民國成立以後，遼金史一直沒有受到史學界普遍的重視。時至今日，仍有人認爲漢唐宋明清才是值得研究的重要朝代。南北朝、五代和遼金史都不重要。遼金兩代不受重視，原因之一也許是史料比較缺乏，不如宋史史料豐富，俯拾皆是題目。另一原因也許是這兩朝史事可以歸併到宋史的範圍裡去。研究和講授宋史的學者，往往把遼金二史當作附庸，甚至忽略這兩朝與宋史有關的史實。

　　這一報告將分成三部分。首先簡單介紹民國建立後到民國三十六年這段期間遼金史研究的成績。其次略述民國三十八年迄今以台灣地區爲主的遼金史研究概況。最後是大陸的研究情況。

　　清末民初，學者從事於遼金史的考訂和輯逸的，有繆荃孫編《遼文存》及《遼藝文志》一卷、王仁俊和黃任恒〈補遼史藝文志〉，和吳廷燮編的遼金方鎮年表兩篇。[1] 早期的論文，包括丁謙的〈遼史各外國地理考證〉和〈金史外國傳地理考證〉兩篇，王國維的〈遼金時

1　　繆荃孫，《遼文存》6卷，光緒二十二年雲自在龕本。〈遼藝文志〉、〈遼史藝文志補〉、〈補遼史藝文志〉各1卷，收入楊家駱編，《遼史彙編》（台北：鼎文書局，1973），第5冊。吳廷燮的〈遼方鎮年表〉和〈金方鎮年表〉皆收入《二十五史補編》，第6冊。

代蒙古考〉和〈金界壕考〉等論文三篇。[2]

　　民國十一年，遼慶陵契丹文和漢文碑刻出土，引起學者如羅振玉、孟森和金毓黻(1887-1962)等的注意和研究。[3]金毓黻編的《遼陵石刻集錄》，於民國二十年出版。[4]從民國十八年到二十四年，他主持《奉天通志》的編纂。同時，他搜集史料，於民國二十年至二十二年編印《遼海叢書》，叢書內容除書籍外，兼及碑誌、印信、泉幣明器等，共計10集83種，100冊，是研究東北的主要叢書。[5]二十三年，金氏又出版《渤海國志長編》。[6]在東北史的研究方面，金毓黻是一位奠基者。

　　民國二十年九一八事變後，傅斯年以國人不知東北史事，及反駁日人以「滿蒙在歷史上非支那領土」之妄說，撰寫《東北史綱》第1卷「古代之東北」，於民國二十一年出版，[7]提醒大眾對東北的注意。

　　對於遼史下功夫最深的是馮家昇(1904-1970)。馮氏於「九一八」以後，決心研究遼史。在史料的整理方面，著有《遼史源流考》與《遼史初校》，[8]後來此書和〈遼史與金史新舊五代史互證舉例〉

2　丁文於民國四年由浙江圖書館刊印，今收入《遼史彙編》，第4冊。王國維論文發表於民國十四年至十六年間，見《定本觀堂集林》(台北：世界書局)，〈萌古考〉，頁687-712；〈西遼都城虎思斡兒朵考〉，頁628-634；〈金界壕考〉，頁712-737。

3　羅振玉，〈遼帝后哀冊文錄〉1卷，孟森，〈遼碑文種跋尾〉，今皆收入《遼史彙編》，第6冊。

4　6卷，奉天圖書館出版。

5　參看《遼海叢書》，〈緣起〉，遼海書社出版。

6　20卷，補遺1卷，遼陽金氏千華山館。

7　中央研究院歷史語言研究所出版。

8　哈佛燕京學社(1933)。

合併成《遼史證誤三種》。[9]他的論文散見於《燕京學報》、《史學集刊》和《禹貢半月刊》，尤以《禹貢》爲多。[10]他並與美國的衛特福格爾合著《遼代社會史》，內容主要是《遼史》中的社會經濟史部分的譯注，並且包括西遼史的研究，至今仍是遼史的英文著作中惟一鉅構。[11]

民國以來研究金史的先驅是陳述。他在中央研究院歷史語言研究所工作時，發表了〈金史氏族表稿〉、〈契丹世選考〉、〈契丹女眞漢姓考〉等論文，並輯成《遼文匯》10卷。民國三十七年又出版了《契丹史論證稿》。[12]

從民國二十年代到三十八年，遼金史研究的成績可以簡單的作一介紹。

第一，學者們致力於史籍的考訂和校勘的工作。除上述馮家昇的《遼史證誤》外，羅繼祖的《遼史校勘記》也是這個時期內寫成的。[13]類此的著作有陳漢章的《遼史索隱》8卷、譚其驤的〈遼史訂補三種〉和〈遼史地理志補正〉、羅繼祖的〈遼漢臣世系表〉、羅福頤的《遼文續拾》和《滿洲金石志》等。[14]宋金史方面，朱希祖

---

9 〈互證舉例〉原載《史學年報》2：1。《三種》於1959年由北京中華書局出版。

10 馮氏論文成集出版，題爲《馮家昇論著集粹》（北京：中華書局，1987）。

11 Karl A. Wittfogel and Feng Chia-sheng, *History of Chinese Society: Liao* (Philadelphia, 1949).

12 陳述的五篇考據文章，於1960年出版，標題爲《金史拾補五種》。《遼文匯》和《契丹史論證稿》分別包括在《遼史彙編》第4、7冊內。

13 上海人民出版社(1985)。原書出版於1938年。

14 除羅福頤的《滿洲金石志》(6卷、補遺外編各1卷，滿日文化協會，1937)外，以上諸作皆重印於《遼史彙編》第3、4冊。

(1879-1945)補充了「僞楚錄」和「僞齊錄」。[15]

此外，陳樂素考訂徐夢莘的《三朝北盟會編》，[16]傅樂煥(1931-1966)專注於宋遼交通路線，和聘使的派遣，[17]聶崇歧的「宋遼交聘考」和張亮采編的《補遼史交聘表》等，[18]爲研究宋遼關係史開闢了新天地。

當時的學者已經注意到考古和語言資料的重要。從羅振玉開始，金毓黻、羅福頤和徐炳昶等都曾研究新發現的遼陵石刻，和其他碑文如完顏希尹神道碑。[19]王靜如的〈宴台女眞文進士題名碑初釋〉，則研究女眞文。[20]

第二，對於契丹和女眞文化，及其與漢文化接觸後的變遷，是學者研究的一個重點。如方狀猷論契丹民族的來源，[21]馮家昇論契丹名號和宗教，[22]傅樂煥論契丹的捺鉢生活，[23]陳述等討論頭下和

15 《僞楚錄輯補》(台北：正中書局，1955)，朱氏自序寫於1941年；《僞齊錄校補》(重慶：獨立出版社，1944)。

16 〈徐夢莘考〉，《國學季刊》4：3(1934)，頁51-95；〈三朝北盟會編考〉，《史語所集刊》，6：2(1936)，頁193-274；6：2，頁281-341。

17 〈宋人使遼語錄行程考〉，《國學季刊》5：4(1935)，頁165-194；〈宋遼聘使表稿〉，《史語所集刊》，14(1949)，頁57-136。

18 聶崇歧，〈宋遼交聘考〉，《燕京學報》27(1940)，頁1-52。張亮采，《補遼史交聘表》(上海：中華書局，1958)。

19 以完顏希尹神道碑的研究爲例，有徐炳昶，〈校金完顏希尹神道碑書後〉，《史學集刊》1(民25)，頁3-18；參看陳相偉，〈完顏希尹神道碑校勘記〉，陳述主編，《遼金史論集》，第3輯(北京：書目文獻出版社，1987)，頁337-364。可惜此碑已於文革時炸毀。

20 《史學集刊》3(1937)，頁49-68。

21 〈契丹民族考〉，《女師大學術季刊》1：2(1930)，頁1-53；3，頁15-19。

22 〈契丹名號考釋〉，《燕京學報》3(1933)，頁1-48；〈契丹祀天之俗與其宗教神說風俗之關係〉，《史學年報》1：4(1932)，頁105-117，兩文重刊於《馮家昇論著選粹》，頁1-37及51-69。

23 傅樂煥，〈遼代四時捺鉢考五篇〉，《史語所集刊》，第10本(1948)；頁

「乣」，以及契丹的君位繼承。[24]韓儒林論女真譯名，[25]傅衣凌、關燕祥論遼金奴隸，[26]陶希聖、徐炳昶論婚姻習俗等。[27]關於契丹的漢化，有毛汶著〈遼人漢化考〉和尹克明的〈契丹漢化考略〉等，但尚不能深入。[28]值得注意的是劉銘恕分析契丹和女真文化的南傳，可見文化的交流並不是單向的。[29]

第二，宋遼與宋金外交關係，也是一個研究的重點。上述傅樂煥、陳樂素和聶崇歧的論文之外，論述宋遼關係的有王桐齡、樓桐蓀、趙之蘭等。[30]宋金關係有程溯洛、吳景宏論宋代聯金滅遼的外交

(續)————————————

224-347。此文又刊於氏著《遼史叢考》(北京：中華書局，1984)，頁36-172。又有〈廣平淀續考〉，頁173-178。

24　陳述，〈頭下考〉，《史語所集刊》，第8本(1939)，頁387-398；陳述，〈乣軍考釋初稿〉，《史語所集刊》，第20本下(1948)，頁251-300；谷霽光，〈遼金乣軍史料試釋〉，《史語所集刊》，第15本(1948)，頁387-402；楊志玖，〈阿保機即位考辨〉，《史語所集刊》，第17本(1948)，頁213-225；陳述，〈論契丹之選汗大會與帝位繼承〉，《史學集刊》5(1947)，頁85-109。

25　〈女真譯名考〉，《華西協合大學中國文化研究所集刊》(1943)，頁1-11。

26　傅衣凌，〈遼代奴隸考〉，《食貨半月刊》1：11(1935)，頁480-490；關燕詳，〈金代的奴隸制度〉，《現代史學》3：2(1937)，頁1-11。

27　陶希聖，〈十一至十四世紀的各種婚姻制度〉，《食貨》1：12(1935)，頁540-544；徐炳昶，〈金俗兄弟死其婦當嫁于其弟兄考〉，《史學集刊》3(1937)，頁69-72。

28　毛汶，〈遼人漢化考〉，《國學論衡》6(1935)，頁23-43；尹克明，〈契丹漢化略考〉，《禹貢》6：3、4(1936)，頁233-246；毛文又見氏著《遼金史事論文集》(開封：河南商務印刷所，1935)。

29　〈宋代遼金文化之南漸〉，《中國文化研究所彙刊》6(1946)，頁91-105。

30　王桐齡，〈宋遼之關係〉，《清華學報》4：2(1937)，頁1343-1351；樓桐蓀，〈一件國難外交的史實(寇準澶淵之役)〉，《東方雜誌》33：4(1936)，頁5-9；趙之蘭，〈澶淵之盟以前宋遼之外交關係〉，《國學叢刊》13(1943)，頁23-28。

政策。[31]由於時局的影響，兩宋對外關係，尤其是宋金關係中的和戰問題，是學者和大眾都關心的焦點。陳登元在民國二十年寫了一篇爲秦檜翻案的文章〈秦檜評〉後，[32]反駁他的和認爲南宋應當抗金的人包括朱偰、繆鳳林和李季。[33]朱、繆兩人都認爲高宗主和是出於固位的私心，和秦檜弄權；李季則直指高宗是「徹頭徹尾的屈膝主義者」。至於從經濟史的角度來觀察宋金關係的，僅得全漢昇的論文一篇。[34]

最後應當一提，抗戰期間，金毓黻著《東北通史》和《宋遼金史》，[35]後者亦詳於宋與遼金之關係。兩者至今仍是研究東北史和遼金史的重要史著。

民國三十八年國民政府遷台。學者在艱苦的環境中，承擔了繼往開來的學術使命。姚從吾在台灣大學和師範大學分別講授遼金元史和宋遼金元史，於教學和研究兩方面貢獻最大。他生前出版的論文集有《東北史論叢》2冊，民國五十九年逝世後，整理出版的全集包括《遼金元史講義》3冊和論文3冊。[36]

姚從吾的研究範圍很廣。在大陸時，他以「匈奴史研究」和「造

31 程溯洛，〈北宋聯金攻遼的外交〉，《史學集刊》6(1942)；吳景宏，〈宋金攻遼之外交〉，《東方雜誌》43：18(1947)，頁45-52。
32 〈金陵學報〉1：1(1931)，頁27-46。
33 朱偰，〈宋金議和之新分析〉，《東方雜誌》33：10(1936)，頁65-74；繆鳳林，〈宋高宗與女眞議和論〉，《國風》8：2(1936)，頁39-44；李季，〈兩宋乞和的教訓〉，《東方雜誌》38：9(1941)，頁26-36。
34 〈兩宋間的走私貿易〉，《史語所集刊》11(1947)，頁425-447。
35 《東北通史》(重慶：五十年代出版社，1944)；《宋遼金史》(香港：商務印書館，1946)。
36 《東北史論叢》(台北：正中書局，1959)；《姚從吾先生全集》(台北：正中書局，1971-1982)。

紙術西傳」等著名於學術界。來台以後，首先集中精力於遼金史的研究，後來對於宋蒙關係發生興趣，從探討南宋金玠設防山城對於蒙古入侵的打擊，和忽必烈時代漢人保持中華文化的努力，到與札奇斯欽新譯《蒙古秘史》，著作涵蓋了遼金元三史。本報告僅擬介紹兩個重點，一是他對邊疆民族和中原漢民族關係的看法；一是契丹女真民族的漢化問題。二者間又有連帶的關係。

姚從吾在〈國史擴大綿延的一個看法〉一文裡，指出中華民族與文化的形成，在歷史上有五大醞釀和四大混合。造成融合和歷史綿延不斷的原因，是儒家大同文化傳統的維繫。儒家大同文化的特點是：(一)具有人與人之間關係的合理與公平。(二)具有「有教無類」和接受外來民族的大同世界觀。(三)具有自反精神，「見賢思齊，見不賢而內自訟」、「禮失而求諸野」。(四)重知識分子，知識分子有以天下為己任的責任感。在醞釀時期中，如遼金元時期，是儒家大同文化受考驗的時代。外來民族終於接受中原文化，顯示儒家大同文化受得了考驗。而在大混合的時期裡，中華民族的智慧加上了新的力量。

支持這一個看法的中心課題，是外族或邊疆民族進入中原以後，和漢族間的關係，包括接受中原儒家大同文化，也就是同化。姚從吾研究邊疆民族的漢化，著有〈契丹漢化的分析〉、〈女真漢化的分析〉、〈金世宗對於中原漢化與女真舊俗的態度〉、〈忽必烈對於漢化態度的分析〉等文。在其他論文中，以〈遼道宗宣懿皇后十春詞冤獄的文化的分析〉和〈金朝上京時期的女真文化與遷燕以後的轉變〉等文，也觸及漢化的問題。在〈契丹漢化的分析〉一文中，姚從吾指出契丹族在文化上主要採取了「遼漢兼容」的態度和做法，轉到末期的「擇善而從」，讓遼漢文化合流。這個看法和衛特福格爾的主張很不相同。衛氏認為遼代契丹人不但保持原有文化，而且在遼漢文化混

合後的文化並非中原文化，而是一種新的「第三種」文化。雖然如此，姚從吾也曾指出契丹人只求苟安無事，並沒有一種互利進步的長期合作計畫。[37]

在〈女眞漢化的分析〉一文中，姚從吾認爲女眞族採行漢文化，從金世宗開始是成功的。金世宗竟博得「小堯舜」的美譽。女眞漢化的成功，一方面由於女眞原有的文化和中原文化比較接近；另一方面則因新興的女眞族既有力量也有智慧，所以能夠克服環境，知己知彼，接受他族優越的文化。他分析的重點是放在邊疆民族接受漢文化的調適的一面，而較少觸及文化衝突的一面。

來台後任教於師範大學的趙鐵寒，主要興趣在宋史，但他編的資料包括了遼金史料，寫的論文也論及宋遼和宋金關係，如〈燕雲十六州的地理分析〉、〈宋金海上之盟始末記〉和〈宋遼間的經濟關係〉等。[38]

過去研究宋遼關係的學者甚少利用李燾的《續資治通鑑長編》，蔣復璁利用這部書，寫成〈宋眞宗與澶淵之盟〉。[39]楊家駱任教於中國文化大學，著有《遼史世表長箋》，[40]及編印《遼史彙編》。[41]此外，任教於東海大學的孫克寬、政治大學的楊樹藩和文化大學的程光

---

37 全集第5冊，頁197。
38 〈燕雲十六州的地理分析〉，《大陸雜誌》17：11、12(1958)，頁331-335、378-382。〈宋金海上之盟始末記〉，《大陸雜誌》25：5(1962)，頁139-144；25：6，頁176-181；25：7，頁222-230。〈宋遼間的經濟關係〉，《中華文化復興月刊》，10：6(1977)。
39 《大陸雜誌》，22：8、9、10(1961)，頁258-262、291-298、330-334。其《宋史新探》內又有〈宋遼澶淵之盟的研究〉，頁100-150。是書台北正中書局於1966年出版。
40 中國學術史研究所(1965)。
41 11冊(台北：鼎文書局，1973)。

裕，都有關於遼金史的論著發表。[42]

綜合上述學人與成長於台灣的「第二代」研究者的成績，可以看到他們的研究工作有以下的重點：

第一，關於契丹和女真民族原有的文化，及建國以後的變遷，論著甚多。如李學智探討女真名稱的意義和研究女真語，[43]林瑞翰述契丹的再生禮和女真的寨居生活，[44]徐玉虎論女真風俗，[45]王民信考遼代漢人賜姓及契丹皇室的婚姻，[46]勞延煊分析金帝王的遊獵生活，[47]桑秀雲釋女真婚俗，[48]以及陶晉生論女真漢化等。[49]

另一個重點是兩宋和遼金的關係。盧逮曾、邢義田和王吉林各有論文討論五代時期契丹對中國朝代的影響。[50]關於澶淵之盟，蔣復璁

42　孫克寬，《蒙古初期之軍略與金之崩潰》（台北：中央文物供應社，1955）。楊樹藩，《遼金中央政治制度》（台北：臺灣商務印書館，1978）。程光裕，〈澶淵之盟與天書〉，《大陸雜誌》，22：6(1961)，頁11-17；7，頁21-28；〈宋太宗征遼戰績考〉，《史學通訊》2(1967)，頁3-10，後由臺灣商務印書館於1972年出版。

43　〈釋女真〉，《大陸雜誌》16：2、3、4(1958)，頁42-48、86-89、117-119。〈女真譯語證誤舉隅〉，《政大邊政研究所年報》7(1976)。

44　〈契丹民族的再生禮〉，《大陸雜誌》4：2(1952)，頁48-51。〈女真初起時之寨居生活〉，《大陸雜誌》12：11(1956)，頁356-361。

45　〈女真建都上京時的風俗〉，《大陸雜誌》9：10、11(1954)，頁322-328、354-357。

46　見《契丹史論叢》（台北：學海出版社，1973）。

47　〈金朝帝王季節性的遊獵生活〉，《大陸雜誌》23：11、12(1961)，頁357-362、399-402。

48　〈金室完顏氏婚制之試舉〉，《史語所集刊》，第25本，上冊(1969)，頁255-288。

49　《女真史論》（台北：食貨出版社，1981）。

50　盧逮曾，〈五代十國對遼的外交〉，《學術季刊》3：1(1954)，頁25-51；邢義田，〈契丹與五代政權更迭之關係〉，《食貨月刊》1：6(1971)，頁296-307；王吉林，〈契丹與南唐外交關係之探討〉，《幼獅學誌》5：2(1966)，頁1-16。

追溯締約的決策人物畢士安和王繼忠，[51]程光裕探討宋君臣造天書來
補償澶淵盟所造成的損失，[52]王民信詳細敘述澶淵締約的過程，及檢
討宋人棄戰言和的原因。[53]他們大都著重其對宋遼關係的正面影響，
亦即盟約奠定了宋遼間長期和平的基礎。廖隆盛則認為澶淵盟約的結
果之一是形成了北宋對西夏的高壓政策和河北邊防的廢弛。[54]張天佑
相信該盟約影響到北宋末年採取聯金滅遼的政策。[55]徐玉虎討論聯金
滅遼，認為宋遼夏鼎立時期可視為「後三國」。[56]總之，論者大都同
意蔣復璁和趙鐵寒的看法，認為北宋實行強幹弱枝的國策沒有足夠的
武力支持其外交政策，故聯金滅遼遭到慘重的失敗。[57]陶晉生和王民
信輯錄了李燾《續資治通鑑長編》中的宋遼關係史料，[58]以此為主要
史源，陶晉生著有《宋遼關係史研究》，比較全盤的評析宋遼關
係。[59]至於貿易關係，則論著不多，廖隆盛有關於宋遼夏邊境的走私

---

51 見註39。

52 〈澶淵之盟與天書〉，《大陸雜誌》22：6、7(1961)，頁177-183、219-
226。

53 〈遼宋澶淵盟的締結的背景〉，《書目季刊》9：2(1975)，頁35-49，
3(1975)，頁45-56，4(1976)，頁53-64。〈澶淵締盟之研究〉，《食貨月
刊》5：3(1975)，頁97-108。

54 〈從澶淵之盟對北宋後期軍政的影響看靖康之難發生的原因〉，《食貨月
刊》15：1、2(1985)，頁15-31。

55 〈宋金海上聯盟的研究〉，《中國歷史學會史學集刊》1(1969)，頁223-
267。

56 〈宋金海上聯盟的概觀〉，《大陸雜誌》11：12(1955)，頁384-388。

57 蔣復璁，〈宋代一個國策的檢討〉，《宋史研究集》，第一輯(1958)，頁
407-450；趙鐵寒，〈關於宋代強幹弱枝國策的管見〉，《宋史研究集》，
第一輯，頁450-453。

58 李燾，《續資治通鑑長編宋遼關係史料輯錄》，3冊，中央研究院歷史語言
研究所(1974)。

59 台北：聯經出版事業公司(1984)；英文本 *Two sons of Heaven: Studies in
Sung-Liao Relations* (Tucson: Uniuersity of Arizona Press, 1988).

貿易一文。[60]此外，王民信著有《沈括熙寧使虜圖抄箋證》。[61]

在宋金關係方面，從金史資料看這一問題的有陶晉生[62]和王明蓀，[63]澄清了若干史實。探討1161年宋金間的采石戰役的論文，有陶晉生的《金海陵帝的伐宋與采石戰役的考實》，主張這場決定性的戰爭中女眞軍隊傷亡並非如傳說中那樣慘重。[64]此外有楊培桂的「宋金采石之戰研究」。[65]詳細敘述及分析南宋抗金義軍的始末的有黃寬重的《南宋時代抗金的義軍》。[66]

除上述重點外，關於遼金史的論著很多，不及一一細舉。應當一提，教學多用金毓黻的《宋遼金史》，至今仍爲台、港大專採用。近年有兩種教學的新著，一爲陶晉生的《中國近古史》，一爲王明蓀的《宋遼金元史》。[67]香港出版的有林旅芝的《契丹興亡史》。[68]

海外學人中，研究金史最有成績的是任教於美國華盛頓大學的陳學霖。他曾發表金代史學史方面的專著，[69]解釋金的國號，[70]及闡述

60 〈北宋與遼夏邊境的走私貿易問題〉，《食貨月刊》，11：11(1981)，頁473-488；12，頁538-552。
61 台北：學海出版社(1976)。
62 〈完顏昌與金初的對中原政策〉，收入《邊疆史研究集——宋金時期》(台北：臺灣商務印書館，1971)，頁33-49。
63 〈金初的功臣集團及其對金關係的影響〉，《政大邊政研究所年報》10(1990)，頁135-154。
64 臺灣大學文學院(1963)。
65 台北商專學報1(1974)。
66 台北：聯經出版事業公司(1988)。
67 台北：東華書局(1979)及長橋出版社(1979)。
68 香港：三育圖書文具公司(1957)。
69 Hok-lam Chan, *The Historiography of the Chin Dynasty: Three Studies* (Wiesbaden: Franz steiner, 1970).
70 〈金國號之起源及其釋義〉，陳述主編，《遼金史論集》，第3輯(北京：書目文獻出版社，1987)，頁279-309。

金代對德運論的議論。[71]

　　民國三十八年以後，大陸遼金史的研究，一直要在理論上迎合馬列的框框。這是大陸史學研究的困境，在此不必多贅。不過，大陸學者發表論著既多，涉及範圍也相當廣，尤其在考古資料的發現和利用方面，對歷史研究有極大的幫助。

　　自民國三十八年迄今，居於領導地位的學者是陳述。他出版了《金史拾補五種》、《契丹社會經濟史稿》、《契丹政治史稿》，主編了《全遼文》。[72]他發起了遼金史研究學會，從1983年起，每兩年舉行會議一次。會議中提出的論文選集，已經出版了四輯。[73]陳述數十年來工作的另一成果《遼史補注》，篇帙浩鉅，但至今尚未付印。

　　由蔡美彪等撰寫的《中國通史》第6冊，於遼、西遼、金和西夏的史事都有較一般通史詳盡的敘述。[74]通史方面還有董萬崙的《東北史綱要》。[75]關於遼代的一般性史著有陳述的《遼代史話》、張正明的《契丹史略》和舒焚的《遼史稿》。[76]張博泉在金史方面著作最多，包括《金代經濟史略》、《金史簡編》和《金史論稿》等斷代史

71　Hok-lam Chan, *Legitimation in Imperial China: Discussions under the Jurchen Chin Dynasty (1115-1234)* (Seattle: University of Washington Press, 1984).

72　《金史拾補五種》(北京：科學出版社，1960)；《契丹社會經濟史稿》(北京：三聯書店，1963)；《契丹政治史稿》(北京：人民出版社，1986)；《金遼文》(北京：中華書局，1982)。在《金遼文》之前，陳氏另有《遼文匯》，10，中國圖書發行公司(1953)。

73　陳述主編，《遼金史論集》，第一輯(上海：古籍出版社，1987)；第二、三、四輯(北京：書目文獻出版社，1987-1989)。

74　北京人民出版社(1979)。

75　哈爾濱：黑龍江人民出版社(1987)。

76　《遼代史話》(鄭州：河南人民出版社，1981)。《契丹史略》(北京：中華書局，1979)。《遼史稿》(武漢：湖北人民出版社，1984)。

性質的成果，以及《東北歷代疆域史》。[77]最近，蔣秀松、孫進己等出版了《女眞史》。[78]西遼史方面，魏良弢的貢獻最大，著有《西遼史研究》。[79]

在校勘方面，除上述羅繼祖和張亮采的工作外，如崔文印的《大金國志校注》。此外，點校史書、文集和筆記小說的工作，給予學者和大眾很多方便。遼史和金史並有人名索引出版。[80]還應當一提的，是劉鳳翥等研究契丹文(見下文)，和金啓綜等研究女眞文的成果。[81]

大陸史學界對於遼金史的研究工作，帶有政治上的任務，就是爲統一多民族的國家，貫徹政府達成各民族間平等的政策，改正過去對少數民族歷史文化的偏見。因此在解釋史事和人物研究方面，煞費周章。對於遼金史發展過程的解釋，學者大都沿襲了階段發展的模式，提出大同小異的意見。契丹和女眞的社會，是從原始社會進展到奴隸社會，再發展到封建社會。就遼期而言，從建國前的原始社會發展到建國初期的奴隸社會，到了遼朝中期(聖宗以後)，封建制度就已確立。[82]就金朝而言，從建國前的部落氏族發展到奴隸主國家的建立，經過一段相當長

77　《金代經濟史略》(瀋陽：遼寧人民出版社，1981)；《金史簡編》(瀋陽：遼寧人民出版社，1884)；《金史論稿》(長春：吉林文史出版社，1986)。張博泉、蘇金源、董玉瑛，《東北歷代疆域史》(長春：吉林出版社，1981)。

78　蔣秀松、孫進己、于志耿、張璇如、莊嚴著(長春：吉林文史出版社)。

79　寧夏人民出版社(1987)。書中有西遼史研究成果的介紹。

80　《遼名人名索引》(北京：中華書局，1982)；《金史人名索引》(北京：中華書局，1980)。兩書都由曾貽芬、崔文印編成。

81　金光平、金啓綜，《女眞語言文字研究》(北京：文物出版社，1980)；金啓綜，《女眞文辭典》(北京：文物出版社，1984)。

82　蔡美彪等著，《中國通史》，第6冊(北京：人民出版社，1979)，頁18-22、43-44、59-60、71-72。舒焚，《遼史稿》(武漢：湖北人民出版社，1984)，頁8。

的過渡期，到了海陵王當政時，開始建立封建制統治的基礎。封建制
到金世宗時，才完全建立。[83]近年來比較不落入此種「俗套」的著
作，有宋德金和王可賓關於金代社會和風俗的專著。[84]

關於遼金兩朝在我國歷史上的地位，多數遼金史學者確認了這兩
朝的正統地位，是兩個重要的「北朝」，和「南朝」的兩宋對立。遼
金兩代在歷史上有很大的貢獻。第一、遼金時代長城以北的草原上出
現了農業和城鎮，和大批漢族移民，爲後來國家重新統一創造了有利
的條件。第二、這兩代穩定了北方的疆域，爲後世我國北方的疆域奠
定了基礎。第三、契丹和女眞在遼金時期與中原漢族的「友好的溝
通」，爲民族融合開闢了渠道。融合的潮流，並沒有被政權的戰事阻
擋。這一時代是我國歷史上北方諸民族又一次大融合的重要時期。第
四、契丹和女眞族創造了可觀的文化，爲中華民族的文化和制度增加
了新內容，對後世產生了深遠的影響。此外，遼金時代也發揮了溝通
中西交通的作用。[85]

宋遼和宋金關係，是大陸遼金史學界研究和討論的一個重點。討
論中顯然有兩種不同的意見。一種意見認爲宋金間的戰事「是一場以
民族鬥爭形式出現的階級鬥爭」，也是女眞對漢人的掠奪性的民族戰
爭。另一種意見認爲宋金戰爭「不存在中國民族遭到外來侵略和反侵
略的問題，只存在著國內各民族間與政權間的兼併和反兼併，而且兼

83　蔡美彪等著，《中國通史》，第6冊，頁241、244、283-284。

84　宋德金，《金代的社會生活》(西安：陝西人民出版社，1983)。王可賓，
　　《女眞國俗》(長春：吉林大學出版社，1988)。

85　陳述，〈遼金兩朝在祖國歷史上的地位〉，《遼金史論集》(一)，頁1-9；
　　楊樹森、王承禮，〈遼朝的歷史作用初論〉，《遼金史論集》，第二輯，
　　頁1-13。景愛，〈遼金史研究會舉行第一次學術討論會〉，《歷史研究》
　　(1987：5)，頁106-107。

併是互相的。」在1982年舉行的第一次遼金史研究會的討論會中，多數學者認爲遼金對宋的戰爭不是侵略戰爭，而是各族統治者爲爭奪對中國統治權的戰爭。不能把遼金視爲異族敵國；把遼金說成是「外國」，也是不妥當的。[86]

贊成宋遼和宋金戰爭是侵略戰爭的人，把這些戰爭定性爲「侵略性、掠奪性和非正義性的戰爭」，[87]這些學者大都研究宋史，從宋朝的觀點立論。如鄧廣銘就不滿意反對講述岳飛抗金和反對歌誦〈滿江紅〉詞，他主張對分裂時期的戰爭「必須而且只能根據歷史唯物主義，實事求是地就具體問題進行具體的研究和解決」。[88]

由於對宋遼和宋金戰爭的看法不同，學者對歷史人物的評價也有差異。研究遼金史的學者認爲宋朝有宋朝的民族英雄，遼金也有自己的民族英雄。阿骨打是女眞族反遼鬥爭的民族英雄，岳飛是宋代漢族抗擊女眞貴族入侵的民族英雄。但是卻不能稱他們爲「中華民族的英雄」。[89]

人物的研究也隨著政局的「大氣候」的變化而改變其評估。如文化大革命期間，《中國通史》的著者們把金海陵王完顏亮「寫得多少

86 景愛，〈前引文〉；朱子方，〈一九八二年至一九八四年遼金史學術研究概述〉，《社會科學戰線》（1986：2），頁212-213。並參考吳泰，〈試論宋、遼、金對峙時期民族關係的幾個問題〉，《北方論叢》（1982：3），頁86-92。
87 徐吉軍，〈首屆岳飛研究學術討論會綜述〉，《宋遼金元史》（1982：2），頁162-163。
88 鄧廣銘，〈岳飛廟志序〉，《宋遼金元史》（1985：1），頁66-70。
89 吳泰，前引文，頁92。關於人物應當如何評價的文章不勝枚舉。蔡靖夫指出，中學教科書講岳飛只說他是「抗金將領」。見〈我國歷史上的民族關係評議〉，《北方論叢》（1984：6），頁20。

有點批儒揚法(如選舉制度除儒學經義而以法律取士)的味道」。[90]文革以後，頌揚改革開放在史學上的影響，是藉「影射史學」頌揚歷史上的改革者，不僅金朝的開國君王完顏阿骨打、金熙宗亶、金世宗雍、大臣完顏宗幹、完顏宗弼等人都屬於改革派，[91]連歷來「封建史家」一致認爲是暴君的海陵王亮也成了改革家，[92]甚至比金世宗還更夠資格當得起「小堯舜」的美名。[93]

　　自民國三十八年起，大批的遼金墓葬的發掘，出土了無數的器物和碑文。這些碑文補充了文獻的不足。[94]例如朱子方利用出土墓誌研究遼代社會，在王族與后族通婚不限尊卑和契丹人掠奪和奴役他族人民等問題上，都得到了確實的證據。[95]又如遼代四大家之一的趙氏，於發現的族墓碑文中可證趙氏的一支在遼寧朝陽定居了三地。[96]學者從累積的契丹小字和漢文對照的碑文，辨認了很多契丹字，有突破性

90　羅繼祖，〈完顏亮小議〉，《遼金史論集》，第二輯，頁256-261。

91　張博泉、程妮娜，〈完顏阿骨打略論〉，《遼金史論集》，第一輯，頁335-356；蔡美彪著，《中國通史》，第6冊，頁266-279；任崧，〈試論金代改革家完顏宗幹〉，《北方論叢》(1986：2)，頁87；張博泉，〈略論完顏宗弼〉，《學習與探索》(1983：5)，頁122-128；張博泉，〈試論金世宗的治世思想與其得失〉，《黑龍江文物叢刊》(1983：3)。

92　張博泉文，引見羅繼祖前引文。

93　崔文印，〈略論金海陵王完顏亮的評價問題〉，《遼金史論集》，第一輯，頁357-370。

94　馮永謙，〈建國以來遼代考古的重要發現〉，《遼金史論集》，頁295-334。關於1949至1982年遼金史研究的論文和考古資料的介紹和研究，看歷史研究編輯部，《遼金史論文集》(瀋陽：遼寧人民出版社，1985)，頁597-646的〈論文資料索引〉。

95　朱子方，〈從出土墓志看遼代社會〉，《遼金史論文集》，頁74-99。

96　鄧寶學、孫國平、李宇峰，〈遼寧朝陽趙氏族墓〉，《文物》(1983：9)；頁30-38。

的成就。[97]

　　近年來驚人的考古發掘成績，開創了新的歷史研究的課題。以下略舉數例來說明。

　　第一，東北地區遼金和渤海城址，從1982至84年間，就發掘了32處之多。學者對遼代諸京的研究，至今意見不一。如遼代究竟是否一直以上京為首都，抑或中期以後以中京為首都。[98]遼代「城郭相望」，是漢族大量移民到東北的結果之一，城址的發掘和研究，對漢文化在東北的影響問題，很有幫助。

　　第二，1981年在察哈爾右前旗豪欠營出土的契丹女屍，保存完好。其髮式、裝飾品、衣物、墓葬形式等，提供了研究契丹髮式、服飾、體質特徵、葬俗和宗教信仰等資料。這一女屍的出土，「已成為研究古代內蒙古高原的體質人類學、醫學、紡織、冶金、陶瓷等自然科學史方面提供了可貴的實物證據。而在考古、歷史、民族學等研究中，又補充了文獻的不足，特別對我國北方民族史，更是一份饒有興味的絕好資料」。[99]

　　第三，1974年在應縣佛宮寺木塔內發現契丹文物160件，包括珍貴的雕版印刷的《契丹藏》13卷，和其他遼刻佛經35卷。《契丹藏》可能是國內現存最早的大藏經刻本。木塔中並且有繪畫〈神農採藥圖〉和版畫〈南無釋伽牟尼佛像〉、〈藥師琉璃光佛說法圖〉、〈熾盛光九曜圖〉等，不遜於五代和宋代的美術品。〈南無釋伽牟尼佛

像〉更是彩色套印史上的先導作品。[100]

　　民國以來的遼金史研究，成就不可謂不豐富。從民初開始，學者不斷地搜尋新史料，補充遼金二史的不足，並且以現代的史學方法研究問題，擴充了研究的範圍，也開創了新的課題。尤其是過去對於金石資料的注意，和數十年來大量考古發掘出土的各種器物，幫助了遼金史學界的工作。

　　台灣在遼金史方面的研究，頗受資料的限制。對於遼金史有興趣的人不多，所以成績在量的方面遠不如彼岸學者。

　　大陸史學和考古學工作者占有地利之便，多年來可以研究遼金遺址出土的豐富素材。不僅可以和文獻資料印證，而且可以啓發思路、拓展視野。不過在遼金史範圍內工作的，大都是考古學者。後繼的年輕史學工作者爲數不多。而且在一種主導思想的籠罩之下，解釋史事不免流於教條化。

　　原載《民國以來國史研究的回顧與展望研討會論文集》。台北：台灣大學，1992。

100　馮永謙，前引文，頁308；朱子方，前引文，頁218-219。

契丹的黃金時代

　　中央亞細亞各民族和俄人，從西元第10世紀以後，曾經認爲契丹
（Khitay、Kitaia或Cathaia）就是中國。後來西方的Cathay這個名稱，也
指中國。其實契丹是歷史上契丹族建立的王朝（907-1125），於西元
947年建號爲遼。遼朝占據東北亞和西域，大致阻擋了北宋與西方的
陸路交通。所以西方只知道契丹，不知道宋朝。遼亡後，西遼（1124-
1211）仍在北亞存在，直至13世紀初被成吉思汗征服。

契丹大帝國的形成

　　契丹族是游牧民族，源出於東胡族系的鮮卑民族。其語言屬於阿
爾泰語系。遠在北魏時期，契丹人已經在東北亞活動。歷來曾經向北
魏、隋、唐進貢。北魏末，契丹族分爲八部。其後產生部落聯盟，由
八部大人輪流推舉爲首領，並有任期（三年）。10世紀初，大唐帝國崩
潰，朱溫建後梁（907-922），占據汴京。契丹酋長耶律阿保機（872-
926）統一內部，於905年與據有山西的突厥沙陀領袖李克用結盟，擴
張勢力。他繼續唐代對西域的經營，曾經西征突厥、吐渾、黨項、沙
陀諸部。從河西走廊到西域，有河西回鶻（甘州回鶻）、高昌回鶻，和
喀喇汗王朝。阿保機遠征至回鶻城，勒石紀功。高昌回鶻一度成爲遼

的屬國，喀喇汗王朝也不斷向遼進貢。遼朝與當時的西域諸民族有相
當密切的政治、經濟和文化關係。[1]其後建西南路招討司(924年)控制
西夏，和西北路招討司(971年之後)經營西域。

耶律阿保機(太祖)積極參與中原政治。他在926年率軍征服位於
遼東的渤海國，任命長子耶律倍爲該地的東丹國王。次子耶律德光
(太宗，902-947)得到阿保機的遺命，繼承帝位。德光即位後，幫助
石敬瑭對抗後唐(923-935)，樹立後晉政權，石敬瑭割讓燕雲十六州
之地(今河北和山西北部)，進貢歲幣作爲酬謝，並且自稱「兒皇
帝」。時在936年，契丹遂正式取得中原霸主的地位。其後因石敬瑭
之子重貴稱孫不稱臣，耶律德光於947年進軍滅後晉，但是旋即退
兵，於途中病死。但是在他返回東北之前，建國號爲遼，並且將汴京
的文武百官數千人、吏卒數千人、宮女、宦官數百人，府庫之物，以
及工匠都帶往北方。契丹人擁有中原王朝皇室的璽印寶物，因此強調
他們繼承了中原的正統。

10世紀中，大遼帝國的版圖遼闊，東北包括今俄國的海濱省和東
北，東鄰高麗，西至蒙古，延伸至阿爾泰山，西南和西夏接壤，南越
長城與宋對立。《遼史》關於唐末五代中原各國和節鎮與遼交涉的記
載是：後梁、後唐和達旦來使稱「來聘」。晉、吳越、渤海、高麗、
回鶻、阻卜、党項，及幽、鎮、定、魏、潞等州，南唐、女直(即女
真)、吐谷渾、烏孫、靺鞨、黑車子室韋、[2]波斯、大食和日本都稱

---

1   參看程朔洛，〈論遼金與回鶻的關係〉，《遼金史論集》(上海：上海古籍
     出版社，1987)，頁79-89。魏良弢，〈喀喇汗王朝與宋、遼及高昌回鶻的
     關係〉，《中亞學刊》，第1輯(1983)，頁212-223。
2   《遼史》(北京：中華書局點校本)卷1，頁12；卷4，頁44。

「來貢」。[3]

東亞的多元國際系統

　　傳統中國對周邊民族的關係有兩個主要的模式：一元的封貢國際系統和多元的國際系統。在一元的封貢國際系統下，中國王朝在東亞唯我獨尊，建立的朝貢制度，周邊政權向中原王朝進貢。中原王朝維持其宗主的地位，與附庸國之間的外交關係是不對等的。當另一個強權崛起，中原王朝無力要求周邊政權朝貢時，就形成對等多元關係的模式。西元第10至13世紀，也就是從五代到宋遼金時期的國際關係，屬於多元的國際系統。在這一系統中，每個國家或政權都尋求自身的強盛和盟邦的協助，以外交達成國際間勢力的均衡。

　　東亞的多元國際系統，從第10世紀初，唐帝國滅亡後的五代(907-960)開其端。五代中的後梁、後唐(923-935)和後周，與遼維持對等的關係。五代末期，郭威建後周(951-960)，遣姚漢英、華昭胤使遼，則因「書辭抗禮，留漢英等。」也就是遼不願和後周對等。後來周世宗北伐，從晚上喝酒白天睡覺的「睡王」遼穆宗奪得瀛、莫二州和三關(益津、瓦橋、淤口)之地，因此遼和後周間是敵對的情況。北漢劉崇則遣使對遼稱姪，求封冊。遼冊封他為大漢神武皇帝。成為遼的附庸。遼時常予以軍事援助，直至宋太宗滅北漢。

　　五代時期，南方的九國先後和遼往來的包括吳、吳越、南唐、閩、荊南和楚。吳(902-937)企圖結契丹進取中原的後晉，但契丹卻

3　《遼史》卷2，頁19：「波斯國來貢」；頁20：「大食國來貢」、「回鶻霸里遣使來貢」；頁21：「日本國來貢」。

支持後晉。代吳的南唐(937-976)為擴張勢力,仍然希望得到契丹的
援助。南唐屢次向契丹提供後晉和後周的情報,契丹人自然樂得從南
唐得到後晉和後周的訊息。當後周南征南唐時,南唐向契丹請求援
助,契丹卻拒絕出兵。吳越(907-978)屢次向契丹進貢,吳越與遼的
友好關係持續二十年,目的是先後與吳和南唐抗衡。遼和閩及荊南也
有交往的紀錄。閩(904-978)對遼的外交主要目的是在國際政治方面
得到遼的支援,抵抗後晉。荊南則是當耶律德光滅晉後,入貢以保全
其政權。契丹與中原政權也通過商業貿易得到經濟上的利益。至於
947年對楚的冊封,就是為了取得當地的產品丹砂。[4]

遼宋關係

宋代(960-1279)統一中原,和東北亞的大帝國遼朝對立。宋太祖
於974年和遼建立外交關係。但是太宗於976年滅北漢後,轉而攻擊
遼,遭到挫敗。986年,太宗再次發動對遼戰爭,也以失敗收場。宋
真宗景德元年(1004),遼蕭太后(即承天后)和聖宗(在位:982-1031)
發動大軍南侵,宋君臣震驚。真宗在寇準力主親征下,與宋大軍到澶
州(今河南濮陽)與遼軍對峙。經由外交談判,於次年初(1005)與契丹
訂立和平條約,就是所謂〈澶淵誓書〉,其內容為:

1. 兩國建立和好關係。宋向遼提供歲幣銀10萬兩、絹20萬匹,
作為軍事上的補助(以風土之宜,助軍旅之費)。

---

4   以上參看林榮貴、陳連開,〈五代十國時期契丹、沙陀、漢族的政治、經
     濟和文化交流〉,列入陳述主編,《遼金史論集》,第三輯(1987),頁
     155-186。

2. 劃定疆界。雙方人民不可互相侵犯。

3. 互相不可容納對方叛逃的人民。

4. 互相不侵擾百姓的農田。

5. 互相不增加邊防設備。

6. 以宣誓確保條約的信守。

　　澶淵之盟維持了遼宋間百年的和平。宋真宗和遼聖宗都自稱皇帝，兩朝是兄弟之邦。兩朝使節來往頻繁，互相賀年和慶生，來往頻繁。契丹人稱宋朝為南朝，宋人是南人；而宋人稱遼朝為北朝，契丹人為北人。同時，雙方決定在邊境設立榷場，進行貿易。雖然兩朝百姓和軍兵有時發生一些小衝突，但都在透過外交的談判，理性的解決問題。

　　澶淵盟約是中國歷史上劃時代的重要條約，根據這個條約，東亞出現了史無前例的兩大敵對的帝國。天無二日，地無二王的神話破滅。兩國之間確保疆界的劃分，利用榷場進行貿易。根據當時人的估計，宋朝每年致送遼朝的歲幣，經由貿易，可以賺回大半。

遼與西夏、高麗的關係

　　遼採取和親政策，遼興宗（名宗真，聖宗長子。在位：1031-1055）以公主下嫁西夏主元昊，和西夏是舅甥之國。1039年，元昊稱帝，號稱西朝。1041年，大敗宋軍。一時儼然與宋遼形成三國鼎立的形勢。遼興宗顯然利用西夏戰勝宋朝的機會，於1042年派遣使臣對宋提出土地的要求。如果遼夏合作對付宋，就會對宋造成極大的威脅，破壞國際均勢。宋朝在這種兩面受敵的不利形勢下，與遼締定第二個

條約(慶曆誓書)，增加對遼的歲幣到銀20萬兩，絹30萬匹。同時西夏也對宋稱臣，代價是得到宋朝每年的歲賜。但元昊與遼興宗交惡，1044年冬，興宗西征，大敗而歸。1048年，元昊卒。興宗於次年再度大舉伐夏，結果仍是戰敗。不過，1050年西夏還是遣使請依舊對遼稱臣，遼復與夏通好。

遼朝和高麗是宗主國和附庸國的關係。這種關係是通過多年的戰爭(1011-1019)和敵對得來的。高麗比較傾向於獲取宋朝的支持來對抗遼，所以有時候向宋進貢。宋廷也希望高麗能夠在遼的背後形成牽制的力量。不過，宋人與高麗結盟對付遼的願望，因宋和高麗雙方都考慮自身的利益而沒有成為事實。遼人當然也了解宋和高麗的企圖，因此會在適當的時機對宋和高麗施加壓力。

遼、宋、西夏和高麗間的關係錯綜複雜，遼以公主下嫁西夏王，這樣就形成了東亞的勢力均衡。簡單的說，遼和後來取代遼的金朝，先後取得了遼宋金夏中的主動地位。

契丹族的政治、軍事和文化各方面的發展都達到很高的水準，宋人不得不承認他們的平等地位，至少在對遼政治和外交方面，不再認為契丹人是野蠻的夷狄。雖然宋朝對西夏和其他小邦仍保有了朝貢制度，至少對外不再聲稱其皇帝仍保有至高無上的地位；而遼則仿照中原王朝的模式，建立了以遼為中心的朝貢制度。

契丹王朝的政治、經濟和軍事制度

契丹族的部落聯盟的酋長原來由八個部落推選，經過南征北討後的耶律阿保機，確立自己的領導地位，不肯尊從推選制，而成為永久統治的開國君主。但君位繼承一時未能建立制度，以致問題叢生。太

宗耶律德光繼位，排擠長兄倍，以致倍逃往中國。繼德光的耶律突
欲，是東丹王倍的長子(世宗)，後來被爭位的耶律察割殺害。德光的
長子璟(穆宗)酗酒殘暴，被近侍所殺。耶律突欲次子賢(景宗)很有作
為，並且有皇后承天后蕭燕燕的輔佐，但早死。直到長子隆緒(聖
宗，在位：982-1031)時才確立嫡長繼承的制度。契丹建國後的統
治，是由王族的耶律氏和相互通婚的后族蕭氏壟斷國家大事。

契丹人模仿中原王朝的專制君王體制，企圖建立中國式的王朝，
但是在政治和軍事制度上仍保有契丹原有的特色。契丹人的統治是一
種雙重制度，以固有的部族制度(北面官)治理契丹族人，而以沿襲中
原的州縣制度控制渤海和燕雲漢地。國家政治和軍事大權握在契丹人
(北面官)手裡，管理游牧民的軍政和民政。最高行政機關是北樞密院
和北宰相府。南面官的南樞密院、南宰相府主要職責是統治帝國南方
的農業地區和農民。原則是契丹人不治漢人，漢人不治契丹人。但南
面官中的重要職位仍多契丹人。全國設五京：上京臨潢府(今內蒙昭
烏達盟巴林左旗林東鎮南)，東京遼陽府(今遼陽市)，中京大定府(今
內蒙寧城西南大明城)，西京大同府(今大同)，和南京析津府(今北
京)。契丹統治者也採取中原的制度，如設御史和翰林(林牙)，並且
利用科舉制度進用人才。不過，取士的數目很小，從最初的每次錄取
一、二位進士到後來最多的20至40人。至於典禮儀式，則於模仿唐朝
以外，保留契丹固有的制度，因此遼的禮制有契丹儀和漢儀，契丹儀
如登皇位舉行的柴冊儀和祭天的和祭山儀。

經濟方面，在建國前和建國初期，耶律阿保機和德光當政時，因
戰爭俘擄大量的漢人，移至國內開墾荒地，和從事農耕；或建築漢
城，生產日用品，或成為奴隸。由於取得燕雲地區後，漢人的人口遠
超過契丹和其他族群，必須重用漢人為官吏，同時鼓勵農民墾荒。農

業的收入是國家稅收的主要來源。北方則是群牧放牧之地，畜牧業興
盛，游牧民仍保持著草原上的生活方式。

契丹人鑄造錢幣，但是普遍使用宋朝的銅錢。五代時期，契丹和
中原王朝以及周邊的部族展開貿易，對外的貿易相當興盛。宋、西夏
和高麗都是通商的對象。與宋議和後，榷場貿易更是大宗。通過遼宋
的榷場貿易，契丹人得到他們需要的農業社會生產的糧食、絲綢、
茶、瓷器、日用品、書籍，和奢侈品如香藥、犀象。宋則需要羊、毛
皮、橐駝等，以及經由走私貿易得到馬匹。

遼代從阿保機時佛教寺院開始得到貴族的維護和扶持，有長足的
發展，對社會經濟有很重要的影響，就是佛寺的普遍設立，占有廣大
的田土，擁有甚多為他們耕作的人戶。其經濟勢力非常雄厚。

契丹人依靠武力建國，尤其依仗騎兵，以騎軍制勝。群牧養殖無
數馬匹，又要求周邊部落如女真大量進貢馬匹。《遼史》描寫契丹兵
強馬壯：

> 契丹舊俗，其富以馬，其強以兵。縱馬於野。弛兵於民。有事
> 而戰，彍騎介夫，卯命辰集。馬逐水草，人仰湩酪。挽強射
> 生，以給日用；糗糧芻茭，道在是矣。以是制勝，所向無前。

契丹人人皆兵，習於戰鬥。一聲令下，立即可以招集兵馬，組成
戰鬥單位。

社會和文化

契丹社會的上層，是耶律和蕭兩個大家族。為了治理漢人占多數

的國家，契丹統治者不得不對漢人知識分子作有限度的開放。採取考試制度就是用來籠絡漢人，皇帝也賜國姓耶律給有功勞的漢官。漢人官員家族的社會地位逐漸升高，出現了所謂「韓、劉、馬、趙」等大家族。朝廷本來不許契丹人和漢人通婚，在興宗時下令解禁。農民和牧民屬於平民，具有獨立的身分。從戰爭掠奪來的農民中，包括奴隸。奴隸大多爲皇室的服務，也有不少在朝廷和部落控制下從事勞動生產。

契丹人和其他北方游牧狩獵的民族一樣，原來信仰沙曼（shamanism），由沙曼（shaman，即巫）主持祭典、治病，以及和神靈交通。建國後仍保持若干與固有信仰有關的風俗習慣。契丹典禮如柴冊儀，是皇帝接受契丹尊號的典禮；祭山儀是祭拜契丹的發源地木葉山。其他還有皇帝每十二年舉行再生的典禮；除夕拜火，焚燒祭祀死者的酒食等。契丹人信仰的佛教屬於北方的傳統。佛教至道宗時達到發展的頂點，得到國家的保護，刊行佛經。民間則組千人邑之類的佛會，建佛塔，辦佛事。佛寺和寶塔的建造很有特色，在東亞建築史上達到高峰。山西應縣佛宮寺釋迦塔，也就是著名的應縣木塔，在一尊佛像裡面發現160件文物，包括《契丹藏》。說明契丹印刷術在10世紀末至11世紀初已經有極高的水準。

契丹人有特別的髮式，即剃去頂髮。也保留固有的服裝，契丹官上朝著契丹服，漢官著漢服。更重要的是皇帝和貴族仍然保有契丹族素來的游牧文化，每年四季到不同的地點居留，享受遊獵的樂趣，而國家大政也主要在這些地方決定，不一定在五京中。這種生活方式稱爲四季「捺鉢」（亦即斡魯朵，營盤）。春季鉤魚（混同江結冰後，在冰上打洞鉤魚），捕鵝雁；夏季避暑；秋季射鹿；冬季則在平川過冬。

另一方面，遼朝國內漢族眾多，又與宋交往，受到唐宋漢族文化

的影響。阿保機建國時，就決定以儒家爲國教，建孔廟。同時，他們
也接受漢人的節慶，如中元、立春、重五、夏至、重九、冬至等。至
於敬拜祖先、立宗廟、建陵寢則大都受漢人的影響。雖然契丹人創作
自己的文字，但是很多契丹貴族，甚至皇后和妃嬪會用漢文作文吟
詩。

　　過去學者認爲契丹族受到漢文化的影響很深，被漢文化同化。
但是新資料顯示文化的交流不是單方面的吸收，而是雙向的影響。
從出土墓誌的研究，發現漢人大族的韓氏，在韓知古爲官後，從第
二代起就開始契丹化，其孫韓德讓因有功勞得到皇帝的賜姓耶律，名
隆運，後來的子孫的名字有的改爲契丹字，甚至姓氏也改爲耶律，
如韓德威之子威寧・雱金，又名耶律遂正。而且韓氏子孫都和契丹
人蕭氏通婚。[5]這些新資料告訴我們，有些契丹人接受漢文化，也有
漢人成了契丹人。總之，契丹族的文化，形成一種混合體。

契丹考古的成就

　　關於遼代的文字記載，主要是中國正史之一的《遼史》。由於元
朝末年才編纂宋遼金三史，距離遼朝的滅亡時間已久，所以《遼史》
的內容有很多不明白和錯誤的地方。過去對於契丹和遼朝的了解是不
夠的。近數十年來中國關於遼代的考古發現，補充了過去文字記載的
不足，對遼代的文化和歷史研究貢獻很大。我們現在可以看見很多遼
代城市的遺址，也從遼墓中知道無數契丹人和漢人在當時生活上的用

5　　王玉亭，〈從遼代韓知古家族墓誌看韓氏家族契丹化的問題〉，《北方文
　　　物》，2008，1：59-64。

品和奢侈品(如面具和全身的網絡,皆不見於過去的文字紀錄),以及墓葬中描繪他們生活的壁畫。這些成品顯示當時人們在藝術和技術上的優秀成就。

考古工作爲我們增加了大量的文字紀錄,包括漢文的墓誌和契丹文字的碑刻,以及契丹藝術的圖像和隨葬品。經過學者不斷的努力,已經可以解讀契丹文。隨著豐富的新資料的出現,是大量新研究的發表。今天我們對於契丹族建立的遼朝,遠比過去知道的爲多。

遼朝的重要性

學者對於遼朝重要性的討論,有以下的評價:

1. 遼朝是一個多民族的政權,其建立造成北方第一次統一。並創行「因俗而治」的政策,安定對國內契丹、漢、渤海和奚等民族的統治。

2. 契丹人在東北建置城寨,招攬漢人,成爲定居的農業人口。契丹、漢人和其他少數民族開發東北的農業和工商業,並溝通東西交通。[6]

3. 遼金元時期是中原的儒家大同文化,經歷考驗的時期。結果是中原文化匯合了不同的文化,內容更豐富。[7]

6　楊樹森、王承禮,〈遼朝的歷史作用初論〉,《遼金史論集第二輯》(1987),頁1-15。陳述,〈遼金兩朝在祖國歷史上的地位〉,《遼金史論集(一)》(上海:上海古籍出版社,1987),頁2-3。

7　姚從吾,〈遼金元史概觀〉,《遼金元史講義——甲、遼朝史》(台北:正中書局,1972),頁338-339。

　　原載蔡玫芬、林天人主編，《黃金旺族——內蒙古博物院大遼文物展》。台北：時藝多媒體傳播股份有限公司，2000。

宋代外交的特色

　　外交是運用情報和技巧來執行獨立國家政府間的正式關係（Ernest Satow）。[1]也有人說外交是一種藝術，或外交是政體間和平的運作關係。宋代的外交是處於怎樣的國際局勢中呢？辦外交的目的是什麼？宋代外交在哪些方面有所創新？

宋代外交史的概觀

　　宋代建國時，是處於東亞的多元國際關係之中。宋代的國際關係和漢唐統一王朝的國際關係不同。前者是在多元國際系統下執行對敵國的外交，而後者是在一元朝貢系統接受周邊政權的朝貢。

　　西元第10世紀下半，宋代建立時的局勢是，朝代迅速興替之後，遼朝皇帝已經稱大號，取大位。宋朝看來也許只是另一個短暫的過渡。趙匡胤兄弟努力鞏固新政權，與遼勢必決一高下。974年，宋太祖與遼建立外交關係。979、986年太宗兩次征遼失敗，關係斷絕。爭戰的結果不能如願，乃退而求與敵國議和。這時候就必須運用外交談

1　Ernest Satow（1843-19929），英國外交家，著有 *Guide to Diplomatic Practice* (1917).

判來達成和平。

宋與遼金外交的第一個特點，是與敵國訂立現代化的條約

1004-5年眞宗與遼締訂〈澶淵誓書〉，建立兩國間的和平友好的關係。宋遼間的〈澶淵誓書〉，是宋代與外國訂立的第一個條約，也是後來條約之所本。可以稱爲宋代與強敵之間達成和平的「澶淵體制」或「澶淵模式」。內容是：雙方建立和平關係，宋遼各守疆界，不容納對方百姓，以及沿邊不增加國防設施。宋每年送遼歲幣銀絹三十兩匹。

〈澶淵誓書〉的一個重點是宋對遼輸出歲幣。歲幣的性質是「以風土之宜，助軍旅之費」。也就是說，宋朝以豐富的財富來幫助遼朝在澶淵之役出兵的補助。雖然契丹人認爲歲幣是進貢，但事實是對契丹的軍事補償。朱瑞熙認爲這筆錢是軍事賠償。[2] 牟復禮(Frederick Mote) 也說是賠款(indemnity)。[3] 崔瑞德(Denis Twitchett) 和蒂茲(Klaus-Peter Tietze)也強調 "contribution to military expenses"(助軍旅之費)的詞句，其目的是避免使用屈辱的「貢物」。還用「補助」

2　朱瑞熙認爲歲幣是貢。見其〈宋朝的歲幣〉，《岳飛研究》，第2輯(1992)，頁213-232：歲幣又稱歲貢。是中國古代諸侯或屬國每年向中央朝廷進貢的禮品。《國語・周語》上說：日祭月祀，時享歲貢。從五代開始，歲幣成爲中原王朝向周鄰強國每年交納的財賦。後唐末年，石敬瑭依靠契丹，立爲晉帝，稱遼主爲父皇帝，貢歲幣三十萬。到宋朝，歲幣是每年按照定額向遼國(契丹)和西夏、金國以及蒙古(元)交納的財賦，帶有戰勝國迫使戰敗國交納戰爭賠款的性質。

3　牟復禮用賠款一詞。見田浩，〈西方學者眼中的澶淵之盟〉，張希清、田浩、穆紹珩、劉篨英編，《澶淵之盟新論》(上海：上海人民出版社，2007)，頁106。

(subsidies)一詞。[4]我個人的翻譯是"annual payment."。〈澶淵誓書〉是此後宋遼外交的基礎,從此發展對遼外交的制度或可稱爲「澶淵模式」。[5]

「澶淵模式」的現代性,除了歲幣之外,是沿用自五代以來遼與中原朝代的國與國的關係。〈澶淵誓書〉中稱宋與契丹爲「兩朝」和稱契丹爲「北朝」。同時雙方互相稱呼對方爲「皇帝」。也就是沿襲五代時期中原朝代和契丹已經建立的先例。此外,對兩國之間的國界有嚴格的規定,人民不可越界。還有這樣的一條:「所有兩朝城池,並可依舊存守,淘壕完葺,一切如常,即不得創築城隍,開拔河道。」這一現代化的條文,約束雙方的邊防設施不可增建,類似1921-22年的《華盛頓條約》,後者的「五國條約」規定簽約的英美兩國在新加坡以東和夏威夷以西不可增加軍事設施。[6]

宋遼兩大強權建立了兩個以皇帝爲中心的朝貢系統,穩定了東亞的國際局勢,奠定東亞和平安定的基礎。不過,王賡武認爲宋朝已經沒有以宋爲中心的世界秩序,而是一個「次級帝國」。[7]他也指出,

4　《澶淵之盟新論》,頁105。看 Herbert Franke and Denis Twitchett,eds., *The Cambridge History of China,* Vol 6, *Alien Regimes and Border States, 907-1368* (Cambridge University Press, 1994), pp. 108-110. 中文版由史衛民等譯,《劍橋中國遼西夏金元史》(北京:中國社會科學出版社),頁122-123。譯者沒有用盟約的原文。

5　見 *Two Sons of Heaven* (The University of Arizona Press, 1988), p. 15.古松崇志提出「澶淵體制」,金成奎提出「和議體制」。見古松崇志,〈契丹。宋間の澶淵體制における國境〉,《史林》,頁28-61。金成奎,《宋代の西北問題と異民族政策》(東京:汲古書院,2000),頁14-16。

6　參看 John K. Fairbank, Edwin O. Reischauer, and Albert M. Craig, *East Asia: Tradition and Transfromation* (Boston: Houghton Mifflin Co., 1973), p. 694.

7　見 Wang Gungwu, "The Rhetoric of a Lesser Empire: Early Sung Relations with Its Neighbors," in Morris Rossabi, ed., *China among Equals: The Middle Kingdom and Its Neighbors, 10th-14th Centuries*(University of California Press, 1983), pp. 47-65, esp. p. 62.

兩朝間所有的的外交語言都是平等的。[8]兩國在1042年(慶曆二年)締結了第二個條約,進一步鞏固了東亞的長期和平。〈慶曆誓書〉(又稱關南誓書),增加20萬歲幣(其中10萬是關南地的代稅錢)。而歲幣的輸送方式經富弼與遼人幾經折衝,才勉強對遼「納」幣。就對等而言,有些宋臣如歐陽修、蘇軾、王安石等認為己方遭到恥辱。宋神宗則認為慶曆和議是為了虛名失掉實利。[9]

對等的外交是宋代外交的第二個特點

國與國間的外交,與在漢唐明清朝貢系統下的外交,截然不同。宋人接受了南北朝的稱謂,皇家與遼的統治家族結為兄弟,成為兄弟之邦。兩國形成對等的情況。宋人只好安於與鄰邦平等的現狀,維持一個想像的天朝了。在多元的國際系統下,〈澶淵誓書〉是此後宋遼外交的基礎,從此發展對遼外交的制度。[10]從兩國和皇帝的稱號,從兄弟關係引申的親屬稱謂,到外交文書和典禮的細節,以及雙方的交聘(使節來往)的一切象徵、符號、語言、禮數、位階和行為都必須至少與對方對稱,否則就失去了作為獨立國應享有的地位。這時候的政府,依賴外交的程度自然大為超過漢唐盛世,任用的使者是前所未有

8　Wang Gungwu, "The Rhetoric of a Lesser Empire," p. 59.

9　李燾,《續資治通鑑長編》(北京:中華書局)卷58,元豐四年十月乙卯,頁317。參看朱瑞熙,〈宋朝的歲幣〉,《岳飛研究》,第3輯(1992),頁217。

10　古松崇志提出「澶淵體制」,金成奎提出「和議體制」。見古松崇志,〈契丹。宋間の澶淵體制における國境〉《史林》,頁28-61。金成奎,《宋代の西北問題と異民族政策》(東京:汲古書院,2000),頁14-16。

的眾多，其責任也遠遠超過以往的使節。而訂立條約，割地賠款，送歲幣、代稅錢等，[11]都是從五代至宋代新出現的國與國間處理問題的各種方式。可以說，宋與遼的條約，除送歲幣外，基本是平等的。長期和平，信使帶著國信，來往頻繁。

北宋與遼金各訂過兩個條約，南宋與金訂了三次和約，與蒙古有一次（1233年夾攻金）。這個數目，只有清朝末年才超過。

北宋與遼的和約，維持120年，雙方都謹守和約。不過，最後毀約的卻是宋徽宗。徽宗時，蔡京、童貫等為收復燕雲而實行聯金滅遼的政策。結果在金人滅遼後，雖然收回了燕京，但事成之後，片面毀約，容納叛將，予金人很好的藉口，揮軍入侵。欽宗被迫與金軍訂城下之盟，割地賠款。宋徽宗、欽宗與金訂了兩次和約，卻兩次悔約，以致金軍大舉進攻，終於在1127年遭到靖康之難。

南宋與金訂立的三次和約，即1141年（高宗紹興十一年）的紹興和約，對金稱臣納貢。金朝只有在1161年，海陵王毀約南侵。1164年（孝宗隆興二年）的隆興和約，取得較對等的地位及減少歲幣。1208年（寧宗嘉定元年）時的和約，因戰敗而增加歲幣，並且賠上宰相韓侂冑的人頭。最後在金朝末期，1216年（嘉定九年）宋人取消了對金的歲幣，也就是結束了和平的關係。次年，金人以宋拒送歲幣，發動南侵，但戰事沒有進展，至金哀宗（在位：1224-1234）繼位，停止戰爭。

蒙古侵略金朝時，與南宋聯絡，希望合作對付金朝。宋君臣對聯蒙古滅金，議論紛紛，結果仍採聯蒙政策，於1234年合力滅金。不過也又一次嘗到苦果。

南宋與金在高宗朝是不對等的，雖然高宗對內保留了皇帝的稱

11　所謂代稅錢，是宋徽宗得到燕京，卻把燕京六州的賦稅交給金朝。

號，不過，這稱號還是得到金朝皇帝的冊封。孝宗極力爭取平等，得到較高的地位，不必對金上表稱臣。從孝宗爭取對等地位的努力，可以見到傳統王朝對於平等地位的重視。

外交文書，國信所和外交使節

雖然皇帝握有最後的決定權力，但是一般情形是皇帝與宰相和樞密使等高官決定政策，或召集百官集議。如北宋與遼議和、聯金滅遼，南宋對金議和，以及聯蒙古滅金的政策，都經過討論。有時候宰相也具有決策權(如北宋末的蔡京、南宋的秦檜、韓侂冑和賈似道)。與鄰國間訂立的條約時常是基於理性和務實的考慮。特別注意朝代間的位階和對等。外交制度方面，有一些觀念和做法來自古代春秋和戰國的會盟制度，如會議談判、訂立條約時的宣誓。其他部分則是新的實驗。

宋代外交制度是宋太祖和遼朝建立關係之後，逐漸成立的。尤其在澶淵之盟後，除承繼過去朝代的涉外機構外，與遼朝來往需要制定很多條例和規矩，及保存檔案。北宋政府曾經至少兩次編輯外交檔案和資料，也編繪多種地圖，作為統治的參考和對外交涉的依據。宋初在宋遼邊境的雄州設有雄州機宜司，掌管對遼情報的搜集和情報人員的活動。後來設立專門處理對遼交涉的事務機構國信所，保留外交檔案。慎選外交人員，講究禮儀。雖然國信所的層級不高，沒有決策權力，但是所中有翻譯人員和通事，實際接觸和招待外來使節，所以有時候也成為朝廷的代表。在隆興和議交涉過程中，就有國信所的大通事出使談判。

值得注意的是，雙方政府經常以國書維繫友好的關係，或交涉重

要的事務，地方官則利用文牒解決兩國間發生的糾紛，而不是每次派遣外交使臣帶國書前往交涉。而文牒本來是宋人在國內對等官府間使用的文書。[12]

宋遼間外交所用的文書包括條約，國書和「牒」。條約包括〈景德誓書〉（即澶淵誓書）和〈慶曆誓書〉（即關南誓書，締訂於慶曆四年）。宋遼間的條約，原文全文保留在南宋李燾編的《續資治通鑑長編》內，已有學者指出，其基本內容大致承繼了古代春秋時期的會盟訂定盟約的方式，特別是結尾以宣誓確定雙方信守盟約，因此稱為「誓書」。

宋代國書有兩種，一種是有關重要外交交涉的書信，《長編》和《宋大詔令集》中載有很多這類的國書的全文。如眞宗和仁宗時對遼交涉的來往國書，神宗時交涉邊界問題的國書，以及北宋晚期遼朝介入宋夏關係時，宋對遼的國書。後者如元符二年(1099)四月〈答契丹勸和西夏書〉，對遼解釋如果西夏不斷對宋騷擾邊境，「懷窺伺之志」，朝廷「決須討伐」；但西夏如果能夠誠心臣服，自然會給他們「許以自新之路」。這種國書數量少，但是非常重要。[13]

另一種國書是有關經常性的交換使節的慶賀或弔唁的書信，包括宋對遼者為致書，如〈與契丹國主書〉（景德元年）、〈問候契丹皇太后書〉、〈賀契丹生辰國書〉等。遼對宋致國書，宋回覆者為回書。如〈弔慰契丹國主書〉，〈皇太后弔慰契丹國母書〉、〈皇太后賀契

12　參看拙著〈宋遼關係中的外交文書：以「牒」為例〉，請見本書頁133。

13　《宋大詔令集》卷232，頁901-902。關於國書之體制及舉例，參看聶崇岐，〈宋遼交聘考〉，頁293-299。吳曉萍，《宋代外交制度研究》，頁232-244、249-260。趙永春，〈關於宋金交聘國書的鬥爭〉，《北方文物》，1992年第2期，頁53-58。

丹國主登位書〉、〈皇太后賀契丹國母冊禮書〉等。宋人文集中也載
有這類國書的原文。[14]這種國書有一定的體例，舉行儀式的語言內容
千篇一律，在實際外交交涉上並不重要。[15]宋遼國書中皇帝間的用
語，是「致書」，如「大宋皇帝謹致書於大遼皇帝闕下」及「大契丹
皇帝謹致書於大宋皇帝闕下」；有時候加兄弟的稱呼。[16]

此外，兩朝之間還有官文書「牒」，「公牒」，也稱為「移牒」
或「移文」，是雙方地方官之間的文書。「牒」是唐王朝公文的一
種，唐代政府所用的上行公文有六種。《唐六典》載：「凡下之所以
達上，其制亦有六：曰表，狀，牋，啓，辭，牒。」[17]唐代使用牒的
實例，見吐魯番文書。[18]牒文之末云：「牒 件狀如前 謹上牒。」這

14　這類國書，見《宋大詔令集》卷228至232，「四裔：契丹」。文集中所載
　　的國書，如韓維，《南陽集》（《四庫全書珍本》二集）卷15「內制」；宋
　　庠，《元憲集》（《四庫全書珍本》別輯）卷30「內制」。美國David Wright
　　著*From War to Diplomatic Parity in Eleventh-Century China : Sung's Foreign
　　Relations with Khitan Liao* (Leiden: Brill, 2005)書中有關於慶賀和弔唁典禮時
　　所用文書的研究，並且翻譯了幾件經常性的國書，見Chapter 4。關於國書
　　的體制及格式，見聶崇岐，〈宋遼交聘考〉，《宋史叢考》（北京：中華書
　　局，1980），頁293-299；參與典禮的使節，名目頗多，見頁283-288。

15　參看吳曉萍，《宋代外交制度研究》，第五章，〈外交文書研究〉。

16　見中西朝美，〈五代北宋における國書の形式に いて—致書文書の使用狀
　　況を中心に—〉，《九州大學東洋史論集》33(2005)，頁102-107。此文根
　　據《石林燕語》、《契丹國志》、《長編》、《宋大詔令集》等記載。參
　　看李錫厚，〈論澶淵之盟非城下之盟〉，《澶淵之盟新論》，頁20-21。

17　《大唐六典》（西安：三秦出版社，1991）卷1，尚書都省，左右司郎中員外
　　郎職掌條。又見《舊唐書》卷43，尚書省，頁1849。參看中村裕一，《唐
　　代官文書研究》（京都：中文出版社，1991），頁10-14。

18　見池田溫，《中國古代籍帳研究》（北京：中華書局，1984）。王啓
　　濤，《吐魯番學》，第7章，〈吐魯番學與中國公文史研究〉，頁256-
　　259。參看劉進寶，《敦煌學通論》（蘭州：甘肅教育出版社，2002），頁
　　342-347討論牒文的處理方式；盧向前，〈牒式及其處理程式的探討——唐
　　公式文研究〉，《敦煌吐魯番文獻研究論集》，第三輯(1986)，頁335-

樣的寫法是下達上，如用「故牒」，是上施下。這類文書在地方州縣
使用。宋代沿用唐代的官文書，並且將牒用在對遼的外交上，即大事
用國書，小事用牒，由邊境地方官與遼地方官交涉。由於宋遼國界很
長，兩邊的百姓在沿邊發生很多糾紛，軍人也製造事件，雙方地方官
經常需要解決問題。但是，很多案件都不是什麼大問題，會牽涉邦
交，不能每次都由朝廷派大使將國書呈送到對方政府，於是就將權力
稍微下放到沿邊州軍，讓地方官與對方地方官解決問題。而雙方地方
官並不見面，所以就依賴頻繁的文牒往來。成為外交上的一個特色。

　　簡單的說，宋朝政府為與遼交涉而成立專門的制度。利用國書和
文牒來互通信息，解決問題。這種制度到南宋時，仍然是宋金外交的
基礎。

　　宋代外交的重要性超越前代，使節交聘絡繹於途，出使的人員之
多冠於前代，而且責任重大，任務艱巨。是宋代的特色。

　　為了招待外國使節，維護他們的安全，以及防止他們刺探情報，
宋朝創設了各種外交人員，出現了接伴使、館伴使、送伴使等職務。
外國使節入境後，全程都有人陪伴，當然也有招待所，如都亭驛、班
荊館。金朝有來遠驛。[19]

　　處於多元國際關係中的宋朝，必須以外交手段維持與鄰國間的和
平。宋朝不讓敵國外交人員在國內停留太久。中國自古以來就沒有歐
洲文藝復興時代實行的長期駐在鄰邦的大使。宋遼之間雖然經常派遣
使節交聘，卻沒專職的外交家。除在國信所任職的人員外，外交使節
一般由在職的官員擔任，臨時加上一個頭銜。絕對大多數只擔任一次

任務。較多的兩、三次。三次者爲北宋的富弼、王道恭；南宋的韓肖
胄、王倫、曹勛、王抃。出使最多的是北宋末主導聯金滅遼的趙良
嗣，共五次。北宋的曹利用、富弼、余靖、趙良嗣；南宋高宗時的王
倫、孝宗時的范成大、王抃、寧宗時的方信孺，對外交的貢獻比較
大。其中談判隆興和議的王抃比較特殊，他只是國信所的小吏，也叫
做大通事。大概是因爲通女眞語言，才特別由他出使。他很有功勞，
所以被獎賞升五官。[20]隨正副使到鄰國的人員是所謂三節人，上、
中、下三節，約100人。三節人是大使和副使的隨從人員，辦理從文
書到廚師等雜務。據聶崇歧的研究，宋遣遼使節共680人次，遼遣宋
671人次。[21]

　　兩宋外交人員擔任的職務名目很多。北宋一般的國信使節，包括
正旦使、生辰使、接伴使、送伴使、館伴使、告哀使、弔祭使、遺留
使、告登位使、報謝使、賀尊號使等。遼朝也有對應的使節。另外談
判重要問題的使節稱爲泛使。談判〈澶淵誓書〉的曹利用是會盟使。
聯金滅遼的談判派遣特別的計議使、告和使。南宋和金也有一般性的
使節，但是初期和金朝一面交戰，一面求和，派遣的使臣名目比北宋
時多，如大金軍前通問使、大金軍前祈請使、國信計議使、奉使大金
迎奉梓宮使、大金國奉迎梓宮使、大金奉表報謝使、迎奉梓宮奉迎兩
宮交割地界使、迎護梓宮奉迎兩宮使、大金奉表哀謝使、大金奉表起
居稱賀使等，多以金軍元帥爲交涉的對象。遼金對宋的外交人員大致
相同，不過金朝對宋的地位較高時，所派的大使名稱就不同。金朝第

20　《宋史》卷33，孝宗本紀，乾道元年正月丁卯。

21　聶崇歧，〈宋遼交聘考〉，《宋史叢考》（北京：中華書局，1980），頁
　　334-373。參看吳曉萍，《宋代外交制度研究》（合肥：安徽人民出版社，
　　2006），頁99，宋遣金使節181次，金遣宋者130次。

一次遣使，是金國元帥府通書官李永壽和王翊，紹興八年議和，金遣詔諭使張通古。[22]世宗時遣梁肅爲宋國詳問使。[23]外交人員基本不是專業的或職業的，大使和泛使都是臨時任命。只有南宋高宗任用的王倫，也許可以叫做專業的外交家。

在尙未達成和議時，金朝對宋使很嚴苛，經常拘留來使。洪皓、張邵、朱弁、王倫等皆被拘留，時間有的長達15年。被拘留的30人，回來的只有上列前三人，王倫是因不肯在金做官而被殺。還有宇文虛中在金朝投降做官，最後仍因造反被處決。宇文虛中曾有秘密書信，報告徽宗情況，及出使者一百人活著的只有十二三人。[24]宋使被金人殺害者不少。宋人也曾殺害金使，拘留元使，並且也殺過元使。

宋遼建立和平關係後，每年至少兩次互相派遣使節慶賀正旦和生辰，另外有報登位，賀登位和謝登位，以及弔唁的使節。使節到鄰國後，參加很多典禮，也有很多其他的活動。遼金使節團至宋境，沿途宴會都有音樂。但皇室有喪禮時，就不用音樂。宋使到遼金國境後，也不聽音樂。[25]

在朝見皇帝，呈遞國書，舉行最重要的典禮之後，有很多宴會。在這些場合，北宋和遼之間，禮儀是對等的；南宋和金則是不對等的。南宋皇帝在見金使的時候，要起立親自接受金使的國書，就是所謂「降榻受書」。我們缺乏北宋宴請來使的資料。南宋招待金使的禮節除御宴、夜宴、齋宴等宴會外，節目包括浙江亭觀潮、玉津園燕射

22　李心傳，《建炎以來繫年要錄》（《叢書集成》本，以下引作《要錄》）卷124，八年十二月丙子，頁2021。
23　《金史》卷89，梁肅傳。頁1983。
24　《要錄》卷58，紹興二年九月，是月。頁1015。
25　《建炎以來朝野雜記》，乙集卷4，頁571。

等，皇帝賜給來使種種禮物。[26]

遼金使節到宋朝都城後，宴會中的音樂由教坊負責。教坊在南宋高宗時（紹興十三年置），有樂工460人。南宋孝宗罷小兒及女童隊。而且因爲平時無用，遂不用教坊。在臨安招募樂人，訓練約二十天。[27]用樂的情形是：

> 用樂人三百人，百戲軍百人，百禽鳴二人，小兒隊七十一人，女童隊百三十七人，築球軍三十二人，起立球門行人三十二人，旗鼓四十人。相撲等子二十一人。

南宋孝宗時招待金使的宴會，娛樂節目還包括各種表演：有音樂、雜耍、打毬、相撲等娛樂。明郎瑛所見的宋人記載是：

> 正宴自舉盃起，至終席，共四十三盞酒。每一盃，奏一品樂。又有雜劇三五百人。水陸珍羞，不可言也。今忘其書。[28]

金朝賀正旦使節送給宋朝皇帝的禮物是：金酒器具六事（法碗一、盞四、盤一）；色綾羅紗縠三百段，馬六匹。生辰禮物是：珠一

---

26 《建炎以來朝野雜記》，甲集卷3，頁97-98。

27 《建炎以來朝野雜記》，乙集卷4，頁577。《宋會要輯稿》，第6冊，樂五之三七，北使至用樂，頁337。又見《宋史》卷119，禮22，賓禮四。北使每歲兩至，亦用樂，但呼市人使之。不置教坊，止令修内司先兩旬教習。舊例用樂人三百人，百戲軍百人，百禽鳴二人，小兒隊七十一人，女童隊百三十七人，筑毬軍三十二人，起立(毬)門行人三十二人，旗鼓四十人。以上並臨安府差相撲等子二十一人。御前忠佐司差命罷小兒及女童隊，餘用之。

28 朗瑛，《七修類稿》卷17。

袋，金帶一條，衣七對，箱一。各色綾羅五百段，馬十匹。宋帝送金
帝生辰、正旦的禮物是：金茶器千兩，銀酒器萬兩，錦綺千匹。[29]

宋廷給金使的賞賜，據載：

> 大使共得中金千四百兩，副使八百八十兩，衣各三襲。金帶
> 各三條。都管上節皆銀四十兩，中、下節皆三十兩，衣一
> 襲，鍍金帶副之。[30]

《金史》，載：凡使宋者，大使金二百兩、銀二千兩；副使半
之。幣帛雜物稱是。[31]使節可以在宋境貿易。

宋金對於鄰國派來的使節，每天的待遇甚好。據宋使洪皓的記
載：

> 金國待中朝使者，使副日給細酒二十量罐，羊肉八斤，果子
> 錢五百，雜使錢五百，白麵三斤，油半斤，醋二升，鹽半
> 斤，粉一斤，細白米三升，麵醬半斤，大柴三束。上節細酒
> 六量罐，羊肉五斤，麵三斤，雜使錢二百，白米二升。中節
> 常供酒五量罐，羊肉三斤，麵二斤，雜使錢一百，白米一升
> 半。下節常供酒三量罐，羊肉二斤，麵一斤，雜使錢一百，
> 白米一升半。[32]

29　《建炎以來朝野雜記》，甲集卷3，頁96。
30　《要錄》卷151，紹興十四年正月己未。又見郎瑛，《七修類稿》卷17。
31　《金史》卷89，〈梁肅傳〉，頁1986。
32　《文淵閣四庫全書》卷17，頁256-257：洪皓，《松漠記聞續》（叢書集
　　成本），頁475。郎瑛，《七修類稿》卷17：「昨見《松漠記聞》曰：虜之
　　待中朝使者，……嗚呼，南之待北如此之厚，則北人安得不動心來也。北

宋使節團到金境，因不會騎馬，就用十幾匹騾馬拖的車子。大使
副使各一車，上、中節各四車，下節32人共乘五車。又發兵400人護
送。[33]

金使到宋境，迎接及護送，陣杖浩大。沿途用人力很多。如金朝
使節到平江：

> 用人力5314人，防護132人牽船(舡)人2006人，使副當直160
> 人，準備阻風添牽舡150人，旗槍隊120人，運使牽舡296
> 人，使舡牽手60人，押進馬直鄰州13人，沿流五巡尉，火
> 台、火把、岸橈3176人，火台1862座，燈籠471碗，火把舡
> 98隻。接伴使副當直50人，牽舡240人，遞馬舡10隻。每程
> 用帶毛角羊2000斤，四程計8000斤。北果錢500貫。御筵果
> 卓十行，行十二楪，食十三琖，並雙下。(以下還有食物點
> 心的費用)……[34]

此外，姑蘇館批支1056貫815文，公使庫1639貫458文，軍資庫
8767貫159文。可見耗費之龐大。

外交事務繁重，對外交人員的獎懲有規定。對敵國外交人員的獎
勵或處理，也有規矩，但有彈性。宋廷對派遣使遼的人員的獎賞頗豐
厚。還有升官及得到蔭補特權。南宋時有這樣的記載：

(續)———

> 之待南如此之薄，不知當時何無忿愧之心。求其事勢，想不得不然也。不
> 知財就竭，而國就滅，必然者矣。寧不臥薪嘗膽，日思所以報雪乎？乃群
> 臣宴安於湖山。哀哉。予故錄出，不特使知當時南北相待之禮耳。」

33　《建交以來朝野雜記》，乙集卷12，頁699。
34　趙彥衛，《雲麓漫鈔》(北京：中華書局，1996)卷6，金使來賀招待耗費，
　　頁96-99。引見陳學霖，《金宋史論叢》，頁147-148。

> 自紹興以來，朝廷每遣使往北境賀生辰、正旦，使、副及三
> 節人從往還皆遷一官資。上、中節各十人，下節三十人，並
> 不許白身。使賜裝錢千緡，副八百緡，銀帛各二百兩匹。上
> 節銀帛共三十，中節二十五，下節一十五。三節人俸外，日
> 給五百錢，探請俸二月。十八年，詔錢賞各減半，若非泛
> 使，則如舊。[35]

從這段記載可以知道使節團包括大使、副使和上、中、下三節人的人
數。

　史載得到獎賞最多的是1133年（紹興三年）出使的韓肖冑和胡松
年，兩人各有子孫七人和五人得官。加肖冑錢萬緡，黃金三百兩，繒
二百五十匹，為私覿費。肖冑次子，松年親屬，各於寄家處添差通
判。自是為例。[36]被拘留使節的家人，得到一些資助。洪皓等返國
後，當然得到獎賞。

　南宋初，在最艱難的時候，連連對金軍元帥求和，建炎元年
（1127）遣傅雱見金帥完顏宗翰，帶去三十桌禮物，還是在汴京辦理
的：

> 抬桌共三十，以兩桌載朝廷禮物，二十八桌載使人私覿禮
> 物。是時朝廷禮物亦少，只有錦十疋，玳瑁家事三件。使人
> 私覿禮物于東京旋行收買打造花擷供作五百疋段，並生薑、
> 鞈茶、錫器、紙筆等。[37]

35　《建炎以來朝野雜記》，甲集卷三，頁98，奉使出疆賞費。

36　《要錄》卷65，頁1104。

37　徐夢莘，《三朝北盟會編》（台北：文海出版社本，以下引作《會編》）卷

這種情形比較特別，因爲宋使見不到金朝皇帝，只得與握有大權的金帥辦交涉。

外交使節與對方官員從見面開始，必須注意使用適當的言語，應對進退，以及禮物的交換、座次的排列，都細心安排，不能出錯。[38]這些都是在因應國家間對等的要求下逐漸出現的情況，頗多歷史上前所未有的創舉。

出使鄰邦，如果言行不當，或失去立場，會受到責罰。輕者罰錢（銅），重者丟官。有一個宋使接受遼朝的厚禮，多拜了一拜。回來後就被罰錢。

兩宋與遼、金和平時期，經常的聘使頗有利可圖，所以頗多人爭取出使，甚至有的大使是富商。被批評：古時候大使都是愼選人材，能擔當重任，現在卻是「金多者備員而往，多是市廛豪富巨商之子，果能不辱君命乎？」[39]也有大使「出賣三節人員，皆有定價，估金入己。喜見顏間。」[40]出使人員沿途貿易，至紹興十九年，高宗才下詔禁止三節人過界與北人博易。[41]又禁國信所買賣北貨。[42]

神宗時採取聯麗制遼政策，對高麗的交涉，值得一提。1078年，宋朝建造了兩艘「神舟」，命名爲「凌虛致遠安濟」和「靈飛順濟」，浩浩蕩蕩航行到高麗。高麗王以高規格招待。宋使貪得無厭，竟然請求高麗不要招待得那麼好，是不是可以把招待用的經費，折算

110，頁3a（340）。
38 參看拙著《宋遼關係史研究》，頁34-38；吳曉萍，《宋代外交制度研究》（合肥：安徽人民出版社，2006），第三章，〈外交禮儀制度〉。
39 《要錄》卷171，紹興二十六年，頁2814。
40 《要錄》卷191，紹興三十一年，頁3198。
41 《要錄》卷158，紹興十八年閏八月乙酉，頁2567。
42 《要錄》卷159，紹興十九年正月甲午，頁2575。

為銀兩，送給宋使。鬧了一個國際笑話。

歲幣是外交的一大特色

宋代外交對手以遼、金、元三朝為主。外交的目的在避免戰爭，達成和議，外交的態度是務實和理性的。約有一半的時間，宋和這三朝維持對等的關係。

兩宋的外交政策的核心是歲幣。歲幣不是宋代的創舉，而是五代後晉對遼首開其端，但由宋遼發展成為「澶淵模式」。宋以前各朝代曾經用賄賂的方法籠絡周邊政權。最顯著的是和親政策。五代時期出現了利用歲幣來議和。契丹崛起，成為當時國際政治中舉足輕重的強權。後晉倚賴契丹為外援，得以建立。後晉天福元年（契丹天顯十一年，936），契丹太宗耶律德光冊封石敬瑭為帝，代價是建立父子關係：「予視爾若子，爾待予猶父也。」石敬瑭並「願以雁門以北及幽州之地為壽，仍約歲輸帛三十萬。」割地和進貢歲幣是石晉時代開始的先例。到了宋代，對後晉的作為記憶猶新，也可作為借鏡。太宗北伐失敗，宰相李昉等上疏，勸太宗「稍減千金之日費，不煩兵力，可弭邊塵。此所謂屈於一人之下，伸於萬人之上者也。」[43]其後群臣不斷上書主張以貨幣達成和議。[44]

宋真宗景德元年（1004），遼聖宗率大軍南下，宋真宗也下詔親征，雙方對峙於澶淵。次年初，宋遼訂立和約，就是〈澶淵誓書〉。

43　《長編》卷27，雍熙三年六月戊戌。參看拙著〈宋遼間的平等外交關係〉，《沈剛伯先生八秩榮慶論文集》（台北：聯經出版公司，1976），頁223-252，尤其245-251。

44　參看本書頁91〈10至12世紀東亞國際外交的對等問題〉。

談判時，遼以國書要求關南地。輔臣建議回書拒絕割地：「或歲給金帛，助其軍費，以固懽盟。」宋眞宗說：

> 倘歲以金帛，濟其不足，朝廷之體，固亦無傷。[45]

可見宋君臣自己提出以歲幣換取和平，而且覺得給付金帛不會傷及國體。這個條約建立了宋遼間的和平關係。也有宋臣對和約不滿，認爲給予遼朝的歲幣太多。而畢士安卻說：「不如此，則契丹所顧不重，和事恐不能久也。」[46]也就是說，契丹君臣爲了貪得歲幣，不會毀約。

在宋人聯金滅遼的過程中，宋軍攻打燕京失敗，退師。宋使趙良嗣主張以歲幣誘金人替宋取燕京。

> 今宣撫司已退遁，兵力不支，自非藉彼之力取之，後以金帛誘之，何以得燕？[47]

1123年的宋金條約，宋允將原來付給遼的歲幣轉付給金。並應金的要求，另付燕地六州的代稅錢100萬緡。此時的條約基本是平等的，所以歲幣和代稅錢仍非貢品。

1126年宋與入侵的金帥訂和約，付給金人歲幣之外，金500鋌，銀5000鋌。後來仍因和戰不定，不能守約，以致金軍大軍攻下汴京，徽欽二帝蒙塵。

45 《長編》卷58，十二月庚辰。
46 《長編》卷58，十二月癸巳。
47 《會編》卷10，宣和四年十月一日引《茅齋自敘》，頁6下。

　　南宋成立後，政權在風雨飄搖之中，只好屈辱求和，而歲幣對金人也是一種難以拒絕的誘惑。所以高宗屢次遣使求和，提出歲幣這個必要的條件。1134年（紹興四年）八月，高宗遣魏良臣、王繪出使，群臣討論對策時，王繪透露，高宗已經預備增歲幣和歲貢。高宗對使者說：

> 卿等此行，切不須與虜人計較言語。卑詞厚禮，朕且不憚。
> 如歲幣、歲貢之類，不須較。[48]

　　預備送歲幣五十萬。不過，當時金朝已經定議出兵，而宋廷不知。[49]這時候南宋財政空虛，歲幣支出要減少百官的薪資。1137年（紹興七年），金朝內部兩派爭權，劉豫被廢，完顏昌主導將黃河以南的疆土還給南宋。宋許歲貢銀絹五十萬兩匹。至1141年成定局。

　　1141年（紹興十一年）的和約，對南宋是屈辱的。南宋對金「事大」，除進貢歲幣銀絹各二十五萬兩匹及割唐、鄧二州給「上國」外，高宗對金的書信稱「表」，署名稱「臣構」，「既蒙恩造，許備藩方，世世子孫，謹守臣節。」又自稱「敝邑」，雖然仍然保持了皇帝（帝）的稱號。[50]在外交方面，宋使在金廷的待遇，和對方使節在宋廷的禮節，都與宋遼時有很大的差別。例如北宋時遼使朝見的受書儀

48　《會編》卷161，頁233。梁庚堯，〈南宋時期關於歲幣的討論〉，《岳飛研究》，第4輯(北京：中華書局，1996)，頁355。

49　《要錄》卷80，紹興四年九月癸丑。

50　宋金誓書載《要錄》卷142，十一月辛丑，頁2288，但省去若干字及高宗稱「臣構」。《金史》卷77，宗弼傳載高宗稱臣及敝邑等文字。參看趙永春，〈關於宋金交聘國書的鬥爭〉，《北方文物》，1992年2期，頁53-58。

式中須跪拜，皇帝不直接受書。南宋高宗則須降榻受書。[51]楊聯陞稱此時的宋金關係是傳統朝貢關係的「反向朝貢」（"tribute in reverse"）。[52]

北宋的外交以維持皇帝地位及疆土完整為主要目的，不惜用歲幣來代替割地。南宋因對金的實力不夠，甚至皇帝的地位岌岌可危，所以如不能維持土地的完整，就可以放棄，盡力維持皇帝的名分。

紹興三十一年（1161），金海陵王大軍南侵，意欲統一天下。但兵敗於采石後，被叛軍所殺。金世宗立，遣使報登位。

紹興三十二年（1162）三月，金使要求用舊禮及宋軍占領的州縣。朝廷在討論金人的要求時，接伴使洪邁認為：「土疆實利，不可與。禮節虛名，不足惜也。」禮部侍郎黃中反對，說：「名定實隨，百世不易，不可謂虛。土疆得失，一彼一此，不可謂實。」兵部侍郎陳俊卿也說：「先正名分，名分正則國威張，而歲幣亦可損矣。」當時也有人認為可以增加歲幣，不應在疆土方面讓步。如監察御史尹穡，「以為國家事力未備，宜與敵和，惟增歲幣，勿棄四州，勿請陵寢，則和議可成。」[53]金安節也說：「必不得已，寧少增歲幣。」[54]

孝宗隆興元年（1163）五月，北伐失敗。乃繼續議和，八月，金元

51 《要錄》卷150，十二月己酉可。參看趙永春，〈宋金關於受書禮的鬥爭〉，《民族研究》，1993：6，頁83。

52 楊聯陞文"Historical Notes on the Chinese World Order," in Fairbank, ed., *The Chinese World Order*, p. 21.

53 《宋史》卷372，〈尹穡傳〉。

54 《宋史》卷386，〈金安節傳〉。李心傳，《建炎以來朝野雜記》，甲集卷20，〈癸未甲申和戰本末〉，頁463載洪遵、金安節、唐文若、周必大、張震、張闡、陳良翰等有意見。

帥以書來要求海、泗、唐、鄧四州及歲幣。宋遣盧仲賢出使談判。十月，孝宗主張「四州地，歲幣可與，名分、歸正人不可從。」[55]據《金史》〈交聘表(中)〉，大定四年(1164)，「宋周葵、王之望與(僕散)忠義書，約世爲姪國，書仍書名再拜，不稱大字。并以宋書副本來上，和議始定。」[56]《金史》又載：大定五年(1165)，宋使帶去的國書是這樣稱呼的：「姪宋皇帝，謹再拜致書于叔大金皇帝聖明仁孝皇帝闕下。」而金復書「叔大金皇帝」，不用署名，「致書于姪宋皇帝，不用尊號，不稱闕下。」根據〈隆興和約〉，南宋國書(不用表)中，國號稱宋而不稱大宋，宋帝仍用名字，並且「世爲姪國」。減歲幣十萬。[57]

宋朝和遼、金，甚至西夏都以贈送歲幣或歲賜爲一種必要的手段。歲幣的給付，其實對兩宋的財政負擔，並不很嚴重。和平期間聘使往來，費用卻很可觀。兩國間每年固定有兩次的交聘，此外，皇帝去世，新帝登基，都必須遣使弔祭和道賀。使節團人數雖不超過一百人，對方接待來使則耗費龐大。此外，對來使賞賜也是大筆開支。

結論

以上談到宋代外交的特色是：

1.條約的締訂和外交制度的建立。

2.對等外交。遼是宋的敵國，宋對遼夏都是國與國敵關係。

55　《宋史》卷33，〈孝宗紀〉，頁624。

56　《金史》，〈交聘表中〉，頁1420。李心傳，《建炎以來朝野雜記》，甲集卷20，〈癸未甲申和戰本末〉，頁462-471記載隆興和議的過程很詳細。

57　《金史》，〈僕散忠義傳〉，頁1939。

3.外交的重要性和外交人員眾多，責任重大。

4.歲幣的支付維持和平，並讓南宋維持皇帝的名分。

總之，宋朝面對遼、金和蒙古三個強敵，處境相當困難。對鄰國的外交，目的在避免或消弭戰爭，及儘可能維持宋朝與鄰國的平等地位。宋朝與遼金元三朝締訂多次的條約，是自古以來的創舉。當時各國頗重視條約，因此宋遼維持和平達一百二十年，宋高宗朝也和金朝維持和平二十年。其後斷斷續續直到金亡。弔詭的是，破壞和約的竟然常是宋朝。

宋朝由樞密院和國信所處理對遼、金的事務，是一項創舉。外交事務繁重，任用很多外交人員。在長期和平的時期中，聘使絡繹於道，盛況空前絕後。朝廷對遼、金付出歲幣，給鄰邦來使的獎賞，沿途的招待，舉行宴會，以及對本朝使節的獎賞，支出頗多費用，造成財政的負擔。

宋朝對遼、金，甚至西夏都以贈送歲幣或歲賜為一種必要的手段。歲幣的給付是宋代外交的一大特色。利用歲幣解決外交問題，也發揮了重要的作用。但是國家的安全依賴實力，付出歲幣終究不是一個國家能夠依賴的惟一法寶。

最後，應當強調的一點，是外交在社會文化方面的影響，除了上述歲幣影響財政，以及人們的苟安心理外，其實參與外交人員的眾多，對於宋與遼金在社會文化方面的影響也不容忽視。值得注意的是外交來往時，使節團中有大批的隨行人員(三節人)，而對方外交人員入境後，沿途接待送伴的人員更多。地方官員和人民直接參與接件送伴的活動，和外交使團因此有相當廣泛的接觸。這些經常的廣泛接觸對於雙方在社會文化上的影響，還待深入研究。

參考書目

李心傳，《建炎以來朝野雜記》（北京：中華書局，2000）。

李心傳，《建炎以來繫年要錄》，《叢書集成》本。

李燾，《續資治通鑑長編》（北京：中華書局，1992-1995）。

洪皓，《松漠記聞》，《叢書集成》本。

郎瑛，《七修類稿》。

脫脫等，《宋史》，正史皆用中華書局標點本。

脫脫等，《遼史》。

脫脫等，《金史》。

田浩，〈西方學者眼中的澶淵之盟〉，張希清、田浩、穆紹珩、劉
　　鄉英編，《澶淵之盟新論》（上海：上海人民出版社，2007），
　　頁92-112。

朱瑞熙，〈宋朝的歲幣〉，《岳飛研究》，第2輯（1992），頁213-
　　232。

李華瑞，《宋夏史研究》（天津：天津古籍出版社，2006）。

吳天墀，《西夏史稿》（成都：四川人民出版社，1983）。

吳曉萍，《宋代外交制度研究》（合肥：安徽人民出版社，2006）。

苗書梅、劉秀榮，〈宋代外交使節的選任制度〉，張希清、田浩、黃
　　寬重、于建設編，《10-13世紀中國文化的碰撞與融合》（上海：
　　上海人民出版社，2006），頁297-313。

張希清、田浩、黃寬重、于建設主編，《10-13世紀中國文化的碰撞
　　與融合》（上海：上海人民出版社，2006）。

張希清、田浩、穆紹珩、劉鄉英編，《澶淵之盟新論》（上海：上海

人民出版社，2007）。

陶晉生，《宋遼關係史研究》（台北：聯經出版公司，1983；簡體字
　　版，北京：中華書局，2008）。

陶晉生，〈宋遼間的平等外交關係〉，沈剛伯先生八秩榮慶論文集編
　　輯委員會編，《沈伯先生八秩榮慶論文集》（台北：聯經出版公
　　司，1976），頁223-252。

陶晉生，〈余靖與宋遼夏外交〉，《食貨月刊》1：10(1972)，頁
　　534-539。

梁庚堯，〈南宋時期關於歲幣的討論〉，岳飛研究會編，《岳飛研
　　究》（北京：中華書局，1993），頁353-375。

黃寬重，《南宋史研究集》（台北：新文豐出版公司，1985）。

曾瑞龍，《拓邊西北──北宋中後期對夏戰爭研究》（香港：中華書
　　局，2006）。

曾瑞龍，《經略幽燕(979-987)：宋遼戰爭軍事災難的戰略分析》（香
　　港：香港中文大學出版社，2003）。

賈玉英，〈宋遼交聘制度之管窺〉，《澶淵之盟新論》，頁392-
　　399。

劉伯驥，《春秋會盟政治》（台北：中華叢書編審委員會，1962）。

劉浦江，〈宋代使臣語錄考〉，張希清、田浩、黃寬重、于建設編，
　　《10-13世紀中國文化的碰撞與融合》（上海：上海人民出版社，
　　2006），頁253-296。

趙永春，〈宋金關於受書禮的鬥爭〉，《民族研究》，1993：6，頁
　　81-88。

趙永春，《金宋關係史》（北京：人民出版社，2005）。

趙永春，〈關於宋金交聘國書的鬥爭〉，《北方文物》，1992：2，

頁53-58。

聶崇歧，〈宋遼交聘考〉，《宋史叢考》（北京：中華書局，1980），
下冊，頁283-373。

Fairbank, John K.,ed., *The Chinese World Order: Traditional China's Foreign Relations* (Harvard University Press, 1968).

Fairbank, John K., Edwin O. Reischauer, and Albert M. Craig, *East Asia: Tradition and Transfromation* (Boston: Houghton Mifflin Co., 1973).

Rossabi, Morris, ed., *China among Equals: the Middle Kingdom and its Neighbors, 10th-14th Centuries* (Berkeley, California: University of California Press, 1983).

Tao, Jing-shen, *Two Sons of Heaven : Studies in Song Liao Relations* (The University of Arizona Press, 1988).

Yang, Lien-sheng, "Historical Notes on the Chinese World Order," in Fairbank, ed., *The Chinese World Order*, p. 20-33.

成功大學人文學院士講座專題座談，2011年12月1日。

10至12世紀東亞國際外交的對等問題

　　從晚唐時期渤海和日本為外交位階的爭執到五代和宋遼金時期，國與國之間交往的位階是很重要的問題。大唐帝國瓦解後，五代時期是古代多元國際系統重現的時代。一方面中國內部四分五裂，北方五個朝代快速興替；南方諸國競相獨立。另一方面東北的契丹族興起，建立王朝，逐步侵入中原。華北諸朝與南方諸國，在不同的時期，互相之間的外交關係，有時是對等的，有時是不對等的。五代和十國中又有和非漢族的遼（契丹）保持對等或不對等的外交關係。宋朝建立後，與遼對立。其後金朝（女真）入主華北，與南宋對峙。同時宋遼金並與西夏（黨項）、高麗延續了多元的國際關係。本文探究10至12世紀，宋朝受到遼、金、夏的競爭和壓迫，不得不面對現實，採取理性和務實的外交政策來因應，先後與遼金建立大致對等的關係。

　　傳統中國對周邊民族的關係有兩個主要的模式：從秦漢到隋唐的一元封貢國際系統，和魏晉南北朝到五代兩宋的多元國際系統。在一元的封貢國際系統下，中國王朝建立唯我獨尊的朝貢制度，周邊政權向中原王朝進貢，中原王朝維持其宗主的地位，與附庸國之間的外交

關係是不對等的。[1]當中原周邊另一個強權崛起，中原王朝無力要求
其朝貢時，就形成對等或不對等的多元關係的模式。國與國之間，因
財富，權力和安全的差異，本來很難達到對等。[2]在五代至宋遼金時
期多元國際系統中，每個國家或政權都尋求自身的強盛和盟邦的協
助，達成國際間最高的地位。10世紀中葉北宋興起，與敵對的遼朝逐
漸形成東亞的兩個強權。本文目的在探討和分析這個時期中，從五代
的北方政權到兩宋，受到遼、金、夏(党項)的競爭和壓迫，如何採取
理性和務實的外交政策來爭取及維持與敵對政權的對等關係。[3]

1　關於這種關係的論著甚多，如Fairbank, John K., ed., *The Chinese World Order*
(Harvard University Press, 1968). Fairbank強調清代的朝貢制度，楊聯陞則分
析中原王朝與周邊王朝間的不同關係。Rossabi, Morris, ed., *China among
Equals: the Middle Kingdom and its Neighbors, 10th-14th Centuries* (Berkeley,
California: University of California Press, 1983). 如書名所示，此書中論文皆
討論中原王朝與其他政權間的多元國際關係。張希清、田浩、黃寬重、于
建設主編，《10-13世紀中國文化的碰撞與融合》(上海：上海人民出版社，
2006)。此書前言認為「對宋朝來說，遼、夏、金都不再是周邊附屬性的民
族政權，而已經成長為在政治、軍事、經濟諸方面都能夠與趙宋長期抗衡
的少數民族王朝。中原王朝的核心地位和領導作用，不是體現在統一大業
的領導權上，而是表現在政治制度、社會經濟和思想文化的巨大深遠影響
上。」David C. Kang討論明清的朝貢系統，見*East Asia before the West: Five
Centuries of Trade and Tribute* (Columbia University Press, 2010).
2　Andrew Hurrell, and Ngaire Woods, eds., *Inequality, Globalization and World
Politics* (Oxford University Press, 1999), Introduction.
3　春秋戰國時代，諸國林立，屬於多元國際系統。其間關係錯綜複雜。有關
著作包括：劉伯驥，《春秋會盟政治》(台北：中華叢書編審委員會，
1962)；周伯戡，〈春秋會盟與霸主政治的基礎〉，《史原》，第六期
(1975)，頁17-62。Richard Walker, *The Multi-State System of Ancient China*
(Hamden CN: The Shoe String Press, 1953). 關於宋元時期的多元國際關係，
有Morris Rossabi, ed., *China among Equals: The Middle Kingdom and Its
Neighbors, 10th-14th Centuries.* 以及拙著《宋遼關係史研究》(台北：聯經出版公
司，1984；簡體字版，北京：中華書局，2008)。

渤海和日本爭取對等

唐代日本對唐帝國力圖維持對等，卻不能挑戰唐天子君臨四海的地位。日本遣唐使帶有貢品給唐帝，也帶著日本國信。但是日本方面送往唐朝的國書或唐朝回書都沒有記載。據學者推想，是忌憚其內容載於正史。[4]也有日本學者直指日本對唐的理想情況是鄰國，也就是對等之國，但是現實則是唐的朝貢國。[5]此外日本對新羅，則採取高姿態，不允許新羅爲「亢禮之邦」，給所謂蕃國的新羅(亦即夷狄)頒詔書。[6]

值得注意的是在西元8世紀及其後，渤海(698-926)對日本的外交，展開爭取對等外交的努力。渤海對唐朝進貢，與日本外交使節往來頻繁，和日本之間交換國書和文牒，企圖維持與日本的對等地位。渤海和日本間的關係始於日本聖武天皇神龜四年(727)，渤海郡王遣使高仁義等24人至日本朝聘，途中高仁義被殺。次年正月，高齊德等8人上其王國書并方物。國書中稱日本天皇「大王」，希望「永敦鄰好」。意思是平等往來。[7]四月，天皇賜渤海璽書，自稱「天皇」，

---

4 西島定生，〈遣唐使與國書〉，《第二屆國際漢學會議論文集——歷史與考古組》(台北：中央研究院，19891)，頁694。西島氏考證日本對唐的國書中的稱號是：「明神御宇日本主明樂美御德，敬白大唐皇帝，云云。謹白不具。」見同上，頁697。

5 石井正敏，〈外交關係—遣唐使を中心に〉(池田溫，《唐と日本》，東京：吉川弘文館，1992)，頁70-96。

6 西島定生，〈遣唐使與國書〉，頁684。

7 《續日本紀》(《國史大系》本，東京：吉川弘文館)卷十，頁111-112。孫玉良編著，《渤海史料全編》(長春：吉林文史出版社，1992)，頁240-243。參看石井正敏，《日本渤海關係史の研究》(東京：吉川弘文館，

稱渤海王爲「郡王」，不願對等。[8]當時日本希望渤海奉日本爲上
國，在詔書中對渤海王稱兄道弟，但也是君臣關係。日本天平聖保五
年(753)，日本天皇對渤海王大欽茂的詔書，提出過去高麗對日本上
表中有「族惟兄弟，義則君臣」的文字。[9]渤海則對日本堅持平等的
原則，兩國互相遣使，在國書體例上發生多次爭執。[10]其後兩國間的
外交文書主要是渤海中臺省對日本太宰府的文牒，而不是渤海王對日
本天皇。文牒在唐代是相同位階的官府間的文書。唐代的律令格式爲
東亞諸國模仿。渤海的中臺省和日本的太宰府顯然是對應的機構。[11]
日本淳仁天皇天平寶字三年(759)十月，渤海使隨日本使人來朝，帶
有中臺牒。[12]五年後(天平寶字八年)的七月，新羅使至太宰博多津，
有執事牒，太宰府亦報牒新羅國。[13]次年三月辛丑載：「存問兼領渤
海客使部大丞正六位上小野朝臣恒柯，少內記從六位上豐階公安人等
上奏：勘問客徒等文并渤海王所上啓案，并中臺省牒案等文。」[14]日
本學者認爲唐代下達文書稱「故牒」，上申文書稱「謹牒」或「謹牒

(續)────────────

    2001)，第二章，第一節，〈第一回渤海國書〉。石井認爲渤海王自稱大
    王，稱日本天皇爲「大王」，意在平等。

8 《續日本紀》，頁113。王承禮，《中國東北的渤海國與東北亞》(長春：
    吉林文史出版社，2000)，第四章，〈渤海和日本的外交、貿易及文化交
    流〉，附有「渤海訪問日本一覽表」，頁220-232及「日本訪問渤海一覽
    表」；金毓黻著，《渤海國志長編》(長春：社會科學戰線雜誌社，1982)
    卷18，〈文徵〉，頁403-428，錄自日本史書中渤海致日本牒多通。

9 石井正敏，〈日本渤海間の名分關係─舅甥問題を中心に〉，佐藤信編
    《日本と渤海の古代史》(東京：山川出版社，2003)，頁91-116。

10 王承禮，《中國東北的渤海國與東北亞》，頁247-250。

11 酒寄雅志，《渤海と古代の日本》，第七章，第二節，〈中台省牒の性
    格〉，頁267-272。

12 《續日本紀》卷二十二，頁266。

13 《續日本紀》卷二十五，頁302-303。

14 《續日本後紀》卷十一，頁129。

上」。因此牒文中的「牒上」的意思是中台省位階較太政官爲低。[15]
總之,兩國除國書外,以公牒來往。是一種妥協。由於渤海方面的
記載不夠詳細,所以渤海政府在國內如何看待和解釋對日本外交文
書,不得而知。日本和渤海、新羅等國的外交文書使用的牒文,來自
唐代的文書制度,是沒有疑問的。這種文書制度也爲五代政權所傳
承。

五代時期的對等與不對等

從五代開始,東亞的國際關係就逐漸進入了多元的國際系統。北
方的五個朝代比較強盛,統治者都稱帝。南方諸國大都稱帝,但是對
北方的朝廷進貢,接受北方朝廷的封冊時則稱王。雖然如此,南方的
政權仍然維持獨立的地位,在不同時期,是否服屬於北方朝代,要看
雙方勢力的消長,和國際形勢而定。諸國和五代各朝間,以及與所謂
夷狄之邦的契丹(遼),形成了東亞的國際均勢。勢力均衡的觀念,在
中國古代春秋戰國時期已經形成,到了10世紀時再度出現。[16]

五代時期,契丹積極向中原發展。後梁和契丹的地位,雙方的記

---

15 酒寄雅志,《渤海と古代の日本》,頁270-272。

16 關於古代的勢力均衡,見雷海宗,〈古代中國的外交〉,《(清華)社會科
學》第4卷,第1期(1947),頁109-121;Richard Walker, *The Multi-State
System of Ancient China* (Hamden CN: The Shoe String Press, 1953). 從五代到
宋朝,似有勢力均衡的形勢,幾乎沒有主張勢力均衡的言論。勢力均衡的
觀念在歐洲歷史悠久,其意義和定義紛雜,故本文不擬將重點放在勢力均
衡上。看Michael Sheehan, *The Balance of Power: History and Theory* (London
and New York: Routledge, 1996). Emerson M.S. Niou, Peter C. Ordeshook, and
Gregory F. Rose, *The Balance of Power: Stability in International Systems*
(Cambridge University Press, 1989).

載不同。《遼史》載，朱溫篡唐後，即遣使至契丹。[17]又載阿保機元年四月，朱全忠「自立爲帝，國號梁，遣使來告。」一方面契丹主耶律阿保機於西元905年與晉王李克用相會，並結爲兄弟，牽制朱溫。另一方面契丹曾經對後梁進貢：「阿保機遣使隨高欣入貢，且求冊命。帝賜以手詔，約共滅沙陀，乃行封冊。」[18]《舊五代史》又載契丹繼續進貢。[19]契丹和後唐是對等的，但是也有契丹遣使入貢的記載。[20]契丹與鄰邦的外交，很重視彼此的地位。雖然當時對後梁的外交關係尚未定型，但是契丹的記載是以後梁和後唐爲對等的鄰國。[21]《遼史》關於唐末五代中原各國和節鎮與遼交涉的記載是：後梁、後唐和達旦來使稱「來聘」。晉、吳越、渤海、高麗、回鶻、阻卜、党項、及幽、鎮、定、魏、潞等州，南唐、女直、吐谷渾、烏孫、靺鞨、黑車子室韋、[22]波斯、大食和日本都稱「來貢。」[23]又載：「東朝高麗，西臣夏國，南子石晉，而兄弟趙宋。吳越、南唐航海輸貢。嘻，其盛矣！」與契丹對等的只有宋朝。

契丹的崛起，成爲當時國際政治中舉足輕重的強權。[24]後晉倚賴

17　《遼史》卷1，頁2：「汴州朱全忠遣人浮海奉書幣衣帶珍玩來聘。」又頁3。

18　司馬光，《資治通鑑》（北京：中華書局，1956）卷266，開平元年五月己丑：「契丹主阿保機遣使隨高欣入貢，且求冊命。帝賜以手詔，約共滅沙陀，乃行封冊。」

19　薛居正，《舊五代史》卷4，開平二年二月辛未：契丹主案巴堅遣使貢良馬。參見王溥，《五代會要》（上海：上海古籍出版社，1978），頁456。

20　《資治通鑑》卷276，天成三年八月，頁9023。實際情況是否如此，應存疑。

21　蔣武雄，〈遼與後梁外交幾個問題的探討〉，《東吳歷史學報》，第5期（1996），頁31-48。

22　《遼史》卷1，頁13；卷4，頁44。

23　《遼史》卷2，頁21：「日本國來貢。」

24　參看曾瑞龍，《經略幽燕(979-987)：宋遼戰爭軍事災難的戰略分析》（香

契丹為外援，得以建立。後晉天福元年（契丹天顯十一年，936），契
丹太宗耶律德光冊封石敬瑭為帝，建立父子關係：「予視爾若子，爾
待予猶父也。」石敬瑭並「願以雁門已北及幽州之地為壽，仍約歲輸
帛三十萬。」[25]割地和進貢歲幣是石晉時代開始的先例。契丹滅後晉
（天福十二年，契丹大同元年，947），建國號為遼。若非耶律德光早
死，也許不久就能入主中原。無論如何，此時的遼朝已經模仿中原王
朝，建立唯我獨尊的地位。

後漢建立不久即為後周所代，郭威建後周，初時曾願對遼輸歲幣
以求苟安，後來遣姚漢英、華昭胤使遼，遼則因周「書辭抗禮，留漢
英等。」也就是遼不願和後周對等。[26]後來周世宗北伐，取得瀛莫三
關之地，因此契丹和後周間斷絕外交關係。北漢劉崇則遣使對遼稱
姪，求封冊。遼冊封他為大漢神武皇帝。[27]北漢也是遼朝支持的傀儡
政權，遼時常予以軍事援助，直至宋太宗滅北漢。

值得注意的是：五代十國大都努力成立有效的政府，實行外交政
策。尤其南方諸國為對抗北方的五代，避免被併吞，遂採取彈性外
交，遠交近攻，爭取盟邦。唐朝被後梁取代後，南方政權先後稱帝：
前蜀王建於梁開平元年（907）稱大蜀皇帝，劉守光建大燕稱帝（911），
越（917）和吳（919）[28]都相繼稱帝。後蜀孟知祥稱大蜀皇帝（933）。徐

（續）───────────────

　　　港：中文大學出版社，2003），第二章，從強權政治到摸索規範。

25　《舊五代史》卷75，清泰三年十一月十二日丁酉。參看邢義田，〈契丹與五
　　　代政權更迭之關係〉，《食貨月刊》（復刊1卷6期，1971），頁296-306。

26　參看蔣武雄，〈遼與北漢興亡的關係──兼論遼與後漢、後周政權轉移的
　　　間接關係〉，《東吳歷史學報》，第3期（1994），頁61-102。

27　《遼史》卷5，頁66。

28　《資治通鑑》卷270，貞明三年十月，頁8821；貞明五年，頁8843。

知誥即帝位，國號唐(937)。[29]十國中南唐曾和中原王朝抗衡，其他
政權和北方王朝的關係，也在不同時期因時勢而有變化。後梁時，
吳越王(梁貞明元年，916)遣使入貢。[30]後來後唐、後晉皆冊封吳越
王。[31]後唐滅後梁(923)，遣使通知吳、蜀，稱詔，吳不受，唐主改
用敵國禮：「大唐皇帝致書于吳國主。」吳主遣使報聘，稱「大吳國
主上書大唐皇帝。」[32]蜀主遣歐陽彬聘於後唐，「致書用敵國禮」
(924)。[33]後唐在滅蜀前，遣李彥稠通好，則是一種欺敵之計。[34]孟知
祥建後蜀稱帝(934)，獻書後晉末帝，稱「大蜀皇帝獻書于大唐皇
帝」。帝不答。[35]後晉滅後唐，遣使詣蜀告即位，且敘姻好。蜀主復
書，用敵國禮。[36]後蜀致書於後周帝請和(955)，「自稱大蜀皇帝，
周帝怒其抗禮，不答。」[37]閩王一度稱帝(937)，還是接受後晉冊封
為閩國王。遠處東南一隅的南漢，自後梁時已稱大號，與五代相終
始。對五代諸國來說，與南唐，後周都用「鈞禮」。[38]

---

29 《資治通鑑》卷281，天福二年十月，頁9182。
30 《資治通鑑》卷269，貞明二年五月；卷271，貞明六年。
31 《資治通鑑》卷272，同光元年(923)。冊立吳越王(頁8880)；卷272，同光
二年(924)十月，吳越王復修後唐職貢(頁8926)；卷81，天福二年十月，封
吳越王(頁9184)。
32 《資治通鑑》卷272，同光元年十月。
33 《資治通鑑》卷273，同光二年(924)十一月，考異(頁8926-27)。參考中西朝
美，〈五代北宋における國書の形式にいて─致書文書の使用狀況を中心
に─〉，《九州大學東洋史論集》33(2005)，頁93-110。特別是頁96-97。
34 楊偉立，《前蜀後蜀史》(成都：四川省社會科學院出版社，1986)，頁100。
35 《舊五代史》卷46，〈末帝紀〉上，清泰元年七月庚子。
36 《資治通鑑》卷281，〈後晉紀〉，天福二年二月庚申。蜀主孟知祥與石敬
瑭皆後唐之主婿。蜀主娶李克用姪女；石敬瑭娶李嗣源女。頁9171。
37 《資治通鑑》卷292，〈後周紀〉，世宗顯德二年十月壬申，頁9532。
38 梁廷枏，《南漢書考異》卷1(台北：鼎文書局本，1979)，〈烈宗紀〉，頁
97。

當時不僅北方競爭權力者與契丹聯絡，甚至不惜卑躬屈膝與其結盟，東南諸國也與契丹交好。[39]《遼史》載，吳越王早在遼太祖九年(916)，就遣使來貢。[40]吳越與遼的友好關係持續二十年，吳越遣使至遼13次，而遼遣使4次。吳越的目的是先後與吳和南唐抗衡。尤其在遼太宗會同四年(942)，吳越遣使奉蠟丸書給遼帝。[41]

南唐為擴張勢力，逐鹿中原，希望得到契丹的援助。遼太宗天顯十二年(937)，吳徐誥「欲結契丹以取中國」，遣使泛海與契丹修好。契丹主也遣使回報。[42]《遼史》亦載，九月，遣使南唐。[43]《遼史》載，次年(會同元年，938)六月，南唐來貢。七月，遣使南唐。但《南唐書》載，契丹以兄禮事帝。[44]《遼史》中顯示與南唐的關係匪淺，記載南唐屢次向契丹進貢，而南唐更向契丹提供對後晉的秘密情報。遼會同二年(939)正月，契丹以受後晉上尊號，遣使報南唐及高麗。五月，南唐遣使來貢。[45]三年八月，遼遣使南唐，同月南唐也遣使來。至十一月，南唐再遣使奉蠟丸書，言晉密事。目的在防止後晉太強，及離間後晉與契丹。《遼史》載，會同四年(941)七月、八月、十二月，南唐密集遣使。[46]保大元年(會同六年，943)，李璟為

39　參看盧建曾，〈五代十國對遼的外交〉，《學術季刊》3卷1期(1954)，頁25-51。Edmund H. Worthy, Jr., "Diplomacy for Survaval: Domestic and Foreign Relations of Wu Yueh, 907-978," *China among Equals*, pp. 17-44.

40　《遼史》卷1，頁10、12、16、18、33。

41　《遼史》卷4，頁50。

42　《資治通鑑》卷281，後晉紀二天福二年五月。《遼史》亦載，遼太宗天顯十二年(937)九月，遼遣使南唐。

43　《遼史》卷3，頁41。

44　《遼史》卷3，頁44。陸游，《南唐書》，《二十四史外編》(天津：天津古籍出版社)卷1，頁389：契丹使赫魯朵來，以兄禮事帝。

45　《遼史》卷4，頁45-46。

46　《遼史》卷4，頁50。

聯絡契丹，牽制北方政權，遣公乘鎔與陳植帶密函由海路至契丹。[47]
《遼史》亦載，三月，南唐遣使送蠟丸。[48]顯然遼太宗從南唐得到後
晉的訊息，而南唐方面的記載則不如遼方的詳細。若就遼方史料來
看，遼和南唐並不對等。

晉天福十二年(947)，南唐遣使賀契丹滅晉。[49]這時南唐似有機
會提升其地位。韓熙載上疏：「陛下有經營天下之志，今其時矣。若
戎主遁歸，中原有主，則不可圖矣。」[50]雖然李璟下詔：「乃眷中
原，本朝舊地。」但因陷入伐閩泥淖而難拔，失去機會。[51]遼世宗
時，(天祿二年，948)，南唐遣使道賀，並奉蠟丸書。世宗因此議南
伐。[52]南唐又於四年遣使賀南征捷，及於五年遣使乞舉兵應援。[53]遼
穆宗應曆二年(952)三月，南唐遣使奉蠟丸書，又遣使進貢。[54]三
年，五年，遣使進貢。七年二月和六月，兩度遣使，奉蠟丸書和進
貢。同時，後周也遣聘使。[55]當時南唐受到後周的壓力，希望得到外
援。企圖與契丹「共制中國」。[56]但契丹只能給北漢援助。南唐資料
很少有關提供遼情報的記載，《資治通鑑》有這樣的史料：「遣使自

47　任爽，《南唐史》(長春：東北師範大學出版社，1995)，頁179-180。

48　《遼史》卷4，頁53。

49　《資治通鑑》卷286，後漢天福十二年(947)正月，頁9338。

50　陸游，《南唐書》卷2，〈韓熙載傳〉，頁454。《資治通鑑》卷286，頁
　　9338。後來周世宗在位，有人主張北伐，韓熙載說：「北伐吾本意也，但
　　今已不可耳。」參看任爽，《南唐史》，頁181。

51　陶懋炳，《五代史略》(北京：人民出版社，1985)。

52　《遼史》卷5，頁65。卷5末，贊曰：「納唐丸書，即議南伐。」(頁66)

53　《遼史》卷5，頁64-66。

54　《遼史》卷6，頁70。

55　《遼史》卷6，頁73-74。

56　《資治通鑑》卷290，天福十二年二月甲辰，頁9475。鄒勁風，《南唐國
　　史》(南京：南京大學出版社，2000)。但未論及對遼外交。

海道通契丹及北漢，約共圖中國。值中國多事，未暇與之校。」[57]但
《南唐書》載，保大十二年(954)，契丹使仍是「來聘」。[58]可見南
唐方面的記載與遼方不同，南唐自認兩國是平等交往。遼應曆九年
(959)，契丹遣使於唐，被殺。自此契丹與南唐斷絕來往。[59]《遼
史》中也就沒有再提南唐進貢。總計契丹與南唐使節往來38次，契丹
使南唐12次；南唐使契丹26次。[60]遼和閩及荊南也有交往的紀錄。閩
和荊南對遼的外交主要目的是在國際政治方面得到遼的支援。[61]

後周征南唐，唐主遣使帶國書至徐州，稱「唐皇帝奉書大周皇
帝。請息兵修好，願以兄事帝，歲輸貨財以助軍費。」周帝不接受，
南唐只好奉表稱臣。[62]

在朝鮮半島上的高麗，於西元918年建國。契丹遣使貢橐駝，高
麗太祖王建鄙視契丹，拒絕接受。其後曾試圖與後唐結盟，夾攻契

57　《資治通鑑》卷292，顯德二年(955)，十月壬申，頁9532。
58　馬令，《南唐書》(《二十四史外編》)卷3，頁263。陸游，《南唐書》卷
　　2，頁161。
　　又吳任臣，《十國春秋》(台北：臺灣商務印書館《四庫全書珍本三集》)
　　卷16頁4載，保大元年(943，即會同六年)，南唐「遣公乘鎔航海使于契
　　丹，以繼舊好。」而「契丹主述律遣元宗書曰：大契丹天順皇帝謹致書大
　　唐皇帝闕下。」此書乃清代著作，不知著者根據為何。
59　《資治通鑑》卷294，顯德六年十二月。頁9606：「契丹主遣其舅使於唐，
　　荊罕儒募客使殺之。自是契丹與唐絕。」王珪撰高瓊神道碑銘載高瓊祖父
　　高霸被南唐所殺。見《全宋文》卷1155，頁207。
60　林榮貴，陳連開，〈五代十國時期契丹、沙陀、漢族的政治、經濟和文化
　　交流〉，《遼金史論集》(第三輯)，頁155-186。
61　《資治通鑑》卷286，天福十二年正月，荊南高從誨遣使入貢於契丹。契丹
　　遣使以馬賜之。參看林榮貴，陳連開，〈五代時期南方諸國與契丹、沙
　　陀、漢族的政治、經濟和文化交流〉，頁164-165。卞孝萱，〈五代十國時
　　期與契丹的關係〉，《山西師範學院學報》，1957.3，頁78。
62　《資治通鑑》卷292，三年二月甲戌及乙卯。又見中西朝美文，頁101。

丹，因王建去世未果。[63]948年，高麗光宗棄後漢年號，用光德年號，並且稱帝。不過於951年，開始用後周年號，並接受後周的冊封，與後周結盟，希望擴張領土。後周被北宋取代，光宗一度用峻豐年號，但旋即於962年接受宋的冊封。[64]

　　總之，五代時期各個政權成立後，以稱帝來表示獨立的地位。與對等國的之間的外交用語，如交換使節稱「來聘」，禮節稱「敵國禮」，或「鈞禮」。維護對等的方式稱爲「抗禮」。北方朝代對次要的政權則封冊其國主，命其入貢。十國極力維持其獨立自主，與鄰近政權聯絡或建立友好關係，並維持國際間勢力的均衡。[65]這些政權的地位並不穩固。只有西南的蜀和東南的南漢距中原較遠，得以稱帝於一隅較久，暫時自以爲與中原政權具有對等的地位。五代時期可以見到在多元國際關係之中，國與國間經常透過外交談判達成協議。外交的功用是獨立的國家間以談判處理其關係，[66]並及於附庸國。[67]契丹的政策是扶助其屬國後晉和後漢，並聯絡南唐來防止北方政權過於強大，而南唐則爲自己的國防和利益與契丹友好。

63　盧啓鉉著，紫荊、金榮國譯，金龜春譯審，《高麗外交史》（延吉：延邊大學出版社，2002），頁19。

64　盧啓鉉著，《高麗外交史》，頁27-28。

65　Edmund H. Worthy, Jr., *ibid*, p. 38.

66　當時諸國間的外交談判頻繁，顯示國際間的對等關係。Harold Nicolson 認爲外交使節代表主權國家與對方談判。見 Diplomacy(London: Oxford University Press,1960ed.), p. 80；參看G.R. Berridge, Maurice Keens-Soper, and T.G. Otte, ed., *Diplomatic Theory from Machiavelli to Kissinger* (Palgrave, 2001), p. 157.

67　Ernest Satow, *A Guide to Diplomatic Practice* (4th ed., 1957), p. 1: 外交是獨立國家間運用智慧和技巧來處理正式的關係，並有時及於附庸國。

宋遼間的平等外交關係

　　東亞在宋朝的建立後，結束了五代的紛擾，逐漸出現了兩個對立的強權。宋遼間的外交序幕，由交換書信和聘使展開。根據宋人的記載，宋初和遼朝的建交是由雙方地方官以交換書信開始。宋太祖開寶七年（遼保寧六年，974），遼涿州刺史耶律琮用書信的方式和雄州地方官孫全興聯絡，開始了兩朝間的外交關係。[68]但是《遼史》則載，宋朝在遼保寧六年春，曾遣使至遼廷：「三月，宋遣使請和，以涿州刺史耶律昌术加侍中與宋議和。」[69]亦即雙方外交的接觸是由宋朝遣使至遼來發動。五代時期，中原朝代更迭頻繁，每次改朝換代，就會遣使通知遼。朱全忠建後梁，即通知遼。遼天贊四年（925）十月，唐以滅梁來告，即遣使報聘。[70]遼世宗大同五年（951）正月，漢郭威弑其主自立，國號周，遣朱憲來告，即遣使致良馬。[71]按照五代的慣例，宋朝建立後，遣使到遼朝是很合理的做法。[72]這次的交涉結果，雙方達到暫時的和平。就兩國的地位來說，雙方交換聘使和國書，舉行外交談判，建立了對等外交的先例。不過，《遼史》載遼廷於

68　《宋會要輯稿》，第8冊，頁7673；李燾，《續資治通鑑長編》（以下簡稱《長編》，北京：中華書局）卷15，開寶七年十一月甲午。參看拙著，《宋遼關係史研究》（台北：聯經出版公司，1984），頁19-20。

69　《遼史》卷8，頁94。

70　《遼史》卷2，頁21。

71　《遼史》卷5，頁65。《遼史》卷86，〈耶律合住傳〉。合住即耶律昌术，漢名琮。

72　參看曹顯征，〈遼宋實現首次交聘之背景分析〉，《北方文物》，2006年第1期。曾瑞龍，《經略幽燕》（香港：中文大學出版社，2003），頁49-53。認爲宋遼此次交涉是雄州和議。

宋使到達後，就命涿州地方官回應，卻沒有立即對宋廷遣使。如此，似採取較高的姿態。

宋初建國的大戰略，是「先本後末」。[73]太祖「欲息天下之兵，爲國家建長久之計」。群臣也提出弭兵論。[74]不過，宋初君臣也認爲應當收回幽燕地區。太平興國四年(979)，宋太宗伐遼失敗。[75]雍熙三年(986)，太宗有意再度起兵，大臣紛紛諫阻。給事中李至等主張守爲上策；熟知邊事的刑部尙書宋祺論北伐，認爲和平才是得策：「聖人務好生之德，設息兵之謀。雖降志以難甘，亦和戎爲便。」結語說：「兵爲凶器，聖人不得已而用，若精選使臣，不辱君命，通盟結好，弭戰息民，此亦策之得也。」[76]雍熙三年，太宗再度北伐，仍然遭到挫敗。對遼用兵的兩次失敗，宋廷的政策轉向「守內虛外」。對外的挫折，加深了君臣對內患的憂慮，皇位和政權的保衛成爲最重要的目標。[77]在對遼外交方面，宰相李昉等上疏，勸太宗「稍減千金之日費，不煩兵力，可弭邊塵。此所謂屈於一人之下，伸於萬人之上者也。」[78]次年，殿中侍御史趙孚上奏，建議朝廷「精選使命，通達國信。」「議定華戎之疆，永息征戰之事。立誓明著，結好歡和。彼以羊馬皮毛致誠，此以金帛犀象爲報。」[79]提到用國書致契丹，及以

73　曾瑞龍，《經略幽燕》，頁99-111。

74　曾瑞龍，《經略幽燕》，頁201-211。

75　關於太宗北伐，看同上，第5-7章。

76　《長編》卷27，雍熙三年正月戊寅。

77　參看鄧小南，《祖宗之法——北宋前期政治述略》(北京：三聯書店，2006)，頁270-274。

78　《長編》卷27，雍熙三年六月戊戌。參看拙著〈宋遼間的平等外交關係〉，《沈剛伯先生八秩榮慶論文集》(台北：聯經出版公司，1976)，頁223-252，尤其頁245-251。

79　《長編》卷28，雍熙四年四月己亥。

金帛和貿易來免除戰爭。也就是說，已經認識契丹的勢力可以和中國匹敵。淳化元年(990)，太僕少卿張洎上疏言邊防，認爲禦戎之道，守爲上策，和爲中策，戰爲下策。中策是「偃革囊弓，卑辭厚禮，降王姬而通其好，輸國貨以結其心。雖屈萬乘之尊，暫息三邊之戍。」提出卑辭厚禮、和親，以及請皇帝屈己，與契丹和。[80]換言之，即使屈皇帝之尊，也要達成和議。眞宗咸平二年(999)，京西轉運副使太常博士直史館朱台符上言，主張遣使與「鄰國」契丹議和，指出契丹「不服中國」，說他們「天性忿鷙，形容魁健，其彊難屈，其和難得，眞中國之雄敵也。」[81]總之，在宋遼締結澶淵之盟以前，太宗的進取和失敗，讓頗多宋臣放棄了以收復燕雲來完成大一統的企圖，在「先本後末」和「守內虛外」的原則下，已經有以金錢和物產爲代價，來取得對遼和平相處的言論和心理上的準備。[82]

兩國間斷絕外交關係，直至11世紀初，才終於復歸於和。宋眞宗景德元年(1004)，遼聖宗率大軍南下，宋眞宗也親征，雙方對峙於澶淵。次年初(景德二年)，宋遼訂立和約，就是所謂〈澶淵誓書〉。談判時，遼以國書要求周世宗北伐取得的關南地。輔臣建議回書拒絕割地：「或歲給金帛，助其軍費，以固懽盟。」宋眞宗說：「倘歲以金帛，濟其不足，朝廷之體，固亦無傷。」[83]宋君臣提出以歲幣換取和平，而且覺得給付金帛不會傷及國體。這個條約建立了宋遼間的和平關係，劃定兩國間的疆界，雙方人戶，互不侵犯。並由宋向遼提供歲

---

80 《長編》卷31，淳化元年六月丙午。
81 《長編》卷44，三月癸亥。
82 參看曾瑞龍，《經略幽燕》，結論。
83 《長編》卷58，十二月庚辰。又見《宋會要輯稿》，蕃夷一之三二，頁7674：「朝廷之體，故無所傷。」

幣銀絹30萬兩匹，作爲「以風土之宜，助軍旅之費」。歲幣並非進貢，而是對契丹出兵的補償，每年由宋方地方官交給對方的地方官。〈澶淵誓書〉是此後宋遼外交的基礎，從此發展對遼外交的制度或「澶淵模式」。[84]條約締結後，宋遼皇帝自稱皇帝，並稱對方皇帝。雙方皇帝稱兄道弟，兩朝成爲兄弟之邦。兩朝間的外交實際運作，與在漢唐明清朝貢系統下的外交，截然不同。宋遼兩朝從國家和皇帝的稱號，從兄弟關係引申的親屬稱謂，到外交文書和典禮的細節，務求平等。外交使節與對方官員從見面開始，必須注意使用適當的言語，應對進退，以及禮物的交換、座次的排列，都細心安排，不能出錯。[85]這些都是在因應國家間對等的要求下逐漸出現的情況，頗多歷史上前所未有的創舉。值得注意的是，雙方政府經常以國書維繫友好的關係，或交涉重要的事務，地方官則利用文牒解決兩國間發生的糾紛，而不是每次派遣外交使臣帶國書前往交涉。而文牒本來是宋人在國內對等官府間使用的文書。[86]可以說，宋與遼的條約，除送歲幣外，基本是平等的。

不過，當時有人認爲宋朝沒有一舉收復燕雲，反而對遼送歲幣，是一大失策。再者，宋致遼的國書，都在國號上冠南北朝。遼人希望自稱北朝，稱宋爲南朝。有的宋臣不滿意表示平等的南北朝字眼，將作監丞王曾批評說：「是與之亢立，失孰甚焉。願如其國號契丹足矣。」換言之，雖然宋和契丹兩國的國號沒有高下之分，但是認爲南

84 古松崇志提出「澶淵體制」，金成奎提出「和議體制」。見古松崇志，〈契丹・宋間の澶淵體制における國境〉，《史林》，頁28-61。金成奎，《宋代の西北問題と異民族政策》（東京：汲古書院，2000），頁14-16。
85 參看拙著《宋遼關係史研究》，頁34-38；吳曉萍，《宋代外交制度研究》（合肥：安徽人民出版社，2006），第三章，〈外交禮儀制度〉。
86 參看拙著〈宋遼關係中的外交文書：以牒爲例〉，請見本書頁133。

北朝的稱呼表示雙方對等,頗為不妥。結果宋廷認為南北朝的稱呼已經成了定局,就沒有更改。[87]也就是承認了現實的局面。

宋遼締訂〈澶淵誓書〉,兩大強權建立了兩個朝貢系統,穩定了東亞的國際局勢,奠定東亞和平安定的基礎。[88]慶曆二年(遼重熙十一年,1042),遼興宗以索還周世宗北伐取得的關南地為藉口,遣使交涉。宋廷遣富弼前往談判。富弼拒絕割讓關南地,於是遼興宗提出和親,富弼也拒絕,但願意增加歲幣。結果訂立〈慶曆誓書〉(又稱關南誓書),宋答允增加二十萬歲幣,而歲幣的輸送方式經富弼與遼人幾經折衝,才勉強對遼「納」幣。這次的外交談判,應當注意的要點是增加歲幣的性質,即十萬用來補償遼方放棄土地與和親的要求,另外十萬是遼答允要求西夏對宋臣服的代價(令夏國復納款)。[89]

宋遼締結的第二個條約,進一步鞏固了東亞的長期和平。不過就對等而言,歲幣送到遼朝稱「納」,遼略占上風。遼人則對內及對高麗誇稱外交的勝利,宋對遼「進貢」。[90]富弼對這次外交不以為是功勞,他指出,遼夏兩國具有可與中原比擬的高度文化,而且有中原王朝不及的武力。所以不應當把他們當做古代那樣的夷狄。顯然富弼擔心遼夏(西北二敵)合作來對付宋。因此對遼讓步。[91]有些宋臣如歐陽

87 《長編》卷58,景德元年十二月辛丑。參看李錫厚,〈論澶淵之盟非城下之盟〉,張希清、田浩、穆紹珩、劉鄉英編,《澶淵之盟新論》(上海:上海人民出版社,2007),頁20-21。關於澶淵之盟,參看拙作,《宋遼關係史研究》,第二章。近年的討論看《澶淵之盟新論》論文集。
88 但王賡武認為北宋朝已經沒有以宋為中心的世界秩序。見Wang Gungwu, "The Rhetoric of a Lesser Empire," in *China Among Equals*, pp. 47-65, esp. p. 62.
89 看拙著,《宋遼關係史研究》,頁79-89;〈余靖與宋遼夏外交〉,《食貨月刊》1.10(1972),頁534-539。
90 《宋遼關係史研究》,頁50。
91 韓琦、富弼和錢彥遠的意見,看《宋遼關係史研究》,頁118-121。

修認為己方遭到恥辱，說：「前者劉六符之來，朝廷忍恥就議，蓋爲河朔無可自恃，難與速爭，須至屈意苟合，少寬禍患。」[92]王安石也認爲是恥辱，宋神宗則認爲慶曆和議是爲了虛名失掉實利：「朝廷作事，但取實利，不當徇虛名。如慶曆中，輔臣欲禁元昊稱兀卒，費歲賜二十萬，此乃爭虛名而失實利。富弼與契丹再議盟好，自矜國書中人南朝白溝所管六字，亦增歲賜二十萬。其後白溝亦不盡屬我也。」[93]

　　慶曆和議的背景是宋夏戰爭於康定元年(1040)爆發，宋軍連敗。遼興宗顯然利用西夏戰勝宋朝的機會，對宋提出割地的要求。當時夏主元昊自稱西朝，儼然與宋遼形成三國鼎立的形勢。如果遼夏合作對付宋，就會對宋造成極大的威脅，所以宋人力求破解遼夏同盟的可能，以增加對遼歲幣的一部分作爲促使遼對西夏施壓，令其對宋恢復和好。

西夏力求與宋對等

　　西夏於宋雍熙三年(986)，李繼遷降附遼，得到遼主的冊封。端拱二年(989)，遼義成公主下嫁繼遷。自此西夏與遼爲甥舅之國。[94]寶元元年(1038)，元昊即皇帝位，國號大夏。實行改革，大建官制，自製文字，改漢衣冠。遣使至宋上表稱已即帝位，年號天授禮法延

92　《全宋文》卷680，〈論郭承祐不可將兵狀〉，頁465-466。《長編》卷141，慶曆三年七月戊寅。

93　《長編》卷317，元豐四年十月乙卯。參看朱瑞熙，〈宋朝的歲幣〉，《岳飛研究》，第3輯(1992)，頁217。

94　參看李范文，〈試論西夏與遼金的關係〉，《遼金史論集》，第六輯(北京：社會科學文獻出版社，2000)，頁428-439。

祚。[95]寶元二年(1039)，宋除元昊官爵，罷榷場。次年夏軍攻宋，宋
將劉平、石元孫在三川口(今陝西安塞縣東)兵敗被俘。慶曆元年
(1041)，又敗宋軍於好水川(今寧夏隆德縣北)，宋將任福陣亡。二年
(1042)，夏軍再攻宋，宋將葛懷敏戰死於定川砦(今寧夏固原縣西
北)。[96]

慶曆二年(1042)，知延州龐籍招納元昊。[97]約元昊「奉表削僭
號」。次年初，西夏使李文貴帶元昊的書信至宋境，書中元昊的頭銜
是「男邦泥定國兀卒曩霄上書父大宋皇帝」。就是稱子不稱臣。朝廷
中一片譁然。韓琦、范仲淹等言：元昊派人來，欲與朝廷抗禮。不改
稱號，意圖朝廷允許他爲「鼎峙之國」。他們認爲如果元昊「大言過
望，爲不改僭號之請」，有不可許者三，大可防者三。他們提出不可
許的理由是：一，西夏是小國，不能和遼相比。「自古四夷在荒服之
外，聖帝明王恤其邊患，柔而格之，不吝賜與，未有假天王之號者
也。何則？與之金帛，可節儉而補也。鴻名大號，天下之神器，豈私
假於人哉？惟石晉藉契丹援立之功，……故僭號於彼，壞中國之大
法，而終不能厭其心，遂爲吞噬，遽成亡國，爲千古之罪人。」契丹
稱帝滅晉之後，事勢強盛。西夏則從來附屬於宋，不能和契丹比。
二，如果容忍元昊，則他的公文將有西朝、西帝的稱號。可以招攬漢
人，「與契丹並立，交困中國」。三，有人認爲元昊此舉不過是在對
其他外族提升自己的地位。韓范等不以爲然。他們認爲如果讓元昊得

---

95 《宋史》卷485，外國一，夏國上，頁13993-14000。
96 吳天墀，《西夏史稿》(成都：四川人民出版社，1983)，頁59-63。今地依
　　吳著。
97 據《宋史》卷311，〈龐籍傳〉，爲知延州，鄜延都總管，經略安撫緣邊遭招
　　討使。據《長編》卷138，慶曆二年十一月辛巳，「於是復置陝西四路都部
　　署，經略安撫兼緣邊招討使，命韓琦、范仲淹、龐籍分領之。」(頁3322)。

逞，將謀侵據漢地，堅持不可以對元昊讓步。至於大可防，是：一，允許元昊的要求後，中國的邊備廢弛。二，元昊不會謹守盟約。三，蕃漢之人，出入京師，會造成禍害。[98]韓范的重點是：金帛可以付出，名分則不可退讓。富弼更進一步指出：

> 若契丹謂中國既不能臣元昊，則豈肯受制於我，必將以此遣使來，未知以何辭答之；若契丹謂元昊本稱臣於兩朝，今既於南朝不稱臣，漸為敵國，則以為獨尊矣。異日稍緣邊隙，復有所求，未知以何術拒之。臣曉夕思之，二者必將有一焉。不可不早慮也。[99]

富弼的意思是，契丹人將認為遼朝的地位超過宋。

慶曆三年(1043)，遼得到宋增加歲幣的利益，促元昊與宋和好，元昊卻約遼攻宋，為遼拒絕。遼作為夏的宗主國，必須對西夏施以壓力。這樣的外交，讓遼取得宋遼夏三國中的主動地位。

但是慶曆三年七月中，夏使至宋廷時，仍稱男不稱臣。宋君臣傾向許和，韓琦和諫官歐陽修等反對和議。諫官蔡襄說：「元昊始以兀卒之號為請，及邵良佐還，乃欲更號吾祖，足見羌賊悖慢之意也。吾祖猶言我翁也。今縱使元昊稱臣，而上書於朝廷，自稱曰吾祖。朝廷賜之詔書，亦曰吾祖，是何等語耶？」[100]余靖說：「彼稱陛下為父，卻令陛下呼為我祖，此非侮玩而何？」歐陽修也說：「夫吾者，

---

98 《長編》卷139，慶曆三年二月乙卯，頁3348-3354。這些基本是范仲淹的意見，見《范仲淹文集》。

99 《長編》卷140，慶曆三年四月己亥，頁3361-3362。

100 《長編》卷142，慶曆三年七月癸巳，頁3409。

我也；祖者，俗所謂翁也。今匹夫臣庶尚不肯妄呼人為父，若欲許其
稱此號，則今後詔書須呼吾祖，是欲使朝廷呼蕃賊為我翁矣。……」
他主張制裁西夏，反對給予西夏使節禮數方面優厚的待遇，「待其來
人，凡事不可過分，至禮數厚薄，賜與多少，雖云小事，不足較量，
然於事體之間，所繫者大。」[101]又說：

> 伏自西賊請和以來，眾議頗有異同，多謂朝廷若許賊不稱
> 臣，則慮北戎別索中國名分，此誠大患。然臣猶謂縱使賊肯
> 稱臣，則北戎尚有邀功責報之患。是臣與不臣，皆有後害。
> 如不得已，則臣而通好猶勝不臣。然於後患不免也。[102]

歐陽修指出，如果允許西夏不稱臣，則遼可能又提出「名分」上的要
求，問題嚴重。但是他也說，即使西夏稱臣，遼仍然會居功。他認為
令西夏稱臣比較好，卻不免後患。換言之，在宋遼夏三角交涉中，遼
占有最有利的地位。由於西夏向遼稱臣，如果與宋對等，則宋對遼似
難維持平等的地位。這一點應當是宋臣反對西夏要求的主要原因。此
外，宋人始終把西夏當作藩屬國，是較契丹弱小的夷狄，雖然西夏的
武力造成巨大的國防壓力。[103]

　　宋人成功以夷制夷的外交政策，維持了國際均勢，同時造成了遼
夏之間的矛盾與衝突。慶曆四年，遼決定對夏用兵，遣使至宋，要求

---

101 見〈論元昊來人不可令朝臣管伴箚子〉，《全宋文》，第16冊卷680，頁
　　467；卷679，〈論元昊來人請不賜御筵箚子〉，頁442。

102 《全宋文》卷680：〈論西賊議和利害狀〉，頁470-471。又見《長編》卷
　　142，慶曆三年七月癸巳。《長編》中「北戎」作「契丹」。

103 李華瑞，〈北宋朝野人士對西夏的看法〉，《宋史論集》(保定：河北大學
　　出版社，2001)，頁172-190。

停止封冊元昊的行動。宋廷最後於遼夏戰爭爆發前，封冊元昊爲夏國主，促成遼對夏用兵時，宋不會捲入。十月，西夏決定接受宋廷的冊封，及歲賜銀、絹、茶二十五萬五千兩、匹、斤。[104]隨後西夏雖然兩次打敗遼軍，但是最後還是對遼稱臣納貢。不過遼興宗沒有答應西夏求婚。遼道宗則曾聯絡角廝囉，並約夾攻夏。

元昊要求與宋對等，其實除了他有更上一層樓的野心外，還利用對等地位的宣示來獲取利益。他在外交上和經濟上得到利益後，仍對宋稱臣。雖然宋對西夏是擺出宗主國的姿態，但是西夏有充分的自主權。

嘉祐六年(1061)，夏主諒祚請求宋帝以公主下嫁。宋神宗沒有答應。神宗君臣積極經略西夏。西夏屢次要求遼介入，或遣援軍。遼不願西夏被宋侵滅，於宋哲宗元符二年(遼道宗壽昌四年，1099)遣使勸宋不得侵略西夏。三月，遼泛使蕭德崇、副使李儼見神宗。國書云夏國是遼之藩輔，屢次上表「懇於救援之師，用濟攻伐之難。理當依允，事貴解和。蓋念遼之於宋也，情重祖孫；夏之於遼也，義隆甥舅。必欲兩全於保合，豈宜一失於綏存。……與其小不忍以窮兵，民罹困弊，曷若大爲防而計國，世固和成。」館伴使蔡京與遼使商談，報告遼使要求「還復所奪疆土城寨，盡廢所修城堡。」[105]經過往返折衝，宋回書拒絕遼使的要求，強調西夏本是宋朝藩鎮、臣子，近年變詐狡猾，自取死傷。對於遼的調停，宋人希望夏人悔過，則會給予自新之路。認爲宋夏之爭，沒有違反宋遼的和約。對於遼使要求「休退兵馬，還復疆土」八個字，堅持不肯答應。西夏使人在宋京城逗留

---

104 以上參考吳天墀，《西夏史稿》，頁59-74；附錄西夏大事年表。

105 《長編》卷507，元符二年三月丙辰、戊戌。

37天。西夏倚仗遼的幫助，對遼來說，顯然西夏的存在可以牽制宋，對遼是有利的。西夏若被宋併吞，則對宋遼兩國的勢力消長大有影響。[106]北宋末期，終於得到制夏的成功。而西夏仍然依賴遼爲外援。如崇寧四年(1105)，夏主乾順向遼求援，遼也遣使請宋朝歸還所侵夏地。最後徽宗還是照辦。夏人再一次利用遼，而遼則再一次抑制宋朝。[107]終北宋一代，遼夏未能聯合滅宋。

遼末，西夏在金人的壓力下，將逃亡至天德軍(在今內蒙境內)的遼帝耶律延禧捕送給金帥完顏宗望。西夏向金稱臣。南宋初年，宋金激烈交戰。宋臣主張聯西夏制金，但無結果。史載南宋於建炎二年(1128)遣謝亮、何洋持詔書使西夏，夏主對他們態度倨傲。次年，南宋政權最危急的時候，甚至對西夏的地位，願意讓步，承認西夏爲對等的政權。七月，知樞密院事張浚謀北伐，圖連結西夏，建議朝廷遣使往西夏，帶去的國書兩封，「一如常式，一用敵國禮」。仍由謝亮前往，但不得要領。[108]西夏對金政策矛盾。既向金稱臣，爲金的藩屬；也時常侵占金朝控制下的土地。西夏既與金朝間有榷場貿易，也有時發生局部性的戰爭。宋金和議後，金朝取得陝西，隔絕宋夏。因此宋人無法與西夏聯繫。金末金夏的連年戰爭，兩者都因而衰敝，予蒙古以可乘之機。[109]

106 《長編》卷509，元符二年四月辛卯。參看杜建彔，《西夏與民族關係史》(蘭州：甘肅文化出版社，1995)，頁115-135。曾瑞龍，《拓邊西北》(香港：中華書局，2006)，頁152-154。

107 看李華瑞，《宋夏史研究》(天津：天津古籍出版社，2006)，頁320-338。李范文，前引書，頁282-283。

108 李心傳，《建炎以來繫年要錄》(《叢書集成本》)卷25，七月癸未，頁506。《宋史》卷486，夏國下，頁14022-14023。

109 參看吳天墀，《西夏史稿(增訂本)》(成都：四川人民出版社，1983)，頁112-117。

高麗在多元國際關係中的角色

　　五代時期，高麗曾經謀求聯合五代各國攻打或牽制契丹，而五代諸國也尋求利用高麗牽制契丹。[110]宋建國後，高麗派使臣至宋(962年)，獻方物，受宋封冊，已見前述。其後基本維持友好的關係。只是受到遼的壓力，宋和高麗間的關係時斷時續。兩國間維持和好關係，是爲了與遼金的勢力平衡。[111]不過，宋與高麗與其是互相援助，不如說偏重於相互利用。雍熙二年(985)，宋太宗爲了攻打遼，派遣韓國華爲特使，約請高麗興兵支援。高麗始而反對，繼而勉強同意，而實際上根本未動用兵力。[112]其後遼經常對高麗用武力或外交施壓，避免兩面受敵。在對宋交涉取得利益後，即通知高麗誇張其成果，目的在警告高麗，令其不得妄動。遼的這種行爲，說明高麗在宋遼之間具有舉足輕重的角色。

　　就高麗而言，聯宋制遼當然是理想的態勢，所以只要在宋遼的勢力此消彼長時，就會衡量情勢，對遼或宋稱臣納貢，或對宋遼雙方都維持封貢關係。但是宋與高麗始終未能成立聯盟。

　　宋神宗採取聯麗制遼政策，對高麗的交涉，值得一提。[113]交涉的執行機關分別是宋朝的高級地方官和高麗的禮賓省。而中間的書信

110　金渭顯，〈高麗與契丹關係述論〉(金渭顯編，陳文壽校譯，《韓中關係史研究論叢》，香港：社會科學出版社，2004)，頁42-44。

111　參看拙著，《宋遼關係史研究》。黃寬重，〈南宋與高麗的關係〉，《南宋史研究集》(台北：新文豐出版公司，1985)，頁265-305。

112　《宋遼關係史研究》；盧啓鉉著，《高麗外交史》，頁37-40。但記韓國華於986年至高麗。

113　參看金渭顯，〈高麗與契丹關係述論〉，頁45-46、70-71、77-79。

來往則由此民間人士擔任。神宗熙寧元年(1068)，宋人黃愼將皇帝給
湖南荊湖兩浙發運使羅拯的旨意轉告高麗，次年，高麗禮賓省移牒羅
拯，準備朝貢。[114]熙寧三年(1070)，湖南荊湖兩浙發運使羅拯遣黃
愼至高麗。黃愼回去後，移牒福建請準備高麗使來貢。四年，高麗使
金悌奉表至宋進貢。[115]換言之，用移牒的方式，是展開外交關係的
重要手段。兩國間在沒有遣使進貢的時候，或沒有封貢關係的時期，
雙方就利用移牒的方式來通消息。明州是與高麗聯絡的重要機構。元
豐元年(高麗文宗三十二年，1078)，明州教練使顧允恭帶著文牒至高
麗，通報皇帝遣使通信之意。[116]元符三年(高麗肅宗五年，1100)五
月，宋命明州牒報哲宗皇帝崩，皇弟端王佶立。[117]政和六年
(1116)，宋升高麗使為國信使，禮在夏國上。[118]宣和四年(1122)，
宋持牒使姚喜等至高麗；次年，持牒使許立至高麗。[119]又次年，明
州移文高麗取索宋商。[120]當宋聯金滅遼時，高麗王勸宋停止對兄弟
之邦的軍事行動，甚至勸宋聯遼滅金。其目的是在扶持弱勢的遼來對

114 《宋史》卷487，〈外國三——高麗〉，頁14046。
115 金渭顯，《高麗史中中韓關係史料彙編》(台北：食貨出版社)，上冊，頁
    42-43。金渭顯，〈宋麗關係與宋代文化在高麗的傳播及其影響〉，《韓中
    關係史研究論叢》，頁119-122。遼對高麗文牒見閻鳳梧、賈培俊、牛貴琥
    編，《全遼金文》(太原：山西古籍出版社，2002)，頁313-316、905-906，
    詔書散見各處，錄自《高麗史》及《東國通鑑》。對宋的文牒見頁899-
    904，皆錄自《宋會要輯稿》、《長編》，及轉錄自陳述編《全遼文》。
116 《高麗史中中韓關係史料彙編》，頁48。
117 《高麗史中中韓關係史料彙編》，頁64。
118 黃寬重，〈高麗與金、宋關係年表〉，《南宋史研究集》，頁393。
119 黃寬重，〈高麗與金、宋關係年表〉，頁399；《高麗史中中韓關係史料彙
    編》，頁77。
120 〈高麗與金、宋關係年表〉，頁400；《高麗史中中韓關係史料彙編》，頁
    79。

付新的敵人金朝。

南宋時，高麗成為金朝的附庸國，南宋與高麗的外交不如北宋時積極。紹興五年(1135)，高麗遣使帶文牒至宋。[121]次年，高麗持牒官金稚圭至明州。[122]紹興八年(1138)，宋商持明州牒至高麗。[123]紹興三十二年(1162)，宋明州牒報高麗采石之捷。[124]隆興二年(1164)後，宋與高麗外交關係斷絕。[125]總之，高麗在兩宋與遼金兩朝間，扮演著兩大間平衡的角色。因為在文化上高麗傾向宋，也利用宋來牽制遼金，所以遼金都時時注意高麗的動向，以免高麗和宋結盟，造成遼或金兩面受敵的狀況。

南宋對金爭取平等

女真初興，宋與女真商議聯合對付契丹，展開聯金滅遼的政策。宋徽宗君臣認為不必對女真首領完顏阿骨打以國書對待，只由登州移牒給他，阿骨打對此大為不滿，認為宋朝用移牒的方式，似有中央對地方的不平等的態度。促宋遣使談判。[126]經過幾次交涉後，宋人不得不承認金的對等地位，以國書對金交涉，締結海上之盟。在宋人聯金滅遼的過程中，宋軍攻打燕京失敗，退師。宋使趙良嗣主張以歲幣誘金人替宋取燕京：

---

121 〈高麗與金、宋關係年表〉，頁443。
122 〈高麗與金、宋關係年表〉，頁445-446；《宋史》卷487，頁14052。
123 〈高麗與金、宋關係年表〉，頁449。
124 〈高麗與金、宋關係年表〉，頁494。
125 黃寬重，〈南宋與高麗的關係〉，前引書，頁249-250。
126 世界本《長編》引《長編拾補》卷40，頁1-2。

> 今宣撫司已退遁，兵力不支，自非藉彼之力取之，後以金帛
> 誘之，何以得燕？[127]

宣和五年(1123)簽訂的宋金條約，基本上將對遼的歲幣轉讓給
金，保持平等。不久，徽宗君臣處理外交問題失策，演變成金軍入
侵。靖康元年(1126)，徽宗禪位於太子欽宗。金帥完顏斡離不(宗望)
移牒宋廷以「趙皇」(宋帝)為對象迫和。[128]欽宗與金人締結城下之
盟，割地及增歲幣，屈辱求和，失去了對等的地位。可是宋廷上下和
戰不定，又不遵守條約，終於無法挽救滅亡的命運。金人入侵華北
時，屢次以檄書聲明他們的行動是因為徽欽二帝毀盟約，不得不「弔
民伐罪」。[129]

南宋政權建立之初，軍事和經濟上都無從與金抗衡，因此高宗不
斷遣使對金求饒。即位之初，就屢次遣使求和。《金史》載，宋建炎
元年(金天會五年，1127)：

> 先是，康王嘗致書元帥府，稱：大宋皇帝構致書大金元帥帳
> 前。至是，乃貶去大號，自稱宋康王趙構謹致書元帥閣下。
> 其四月、七月兩書皆然。[130]

---

127 徐夢莘，《三朝北盟會編》(台北：文海出版社本)卷十，宣和四年十月一
日引《茅齋自敘》，頁6下。

128 徐夢莘，《三朝北盟會編》卷29，頁201-203。

129 參看《宋遼關係史研究》，第九章，〈對於北宋聯金滅遼政策的一個評
估〉。

130 《金史》卷74，〈宗翰傳〉。《建炎以來繫年要錄》載，建炎元年(1127)
康王曾於五月遣王倫、朱弁為大金通問使。傅雱、趙哲為大金通和使。未
行。(卷5，五月戊戌)六月遣傅雱、馬識遠為大金通和使。(卷6，六月戊
寅)八月，傅雱等見金帥宗維(即宗翰。卷8，八月末)。九月，傅雱帶完顏

　　康王貶去「大號」，並以完顏宗翰爲對手，而不是金朝皇帝，地
位不對稱。建炎三年(1129)十月，遣杜時亮、宋汝爲充奉使大金軍前
使，持書至金主請和，且致書左副元帥完顏宗翰，內容非常卑微：
「……今越在荊蠻之域矣，所行益窮，所投日狹。天網恢恢，將安之
耶？是以守則無人，以奔則無地。一并徬徨，跼天蹐地，而無所容
厝。此所以諰諰然惟冀閣下之見哀而赦已也。……(削去12字)願削去
舊號，……是天地之間，皆大金之國，而無有二上矣。亦何必勞師遠
涉，然後爲快哉？……伏望元帥閣下，恢宏遠之圖，念孤危之國，回
師偃甲，賜以餘年。」[131]

　　當時趙構政權的確是風雨飄搖，對金朝元帥說出這種語言，等於
是願意將政權貶低，成爲金朝的附庸，連皇帝的名稱(削去舊號，無
有二上)也預備放棄。

　　宋高宗用秦檜與金議和。紹興七年(1137)，金朝因內部權力鬥
爭，完顏昌(撻懶)主導對宋議和，答允將黃河以南之地讓與南宋，並
廢除其傀儡政權齊國。當時高宗與秦檜不顧群臣與將帥的反對，接受
金帝的詔書，達成和議。[132]於是南宋不費一兵一卒，得到河南和開
封。不過，不旋踵金朝翦除了完顏昌及其同夥，派完顏宗弼(兀朮)與

(續)────────────────
　　　希尹所交金國書南還。(卷9，九月末)十月，遣王倫、朱弁爲大金通問使。
　　　次年四月，以宇文虛中、楊可爲大金通問使。同月，復遣王倫往見宗翰。
　　　(卷10，十月辛卯；卷15，五月癸卯)但是被金人拘留。宋使帶往之國書內
　　　容，除杜時亮1129年十月出使帶給完顏宗翰的書信外，都沒有記載。在稱
　　　謂方面，顯然應依《金史》。王倫被金人所拘至紹興二年才被宗翰(粘罕)
　　　遣返議和。見《宋史》卷371，〈王倫傳〉。宋金記載，都沒有關於完顏宗
　　　翰對南宋的答覆。

131 《建炎以來繫年要錄》卷26，八月丁卯，頁524-525。
132 參看趙永春，〈宋金關於受書禮的鬥爭〉，《民族研究》，1993.6，頁
　　83。

南宋繼續作戰，收復了河南地。

紹興十一年(1141)九月，在兩朝即將達成和議的前夕，金帥完顏宗弼致書高宗，宣稱將「問罪江表，已會諸大軍，水陸並進」。宋廷回答的「報書」，說：

> 某昨蒙上國皇帝推不世之恩，日夜思念，不知所以圖報，故遣使奉表以修事大之禮。[133]

十月，宗弼第二封書來，宋答書求對方「乞先斂兵，許敝邑遣使奉表闕下，恭聽聖訓」。[134]

紹興十一年的和約，對南宋是屈辱的。南宋對金「事大」，除進貢歲幣銀絹各三十萬兩匹及割唐、鄧二州給「上國」外，高宗對金的書信稱「表」，署名稱「臣構」，「既蒙恩造，許備藩方，世世子孫，謹守臣節。」又自稱「敝邑」，雖然仍然保持了皇帝(帝)的稱號。[135]在外交方面，宋使在金廷的待遇，和對方使節在宋廷的禮節，都與宋遼時有很大的差別。例如北宋時遼使朝見的受書儀式中須跪拜，皇帝不直接受書。南宋高宗則須降榻受書。[136]楊聯陞稱此時的宋金關係是傳統朝貢關係的「反向朝貢」("tribute in reverse.")。[137]

---

133 《建炎以來繫年要錄》卷141，九月戊午，頁2276，引《紹興講和錄》。

134 《建炎以來繫年要錄》，十月壬午，頁2283，引《紹興講和錄》。

135 宋金誓書載《建炎以來繫年要錄》卷142，十一月辛丑，頁2288。但省去若干字及高宗稱「臣構」。《金史》卷77，〈宗弼傳〉載高宗稱臣及敝邑等文字。參看趙永春，〈關於宋金交聘國書的鬥爭〉，《北方文物》，1992年2期，頁53-58。

136 《建炎以來繫年要錄》卷150，十二月己酉。參看趙永春，〈宋金關於受書禮的鬥爭〉(《民族研究》，1993.6)，頁83。

137 楊聯陞文 "Historical Notes on the Chinese World Order," in Fairbank, ed., The

紹興三十一年(1161)十一月，金海陵王毀約，率領大軍南侵，企圖統一天下。但兵敗於長江上，隨後發生兵變，海陵王被刺殺。

金世宗在海陵王被殺後，十二月，遣報諭宋國使報登位，與宋議和。在此之前，宋方以洪邁爲接伴使，張掄副使。洪邁建請改有關接伴的十四件事。建議不再用屈辱的禮節。[138]這十四件「舊禮」透露了兩國間關於交換使節的細節，更重要的是兩國官員和使人間重視適當的外交語言和禮儀，尤其是國格和皇帝的稱謂，清楚表示地位的高下。原來南宋使人對金人稱宋帝爲「主上」而非「本朝皇帝」，北使稱南宋爲「宋國」而非「宋朝」。甚至北使稱宋帝的名字。

紹興三十二年(1162)三月，金使要求用舊禮及宋軍占領的州縣。朝廷在討論金人的要求時，洪邁認爲：「土疆實利，不可與。禮節虛名，不足惜也。」禮部侍郎黃中反對，說：

> 名定實隨，百世不易。不可謂虛；土疆得失，一彼一此，不可謂實。

權兵部侍郎陳俊卿也說：

> 今力未可守，雖得河南，不免謂虛名。臣謂不若先正名分，

138 《建炎以來繫年要錄》卷198，三月辛丑注引日曆，內容主要是「不傳御名，不問聖躬，不稱上國下國，伴使與北使語，稱主上爲本朝皇帝，而北使亦稱宋國爲宋朝。舊中使讀口宣，微稱有旨，今抗聲言有敕。舊稱帝恩隆厚，今改稱聖恩。舊私讀用狀申送，今用目子。舊與北使遠迎狀，及賂北引金銀等皆罷。」

　　名分正則國威張。而歲幣亦可損矣。[139]

強調皇帝的「名分」比國土重要。金使上殿呈國書時，堅持用舊禮，
要求皇帝降榻受書，宰相陳康伯搶著代接國書。[140]洪邁於四月出
使。國書云，過去「姑爲父兄而貶損」，現在應當重新「畫舊疆，寵
還敝國，結兄弟無窮之好，垂子孫可久之謀。」[141]金人堅持用舊
禮，且令洪邁稱陪臣。宋再遣劉珙出使，金人仍堅持舊禮，拒絕接納
來使。[142]洪邁等因奉使辱命而被罷。

　　孝宗隆興元年(1163)五月，北伐失敗。乃繼續議和，八月，金元
帥以書來要求海、泗、唐、鄧四州及歲幣。宋遣盧仲賢出使談判。十
月，孝宗主張「四州地，歲幣可與，名分、歸正人不可從。」[143]十
一月盧仲賢返，因答應金人交回四州而被處罰。朝廷再遣王之望等爲
金國通問使，又遣胡昉、楊由義爲使金通問國信所審議官。[144]據《金
史》〈交聘表(中)〉，五月，宋洪遵與紇石烈志寧書，約爲叔姪國。
胡昉帶去的是宰相湯思退的書信，「稱姪國，不可加世字。」[145]至隆

---

139 《建炎以來繫年要錄》卷198，三月丁未，頁3344。《宋史》卷373，〈洪
　　邁傳〉：洪邁主張：「土彊實利不可與，禮際虛名不足惜。禮部侍郎黃中
　　聞之，亟奏曰：名定實隨，百世不易，不可謂虛。土彊得失，一彼一此，
　　不可謂實。兵部侍郎陳俊卿亦謂：先正名分，名分正則國威張，而歲幣亦
　　可損矣。」又見卷383，〈陳俊卿傳〉。李心傳，《建炎以來朝野雜記》，
　　甲集卷20，〈癸未甲申和戰本末〉，頁462-471，記載隆興和議的過程很詳
　　細。

140 《建炎以來繫年要錄》，三月壬子，頁3346-3347。

141 《建炎以來繫年要錄》，四月戊子，頁3364。

142 《建炎以來繫年要錄》，七月癸亥，頁3394。

143 《宋史》卷33，〈孝宗紀〉，頁624。

144 《建炎以來繫年要錄》，十一月己丑、丙午、癸丑。

145 《金史》，〈交聘表中〉，頁1419。宋金記載日期不同。

興二年八月，宋遣魏杞爲金國通問使，因國書未如式，被拒。[146]十一月及閏十一月，兩次派國信所大通事王抃使金，要求正皇帝號，爲叔姪之國，並減歲幣十萬，割商、秦地，歸被俘人。[147]據《金史》〈交聘表(中)〉，大定四年(1164)，「宋周葵、王之望與(僕散)忠義書，約世爲姪國，書仍書名再拜，不稱大字。并以宋書副本來上，和議始定。」[148]《金史》又載：大定五年(1165)，宋使帶去的國書是這樣稱呼的：「姪宋皇帝，謹再拜致書于叔大金皇帝聖明仁孝皇帝闕下。」而金復書「叔大金皇帝」，不用署名，「致書于姪宋皇帝，不用尊號，不稱闕下。」根據〈隆興和約〉，南宋國書(不用表)中，國號稱宋而不稱大宋，宋帝仍用名字，並且「世爲姪國」。減歲幣十萬。[149]

隆興和議並沒有解決上述洪邁提出的種種禮儀問題，也就是歐陽修所謂的「禮數」。其後宋孝宗極力企圖從金朝得到完全平等的地位。[150]他幾次遣使要求改正受書禮，未能成功。[151]後來的嘉定和議(1208年)則改爲宋寧宗稱金章宗爲伯，及增加歲幣。孝宗以後的南宋，勉強可以說和金是對等的朝代。從高宗末年到孝宗朝與金朝的談判內容。可以發現當時南宋君臣對與金朝對等地位的看法，也反映那個時代國際間對平等地位的重視。

---

146 《宋史》卷33，〈孝宗紀〉，十月甲寅，頁628。
147 《宋史》卷33，〈孝宗紀〉，十一月丙申，頁628-630。
148 《金史》，〈交聘表中〉，頁1420。李心傳，《建炎以來朝野雜記》，甲集卷20，〈癸未甲申和戰本末〉(北京：中華書局，2000)，頁462-471，記載隆興和議的過程很詳細。
149 《金史》，〈僕散忠義傳〉，頁1939。
150 參看趙永春，〈關於宋金交聘國書的鬥爭〉，《北方文物》，1992.2，頁53-58。
151 趙永春，〈宋金關於受書禮的鬥爭〉，頁81-88。

結論

　　唐代的朝貢國渤海，對也曾對唐進貢的日本，為爭取對等而與日本就往來使人和國書的位階發生爭執。日本似乎在外交牒文的文字方面略占上風。

　　西元第10世紀，在五代的紛擾中，遼朝逐漸建立了以自身為中心的朝貢系統。中原朝代和遼建立對等或不對等的關係。同時中原朝代是南方諸政權朝貢的對象，東南的南唐則時常與北方朝代競爭，而積極與遼聯絡。10世紀下半葉，宋朝統一中原後，東亞大陸形成長期的多元國際形勢，而以宋遼兩朝主宰國際政治。宋和遼金是多元國際關係中的主要角色，以宋和遼以及宋和金先後兩個朝貢系統為中心。

　　宋太宗企圖恢復五代時失去的燕雲地區，但是對遼發動的兩次主要戰爭失敗後，政策轉向「守內虛外」。雖然對內的宣傳仍然強調天下一統，實際則對遼已有讓步的氛圍。宋景德元年(1004)遼對宋的侵略是有限戰爭，目的似不在消滅宋朝，而是獲得更多的利益，如收回五代時被周世宗占領的關南地區，或增加歲幣。當時多數宋臣不認為送歲幣有失國體。劃時代的〈澶淵誓書〉確定兩國的長期和平。和約的成立，是因為雙方的勢力相當。[152]

　　遼成為宋的敵國，頗多宋人深覺遺憾，如王曾認為南北朝的稱呼是與遼「亢立」的失策；范仲淹指遼取得天王之號，「壞中國大

152　黃仁宇、虞云國和李錫厚都認為和約的成立是勢力均衡的結果，見虞云國，〈試論10-13世紀境內諸政權的互動〉，《10-13世紀中國文化的碰撞與融合》，頁1-20；李錫厚，〈論澶淵之盟非城下之盟〉，《澶淵之盟新論》，頁1-36。

法」。無論如何，東亞大陸主要的兩國以雙邊條約建構了基本上對等的關係。雙方互相承認主權及土地的完整，維持和平，交換使節，進行貿易。此外還相約為兄弟之邦。

外交在宋遼之間成為重要的溝通和協調的手段。除有時派泛使解決重大問題外，雙方經常互相交換慶賀和問候的使節。其他一般事務常以書信也就是文牒來互通消息，解決糾紛。利用國書和文牒的來往，是平等的方式，而宋遼對其他政權，如高麗和夏，或東亞諸國之間的關係，則頗注重主從或高下的分別。

在多元國際關係中，每一個國家都考慮自身的利益和安全，並且尋求盟邦的協助。宋遼在雙邊關係之外，尋求盟邦，以維持國際上的優勢。遼宋都爭取西夏和高麗為朝貢國或維持友好的關係。高麗則與北宋互相利用，牽制遼朝。

11世紀中葉，西夏力爭與遼宋平等的地位，自稱西朝，與遼的北朝和宋的南朝三國鼎立。宋則展開以夷制夷的外交，聯蕃制夏。一方面因遼取得慶曆和議的利益，與宋為敵國，視夏為「小邦」，[153]並不支持其爭取較高地位的訴求；另一方面宋人極力反對夏的升級，否則遼人就會在「名分」上有所要求。結果西夏未能提高地位，卻得到宋朝的歲賜。宋人則使用外交手段，令遼夏未能聯合入侵。此後遼宋皆利用西夏和高麗來制衡對方。當11世紀末宋對夏的戰爭取得成果時，遼又乘機調停宋夏的衝突，取得三國間的主導地位。

南宋在高宗在位時，國際地位是金朝的屬國，表面上仍然維持皇帝的地位。實際則南宋已經是「次級」的帝國。[154]孝宗與金訂立隆

---

153 歐陽修之語，見《長編》卷149，慶曆四年五月甲申。

154 王賡武認為北宋朝已經沒有以宋為中心的世界秩序。見Wang Gungwu, "The Rhetoric of a Lesser Empire," in *China Among Equals*, pp. 47-65, esp. p. 62.

興和議後，雖然在國際地位上仍遜於金，但是仍然具有與金相當的勢力，所以表面上對金外交還是遵循宋遼外交的「澶淵模式」。南宋對金力求保持「名分」，也就是維持對等的地位。爲了皇帝的「名分」，必要時可以在實質方面讓步。「澶淵模式」維繫的長期和平，是東亞史上特別重要的一頁。

參考書目

《大唐六典》（西安：三秦出版社，1991）。

王欽若等編，《宋本冊府元龜》（北京：中華書局，1989）。

王溥，《五代會要》（上海：上海古籍出版社，1978）。

《日本後紀》。《國史大系》本（東京：吉川弘文館）。

四川大學古籍研究所編，《全宋文》（成都：巴蜀書社，1993）。

司馬光，《資治通鑑》（北京：中華書局，1956）。

宋祁、歐陽修，《新唐書》，正史皆用點校本。

《宋大詔令集》（北京：中華書局，1962）。

李心傳，《建炎以來朝野雜記》（北京：中華書局，2000）。

李心傳，《建炎以來繫年要錄》，《叢書集成》本。

李燾，《續資治通鑑長編》（北京：中華書局，1992-1995），世界書局版。

佚名編，金少英校補，李慶善整理，《大金弔伐錄校補》（北京：中華書局，2001）。

金渭顯，《高麗史中中韓關係史料彙編》（台北：食貨出版社，1983）。

金毓黻著，《渤海國志長編》（長春：社會科學戰線雜誌社，1982）。

《范仲淹文集》，《全宋文》本。

馬令，《南唐書》，《二十四史外編》(天津：天津古籍出版社)。

徐元瑞，《吏學指南》，《續修四庫全書》本。

徐夢莘，《三朝北盟會編》(台北：文海出版社，1977)。

徐松輯，《宋會要輯稿》(台北：新文豐出版社，1976)。

孫玉良編，《渤海史料全編》(長春：吉林文史出版社，1992)。

陳述輯校，《全遼文》(北京：中華書局，1982)。

陸游，《南唐書》，《二十四史外編》(天津：天津古籍出版社)。

梁廷枏，《南漢書》(台北：鼎文書局本，1979)。

脫脫等，《宋史》(北京：中華書局點校本)。

脫脫等，《遼史》(北京：中華書局點校本)。

脫脫等，《金史》(北京：中華書局點校本)。

閻鳳梧、賈培俊、牛貴琥編，《全遼金文》(太原：山西古籍出版社，2002)。

劉昫，《舊唐書》(北京：中華書局點校本)。

《慶元條法事類》，《續修四庫全書》本。

鄭麟趾，《高麗史》(台北：文史哲出版社，1972)。

薛居正，《舊五代史》(北京：中華書局點校本)。

《歐陽修文集》，《全宋文》本。

《續日本後紀》，《國史大系》本(東京：吉川弘文館)。

《續日本紀》，《國史大系》本(東京：吉川弘文館)。

王金玉，《宋代檔案管理研究》(北京：中國檔案出版社，1997)。

王承禮，《中國東北的渤海國與東北亞》(長春：吉林文史出版社，2000)。

卞孝萱，〈五代時期南方諸國與契丹的關係〉，《山西師範學院學

報》（1957. 3），頁73-87。

木宮泰彥著，胡錫年譯，《日中文化交流史》（北京：商務印書館，
　　1980）。

中西進、安田喜憲，《謎の王國・渤海》（東京：角川書店，1992）。

中西朝美，〈五代北宋における國書の形式にいて―致書文書の使用
　　狀況を中心に―〉，《九州大學東洋史論集》33（2005）: 93-
　　110。

平田茂樹，〈宋代文書制度研究的一個嘗試――以「牒」、「關」、
　　「諮報」爲線索〉，《漢學研究》，27.2（2009）: 43-65。

古松崇志，〈契丹・宋間の澶淵體制における國境〉《史林》2007:
　　28-61。

石井正敏，〈日本・渤海間の名分關係―舅甥問題を中心に〉，佐藤
　　信編，《日本と渤海の古代史》（東京：山川出版社，2003），頁
　　91-116。

石井正敏，《日本渤海關係史の研究》（東京：吉川弘文館，2001）。

石井正敏，〈外交關係―遣唐使を中心に〉（池田溫，《唐と日
　　本》，東京：吉川弘文館，1992），頁70-96。

池田溫，《唐と日本》（東京：吉川弘文館，1992）。

任爽，《南唐史》（長春：東北師範大學出版社，1995）。

西島定生，〈遣唐使與國書〉，《第二屆國際漢學會議論文集――歷
　　史與考古組》（台北：中央研究院，1989），頁675-697。

朱瑞熙，《中國政治制度通史：第六卷，宋代》（北京：人民出版
　　社，1993）。

朱瑞熙，〈宋朝的歲幣〉，《岳飛研究》，2（1992）: 213-232。

李范文，〈試論西夏與遼金的關係〉，《遼金史論集》，第六輯（北

京：社會科學文獻出版社，2000），頁428-439。

李華瑞，〈北宋朝野人士對西夏的看法〉，《宋史論集》（保定：河
　　北大學出版社，2001），頁172-190。

李華瑞，《宋夏史研究》（天津：天津古籍出版社，2006）。

杜建彔，《西夏與民族關係史》（蘭州：甘肅文化出版社，1995）。

吳天墀，《西夏史稿》（成都：四川人民出版社，1983）。

吳天墀，〈角廝囉與河湟吐蕃〉，鄧廣銘、酈家駒等編，《宋史研究
　　論文集》（鄭州：河南人民出版社，1987），頁470-501。

吳任臣，《十國春秋》（台北：《四庫全書珍本三集》，臺灣商務印
　　書館）。

吳曉萍，《宋代外交制度研究》（合肥：安徽人民出版社，2006）。

何勇強，《錢氏吳越國史論稿》（杭州：浙江大學出版社，2002）。

邢義田，〈契丹與五代政權更迭之關係〉，《食貨月刊》復刊1.6
　　（1971）: 296-306。

佐藤信編，《日本と渤海の古代史》（東京：山川出版社，2003）。

周伯戡，〈春秋會盟與霸主政治的基礎〉，《史原》，6(1975)：17-
　　62。

林小異，〈主管往來國信？——淺談宋代的國信所〉，《澶淵之盟新
　　論》，頁412-440。

林榮貴，陳連開，〈五代十國時期契丹、沙陀、漢族的政治、經濟和
　　文化交流〉，《遼金史論集》（第三輯），頁155-186。

金子修一，〈日本から渤海に與えた國書に關する覺書〉，佐藤信
　　編，《日本と渤海の古代史》，頁117-129。

金成奎，《宋代の西北問題と異民族政策》（東京：汲古書院，
　　2001）。

金渭顯編，陳文壽校譯，《韓中關係史研究論叢》（香港：社會科學出版社，2004）。

金渭顯，《契丹的東北政策——契丹與高麗女真關係之研究》（台北：華世出版社，1981）。

苗書梅，〈宋朝外交使節管理制度初論〉，《澶淵之盟新論》，頁400-411。

馬令，《南唐書》。《二十四史外編》（天津：天津古籍出版社，1998）。

酒寄雅志，《渤海と古代の日本》（東京：校倉書房，2001）。

張希清、田浩、黃寬重、于建設主編，《10-13世紀中國文化的碰撞與融合》（上海：上海人民出版社，2006）。

張希清、田浩、穆紹珩、劉鄉英編，《澶淵之盟新論》（上海：上海人民出版社，2007）。

陶晉生，《宋遼關係史研究》（台北：聯經出版公司，1983；簡體字版，北京：中華書局，2008）。

陶晉生，〈宋遼間的平等外交關係〉，沈剛伯先生八秩榮慶論文集編輯委員會編，《沈伯先生八秩榮慶論文集》（台北：聯經，1976），頁223-252。

陶晉生，〈余靖與宋遼夏外交〉，《食貨月刊》1.10(1972):534-539。

陶懋炳，《五代史略》（北京：人民出版社，1985）。

曹顯征，〈遼宋實現首次交聘之背景分析〉，《北方文物》2006.1:76-80。

黃寬重，《南宋史研究集》（台北：新文豐出版公司，1985）。

曾瑞龍，《拓邊西北——北宋中後期對夏戰爭研究》（香港：中華書

局，2006）。

曾瑞龍，《經略幽燕(979-987)：宋遼戰爭軍事災難的戰略分析》（香港：中文大學出版社，2003）。

森平雅彥，〈牒と咨のあいだ—高麗王と元中書省の往復文書〉，《史淵》144(2003.3):93-137。

楊偉立，《前蜀後蜀史》（成都：四川省社會科學院出版社，1986）。

雷海宗，〈古代中國的外交〉，《(清華)社會科學》4.1(1947):109-121。

鄒勁風，《南唐國史》（南京：南京大學出版社，2000）。

賈玉英，〈宋遼交聘制度之管窺〉，《澶淵之盟新論》，頁392-399。

劉伯驥，《春秋會盟政治》（台北：中華叢書編審委員會，1962）。

趙永春，〈宋金關於受書禮的鬥爭〉，《民族研究》1993.6:81-88。

趙永春，《金宋關係史》（北京：人民出版社，2005）。

趙永春，〈關於宋金交聘國書的鬥爭〉，《北方文物》1992.2，頁53-58。

蔣武雄，〈遼與北漢興亡的關係——兼論遼與後漢、後周政權轉移的間接關係〉，《東吳歷史學報》，3(1994): 61-102。

蔣武雄，〈遼與後梁外交幾個問題的探討〉，《東吳歷史學報》5(1996): 31-48。

鄧小南，《祖宗之法——北宋前期政治述略》（北京：三聯書店，2006）。

盧逮曾，〈五代十國對遼的外交〉，《學術季刊》，3.1(1954): 25-51。

盧啓鉉著，紫荊、金榮國譯，金龜春譯審，《高麗外交史》（延吉：延邊大學出版社，2002）。

戴錫章編撰，羅矛昆校點，《西夏紀》（銀川：寧夏人民出版社，
　　1988）。

聶崇歧，〈宋遼交聘考〉，《宋史叢考》（北京：中華書局，1980），
　　頁283-375。

Berridge, G.R., Maurice Keens-Soper, and T.G. Otte, ed., *Diplomatic
　　Theory from Machiavelli to Kissinger* (New York: Palgrave, 2001).

Fairbank, John K.,ed., *The Chinese World Order: Traditional China's
　　Foreign Relations.* (Cambridge, MA: Harvard University Press,
　　1968).

Franke, Herbert, "Treaties between Sung and Chin," *Etudes Song* (Paris:
　　Mouton, 1970).

Hurrell, Andrew, and Ngaire, eds., *Inequality, Globalization and World
　　Politics* (London: Oxford University Press, 1999).

Kang, David C., *East Asia before the West: Five Centuries of Trade and
　　Tribute* (New York: Columbia University Press, 2010).

Nicolson, Harold, *Diplomacy.* Oxford University Press, 1960ed.

Niou, Emerson M.S., Peter C. Ordeshook, and Gregory F. Rose, *The
　　Balance of Power: Stability in International Systems* (Cambridge
　　University Press, 1989).

Rossabi, Morris, ed., *China among Equals: the Middle Kingdom and its
　　Neighbors, 10th-14th Centuries* (Berkeley, California: University of
　　California Press, 1983).

Satow, Ernest, Sir, *A Guide to Diplomatic Practice.* 4th ed., 1957.

Sheehan, Michael J., *The Balance of Power: History and Theory* (London
　　and New York: Routledge, 1996).

Standen, Naomi, "(Re)Constructing the Frontiers of Tenth-Century North China," in Daniel Power and Naomi Standen, eds., *Frontiers in Question: Eurasian Borderlands, 700-1700* (London: Macmillan, 1999).

Tao, Jing-shen, *Two Sons of Heaven: Studies in Sung-Liao Relations* (Tucson: University of Arizona Press, 1988).

Walker, Richard, *The Multi-State System of Ancient China* (Hamden CN: The Shoe String Press, 1953).

Wang Gungwu, "The Rhetoric of a Lesse Empire," in *China Among Equals*, pp. 47-65.

Wright, David, *From War to Diplomatic Parity in Eleventh-Century China : Sung's Foreign Relations with Khitan Liao* (Leiden: Brill, 2005).

Wittfogel, Karl A., *History of Chinese Society: Liao(907-1125)* (Philadelphia: American Philosophical Society, 1949).

Yang, Lien-sheng, "Historical Notes on the Chinese World Order," in Fairbank, ed., *The Chinese World Order*, pp. 20-33.

中央研究院歷史語言研究所傅斯年講座，2010年12月16日。

宋遼關係中的外交文書：
以「牒」爲例

宋遼之間的外交文書是研究宋遼關係的重要課題。本文除簡短討論宋朝的外交機構和重要外交文書外，重點在分析兩朝間地方層次的交涉和所用的文書。北宋和遼地方政府間文書的往來解決了兩國邊界上發生的種種問題。而這種交涉的方式也凸顯了多元國際關係中北宋外交的務實性質。

宋朝建國後，對於北方的強鄰遼朝極爲重視。兩國間的外交關係，是研究宋遼歷史的一個重要課題。宋太宗兩次伐遼失敗，其後宋遼之間建立了長期的和平與平等的關係。在這段時間中，兩國間發生了幾次重要的交涉和條約的訂立。這些條約、掌管外交的機構、外交人員，和外交文書都是研究外交史的重要項目。正式的外交文書是條約，即當時所謂誓書。兩國間的來往交涉都需要書信，就是國書。過去學者對於兩宋對遼金的條約已經有了重要的研究成果。本文則企圖了解宋遼邊界地方官之間來往的外交文書「牒」，分析其性質，探究文書如何傳達信息，及說明其重要性。

新外交機構的設立

自景德二年(1005)與遼締結〈澶淵誓書〉以後，宋廷對遼的事務繁多，傳統負責與周邊外夷交涉的機構如禮部的主客郎中、兵部的職方郎中、駕部郎中，以及鴻臚寺、客省使、四方館使、引進司、東、西上閤門使，職掌分散，不足以應付強敵遼朝。[1]設立新的機構來掌管對遼外交工作刻不容緩。新的外交機構國信所的成立，完全是為了對遼的外交工作。長久以來宋人就對契丹另眼相看。宋君臣對於遼的態度和對周邊其他的政權不同。如元豐五年(1082)，神宗下詔：「遼使人不可禮同諸蕃，付主客掌之。非是。可還隸樞密院。」[2]換言之，北宋對待周邊國家或政權是有層級的差異和待遇的。

北宋對遼外交，由皇帝、宰相和樞密院作出決策。有關處理外交事務的重要機構是樞密院和「國信所」。樞密院指揮邊界地方官府處理外交事項，並保存檔案。國信所又稱「管勾往來國信所」，成立於景德四年(1007)。是將原來在雄州設立的「雄州機宜司」改隸鴻臚寺。[3]樞密院和國信所掌管外交文書的收發和檔案的保存，並收藏

1　對宋而言，遼不是朝貢國，所以待遇與進貢的諸國不同。主客郎中「掌以賓禮待四夷之朝貢」。鴻臚寺「掌四夷朝貢、宴勞、給賜、送迎之事」。見《宋史》(北京：中華書局點校本)卷163，頁3854；卷118，頁3903。客省使掌國信使見辭宴賜等事務，見《宋史》卷119，頁3935。東、西上閤門掌外國使節朝見的禮儀。見《宋史》卷166，頁3936-3937。參看朱瑞熙，《中國政治制度通史：第六卷，宋代》(北京：人民出版社，序1993)，第四章第四節，少數民族和對外事務管理制度，頁269-281。

2　李燾，《續資治通鑑長編》(北京：中華書局點校本，以下簡稱《長編》)卷326，元豐五年五月甲申。

3　《長編》卷66，景德四年八月己亥。參看林小異，〈主管往來國信？——淺

奉使及結伴語錄。[4]在制度方面，制定〈國信條例〉和〈國信敕令儀制〉，派遣和管理使遼的使節團和接待遼方派來的使節。國信所層級並不高，主管官員由入內內侍省的內侍充任。最初其編制爲：每契丹使至則有館伴、接伴、送伴使副。「使管押三番諸司、內侍三班，及編欄寄班等。以諸司使副二人管勾譯語殿侍二十人，通事十二人。」[5]雄州是朝廷遣使到遼境，和遼使來聘路線上的重鎮。也是遼宋和平期間宋朝致送歲幣給遼朝交割的地點。雄州和遼境內的對應官府涿州來往頻繁。雄州、霸州、代州和保州這些邊界地方官府對遼外交交涉上很重要。宋初在雄州設有機宜司負責用兵時的機密情資，並且掌握諜報。景德四年，雄州機宜司改爲國信司後，其實機宜司仍然存在於雄州及其他數處。[6]除國信所和雄州機宜司外，宋朝的「館伴所」（接待特別的使臣時稱「館伴遼國泛使所」）有時也發揮一些有關外交的功用，如檢視遼使的禮物。[7]後來宋朝還設有臨時性的機構「河東分畫地分所」，是神宗朝辦理重要事件時臨時設立的。遼則有

（續）────

談宋代外交的國信所〉，列入張希清、田浩、穆紹珩、劉鄉英編，《澶淵之盟新論》（上海：上海人民出版社，2007），頁412-440；苗書梅，劉秀榮，〈宋朝外交使節管理制度初論〉，同前書，頁400-411。林小異認爲雄州機宜司未曾廢罷，雖然《長編》卷59(三月丙寅)，記載眞宗認爲兩朝既已通好，就不必存留機宜司。關於國信所的運作，見《宋會要輯稿》（台北：新文豐版），第四冊，〈職官〉，「主管往來國信所」，三六之三二至七一，頁3073-3093。參看吳曉萍，《宋代外交制度研究》（合肥：安徽人民出版社，2006），頁42-46。

4　《宋會要輯稿》，第4冊，職官三六之三八，頁3076。

5　《宋會要輯稿》，職官三六之三二，頁3073。

6　《長編》卷64，景德三年十二月戊子。林小異，〈前引文〉，頁416-417。關於雄州在宋遼間的重要性，參看拙著〈雄州與宋遼關係〉，《國際宋史研討會論文集》（台北：中國文化大學，1988），頁169-184。

7　如《長編》卷507，元符二年二月己未，載遼使帶來的禮物沒有封印。

對應機構「理辦疆界所」。[8]

北宋政府保存了大量的外交檔案。保存的地點在樞密院。[9]仁宗嘉祐二年(1057)，樞密使韓琦言：自開國以來，「機密圖書，盡在樞府，而散逸蠹朽。多所不完。」他曾經找尋有關邊界爭執的檔案，卻不完全。他請求把有關的文件編錄。一本進內，一本留樞府。於是皇帝下詔編集樞密院機要文字。六年(1061)十一月成書。其中包括〈慶曆誓書〉三本，是從杜衍手抄草本抄錄下來的。[10]在成書之前，嘉祐三年(1058)樞密院上編錄宋初以來宣敕箚子60卷，都是有關經武禦戎之事。[11]

神宗熙寧元年(1068)，樞密院報告檔案不易檢索：「樞密院言，北面、西河房所行文字并繫邊要事件，其底本自來各屬逐房分掌。稍經歲月，每遇檢證，難遽討尋。」神宗下詔凡切要事件，必須立刻寫錄簽押，然後置冊，書寫緘封，付逐房收掌。[12]神宗又命令蘇頌整理及編纂檔案。元豐六年(1083)九月，蘇頌上所編成的《華戎魯衛信錄》229卷，事目5卷，共200冊。另錄一部存樞密院。[13]哲宗元符二年(1099)續編。[14]可惜蘇頌編修的《華戎魯衛信錄》早已亡佚。他的文集裡有一篇〈總序〉，把這本書的來龍去脈說得很清楚，也很詳細。其中討論修書的緣由，以及蘇頌作為一個很有外交經驗的官

8　《長編》卷266，熙寧八年七月戊子；卷278，九年十月甲午。

9　參看吳曉萍，《宋代外交制度研究》，頁35-39。

10　《長編》卷186，七月乙巳。所謂「進內」，應當是存放在宮中的入內內侍省。其後有〈兩朝誓書冊〉，見注17。

11　《長編》卷188，十二月甲辰。

12　王金玉，《宋代檔案管理研究》(北京：中國檔案出版社，1997)，頁49引《宋會要輯稿》，職官六之四。

13　《長編》卷339，九月丙寅。

14　《長編》卷510，四月辛丑。

員，來修這部書的適當性。顯然書修得既快又好，所以得到神宗的賞賜。[15]

從蘇頌的〈總序〉來看，這本《信錄》的範圍甚廣。就本文而言，應當特別注意的是文移、河東地界、邊防、輿地等項。這幾項和宋神宗時期的所謂「棄地交涉」有關。我想神宗命令蘇頌編《信錄》也許是因為這次交涉需要參考大量的文書檔案和地圖。如熙寧八年(1075)交涉地界時，樞密院言：「本朝邊臣見用照證長連城六蕃嶺為界，公牒六十道。」[16]可見當時文牒來往很頻繁。

宋朝檔案中還有《兩朝誓書冊》，裡面載有誓書和韓縝等館伴泛使蕭禧時所接受的御前剳子六道。《長編》記載了神宗批付韓縝等的這些剳子。[17]可見所謂《誓書冊》的內容除誓書外，包括有關外交的重要文件。

宋開國後，政府藏有不少地圖。如咸平四年(1001)，真宗示輔臣陝西二十三圖，甘、伊、涼等州圖，以及幽州以北契丹圖。[18]大中祥符三年(1010)四月，令畫曹瑋、張崇貴上涇原、環慶兩路山川城寨圖付本路及樞密院。[19]八年，臣僚張復上〈大宋四裔述職圖〉。[20]天禧三年(1019)，〈十道圖〉三卷成書。[21]熙寧八年(1075)，宋遼在河東路畫地界，《長編》引沈括的〈乙卯入國奏請並別錄〉提到有「地界

---

15 《蘇魏公文集》(北京：中華書局，1988)卷66。又見《全宋文》卷1337，頁323-326。

16 《長編》卷262，四月丙寅。

17 《長編》卷261，三月庚子；卷262，四月甲子；卷264，熙寧八年五月癸酉及甲戌之注；卷269，十月壬辰，十一月壬戌，十二月癸巳。

18 《長編》卷49，咸平四年十月庚戌。

19 《長編》卷73，大中祥符三年四月己未。

20 《長編》卷85，大中祥符八年九月庚申。

21 《長編》卷81，大中祥符六年十月丁亥，注。

第一冊」，「地界第五冊」。換言之至少有五冊。而這些冊子裡面包含了國信、白箚子、牒，和圖經。[22]熙寧八年三月，沈括被任命為回謝遼國使時，於樞密院「閱案牘，得頃歲始議地畔書，……」而神宗「自以筆畫圖」。[23]四月，富弼上疏建議以邊臣堅持久來圖籍疆界為據。[24]八月，朝廷派沈括報聘。樞密院言：「本朝邊臣照（見）用照證，長連城六蕃嶺為界，公牒六十道。……欲令沈括等到北朝日，將見用照驗文字，一一聞達北朝。」[25]沈括出使至定州，調查地形，「盡得山川險易之詳，膠木屑鎔蠟寫其山川以為圖。歸以木刻而上之。自此邊州始為木圖。」[26]其後韓縝上地圖。[27]這些地圖在事後大概也包括在《信錄》裡。[28]

　　沈括與遼人談判時，宋設有「河東分畫地分所」，遼有對應的「理辦疆界所」。[29]是臨時設置的機關。沈括與遼樞密副使楊益戒理論時，屢次引用遼方的文牒，作為照證。沈括說：「南朝收得北朝照

22　《長編》卷261，三月辛酉條小注。

23　《長編》卷261，三月辛酉。

24　《長編》卷262，四月丙寅。

25　《宋會要輯稿》，第8冊，蕃夷二之二四，頁7690。

26　《長編》卷267，八月癸巳。

21　《長編》卷266，七月丙子。

28　參看 Christian Lamouroux, "Geography and Politics: The Song-Liao Border Dispute of 1074/75," in Sabine Dabringhaus and Roderich Ptak, eds., *China and Her Neighbours: Borders, Visions of the Other, Foreign Policy 10th to 19th Century*(Wiesbaden: Harrassowitz, 1997), pp. 1-28. 著者認為因為這次的交涉讓宋遼間畫界，國界不再是一個區域而是一條界線，從這次交涉可知沈括對於地圖和邊界的精確分析，在地理和地圖學方面影響很大。關於宋代國境，並參看金成奎，《宋代の西北問題と異民族政策》（東京：汲古書院，2000）。Nicolas Tackett, "The Great Wall and Conceptualizations of the Border under the Northern Song," in *Journal of Song-Yuan Studies*, 38 (2008), 99-138.

29　看注8。

證甚多，亦有十年前照證，亦有今年照證，亦有州縣照證，亦有聖旨照證。」[30]最重要的是沈括引用了遼順義軍的公牒，屢次稱以鴻和爾大山腳下為界。沈括並且要求北朝提出照證。而遼宰相楊益戒對此沒有回答。遼人既然有「理辦疆界所」，則應當也保存檔案。也許保存不如宋朝仔細和完備。

　　1083年《信錄》完成後，宋遼交涉更有一些舊例、體例，如1099年蕭禧為泛使，雄州向朝廷的報告中提到「體例」，遼使亦援引過去之例。[31]元符二年(1099)，宋使蹇序辰至北朝收受禮物不當，並添一拜，宋朝廷認為他違例，而擅改故事。蹇序辰為自己辯解時也舉出過去使臣曾拜為舊例。[32]這些舊例是否根據《信錄》？1099年蔡京請續修《信錄》，也就是當時有外交交涉之故。

外交文書：牒(公牒、移牒)

　　宋遼間外交所用的文書包括條約、國書和「牒」。條約包括〈景德誓書〉(即澶淵誓書)和〈慶曆誓書〉(即關南誓書，締訂於慶曆四年)。宋遼間的條約，原文全文保留在南宋李燾編的《續資治通鑑長編》內，已有學者指出，其基本內容大致承繼了古代春秋時期的會盟訂定盟約的方式，特別是結尾以宣誓確定雙方信守盟約，因此稱為「誓書」。[33]值得注意的是，〈景德誓書〉除了規定宋朝每年致送歲

30　《長編》卷265，熙寧八年六月壬子，引沈括《自志》。

31　《長編》卷506，元符二年正月庚戌。

32　《長編》卷507，元符二年二月丁巳。

33　傅海博(Herbert Franke)有關於宋遼和宋金條約的研究："Treaties between Sung and Chin," *Etudes Song* (Paris: Mouton, 1970), pp. 54-84. 此文主要討論宋金間的條約，結論指宋金間訂立條約顯示相當的理性及彈性，以及從事

幣給遼朝外，確定了兩國間的國界，雙方互不侵犯，並且雙方邊境地方維持現有城池，及不可增設防禦工事。這些條文都可與現代國際條約比較，尤其最後關於城池防禦規定，竟和1922年美英日法義五國訂立的《華盛頓海軍條約》規定相像，當時規定美英日在各自領地的海軍基地不可新建海軍基地及增加海防設施。[34]

　　唐代對四夷頒詔書，有時用國書，又稱「璽書」或「國信」，用於朝廷與新羅、突厥和吐蕃等國的外交。[35]宋代國書有兩種，一種是有關重要外交交涉的書信，《長編》和《宋大詔令集》中載有很多這類的國書的全文。如眞宗和仁宗時對遼交涉的來往國書，神宗時交涉邊界問題的國書，以及北宋晚期遼朝介入宋夏關係時，宋對遼的國

（續）—————————

外交官員的專業。另文 "Song Embassies: Some General Observations," in Morris Rossabi, eds., *China among Equals: the Middle Kingdom and its Neighbors, 10th-14th Centuries*(Berkeley, California: University of California Press, 1983), pp. 116-148.更進一步討論宋對遼金遣使的各種功能。關於西元1005年訂立的〈澶淵誓書〉，參看拙著《宋遼關係史研究》（台北：聯經出版公司，1984）；Christian Schwarz-Schilling, *Der Friede von Shan-yuan (1005 n. Chr.): Ein Beitrag zur Geschichte der chinesischen Diplomatie* (Asiatische Forschungen Bd. 1, Wiesbaden, 1959). 尤其是2005年在北京大學召開國際會後編印的會議論文和過去有關論文的選編：《澶淵之盟一千年國際學術研討會論文匯編》，2005。會議論文於2007年出版，題爲《澶淵之盟新論》，見注2。關於條約和國書，看《宋大詔令集》（北京：中華書局，1962）；和陳述輯校，《全遼文》（北京：中華書局，1982）。

34　看 John K. Fairbank, Edwin O. Reischauer, and Albert M. Craig, *East Asia: Tradition and Transformation* (Boston: Houghton Mifflin, 1973), p. 694, 775.

35　《新唐書》卷220，新羅遣使上書，唐遣使「以璽書讓高麗，且使止勿攻。」（頁6199）王欽若等編，《宋本冊府元龜》（北京：中華書局）卷980，「通好」，頁3912-3914。參看西島定生，〈遣唐使與國書〉，《第二屆國際漢學會議論文集——歷史與考古組》（台北：中央研究院，1989），頁675-697。石井正敏，《日本渤海關係史的研究》（東京：吉川弘文館，2001），頁542-566。中村裕一，《唐代官文書研究》（京都：中文出版社，1991）。

書。後者如元符二年(1099)四月〈答契丹勸和西夏書〉，對遼解釋如果西夏不斷對宋騷擾邊境，「懷窺伺之志」，朝廷「決須討伐」；但西夏如果能夠誠心臣服，自然會給他們「許以自新之路」。這種國書數量少，但是非常重要。[36]

另一種國書是有關經常性的交換使節的慶賀或弔唁的書信，包括宋對遼者爲致書，如〈與契丹國主書〉(景德元年)、〈問候契丹皇太后書〉、〈賀契丹生辰國書〉等。遼對宋致國書，宋回覆者爲回書。如〈弔慰契丹國主書〉、〈皇太后弔慰契丹國母書〉、〈皇太后賀契丹國主登位書〉、〈皇太后賀契丹國母冊禮書〉等。宋人文集中也載有這類國書的原文。[37]這種國書有一定的體例，舉行儀的語言內容千篇一律，在實際外交交涉上並不重要。[38]宋遼國書中皇帝間的用語，是「致書」，如「大宋皇帝謹致書於大遼過徽號皇帝闕下」及「大契丹皇帝謹致書於大宋皇帝闕下」；有時候加兄弟的稱呼。[39]

---

36 《宋大詔令集》卷232，頁901-902。關於國書之體制及舉例，參看聶崇歧，〈宋遼交聘考〉，頁293-299。吳曉萍，《宋代外交制度研究》，頁232-244；249-260。趙永春，〈關於宋金交聘國書的鬥爭〉，《北方文物》，1992年第2期，頁53-58。

37 這類國書，見《宋大詔令集》卷228至232，「四裔：契丹」。文集中所載的國書，如韓維，《南陽集》(《四庫全書珍本》二集)卷15，「內制」；宋庠，《元憲集》(《四庫全書珍本》別輯)卷30，「內制」。美國David Wright 著*From War to Diplomatic Parity in Eleventh-Century China：Sung's Foreign Relations with Khitan Liao*（Leiden: Brill, 2005)書中有關於慶賀和弔唁典禮時所用文書的研究，並且翻譯了幾件經常性的國書，見Chapter 4。關於國書的體制及格式，見聶崇歧，〈宋遼交聘考〉，《宋史叢考》(中華書局，1980)，頁293-299；參與典禮的使節，名目頗多，見頁283-288。

38 參看吳曉萍，《宋代外交制度研究》，第五章，〈外交文書研究〉。

39 見中西朝美，〈五代北宋における國書の形式にいて—致書文書の使用狀況を中心に—〉，《九州大學東洋史論集》33(2005)，頁102-107。此文根據《石林燕語》、《契丹國志》、《長編》、《宋大詔令集》等記載。參

　　此外，兩朝之間還有官文書「牒」，「公牒」，也稱為「移牒」
或「移文」，是雙方地方官之間的文書。「牒」是唐王朝公文的一
種，唐代政府所用的上行公文有六種。《唐六典》載：「凡下之所以
達上，其制亦有六：曰表、狀、牋、啓、辭、牒。[40]唐代使用牒的實
例，見吐魯番文書。[41]牒文之末云：「牒　件狀如前　謹上牒。」這樣
的寫法是下達上，如用「故牒」，是上施下。這類文書在地方州縣使
用得很多，如「土蕃申年(894)正月沙州百姓令狐子餘牒」：[42]

　　孟授渠令狐子餘地陸畝
　　　右件地奉　判付水官與營田官同檢上者
　　　謹依就檢其地先被唐清換與石英順昨
　　　尋問令狐子　本口分地分付訖謹錄狀上
　　牒 件 狀 如 前 謹 牒
　　　　申年正月　　　　日營田副使闕　牒
　　　　　　　　　　水官　　令狐珽

（續）
　　　看李錫厚，〈論澶淵之盟非城下之盟〉，《澶淵之盟新論》，頁20-21。
40　《大唐六典》（西安：三秦出版社，1991）卷1，尚書都省，左右司郎中員外
　　　郎職掌條。又見《舊唐書》卷43，尚書省，頁1849。參看中村裕一，《唐
　　　代官文書研究》（京都：中文出版社，1991），頁10-14。
41　見池田溫，《中國古代籍帳研究》（北京：中華書局，1984）。王啓濤，
　　　《吐魯番學》（成都：巴蜀書社，2005），第7章，〈吐魯番學與中國公文史
　　　研究〉，頁256-259。參看劉進寶，《敦煌學通論》（蘭州：甘肅教育出版
　　　社，2002），頁342-347討論牒文的處理方式；盧向前，〈牒式及其處理程
　　　式的探討──唐公式文研究〉，《敦煌吐魯番文獻研究論集》，第三輯
　　　（1986），頁335-393。
42　池田溫，《中國古代籍帳研究》，第244件，頁373。

　　這類文書是官府間來往的普通文件(小事)，較大的事件需要奏報。貞元二年(786)九月二日，(諸軍)「與百姓相訟，委府縣推勘。小事移牒，大事奏取處分。」[43]文牒也用於與邊遠少數部族的交涉，如開元五年(717)，「監察御史杜暹往磧西覆屯。……史獻以金遺。暹固辭。左右曰：公遠使絕域，不可失蕃人情。暹不得已，受之。埋於幕下。既去出境，乃移牒令收取之。」[44]並且已經見於與邊外政權之間的交涉。長慶元年(821)，發兵護送太和公主赴回鶻和親，「天德轉牒云，回鶻七百六十人將駝馬及車，相次至黃蘆泉迎接公主。」[45]以上兩例，似並非上行文書，而是平行。唐末，南詔督爽屢次發牒到中書，中書不答其牒，令西川節度使答牒。[46]可見唐朝政府對於牒文的運用顧及到皇朝與藩屬間的位階。

　　唐代文書制度傳到渤海和日本，出現在新羅、高麗、渤海(698-926)相繼和日本間的外交交涉。雖然日本要求渤海接受天皇詔書，渤海卻僅以中台省和日本太政官間用牒的來往。渤海牒文以「牒上」和「謹牒」結尾，而日本太政官的牒文則用「牒」和「故牒」。日本因此略占上風。[47]

　　宋遼兩國間邊界線很長，雙方在北宋初時常發生戰爭和邊界上的大小衝突以及有關雙方人民之間的事務。爲解決紛爭，兩朝的地方官

43　《舊唐書》，頁1295。
44　《唐會要》卷62，〈御史臺下〉，出使，頁1083。
45　《舊唐書》卷195，頁5212。
46　中村裕一，《唐代官文書研究》(京都：中文出版社，1991)，第4章，〈東亞諸國における牒〉，頁395-400。
47　中村裕一，同上，第4章。酒寄雅志，《渤海と古代の日本》(東京：校倉書房，2001)。

常有接觸，辦理各種交涉。[48]不必每次交涉都由中央政府出面。如果
用國書交涉，就必須派遣大使前往。雖然雙方交換使節使用國書的機
會頗多，但是如上所述，一般的國書都是有關慶賀新年等的文書。只
有在重要問題的交涉時才有所謂泛使，帶著特別的國書前往談判。[49]

　　宋人不願派遣泛使，當然也希望避免遼朝時常派遣泛使來提出要
求。中國傳統的外交模式是京城裡沒有外國的常駐大使。不希望外國
使人來聘時停留太久。宋遼建立了和平的關係後，宋人的外交觀念還
是與外人來往愈少愈好。尤其在經過遼朝派遣幾次「泛使」到汴京
談判後，宋人都遭到損失，因此基本上宋朝廷不歡迎遼的「泛使」。
於是特別倚重邊境地方官以公牒進行外交交涉的方式。

　　以下是一個很好的例證，說明宋朝君臣很擔心遼朝派泛使。[50]哲
宗元符元年(1098)三月，雄州報告，謂涿州來牒，稱夏國遣使請遼朝
幫助夏人向宋人索回疆土和城寨，涿州曾經移牒至雄州，而章惇沒有
答覆。曾布認為應當回答，哲宗也同意。曾布問章惇究竟為何沒有回
牒。章惇說十月才回覆。曾布說：「舊例皆即時答。若一向不答，萬
一欲遣泛使，何以拒之？」章惇仍要硬拗。曾布又說：「元豐中牒至
便答，未嘗聞遣使。」後來有吏人拿出元豐五年正月的牒，二月答
覆。章惇才不再說話。曾布對哲宗報告：

　　　北界回牒已緩。昨四月得旨，既而章惇又欲罷。今已得旨，
　　　七月回，乞更不移易。緣朝廷待北人，一飲食，一坐，一

48　參看吳曉萍，前引書，頁71-92。
49　關於泛使，看聶崇歧，前引文；並參看賈玉英，〈宋遼交聘制度之管
　　窺〉，《澶淵之盟新論》，頁396-399。
50　《長編》卷496，元符元年三月癸酉。

揖，皆有常數，以示無所輕重。……今牒彌年不答，迺明示
以忽慢之意，恐不便。

可見中央政府其實對外交文書處理的時間因素是很重視的。若處
理不當，很可能導致更嚴重的後果。

在澶淵締約之後，宋遼地方官間的公文來往非常頻繁。這些外交
上的公文也就是移牒或移文。由於這些文書數量大，內容豐富，本文
將觀察及予以分析。宋初與遼朝之間外交關係的建立，就是由地雙方
交換方官以書信來往的方式發起的。[51]雙方的關係「正常化」後，宋
太祖時與遼有使節交聘。太宗時與契丹屢次作戰，政府和地方官都很
少和遼朝有外交接觸。真宗時，契丹新城地方官移文到宋境，請求開
榷場，知雄州何成矩上奏贊成，提到過去「戎人」即使犯邊，榷場並
不關閉。但是近年因敵騎入寇，榷場停廢。於是朝廷決定「聽雄州復
置榷場」。[52]〈澶淵盟約〉訂立之後，雙方地方官之間以書牒的通信
就很頻繁。由於雙方之間貿易關係的發展，在〈澶淵盟約〉裡面沒有
提到，仍然是由地方官的文書往來建立的，可見地方層次的交往值得
重視。

宋代的牒或移文，基本是不相隸屬官府間的平行文書。據歐陽修
〈與陳員外書〉：「凡公之事，上而下者，則曰符曰檄；問訊列

<hr>

51　參看拙著《宋遼關係史研究》（台北：聯經出版公司，1984），頁18-19。聶
　　崇岐，〈宋遼交聘考〉（《宋史叢考》，北京：中華書局，1980），頁283-
　　284。宋遼雙方外交關係的開始，似由宋朝先發起。見曹顯征，〈遼宋實現
　　首次交聘之背景分析〉，《北方文物》，2006年第1期，頁76-80。
52　《長編》卷51，咸平五年四月癸巳：「契丹新城都監种堅移文境上，求復置
　　榷場。」

對，下而上者，則曰狀；位等相以往來，曰移曰牒。」[53]牒或移文是平等的公文往來。牒的格式，據《慶元條法事類》如下列：

　　某司 牒 某司
　　　　某事云云
　　牒云云如前列數事則云牒件如前云云謹牒
　　　　年　　月　　日
　　具官姓　書字

其說明如下：

內外官司非相統攝者相移則用此式。諸司補牒准此。唯改牒某司作牒某人，姓名不闕字。辭末云故牒。於年月日下書吏人姓名。官雖統攝而無申狀例及縣於比州之類皆曰牒上。於所轄而無符帖例者則曰牒某司或某官。並不闕字。[54]

53　歐陽修，〈與陳員外書〉，《全宋文》卷699，頁94-95。引見王啟濤，《吐魯番學》，第七章，頁257。

54　《慶元條法事類》（《續修四庫全書》本）。司馬光之《書儀》與上書相同。見《叢書集成初編》（北京：中華書局，1985）卷1，表奏。「牒」和「移文」，據徐元瑞，《吏學指南》（《續修四庫全書》）卷二，「牒」乃「官文書之稱」；「移文」「謂公文往來也」；「公文」「謂官遺文字。」（冊973，頁292），《元典章》（吏部卷八，公規二，台北：國立故宮博物院，1976）對行移的規定更清楚，如四品對四品和五品是「平牒」，四品對三品是「牒上」，四品對六品是「今故牒」等。參看吳曉萍，《宋代外交制度研究》，頁76-79；244-245，移牒。平田茂樹，〈宋代文書制度研究的一個嘗試——以「牒」、「關」、「諮報」為線索〉，《漢學研究》第27卷，第2期（2009），頁43-65。此文又見鄧小南主編，《宋史研究論文文集》（昆明：雲南大學出版社，2009），頁22-42。

　　一般來說，官府沒有上下統攝關係者用牒。平行官府間用「謹牒」，表示平等的公文來往。皇祐四年(1052)，許元請以六路轉運司隸制置發運使司，朝廷不許。五月丁卯：「詔制置發運使司、六路轉運司仍舊以公牒往來。」[55]兩者仍舊維持不相統攝的地位。如有統攝關係，則上行公文用「牒上」。[56]下行之牒末云「故牒」。在宋代史料中記載了不少公牒的全文。[57]元代沿用公牒，很清楚的規定，若官

55　《長編》卷172。
56　如池田溫，《中國古代籍帳研究》，第313件，頁518。
57　《江蘇省通志稿》(《石刻史料新編》，台北：新文豐出版公司)，第13冊，(金石)十，頁9682。這件有關朝廷賜溧陽縣顯惠廟額的文件，從尚書省發文到江寧府溧陽縣：

　　賜顯惠廟敕黃
　　尚書省牒
　　江寧府溧陽縣漢司空溧陽狀侯史崇廟額
　　牒奉
　　敕宜賜顯惠廟為額牒至准
　　敕故牒
　　大觀元年正月八日

公牒也用於政府對百姓的通知或授予某種權利。如劉昌詩《蘆浦筆記》載「卞氏二牒」，乃建隆元年(960)政府令泰州給卞居讓的公文。[57]全文如下：

　　敕泰州團練使：卞居讓牒奉處分。前件人搢紳之後，簪組遺芳。雖早著於嘉猷，奈未光於餘刃。陳力就列，自媒之志既隆；見善若驚，舉直之規斯在。苟非半刺，難屈多能，事須差攝長史，仍牒知者。故牒。
　　　　建隆元年二月　日牒

著者引樓鑰(攻媿樓公)：「前日：敕泰州團練使，乃檢校太保荊者敕授之官，如今之公牒，前必曰知某州軍州事之類也。自牒處分以後，則泰州之公移也。」可知這件文書從泰州移送給卞居讓。
又如南宋端平元年，尚書省箚下平江府及兩通判廳，有關天慶觀買度牒的問題，由平江府轉公文到兩通判廳：「本府關牒通判一體施行。」從這兩件文書可見當時的公文程式和官府轉牒的情形。

品不同，四品對三品是「牒上」。[58]牒可以用到上級或下級的機關。

宋遼交涉中的牒

　　北宋時期，官府間的事務，一般文書來往用公牒，已見前述。宋遼間建立和平關係後，外交事務繁多。宋政府將很多對遼事務交給地方官府辦理，於是宋遼邊境地方官之間經常以移文解決問題。也就是將宋朝內部不相統攝的官司間的移文(牒)用在對遼外交上。[59]宋遼地方官府間顯然沒有統攝關係，換言之，雙方地方官的來往用移牒的方式，應當是基於對等的考量。基於上引《慶元條法事類》的記載，不相統攝的官府間使用「謹牒」。開慶元年(1259)，明州收到高麗禮賓省上宋慶元府的牒文，首尾俱全：

> 高麗國禮賓省上大宋慶元府，當省準貴國人升甫、馬兒、智就等三人久被狄人捉挈，越前年正月分逃閃入來，勤加館養。今於綱首范彥華、俞昶等合綱船放洋還國，仍給程糧三碩，付與送還。請照悉具如前事，須牒大宋國慶元府照會施行。己未三月日謹牒。[60]

58　見上引《元典章》吏部卷八，公規二。參看石井正敏，《日本と渤海の古代史》(校倉書房，2001)，第七章，〈渤海國中台省牒の基礎的研究〉。石井認爲渤海中台省牒對日本太政官用「牒上」，故位階較日本太政官爲低。

59　冒志祥在《宋朝的對外交往格局——論宋朝外交文書形態》(揚州：廣陵書社，2012)書中謂：「牒用於沒有外交關係的國家之間處理外交庶務。」但又說：「事實上，在東亞外交圈中，諸如宋與金、宋與遼、……在處理國家外交庶務等的相互交往中，都大量使用過牒。」(頁48)

60　《開慶四明續志》(收入《宋元方志叢刊》，北京：中華書局，1990)卷8，

又1125年(宣和七年，金天會三年)，金元帥府致宋宣撫司有一件比較完整的牒文。對宋宣撫司問罪。最後一段稱：「事須牒大宋河北河東陝西等路宣撫使司，到請照驗。……謹牒。」[61]金元帥府和宋宣撫司是對口和對等的機構。1126年的宋宣撫司牒，同樣在結束處用「謹牒」。[62]此外，上文引兩朝間國書用「謹致書」可作旁證。

景德二年(1005)，朝廷需要知道遼朝傳遞過來的書信。所以命令地方官將對方的書信上呈。正月庚午(二十一日)，「令緣邊州軍，得北界書牒，即詳其意報之，以其書來上。」[63]後來又通知地方，比較不重要的事件，由地方逕行辦理。有關機要的來文，則必須儘快向中央報告，沒有中央的指令，不可給對方回信：

> 三月丙寅(十八日)，「詔緣邊諸州軍，應北界移牒，事理無疑者，即報之。關機要者，疾置以聞，待報而答。亦勿令知之。」時安肅軍奏：北界移牒尋捕所失牛畜，本軍報已具聞奏。上以小事不必爾。又慮事有非順，難於施行者，不欲出自朝議。故有是詔。[64]

景德四年，朝廷命文臣任保州通判，因為「武臣充守，所答北界書牒，詞理多謬。」[65]可見有些文牒是由地方官直接撰稿處理。神

(續)─────
　　　頁6013，「收剌麗國送還人。」此條史料得自黃純艷教授，特此誌謝。
61　佚名編，金少英校補，李慶善整理，《大金弔伐錄校補》(北京：中華書局，2001)，頁96-97。
62　《大金弔伐錄校補》，頁64-65。
63　《長編》卷59，正月庚午(二十一日)。
64　《長編》卷59，正月丙辰。
65　《長編》卷62，十一月甲申。

宗時，有關兩輸地人戶的賑貸事件，雄州牒涿州處理後，才報告朝廷。[66]此外，沿邊地方官須要向朝廷提供鄰邦的情報。例如神宗時定州「牒報北界事」。[67]

地方政府在建立制度方面的角色

如前文所述，宋遼邊境的地方官交換文書是兩朝外交關係的開端。〈景德誓書〉訂立後，立刻建立國信所。有關與遼朝的各種接觸，隨著時間的進展，建立了很仔細的體例，不斷的修改，以適應不同時代和不同的問題。除大使副使要謹慎選任外，使節團的成員的派遣也頗費章。對遼方使節的接待、禮節、避諱、娛樂、饋贈、保護、防範、不適任者的處罰，以至於使人疾病的醫療和使人去世的處理，都有適當的安排。[68]

在地方的層次，也必須有所規範。雙方之間最重要的關係是對遼送歲幣和貿易。在致送歲幣方面，早期由三司牒送，經雄州地方官搬運到邊界交給涿州的地方官。據《長編》，在元豐六年(1083)，所用

66　《長編》卷281，四月丁酉。

67　《長編》卷317，元豐四年十月乙卯。

68　參看林小異，〈主管往來國信？——淺談宋代外交的國信所〉，列入張希清、田浩、穆紹珩、劉鄉英編，《澶淵之盟新論》(上海：上海人民出版社，2007)，頁4-12-440；苗書梅，劉秀榮，〈宋朝外交使節管理制度初論〉，同前書，頁400-411。林小異認為雄州機宜司未曾廢罷，雖然《長編》卷59(三月丙寅)記載真宗認為兩朝既已通好，就不必存留機宜司。關於國信所的運作，見《宋會要輯稿》(台北：新文豐版)，第四冊，〈職官〉，「主管往來國信所」，三六之三二至七一，頁3073-3093。參看吳曉萍，《宋代外交制度研究》(合肥：安徽人民出版社，2006)，頁42-46。

的公文改用戶部符。可見在那年改制之後不再用三司牒。[69]

在貿易方面，〈景德誓書〉中沒有關於貿易的條文。條約訂立後，首先禁絕私相貿易。景德二年正月丙辰(七日)，詔諭沿邊州軍遵守與契丹的誓約，不得與境外往還，規求財利。[70]不久，契丹沿邊地方官要求貿易。正月庚午(二十一日)，朝廷得到雄州的報告：「契丹新城都監遣使齎牒，請令商賈就新城貿易。雄州以聞。」[71]次日，就下詔給雄州：辛未(二十二日)，「詔雄州：如北商齎物至境上者，且與互市。仍諭北界官司，自今宜先移牒，俟奏報。」[72]同時規範榷場貿易：

> 二月辛巳(三日)，令雄、霸、安肅軍復置榷場。「仍牒北界，使勿於他所貿易。」[73]

這是榷場貿易的再度設置和通商的開始。決定的過程相當迅速，從正月二十一日政府接到雄州的報告，次日就下詔書。二月三日令復置榷場。契丹也於同時置榷場，二月八日(丙戌)就「復置榷場」於振武軍。[74]所謂復置榷場，就是表明在雙方過去曾經在這些地方貿易。

69 《長編》卷340，元豐六年十月庚辰。此條資料來自平田茂樹前引文，頁50。特此誌謝。
70 《長編》卷59，正月丙辰。
71 《長編》卷59，正月庚午。《宋會要輯稿》，第7冊，食貨三八之二六，頁5466。景德二年正月。
72 《長編》卷59，正月辛未。
73 《長編》卷59，二月辛巳(三日)。《宋會要輯稿》，第7冊，食貨三八之二七，頁5466。景德二年二月三日。
74 《遼史》載，聖宗二十三年二月丙戌(八日)，復置榷場於振武軍。按《遼史》卷41，〈地理志〉有振武軍，太祖時改爲縣，屬豐州天德軍，在遼夏

有關處理外交交涉的速度，還有一條記載。紹聖四年(1097)載，元豐
中涿州六月移牒來，七月二十五日即回牒。[75]

　　從以上這些記載，可以知道景德二年，〈澶淵盟約〉訂立之後，
宋遼邊界建立新的榷場，擴展貿易，是由遼朝地方官以文書的方式來
請求，經由宋朝雄州地方官向中央政府報告，並認可後確立的。

　　澶淵和議成立後，朝廷立即將誓書抄錄頒給河北、河東諸州
軍。[76]並且告諭地方官，有些事務立即處理，但有關機要的事情則應
當奏報。景德二年三月，安肅軍向朝廷報告北界移牒尋捕失去的牛
畜，皇帝認爲此乃小事，應由地方官辦理。已見前文。可見地方官有
權處理一般不關機要的事，而且不必讓對方知道處理的程序。

　　宋遼雙方沿邊官府也是和平時期互相通消息的管道。如大中祥符
元年(1008)六月，命都官員外郎孫奭到契丹邊境，以書信告知眞宗有
事到泰山。[77]三年閏二月，因契丹國母之喪，命河東緣邊安撫司通知
沿邊州縣於其日前後各禁音樂三天，並移文契丹界，讓對方知道此
事。[78]又如仁宗慶曆四年(1044)契丹遣使來呈國書，告將伐元昊。英
宗治平二年(1065)，雄州得到涿州牒，報告改契丹國爲大遼國。[79]則
是使用移牒的方式，可以避免誤會。尤其當一方要對第三者用兵或調
度兵馬時，都通過派遣使人或經由管道照會對方。如仁宗寶元二年

（續）————————————
　　　　邊境。
　75　《長編》卷492，紹聖四年十月癸巳。
　76　《長編》卷58，景德元年十二月辛丑。但慶曆六年(1146)，知雄州王仁請求
　　　節略誓書內邊臣應當知道的事項交給地方，如此可以回答遼方的公牒。不
　　　知何故。見《宋會要輯稿》，第8冊，兵二七之三八，頁7251。
　77　《長編》卷69，六月甲午。
　78　《宋會要輯稿》，第8冊，蕃夷二之一，頁7679。大中祥符三年閏二月。
　79　《宋會要輯稿》，蕃夷二之二○，頁7688。治平二年十二月是月。

(1039)，宋廷命河東安撫司移文，告知契丹因元昊反，已經奪其官職及將採的軍事行動。[80]皇祐元年(1049)遼朝對西夏用兵前後，都派使臣通知宋廷。[81]又如神宗元豐四年(1081)，對西夏用兵，考慮遼人起疑，詔河東安撫司牒北界西南面安撫司，告知朝廷的意圖。[82]

宋政府對於邊境地方與契丹地方官府文牒的來往的層次，也有規定。景德三年，代州向朝廷報告大石寨得到契丹伊實南大王府的牒，並已回牒：

代州言：大石寨得契丹伊實南大王府牒，欲自大石谷至境上
深山打圍。已命本寨及緣邊巡檢報牒禁止。詔自今本州移文
告諭，無使諸寨互行報牒，慮其不一故也。[83]

可見朝廷命令禁止由大石寨這樣低層次的地方單位與對方以公文來往，而是由州級官府來辦理。同理，對方移文及將人口押送過來，都必須由適當的州軍承接。熙寧十年(1077)，「詔緣邊安撫司：北界遣人移文或押送人口至，不係承接州軍城寨，並婉順說諭約回。令往當承接州軍。」[84]

---

80 《長編》卷123，寶元二年六月丙戌。

81 《宋會要輯稿》，蕃夷二之一七，頁7686。

82 《長編》卷317，元豐四年十月丁巳。

83 《長編》，景德三年二月戊寅。

84 《長編》卷282，熙寧十年五月丙辰。

二、禮儀規範

在宋遼談判澶淵盟約時，來往國書由趙安仁執筆。據說他記得太祖時的聘問書式，接伴遼使的「觀見儀制，多所裁定。」[85]契丹聘使朝見及辭行的禮儀，於大中祥符九年制定。[86]契丹使蕭蘊、杜防要求見宋方官員時升高座位，程霖強調規矩是眞宗時制定的，兩朝沒有大小的分別，拒絕遼使的要求。[87]有些禮儀方面的事務由地方官辦理，因爲兩國地方官之間經常發生一些與交換文書有關的接觸，也就牽涉到交往的禮節。景德二年四月：「順安軍言：近遣牙校部送禽獲姦盜至北界易州。其知州待以賓禮，饗餼甚厚。慮復遣將吏更至軍，未祥接待之禮。詔諭緣邊諸軍，應北界遣將吏至者，並豐其饋餉，或職位高則以賓禮接之。」[88]

來而不往是不合禮節的，所以當五月初，契丹新城榷場都監劉日新送了一封信和毛毯、羊、酒給知雄州何承矩，朝廷知道這件事，就命何承矩接受，及以藥物回報對方。[89]

爲愼重其事，景德二年正月，朝廷命令書寫文牒有一定的方式：

戊寅(二十九日)，令河北河東緣邊州軍，自今北界齎牒送生

85 《宋史》卷287，〈趙安仁本傳〉，頁9657。
86 《宋史》卷119，契丹使入聘見辭儀，頁2804-2808。
87 《宋史》卷288，〈程琳本傳〉，頁9674。
88 《長編》卷59，景德三年四月甲申(七日)。又見《宋會要輯稿》，兵二七之一二，頁7238。
89 《長編》卷60，戊辰朔。又見《宋會要輯稿》，蕃夷一之一，頁7659。

口者，給以茶綵，部送出境。答其牒。咸定式以頒之。[90]

又選擇文學器識之士擔任緣邊州軍的長官，負責商議邊事和與契丹往還的文牒。[91]起草文牒的官員用詞必須小心。如神宗熙寧五年的一件交涉，因所用字句觸犯廟諱的疏失，相關人員被懲處：

> 府州言：寧化軍送北界西南面都招討府牒，稱南朝兵騎越境施弓矢射傷轄下人。其牒中官號有犯廟諱嫌音者。詔：河東安撫司劾元承牒官吏。仍移牒北界招討府依例施行。[92]

有一件交涉是關於國名的書寫應當對稱。元祐元年正月，遼國信使蕭洽要求在一件公文中除去「大遼國賀」四個字，因遼方公文中沒有「大宋國賀」等字。數月後，涿州牒雄州，指出致送禮物的公文用字不當。宋方同意，命雄州牒涿州。[93]

兩朝互遣使臣，應當嚴守禮節。有一次宋使程師孟在涿州安排座次不當，被契丹移牒說他「不循故事」。結果程師孟被罰銅十斤。[94]

---

90 《長編》卷60，戊寅(二十九日)。
91 《長編》卷61，八月丙申。
92 《長編》卷229，正月己丑。
93 《長編》卷364，元祐元年正月丁未，「館伴遼使所言：國信使蕭洽等稱，南使過本朝生餼目，無大宋國賀正旦或生辰字。今所賜餼錄，卻有大遼國賀字。乞除此四字，方敢收留。……」宋廷命雄州移牒北朝涿州，似同意照辦。卷377，元祐元年五月，雄州言：「得涿州牒，今後若委所司於生餼目之內，書寫北朝國信使、副并三節人從，經久爲便。本朝有司不空南朝字，亦議別行改更。」詔：「令雄州移牒北朝涿郡，今後所賜國信使生餼，客省目子並折支，目內並書北朝賀逐名國信使、副並國信下三節人從。」
94 《長編》卷208，熙寧十年正月庚辰。

有關條約事項的交涉

自〈澶淵盟約〉成立後,兩國間的交往,不論大小事件,都要遵守條約。〈澶淵盟約〉規定:一、雙方都謹守疆界:「沿邊州軍各守疆界」。二、雙方不得容納對方人民越界:「兩地人戶,不得交侵。或有盜賊逋逃,彼此無令停匿。」三、如對方接近邊界的地方,一切設施維持舊觀,不得增加防禦設施:「所有兩朝城池,並可依舊存守。淘濠完葺,一切如常。即不得創築城隍,開拔河道。」違反了條約的這些規定,就必須用公牒通知對方改進。邊境地方官必須知道條約的規定。以下列舉有關違反條約案件時雙方交涉的一些案例。

(一)關於確定邊界的交涉

宋遼間關於邊界的爭執時常發生,也常利用文牒解決糾紛。仁宗慶曆元年(1041),代州上報契丹企圖移邊界,被宋朝拒絕:

> 代州言:契丹舊封界在蘇直等見耕之地。而近輒移文,欲以故買馬城為界,慮寖有侵耕不便。詔本府牒諭之。[95]

歐陽修有一篇箚子談到邊臣葛懷敏曾經用公牒與北人「往來爭辨」。[96]嘉祐元年(1056),遼使指宋陽武寨、天池廟侵北界。宋樞密院舊籍則載康定中北界耕戶南侵二十餘里,代州累移文朔州。慶曆中

---

95 《長編》卷134,十二月庚辰。
96 歐陽修,〈乞令邊臣辨明地界箚子〉,《全宋文》卷695,頁21-22。

北界耕戶又過界。朝廷據此命館伴使將地圖和史實論遼使。[97]

熙寧八年(1075)宋遼交涉邊界的劃分，除契丹派泛使交涉外，宋廷也多次遣泛使談判。[98]來往公牒更是頻繁。已見前文。如那年閏四月沈括爲「回謝使」，遼方欲改沈括的名稱爲「審行商議」。[99]七月，河東分畫地界所接到北人的公牒兩次，約宋人畫地界，神宗督促韓縝立即辦理。[100]八月，神宗給韓縝等的御批提到八月六日得有關地界的北人來牒，及前日雄州繳涿州來牒。[101]這些交涉都是由涿州和雄州間以牒往來磋商。

(二)關於越界的交涉

在宋遼訂立〈澶淵誓書〉之前，宋朝對於邊民越界已經有所約束。咸平三年(1000)，眞宗下詔令邊民不可過界犯罪：「緣邊百姓，自今無得輒入北界劫掠。違者，所在捕繫，具獄以聞。」[102]當時兩國都爭取對方的官民移居到本國。並給來歸的所謂「歸明人」官職或妥善的安置。直到慶曆元年(1041)仍接納並任命曾在遼朝爲官的歸明人趙英爲洪州觀察推官。四年，又任命契丹進士梁濟世爲應天府楚邱

---

97 《長編》卷184，嘉祐元年十二月癸酉。參看拙文，〈宋遼邊界交涉的問題〉，《中國民族史研究》，第4輯(1992)，頁40-48；並收入拙著簡體字版，頁131-139。

98 《長編》卷315，元豐四年八月壬戌載，「樞密院編到自郭稹而下至沈括等二十七番泛使策並目錄，總三十一策進呈。乞降本院禮房檢用施行。詔令進入。」

99 《長編》卷263，熙寧八年閏四月丙申。參看前引Christian Lamouroux之文。

100 《長編》卷266，熙寧八年七月戊子。

101 《長編》卷268，熙寧八年八壬申。其後十月壬寅提到十月九日得北人來牒。見卷269。十二月癸巳接二日來牒。見卷271。

102 《長編》卷47，六月壬戌。

縣主簿。[103]不過，盟約成立後，雙方基本上必須依照條約的規定，不侵擾對方的邊界，如有人民越界過來(除間諜外)，[104]就必須送回去。情節重大的案件，如越界買賣人口的人會處死刑。[105]這類案件極多，以下所引的都是用到文牒的案例。表1列舉人畜越界的案例。

表1　宋遼有關越界之交涉

景德二年（1005）二月	瀛、代州送投降奚、契丹九人赴京城，朝廷命令地方送還：「以請盟後，付總管司還之。因詔沿邊州軍：自今得契丹牛馬，所在移牒還之。」	《宋會要輯稿》，蕃夷一之三四，頁7675。又見《長編》卷59，二月戊戌。
同月	詔緣邊得契丹馬牛者，移牒還之。沒蕃漢口歸業者，均給資糧，縱其所乘馬勿留。違者論其罪。	《長編》卷59，景德二年二月甲午。
景德二年三月	雄州上報謂接到容城縣的報告，說契丹人越過拒馬河放牧，「其長遣人持雉兔來問遺，求假草地。」眞宗不許，「亟令邊臣具牒，列誓書之言，使聞於首領，嚴加懲戒。」可見當時雄州有誓書副本，隨時可以告知對方不得違約。	《長編》卷59，三月丁卯。

103　《長編》卷133，慶曆元年八月乙未。卷150，六月庚戌。參看陶玉坤、薄音湖，〈北宋對契丹歸明人的政策〉，《內蒙古社會科學(漢文版)》24卷6期(2003)，頁32-35。

104　眞宗命令將南來間諜(北界姦人)留置。見《長編》卷59，景德二年二月丁未。

105　《長編》卷93，六月辛丑；《宋會要輯稿》，第8冊，兵二七之二二，頁7243。天禧三年六月。眞宗於景德二年下詔：來降在誓約前者隸軍籍如舊制，在後者付部署司還之。見《長編》卷59，二年二月戊子。關於越界，並參看古松崇志，〈契丹・宋の間澶淵體制における國境〉，《史林》90.1(2007)，頁28-61。

六月	安肅軍報告有民眾越界，被易州州將捕獲送還。同月，定州軍得到契丹西南飛狐安撫司牒，請約束採木材的百姓不可越界。朝廷命令轉運使和定州一起到邊界和對方官吏同立標幟示眾。	《長編》卷60，六月辛巳、丙申。
景德三年（1006）八月	界河是中立的邊界，不許捕魚。「禁緣邊河南州軍民於界河捕魚。時契丹民有漁於界河者，契丹即按其罪，移牒安撫司。因命條約。」	《長編》卷63，八月癸未。
景德三年八月	依照條約，宋政府捕送從遼方越界過來的盜賊。景德三年八月，契丹移文北平寨請捕盜。寨遣人與俱往。或言其不便。甲戌，詔邊臣自行捕盜，不可讓外境人同行。	《長編》卷63，八月癸酉、甲戌。
九月	下詔沿邊州軍，捕送亡命到宋境的北界盜賊。	《長編》卷64，景德三年九月乙丑。
十月	命沿邊州如有契丹沿界河打獵及在西山草地打圍，就移牒北境，請依誓約。	《長編》卷64，十月癸未。
大中祥符元年年（1008）十月	河北緣邊安撫司言：契丹防邊人馬，自承牒命，悉已引去。人戶安居，商旅不絕。	《長編》卷70，十月甲午。
大中祥符二年八月	契丹來公文問爲何宋方接納逃往宋境的張醜兒。真宗認爲不當，八月，下詔河東安撫司，與契丹往來公牒，「常程公事，即依例牒去。稍帶機宜事意，且牒本路，送安撫司看詳，並備錄實封進呈。敢有違慢，及回報鹵莽，當議重行朝典。」即此後朝廷會注意到這類事件。其後並修改沿邊有關案件的處罰條文，求其一致。	《宋會要輯稿》，第8冊，兵二七之一六，頁7240。
大中祥符二年十一	河北安撫司報告捕得北界民。皇帝命令遣還。	《長編》卷72，十一月癸亥。

月	（按：遣還必須移牒。）	
大中祥符三年閏二月	河東緣邊安撫司言，「北人王貴舉族來歸，欲送還之。帝曰：蕃法，亡者悉孥戮之。況契丹誓書，逋逃之人，彼此無令停匿。可令本州遣歸北境，勿移牒部送。」這一家人本來應當用公文送去，但是皇帝考量契丹的處罰，而不移牒。（按：這個案件比較特殊。也許遼方並未察覺王貴逃走。）	《宋會要輯稿》，第8冊，蕃夷二之一，頁7679。
大中祥符四年	詔緣邊州軍，有契丹界饑民逐糧而至者，速遣還。無得留止。	《長編》卷75，二月癸亥。
大中祥符七年（1014）河北安撫	河北沿邊安撫司報告，已將邊民王習習從北界買回的三匹馬，用牒送到遼境的順義軍。	《宋會要輯稿》，兵二七之一八，頁7234。
皇祐元年（1049）二月	河北緣邊安撫司報告，契丹侵擾銀城，數次移文都沒有反應。請朝廷乘來使的機會，根據條約要求毀去。	《宋會要輯稿》，第8冊，蕃夷二之一七，頁7686。《長編》，卷166，二月庚辰作銀防城。
皇祐四年（1052）二月	有犯罪邊民逃亡到契丹境內，被契丹容納。知雄州劉兼濟移檄抗議，得以遣還。	《長編》卷172，二月庚寅。
至和二年（1055）正月	宋朝廷下詔，命館伴使王洙以河東地界圖及說明示契丹使人。這是因為契丹使指武陽寨天池廟侵北界土田。但宋政府調查後，指出其實過去北人曾入侵，代州多次移文朔州。因顧念兩朝和好，當時曾經退讓。所以告訴契丹使沒有宋人過界的問題。	《宋會要輯稿》，第8冊，蕃夷二之一八，頁7687。
治平二年（1065）三月	知代州劉永年報告，契丹過界置鋪。數次喻知，不聽。請求出兵馬示必爭之勢。朝廷則只令照往常方式抗拒。同月，代州又	《宋會要輯稿》，第8冊，蕃夷二之二〇，頁7688。

	報告契丹侵西經寨，殺守兵三人。岢嵐軍又言，契丹爭神林塢等地界，殺弓箭手二人。朝廷詔河東經略司，令雄州牒涿州禁止。	
治平二年十二月	館伴契丹使馮京等言：契丹使牒稱南界侵天池等處地。詔馮京等告訴來使，北方疆土都有圖證，希望對方維持安靖。	《宋會要輯稿》，第8冊，蕃夷二之二○，頁7688。
熙寧五年（1072）正月	府州言：甯化軍送北界西南都招討府稱南朝兵騎越境，施弓矢射傷轄下十人。其牒中官號有犯廟諱嫌音者。於是皇帝下詔劾承牒官吏，並移牒北界招討府依理辦理。	《長編》卷229，正月己丑。
熙寧五年	雄州言北界欲以兵來立口舖。樞密院欲牒涿州，稱誓書內明言屬南朝口舖過去北朝曾修建，應拆除。文彥博等主張拆除，與王安石辯論結果，牒文照王安石的意見改定。	《長編》卷238，九月丙午朔；丁未。
熙寧五年八月	契丹人屢次在界河捕魚，及人馬越過界河。又擬用兵力移口舖。引起很長時間的交涉。開始時宋朝命同天節送伴使晁端彥等告訴契丹使，請北朝「嚴加約束」。（卷232，四月庚申）因爲事態比較嚴重，八月八日(甲申)，樞密院令雄州所作的牒本進呈，至九月二日(丁未)，神宗聽了王安石比較溫和的意見，改定牒本。後來雄州屢次以文牒往返交涉。	《長編》卷237，八月甲申；卷238，九月丁未、庚申。
元豐元年（1078）五月	管勾河東緣編安撫司劉舜卿報告北界西南面安撫司去秋移文索奸細人後，強占邊地。	《長編》卷289，五月辛丑。
元豐二年三月	遼界客戶投奔宋朝。涿州移文要求宋方用兵馬阻止。宋人出榜勸北人歸業。	《長編》卷297，三月甲午。
元豐四年八月	雄州報告，遼涿州來牒，謂蔚州要求問擅越疆界者之罪。朝廷即派人往代州調查，附地圖回報。	《長編》卷315，八月辛酉。

元豐七年 （1084） 五月	北界牒寧化軍差人過天池捉拿人口事。下詔查明回牒。	《長編》卷345，五月庚戌
元豐七年 （1084） 七月	定州路安撫司言北兵千餘人帶著耕牛過界。已經牒保州沿邊安撫司移牒北界，要求停止。	《長編》卷347，七月辛亥。《宋會要輯稿》，第8冊，兵二八之三〇，頁7270。
紹聖四年 （1097） 六月	遼人入霸州榷場，殺傷兵士及拆橋梁。後移牒謂橋屬北界，由北人修。宋帝下詔給邊臣，等橋修好後再拆除。最後遼人懲罰了犯案的軍官。	《長編》卷490，八月癸未。

　　最著名的案件，是慶曆四年（1044）十月，將逃往宋界的契丹駙馬都尉劉三嘏送回涿州。劉三嘏與其妻不和奔宋，藏在定州。遼人屢次移牒要求將他歸還。歐陽修請留此人，可以探聽契丹國情。但杜衍主張把他遣還，以示立忠信，守條約。[106]朝廷遂將劉三嘏遣返。

（三）關於防禦工事的交涉

　　依照條約的規定，雙方不得在沿邊增築防禦工事。和國防有關的動作，也是雙方關注的要點。如果一方調動兵馬，必須知會對方，否則對方就會質疑。如大中祥符元年（1008）十月，河北緣邊安撫司報告：「契丹防邊人馬，自承牒命，悉已引去。」[107]這件事應和真宗封禪泰山有關，引起契丹的疑慮。

106《長編》卷152，十月甲午。

107《長編》卷70，十月甲午。

表2　宋遼有關防禦工事之交涉

大中祥符二年 (1009)五月	雄州報告契丹改築新城。眞宗說：「宜令邊臣遣人告其違約以止之。則撫御遠俗，不失其懽心也。」	《宋會要輯稿》，蕃夷二之二，頁7679。
大中祥符五年 (1012)七月	知雄州李允則向朝廷報告契丹議築武清、安次、涿郡州城。眞宗認爲此舉違約，下詔命李允則於使人赴北境時交涉。後來李允則報告於交涉後此事作罷。	《長編》卷78，七月壬申。
慶曆四年 (1044)四月	朝廷討論契丹在代州之北築兩座城，結果命河東安撫司，或於契丹賀乾元節使人回去時要求停止修建。	《宋會要輯稿》，蕃夷二之一七，頁7686。《長編》卷148，四月乙未。
慶曆五年 (1045)	契丹在銀坊城築寨，侵入宋界十五里。命送伴使劉諭契丹使拆城。	《長編》卷157，十月己巳。
熙寧五年 (1072)	界河發生糾紛，也有宋人在雄州修館驛、作箭窗、女牆、敵樓的行動，引起契丹的抗議。王安石主張依條約規定撤除，神宗贊成。	《長編》卷233，五月辛巳；卷235，熙寧五年七月丙申。
熙寧九年 (1076)	契丹在兩屬地置弓箭手。雄州移文詰問。	《長編》卷273，九年三月辛巳。
元豐三年 (1080)正月	朝廷答應保州的請求，有關北界時常移文過來問修城的事，允許保州兩次回答一次。	《長編》卷302，元豐三年正月辛巳。《宋會要輯稿》，兵二八之二二，頁7666。
元豐三年五月	河東緣邊安撫司乞移牒止約北人緣邊創置鋪屋。皇帝認爲如果只是增鋪屋，不必管他。	《宋會要輯稿》，蕃夷二之二七，頁7691。
元豐四年六月	河北地方官並帶屯田官一事，神宗令雄州和保州，因誓書規定不得增展塘濼，故與北界公文往還，應告知北人，以免疑惑。	《長編》卷335，六年六月甲申。

| 元豐六年
(1083)六月 | 廣信軍言：遼西南面安撫司多次移牒來問爲何置教場。已經拆毀，回牒告知對方。 | 《長編》卷335，六年六月丙辰。 |
| 元豐八年
(1085)十一月 | 契丹在火山軍界，用石頭築牆。朝廷命人前往畫圖，如果侵入宋界，即移牒要求拆毀。 | 《長編》卷361，八年十一月甲辰。 |

兩朝間其他交涉

(一)關於走私貿易的交涉

宋遼確立榷場貿易制度後，不得於他處做生意，已見前文。若干貨物如馬匹是禁止在榷場內買賣的。而走私貿易不易禁絕。茲舉宋朝政府取締走私的例證。

大中祥符五年(1012)六月，禁緣邊人民盜契丹馬在南方販售。[108]同年七月，皇帝下詔禁止私相貿易，如果遼方移牒辦理河北商人私相貿易而欠債照者，令安撫司促其償付。邊臣又報，北境移牒遣回違法買盧甘石至涿州的商人。[109]

宋朝派遣的使節，有時也與遼人私相貿易。這種事情也必須禁止，如皇祐三年以軍法處罰通事殿侍與契丹私相貿易。[110]

(二)法律糾紛

牽涉到宋遼人民間法律事務的案件，也由地方處理。如景德二年五月，霸州言：「得北界永清都監牒，部民李加興先以錢二十千贖得南界掠來婦人阿杜爲妻，近同至霸州饗席，爲前夫齊鸞擒去。請追捕

---

108 《長編》卷78，六月壬戌。
109 《長編》卷78，七月壬申、丁丑。
110 《宋會要輯稿》，4，職官三六之三八，頁3076。

還付加興。本州以杜本鸞妻，難復追還。已牒報訖。」上曰：「此乃修好前所掠。或再有求索，當官爲所出贖錢以還加興。」[111]

這件事說明，霸州已經先處理了之後才上報。皇帝認爲應當付錢給遭到損失的李加興。從這件事也可以知道當時有人越界掠奪人口販賣，可見不是只有在榷場雙方有交易，在相當長的邊界，難免有些百姓間的糾紛。至於買賣婦女的事情就不在本文論列之內了。

仁宗嘉祐七年(1062)，知代州劉永年派人燒掉契丹過界所伐木材。契丹移文代州捕縱火盜。劉永年回牒道：「盜固有罪，然在我境，何預汝事？」案子就此了結。[112]

紹聖四年(1097)六月，遼人入霸州榷場，殺傷兵士及拆橋梁。後移牒謂橋屬北界，由北人修。宋帝下詔給邊臣，等橋修好後再拆除。最後遼人懲罰了犯案的軍官。[113]就此案看來，入侵鄰境者由鄰國送回後處理。

宋夏間的交涉

宋夏間亦常有以文牒來往的記載。早在景德年間，宋廷即曾命邊臣移牒告誡趙德明勿侵擾境外之事。趙德明亦曾用牒處理沿邊事務。[114]范仲淹有一封致韓琦的信中談到移文延安：「只指定地界，牒與宥州，不可令人去，必起戰鬥也。不知聽從否。亦已奏

111 《長編》卷60，景德二年五月庚戌。
112 《長編》卷196，六月癸未。
113 《長編》卷490，八月癸未。
114 《長編》卷63，六月，是月；卷64，景德三年九月癸丑；卷65，四年六月庚申。

訖。」[115]以下略舉數例。

表3　宋夏間移文

大中祥符八年(1015)四月	詔熟戶蕃部逃亡爲西界所納者，可移牒追取。俟其遣還，乃以歸順蕃部二人付之。	《長編》卷84，大中祥符八年四月戊午。
熙寧五年(1072)九月	夏國宥州牒延州：「王韶築城堡，侵奪舊屬夏國蕃部。」神宗令作牒由延州回應。	《長編》卷238，熙寧五年(1072)九月丁巳。
元豐元年(1077)十二月	鄜延路經略司報告已經牒送馬五匹至宥州，並要求歸還對方所掠人馬及懲治犯罪者。	《宋會要輯稿》，第8冊，兵二八之二〇。頁7265。
元豐四年(1081)	河東路經略司報告豐州弓箭手三人為西人所執，已經移牒要求歸還。	《宋會要輯稿》，第8冊，兵二八之二四至二八之二五。頁7267-8。
元豐五年(1082)	夏人移牒及書信至鎮戎軍。	《長編》卷331，十一月，是月。
元豐六年(1083)	宥州牒，夏國欲遣使。	《長編》卷334，四月甲戌。
元豐六年	神宗詔夏國主，地界由鄜延路經略司、安撫使司指揮保安軍移牒宥州施行。	《長編》卷340，十月癸酉朔。
元祐五年(1090)三月	夏人商量分畫界至，催索公牒。詔鄜延路經略司令保安軍移牒宥州訖奏。 是月，宥州又有牒至。四月，是月，令保安軍牒宥州。五月，保安軍得宥州牒。	《長編》卷439，五年三月癸未。又是月條。頁10588。四月是月條，頁10623。 五月丙子，頁10636；壬辰，頁10645。

115　〈范仲淹與韓魏公書〉，《全宋文》卷383，頁707。信末云：「河朔亦有侵疆之說。不知是否？自重自重。」可見是韓琦在河東任安撫使時的事。

元祐五年 十月	西夏宥州移牒鄜延路經略安撫司有關劃疆界之事，雙方同意劃定兩不耕地。	《長編》卷449，十月乙未。
十二月	詔令鄜延路經略司移牒宥州問累犯勝如、質孤堡之故。	《長編》卷452，十二月壬辰，頁10842。
元符二年 (1099)五月	朝廷討論過去西夏過界置鋪，當時「曾數移文及與說話」。	《長編》卷510，頁12。

因西夏與宋不對等，所以由保安軍移牒宥州。

宋與西夏間的問題，牽涉到西夏的宗主國遼，也用移牒的方式解決問題。以下略舉數例。

表4　宋遼間關於西夏的移文

康定元年 (1040)十二月	樞密院報告，河東有夏人詐作漢兵入遼界劫掠，朝廷命河東沿邊安撫司調查清楚後，牒知北界。	《宋會要輯稿》，第8冊，兵二七之二七。頁7246。
元豐四年 (1081)八月	詔王中正，將來對夏出兵前，必須遣使至遼說明出兵原因，或移文。在說明中並提到鄜延路多次移牒宥州，都沒有回音。	《長編》卷315，八月丙寅；《宋會要輯稿》，第8冊，蕃夷二之二八。頁7692。
元豐五年 (1082)正月	涿州移牒雄州，因夏國遣使稱南朝無名起兵，問討伐西夏之故。	《長編》卷322，正月癸卯。
元祐七年 (1092)	涿州移牒雄州，稱夏國差人向遼求援，遼廷沒有答應，特別告知宋方：「南北兩朝通好年深，難便允從。」雄州回牒把夏國犯邊的情況「聞達照會」。	《長編》卷476，元祐七年八月己巳。
紹聖四年 (1097)十月	涿州牒雄州，要求宋朝歸還侵奪西夏的地土。如果沒有答覆，將遣使來。哲宗和章惇決定次年正月回牒。後來章惇沒有處理，至元符元年(1098)三月，涿州又移牒追問，引起曾布和章惇的辯論，已見前文。	《長編》卷492，紹聖四年十月壬辰。

　　從以上兩國地方政府之間各種性質不同的交涉，可以看出來有些案件是由雄州和涿州的往來文牒解決。即使牽涉到西夏也是如此。

宋與高麗、日本、安南和金之間的文牒

　　五代時期，高麗受後唐封冊，行後晉、後周年號，受封冊。宋朝建立，高麗也遣使獻方物，受宋封冊。只是其後受到遼的壓力，宋和高麗間的關係時斷時續。兩國間維持和好關係，是爲了與遼金的勢力平衡。[116]宋神宗採取聯麗制遼政策，對高麗的交涉，值得一提。交涉的執行機關分別是宋朝的高級地方官和高麗的禮賓省，亦即宋人以地位相當的官府來傳遞信息。而中間的書信來往則由民間人士擔任。神宗熙寧元年(1068)，宋人黃愼將皇帝給湖南荊湖兩浙發運使羅拯的旨意轉告高麗。次年，高麗禮賓省移牒羅拯，準備朝貢。[117]三年，湖南荊湖兩浙發運使羅拯遣黃愼至高麗。黃愼回去後，移牒福建請準備高麗使來貢。四年，高麗使金悌奉表至宋進貢。宋並將高麗使的地位提升爲國信使，在西夏之上。[118]換言之，用移牒的方式，是展開外交關係的重要手段。兩國間在沒有遣使進貢的時候，或沒有封貢關

116　參看《宋遼關係史研究》；黃寬重，〈南宋與高麗的關係〉，《南宋史研究集》(台北：新文豐出版公司，1985)，頁265-305。

117　《宋史》卷487，〈外國三──高麗〉，頁14046。

118　金渭顯，《高麗史中中韓關係史料彙編》(台北：食貨出版社)，上冊，頁42-43。金渭顯，〈宋麗關係與宋代文化在高麗的傳播及其影響〉，《韓中關係史研究論叢》，頁119-122。遼對高麗文牒見閻鳳梧、賈培俊、牛貴琥編，《全遼金文》(太原：山西古籍出版社，2002)，頁313-316及905-906，詔書散見各處，錄自《高麗史》及《東國通鑑》。對宋的文牒見頁899-904，皆錄自《宋會要輯稿》、《長編》，及轉錄自陳述編《全遼文》。

係的時期，雙方就利用移牒的方式來通消息。明州是與高麗聯絡的重要機構。元豐元年(1078，高麗文宗三十二年)，明州教練使顧允恭帶著文牒至高麗，通報皇帝遣使通信之意。[119]徽宗即位(高麗肅宗五年，1100)，五月，宋命明州牒報哲宗皇帝崩，皇弟端王佶立。[120]南宋紹興六年(1136)，高麗持牒官金稚圭至明州。至隆興二年(1164)，明州言高麗入貢後，使命遂絕。[121]

宋和日本間的關係，也是以明州對日本發出文牒。《宋史》〈日本傳〉載：元豐元年，明州得日本太宰府牒及禮物。是由海商孫忠帶回。明州擬自移牒報，而答其物直。朝廷答應明州處理。[122]根據日本史料，宋朝於1013年(日本三條天皇長和二年)送牒文到日本，日本令式部大輔高階積善起草復牒，但來往牒文都失傳。其後宋朝於1078、1080、1097、1116年致日本的文牒，似都是明州發出。[123]南宋與日本間貿易交通頗頻繁。1172年(日本承安二年)，宋明州刺史送方物和文書至日本。文書是否是牒文，則不詳。[124]

此外，南方邊境地方官也與安南和占城移牒往來。交阯和占城對宋朝進貢，宋朝對之都下詔令。但是邊境地方官也與交阯(安南)和占城移牒往來。如景德二年，交州黎龍廷自稱靜海節度使、開明王，移牒廣南，欲遣其弟進奉。[125]其後交州時常移牒至沿邊州軍。[126]

---

119 《高麗史中中韓關係史料彙編》，頁48。
120 《高麗史中中韓關係史料彙編》，頁64。
121 《宋史》卷487，頁14052。
122 《宋史》卷491，〈外國七——日本〉，頁14137。
123 木宮泰彥著，胡錫年譯，《日中文化交流史》(北京：商務印書館，1980)，頁237-245、249-254。
124 《日中文化交流史》，頁293-296。
125 《長編》卷63，景德三年七月丁未。
126 《長編》卷71，大中祥符二年五月壬午。卷270，熙寧八年十一月甲申，安

　　女眞初興，宋與女眞商議聯合對付契丹，女眞首領完顏阿骨打不滿登州移牒給他，促宋遣使談判。[127]素有大志的阿骨打認爲宋朝用移牒的方式，似有中央對地方的不平等的態度。宣和四年(1122)，當金兵追捕遼天祚帝時，代州奏得金人邊牒，警告不可招攬北人：「准大金彰國軍(應州)牒」。[128]次年，宋金結盟，夾攻遼。兩國是對等的關係。可是宋人敗盟後，七年(1125，金天會三年)，金元帥府牒宋宣撫司問罪。這件牒文比較完全，已見前引。靖康元年(1126)，金帥完顏斡離不(宗望)移牒宋廷以「趙皇」(宋帝)爲對象迫和。

　　從北宋末年到南宋，宋金之間的地位從平等轉爲不平等。1126年(靖康元年)正月，金軍圍攻汴京，金帥完顏斡離不移牒責備宋廷，他的地位竟和宋帝相當，[129]而不是皇帝間以國書往來。最後宋欽宗雖與金訂城下之盟，終於難逃亡國的命運。

(續)

　　南靜海軍牒欽、廉二州。《宋會要輯稿》載大中祥符七年十二月，詔(廣南轉運使)高惠連移牒交州追索交州寇所獲牲畜。(蕃夷四之三一，頁7715。)又嘉祐七年正月，交阯郡王李日尊上表言，嘉祐五年管下申峒襲逐逃戶，以致騷動省界。及得安撫使余靖牒，其首領五人率道已行處置，方遣人入謝。(蕃夷四之三四，頁7716。)元豐五年六月二十二日，交阯王言有民戶叛入邕州，累牒邕。(蕃夷四之三九，頁7719。)南宋建炎四年，十二月，廣南西路經略安撫司得到安南都護府牒。(蕃夷四之四二，頁7720。)紹興十七年九月十八日，廣南西路經略安撫司言，承安南靜海軍牒。朝廷命優與回答。(蕃夷四之四四，頁7721。)淳熙九年閏十一月，廣西安撫司言，得安南國牒。(蕃夷四之五四，頁7726。)占城之例見《宋史》卷489，〈外國〉，頁14085。《宋會要輯稿》元豐元年三月，前安南道行營戰卓都監楊從先報告得占城國主木葉蕃書回牒。(蕃夷四之七二，頁7735。)乾道四年三月，命市舶司牒占城調查入貢爭議。(蕃夷四之八二至八三，頁7740-41。)淳熙三年七月，命瓊管司移文占城，說明市舶司管交易，海南四郡無通商。(蕃夷四之八四，頁7741。)

127 世界本《長編》引《長編拾補》卷40，頁1至2。
128 徐夢莘，《三朝北盟會編》(台北：文海本)卷5，頁7下(49)。
129 《三朝北盟會編》卷29，頁5下-8上(201-203)。

　　南宋紹興十一年(1141)，宋金和議訂立後，兩國間邊境地方官之間仍然沿用宋遼間用牒的模式。[130]1161年，金海陵王完顏亮侵宋，兵敗於采石之戰，亮被部下所殺。金世宗自立，傳檄議和：由「大金國大都督府牒大宋國三省樞密院牒」。宋亦回牒。[131]宋寧宗開禧北伐，金樞密院移文宋人，依照誓約，撤新兵，毋縱入境。宣撫司移文宋三省樞密，問用兵之故。[132]這些也是以文牒來往的案例。

諸國間的移牒

　　在西元8世紀及其後，東亞諸國延續唐朝對外用牒的模式。這種文件出現於新羅與日本間，[133]及渤海與日本間的外交。渤海對唐朝進貢，與日本外交使節往來頻繁。當時日本希望渤海奉日本為上國，對渤海王下詔，渤海則對日本堅持平等的原則，國書中對日本稱兄道弟，並稱天皇為大王。牒文則以中台省對日本的太政官。渤海對日本的外交，除國書稱「啟」外，以公牒來往。[134]這些文書中，有一件重要的文牒保存至今。日本仁明天皇承和八年(渤海咸和十二年，841)，渤海中台省致日本太政官牒，其複寫本是一件重要的文獻，從中可以看出當時文牒的真實面貌。牒文的文首是：

130　吳曉萍，《宋代外交制度研究》。參看森平雅彥，〈牒咨——高麗王元中書省往復文書〉，《史淵》，144(2003.3)，頁106-107。

131　李心傳，《建炎以來繫年要錄》(叢書集成本)卷195，紹興三十一年十二月，頁3287。

132　《金史》卷62，〈交聘表下〉，泰和五年四月、五月，頁1475。

133　中村裕一，《唐代官文書研究》，第4章，頁395-398。

134　酒寄雅志，《渤海と古代の日本》(東京：校倉書房，2001)。

渤海國中臺省　牒上　日本國太政官

　　以下列105使人的名單。包括使頭、嗣使(副使)、判官、錄事、
譯語、史生、天文生、大首領和梢工。[135]日本學者認爲唐代下達文
書稱「故牒」，上申文書稱「謹牒」或「謹牒上」。因此牒文中的
「牒上」的意思是中台省位階較太政官爲低。[136]日本記載提及927年
(醍醐延長五年)曾有僧寬建等得大宰府賜牒，乘中國船赴華。其後吳
越王於936年(日本朱雀天皇承平六年)遣使到日本，兩國間有書信來
往。[137]可能屬於平等的方式。

　　遼對高麗也出現以文牒爲外交的文書。遼與高麗(918-1392)主要
是宗主國和屬國的關係，契丹給高麗的正式文書是詔旨。偶然用國
書，如《高麗史》載：文宗二年(1048)，契丹遣使來致國書。[138]有
時候，如在高麗沒有對遼進貢的時期，也以移文的方式解決和高麗外
交方面的問題。高麗靖宗元年(1035)五月，契丹來遠城牒興化鎭，要
求高麗對遼進貢。寧德鎭回來遠城牒，予以拒絕。三年(1037)九月，
來遠城奉皇帝宣旨牒寧德鎭，十二月，高麗派遣使臣至契丹，願爲屏
藩。四年(1038)，使還，行契丹年號。五年，高麗受契丹封冊。可見
雙方的封貢關係的再度建立是從地方官移文開始的。[139]日本與高麗

135　王承禮，《中國東北的渤海國與東北亞》，頁311-315。酒寄雅志，《渤海
　　　と古代の日本》，頁256。

136　酒寄雅志，《前引書》，頁270-272。石井正敏，〈日本渤海間の名分關係
　　　——舅甥問題を中心に〉，佐藤信編，《日本と渤海の古代史》(東京：山
　　　川出版社，2003)，頁91-116。

137　木宮泰彥著，胡錫年譯，《日中文化交流史》(北京：商務印書館，
　　　1980)，頁222-230，及頁222-223之表。

138　金渭顯，《高麗史中中韓關係史料彙編》，頁145。

139　鄭麟趾，《高麗史》，世家卷六，靖宗元年五月甲辰，頁80-81、84。金渭

也有由太宰府對高麗禮賓省用牒辦理外交的事例。[140]

金與高麗、西夏之間都是主從的關係，有些事務仍移牒解決。如高麗仁宗六年(金天會六年)，金遣報諭使副司古德、韓昉至高麗，提及「安北都護府牒來遠城，爲人民越江到昌、朔州地分耕種，勘會公案。」[141]金大定十一年(1171)三月，「王皓以讓國來奏告，詔婆速路勿受。有司移文詳問。」[142]章宗即位，「詔使至界上頗稽滯，詔移問。高麗遜謝。」[143]至寧元年(1213)，宣宗即位。邊吏奏：「高麗牒稱，嗣子未起復，不可以凶服迎吉詔。」[144]金海陵王篡位，「使有司以廢立之故移文報之。」[145]宣宗貞祐元年(1213)，夏以國書請禁邊吏侵略。詔移文答之。[146]

成吉思汗遣箚剌征高麗，十四年正月，高麗以結和牒送箚剌行營。[147]到了元初，與高麗之間經常有文牒往還。茲舉數例。高麗元宗十二年(元世祖至元八年，1271)正月，蒙古遣日本國信使秘書監趙

(續)————————————

顯，前引書，頁164；金渭顯，《契丹的東北政策——契丹與高麗女真關係之研究》(台北：華世出版社，1981)，頁56。盧啓鉉著，紫莉、金榮國譯，金龜春譯審，《高麗外交史》(延吉：延邊大學出版社，2002)，頁159-161。參看閻鳳梧、賈培俊、牛貴琥編，《全遼金文》(太原：山西古籍出版社，2002)，頁313-316及905-906，詔書散見各處，錄自《高麗史》及《東國通鑑》。對宋的文牒見頁899-904，皆錄自《宋會要輯稿》、《長編》，及轉錄自陳述編《全遼文》。

140 參看森平雅彥，〈牒と咨のあいだ——高麗王と元中書省の往復文書〉，《史淵》，144(2003.3)，頁106-107。

141 金渭顯，《高麗史中中韓關係史料彙編》，上冊，頁309-310。

142 《金史》卷135，(外國)下，頁2886。

143 《金史》卷135，(外國)下，頁2887。

144 《金史》卷135，(外國)下，頁2888。

145 《金史》卷134，(外國)上，頁2868。

146 《金史》卷134，(外國)上，頁2872。但因宰臣說無益而止。

147 《元史》卷208，頁4607-4608。

良弼忽林赤王國昌和洪茶丘等四十人經高麗至日本。下詔高麗保護。
洪茶丘又出示中書省牒。[148]十三年二月,高麗世子諶從元朝回國,
帶有中書省牒。[149]十四年三月,元遣達魯花赤以中書省牒往東界及
慶尙道求蜃樓脂(鯨魚油)。[150]十五年三月,元遣「蠻子媒聘使肖
都」來,持有中書牒」,爲襄陽府生卷軍人求娶妻室。[151]元世祖曾
命中書省於至元六年透過高麗牒日本,不得回音。[152]六月,元中書
省牒日本國王質問。[153]亦即元朝要以中書省和日本國王對等。《元
史》又記載世祖兩度命中書省移牒安南。[154]

結語:從文書的運用看北宋時期東亞的多元外交

在東亞多元國際形勢下,宋朝適應對遼的對等外交,出現了務實
的政策。對於宋來說,契丹已經不是傳統的野蠻夷狄,而是具有高等
文明的民族。對遼外交應當謹愼從事。涉遼外交事務是由皇朝的最高
層的統治機構和決策者作出政策。政策的執行和經常性的交涉分爲兩
個層次:中央政府辦理和遼中央政府間最重要問題的對等交涉;沿邊
地方則處理具有不同重要性的各種事務,交涉的對象是對等的契丹地
方機構(如雄州對涿州;河東安撫司對西南面招討司)。地方處理對遼

148 金渭顯,《高麗史中中韓關係史料彙編》,下冊,頁491。

149 《高麗史中中韓關係史料彙編》,頁504。

150 《高麗史中中韓關係史料彙編》,頁513。

151 《高麗史中中韓關係史料彙編》,頁515。參看森平雅彥,〈牒と咨のあい
だ—高麗王と元中書省の往復文書〉,頁93-137。

152 《元史》卷208,頁4625-4626。

153 參看森平雅彥,〈牒と咨のあいだ—高麗王と元中書省の往復文書〉,頁
103-105。

154 《元史》卷209,頁4634-4636。

的問題，有的案件必須得到朝廷的認可，有的自行辦理，然後向朝廷報備。這樣的安排，形成一個層次分明的模式。[155]

宋人爲什麼把相當重要的事務交由地方辦理？首先，自訂立〈澶淵盟約〉後，兩國間交涉的事務繁多。朝廷不希望由皇帝來裁決很多不太重要的事情，所以把權力有限度的下放到地方。其次，宋廷不希望遼朝時常派遣使節來見皇帝，希望把很多事務限制在地方層次上，得到解決。尤其不願意見到遼朝派遣泛使前來直接交涉，因爲泛使來了之後，一定會提出重要的要求。

應當指出，唐代已經利用牒和周邊諸國通信，包括日本。影響到日本和渤海之間，爲國書的體制發生爭執，遠早於宋遼外交關係的成立。渤海中臺省和日本太政官之間，以文牒來往，顯示渤海對平等外交的重視。這種歷史先例似爲宋遼外交使用文牒的借鏡。

北宋時期沿邊地方與外國間若干事務用文牒交涉，在當時看來是理所當然的事。值得注意的是：過去中原王朝常由賜予朝貢國的詔敕來宣示地位的崇高，但是北宋與遼之間用國書和牒文來往則沒有高下之分。宋遼間如此，宋與高麗、與西夏，以及渤海與日本，遼和高麗間，有時由地位相當的官府用平等的文牒來往。雖然在形式上會發生爭執(渤海和日本)，但是有時候爲了實際事務運作的便利，採取彈性政策，並不要求在文字上特別尊重本朝。這一點不僅是宋代對外關係不強調封貢而重視實務的又一現象，也是當時多元國際關係中外交實踐的重要支柱。

---

155 古松崇志提出澶淵體制，金成奎提出和議體制。本文討論外交上牒的運用也可以說是所謂體制中的一種運作。

參考書目

《大唐六典》(台北:三秦出版社,1991)。

《元典章》(台北:國立故宮博物院,1976)。

王欽若等編,《宋本冊府元龜》(北京:中華書局)。

王溥,《唐會要》,國學基本叢書本,1968台一版。

王溥,《五代會要》(北京:中華書局,1998)。

司馬光,《資治通鑑》(北京:中華書局,1956)。

四川大學古籍研究所編,《全宋文》(成都:巴蜀書社,1993)。

《江蘇省通志稿》,列入《石刻史料新編》,第13冊(台北:新文豐
　　出版公司)。

《宋大詔令集》(北京:中華書局,1962)。

宋祁、歐陽修,《新唐書》。

宋庠,《元憲集》,《四庫全書珍本》別輯。

李心傳,《建炎以來繫年要錄》,《叢書集成》本。

李燾,《續資治通鑑長編》(北京:中華書局,1992-1995;台北:世
　　界書局版《續資治通鑑長編》,1961)。

佚名編,金少英校補,李慶善整理,《大金弔伐錄校補》(北京:中
　　華書局,2001)。

金渭顯,《高麗史中中韓關係史料彙編》(台北:食貨出版社,
　　1983)。

徐元瑞,《吏學指南》,《續修四庫全書》本。

徐夢莘,《三朝北盟會編》(台北:文海出版社,1977)。

徐松輯,《宋會要輯稿》(台北:新文豐出版公司,1976)。

陳述輯校，《全遼文》（北京：中華書局，1982）。

脫脫等，《宋史》（北京：中華書局，1977）。

脫脫等，《金史》（北京：中華書局，1975）。

脫脫等，《遼史》（北京：中華書局，1974）。

閻鳳梧、賈培俊、牛貴琥編，《全遼金文》（太原：山西古籍出版
　　社，2002）。

劉昌詩《蘆浦筆記》（北京：中華書局，1986）。

劉昫，《舊唐書》。

《慶元條法事類》，《續修四庫全書》本。

鄭麟趾，《高麗史》（台北：文史哲出版社）。

薛居正，《舊五代史》。

韓維，《南陽集》，《四庫全書珍本》二集。

蘇頌，《蘇魏公文集》（北京：中華書局，1988）。

《續日本後紀》，《國史大系》本（東京：吉川弘文館）。

《續日本紀》，《國史大系》本（東京：吉川弘文館）。

王金玉，《宋代檔案管理研究》（北京：中國檔案出版社，1997）。

王承禮，《中國東北的渤海國與東北亞》（長春：吉林文史出版社，
　　2000）。

王啓濤，《吐魯番學》（成都：巴蜀書社，2005）。

木宮泰彥著，胡錫年譯，《日中文化交流史》（北京：商務印書館，
　　1980）。

中西進、安田喜憲，《謎の王國。渤海》（東京：角川書店，1992）。

中西朝美，〈五代北宋における國書の形式にいて—致書文書の使用
　　狀況を中心に—〉，《九州大學東洋史論集》33（2005）：93-
　　110。

中村裕一，《唐代官文書研究》（京都：中文出版社，1991）。

平田茂樹，〈宋代文書制度研究的一個嘗試——以「牒」、「關」、「諮報」爲線索〉，《漢學研究》27. 2(2009): 43-65。

古松崇志，〈契丹‧宋間の澶淵體制における國境〉《史林》，91。1(2007)：28-61。

石井正敏，《日本渤海關係史の研究》（東京：吉川弘文館，2001）。

石井正敏，〈日本渤海間の名分關係—舅甥問題を中心に〉，佐藤信編，《日本と渤海の古代史》（東京：山川出版社，2003），頁91-116。

池田溫，《中國古代籍帳研究》（北京：中華書局，1984）。

西島定生，〈遣唐使與國書〉，《第二屆國際漢學會議論文集——歷史與考古組》（台北：中央研究院，1989），頁675-697。

朱瑞熙，《中國政治制度通史：第六卷，宋代》（北京：人民出版社，1993）。

李華瑞，《宋夏史研究》（天津：天津古籍出版社，2006）。

李錫厚，〈論澶淵之盟非城下之盟〉，《澶淵之盟新論》，頁20-21。

吳曉萍，《宋代外交制度研究》（合肥：安徽人民出版社，2006）。

何勇強，《錢氏吳越國史論稿》（杭州：浙江大學出版社，2002）。

林小異，〈主管往來國信？——淺談宋代的國信所〉，《澶淵之盟新論》，頁412-440。

金子修一，〈日本から渤海に與えた國書に關する覺書〉，佐藤信編，《日本と渤海の古代史》，頁117-129。

金成奎，《宋代の西北問題と異民族政策》（東京：汲古書院，2000）。

金渭顯著，陳文壽校譯，《韓中關係史研究論叢》（香港：香港社會
　　科學出版社，2004）。

金渭顯，《契丹的東北政策——契丹與高麗女眞關係之研究》（台
　　北：華世出版社，1981）。

金毓黻，〈宋代敕令格式〉，《文史雜誌》2.4(1942): 39-43。

苗書梅、劉秀榮，〈宋朝外交使節管理制度初論〉，《澶淵之盟新
　　論》，頁400-411。

冒志祥，《宋朝的對外交往格局——論宋朝外交文書形態》（揚州：
　　廣陵書社，2012）。

酒寄雅志，《渤海と古代の日本》（東京：校倉書房，2001）。

張希清、田浩、穆紹珩、劉鄉英編，《澶淵之盟新論》（上海：上海
　　人民出版社，2007）。

陶玉坤、薄音湖，〈北宋對契丹歸明人的政策〉《內蒙古社會科學
　　（漢文版）》，24.6(2003): 32-35。

陶晉生，〈宋遼邊界交涉的問題〉，《中國民族史研究》第4輯
　　(1992)，頁40-48。

陶晉生，《宋遼關係史研究》（台北：聯經出版公司，1984；簡體字
　　版，北京：中華書局，2008）。

陶晉生，〈雄州與宋遼關係〉，《國際宋史研討會論文集》（台北：
　　中國文化大學，1988），頁169-184。

曹顯征，〈遼宋實現首次交聘之背景分析〉，《北方文物》2006.1:
　　76-80。

黃寬重，《南宋史研究集》（台北：新文豐出版公司，1985）。

森平雅彥，〈牒と咨のあいだ—高麗王と元中書省の往復文書〉，
　　《史淵》，144(2003.3)：93-137。

賈玉英，〈宋遼交聘制度之管窺〉，《澶淵之盟新論》，頁392-
　　399。

趙永春，〈關於宋金交聘國書的鬥爭〉，《北方文物》1992.2：53-
　　58。

劉進寶，《敦煌學通論》（蘭州：甘肅教育出版社，2002）。

鄧小南主編，《宋史研究論文集》（昆明：雲南大學出版社，2009）。

盧向前，〈牒式及其處理程式的探討——唐公式文研究〉，《敦煌吐
　　魯番文獻研究論集》，第三輯(1986)，頁335-393。

盧啓鉉著，紫荊、金榮國譯，金龜春譯審，《高麗外交史》（延吉：
　　延邊大學出版社，2002）。

聶崇歧，〈宋遼交聘考〉，《宋史叢考》（北京：中華書局，1980），
　　頁283-375。

Fairbank, John K., Edwin O. Reischauer, and Albert M. Craig, *East Asia:*
　　Tradition and Transformation (Boston: Houghton Mifflin, 1973).

Franke, Herbert, "Treaties between Sung and Chin," *Etudes Song* (Paris:
　　Mouton, 1970).

Lamouroux, Christian , "Geography and Politics: The Song-Liao Border
　　Dispute of 1074/75," in Sabine Dabringhaus and Roderich Ptak, eds.,
　　China and Her Neighbours : Borders, Visions of the Other, Foreign
　　Policy 10th to 19 the Century (Wiesbaden: Harrassowitz, 1997).

Rossabi, Morris, ed., *China among Equals: the Middle Kingdom and its*
　　Neighbors, 10th-14th Centuries (Berkeley, California: University of
　　California Press, 1983).

Standen, Naomi, "(Re)Constructing the Frontiers of Tenth-Century North
　　China," in Daniel Power and Naomi Standen, eds., *Frontiers in*

Question: Eurasian Borderlands, 700-1700 (London: Macmillan, 1999).

Christian Schwarz-Schilling, *Der Friede von Shan-yuan (1005 n. Chr.): Ein Beitrag zur Geschichte der chinesischen Diplomatie* (Asiatische Forschungen Bd. 1, Wiesbaden, 1959).

Nicolas Tackett, "The Greta Wall and Conceptualizations of the Border Under the Northern Song," in *Journal of Song-Yuan Studies*, 38 (2008), 99-138.

Wright, David, *From War to Diplomatic Parity in Eleventh-Century China: Sung's Foreign Relations with Khitan Liao* (Leiden: Brill, 2005).

Wittfogel, Karl A., *History of Chinese Society: Liao (907-1125)* (Philadephia: American Philosophical Society, 1949).

中央研究院歷史語言研究所傅斯年講座，2011年12月17日。

雄州與宋遼關係

雄州(今河北雄縣)是北宋北疆與遼最接近的幾個州之一,在這裡設有對遼貿易的榷場。雄州是北宋與遼之間交通線上的重鎮,北宋與遼交換使臣,都必須經過此地;每年北宋贈送遼朝的歲幣,也在這裡交割。尤其重要的是,雄州是宋遼傳遞和交換文書,以及辦理外交的主要地點。在國防方面,雖然雄州地處邊陲,不易防守,但是北宋經常任命能力高強的地方官和武將鎮守雄州。太宗對遼用兵,北宋末與金人夾攻遼朝,都曾由此出師。最後,雄州設有情報機構,是搜集敵情,及間諜活動的一個重要據點。

本文旨在簡述雄州在宋遼關係上扮演重要的角色的過程,重點在其外交和情報方面的特別地位。所用資料,主要是李燾的《續資治通鑑長編》。

一、雄州的政府機構和「兩屬地」

雄州在唐代和五代時原為瓦橋關,屬涿州。西元959年,後周世宗收復三關(即瓦橋、益津和淤口)及瀛、莫二州,亦即所謂「關南」地區。世宗以瓦橋關為雄州,益津關為霸州,淤口關為破虜軍(後改

信安)。[1]

由於雄州具有外交、國防和貿易等方面的多重性格,它和一般的地方州縣有顯著的不同。除了基本的官銜,即州政府和最高長官知雄州外,11世紀初年在這裡設有雄州機宜司,是重要的情報機構。澶淵盟約成立後不久,改爲侍禁雄州北關城巡檢。[2]其後又改稱國信司。[3]知雄州之上,西元1006年置河北緣邊安撫使、副使和都監。當時以雄州團練使何承矩爲安撫使,西北閤門使李允則爲副使,権易副使楊保用爲都監並兼提點諸州軍権場。[4]河北安撫司,史亦稱雄州安撫司,[5]於1045年擴大管轄定州、北平軍、軍城寨、眞定府、北寨及滄州。[6]由於沿邊國防上的需要,雄州和霸州還有一個界河司,隸屬於高陽關路。

1048年,河北武備重組,將河北兵分爲四路:大名府路、高陽關路、眞定府路和定州路。其中高陽關路管轄了瀛、莫、雄、霸、恩、冀、滄州;永靜、乾寧、保定和信安軍。[7]似乎在雄州仍沒有類似機宜司的機構存在。如1083年,「詔河北緣邊安撫司;雄州管勾機宜文字官,自今許奏舉。」[8]由於宋遼間外交交涉頻繁,所以雄州的官吏素質高。早在1024年(天聖二年),詔:「雄、霸、保州,廣信、安肅

1　看《遼史》卷六,〈穆宗本紀〉,應曆九年四月;《宋史》卷86,〈地理〉二。《元豐九域志》(叢書集成)卷二。

2　《長編》,1005年三月丙申。又見《宋會要輯稿》,頁3502-3。

3　《長編》卷64,1006年十月戊子。

4　《長編》卷62,四月乙酉。

5　《長編》,《永樂大典》卷12400,慶曆二年(1042)六月辛巳。

6　《長編》卷156,六月乙丑。

7　《長編》卷164,四月辛卯。

8　《長編》卷333,二月辛酉。

軍皆被邊之地,與契丹移文交往還,其幕職官並選進士出身人。」[9]

　　雄州在宋遼關係史上的特殊地位,尤其在於雄州境內的兩屬地。此一特殊的中立非軍事區,日本學者佐伯富早已有論文討論。[10]兩屬地的人戶,即兩屬戶,向宋遼雙方納稅,所以也稱為兩輸地。其非軍事區的性質,在於沒有對方的同意,一方不可以派軍警進入這個地區。

　　這一地區首見於《長編》,是在西元1005年(景德二年):

> 雄州言:容城縣狀稱,戎人大驅馬,越拒馬河放之。其長遣人持雉免來問遺,求假草地。上(真宗)曰:拒馬河去雄州四十餘里,頗有兩地輸租民戶。然其河橋乃雄州所造,標立疆界素定,豈得輒渡河畜牧?……[11]

可以證明兩屬地主權仍然屬於北宋,宋遼當時以拒馬河為界,河以南自屬宋朝。

　　兩屬地的確切範圍,很難推定。根據《長編》的記載,大致是雄州州地以北到界河(即拒馬河)河岸的地區,包括歸信和容城兩縣的一部分。在11世紀的下半期,這一地區約有四千人戶。[12]如果按照當時(元豐年間)關於雄州全境人戶的記載,有主客戶共八九六九戶,[13]則

9　《長編》卷102,二月丁亥。

10　佐伯富,「宋代雄州における緩衝地兩輸地についてし」《中國史研究》(京都:東洋史研究會,1969),頁488-523。

11　《長編》卷59,三月丁卯。

12　《長編》卷235,熙寧五年七月戊子:「安石曰:『兩屬人戶才四千餘。』」

13　《宋史》卷86,〈地理〉二,雄州條。《元豐九域志》載有主客戶共八九

屬於宋方的二千戶，約占四分之一強。[14]由於雄州人戶和兩屬戶田產相接，易生糾紛，宋方對兩屬人戶的流動加以控制。如1083年(元豐六年)，兩地供輸人周辛祖、順祖和六兒私過北界，與崔學郎等鬨事，三人皆處斬。[15]

兩輸地造成最大的糾紛，是1072年(熙寧五年)至1073年發生契丹巡馬過界河騷擾，宋知雄州張利一以強硬手段對付。張利一的處事引起朝廷上幾次辯論，王安石主張宋方不必派軍馬到兩輸地去對抗，以免衝突升高。最後朝廷將張利一免職。雖然如此，契丹人過界的事仍然不斷的發生。[16]

二、使節的接待和歲幣的交割

澶淵盟約成立後，宋遼兩國間使節報聘，絡繹不絕。這些人使都必須經過雄州。1005年5月，知雄州何承矩開始訂立接待契丹使節的禮節和規矩。契丹人未過界前，先暫駐新城，等待宋方的接伴使到邊界迎接他們。人使進入宋境後，有一定職位的接伴使，首先在雄州和契丹涿州邊界上的白溝驛以宴會招待(賜設)，其後沿途都有賜設，直到首都開封。致贈使人的禮物，各地都有規定。使人離開開封，又有送伴使，一直送到邊界。[17]

(續)────────────────

　　　　六九戶，見卷2，頁73。

14　《長編》卷235，熙寧五年七月戊子：「安石曰……昨見雄州奏分人戶差役，中國所占戶多，北人所占戶少。臣以既是兩屬戶，若要分，宜與平分。分外占得十數百戶，於中國有何利？徒使其有不平之心。」

15　《長編》卷333，1083年(元豐六年)二月丁未。

16　看《長編》卷232至235。

17　《長編》卷67，五月乙亥。

　　契丹使人在白溝驛接受招待，所賜之筵是「御筵」，茲舉賜宴時丹方的致辭（「口宣」）如下例：

> 卿等嗣修鄰好，甫次溝封。載勤使隰之行，宜有詔筵之錫。
> 用嘉冒涉，特示春存。[18]

　　宋使到遼境，也受到對等的招待。澶淵和議後，遼方也在白溝對岸設有驛舍。[19]茲舉楊傑寫的〈白溝謝御筵奏狀〉一條如下：

> 將命乘軺，溝鄰懼而惟舊；及疆授館，蒙郊勞之至優。豐腆
> 肴觴，溥霑皂隸。荷惠慈之加原，在誠意以深銘。[20]

　　對於使節的交往，王安石有詩云：

> 白溝河邊蕃塞地，送迎蕃使年年事。蕃使常來射狐兔，漢兵
> 不道傳烽燧。萬里鉏耰接塞垣，幽燕桑葉暗川原。棘門灞上
> 徒兒戲，李牧廉頗莫更論。[21]

他又有詩詠出使契丹到涿州，題為〈出塞〉：

18　胡宿，《文恭集》（四庫全書珍本別輯）卷27，頁6上；「白溝驛撫問北使兼
　　賜御筵口宣」。這一類「口宣」在卷27有很多條。並看王珪，《華陽集》
　　（四庫全書珍本四集）卷21及31、32。其他國書見同書卷24、25。
19　《宋會要輯稿》，頁7692，大中祥符元年正月，契丹置館於拒馬河北以候
　　朝使。
20　楊傑，《無為集》（四庫全書珍本五集）卷11，頁6。
21　王安石，《臨川先生文集》（四部叢刊初編縮本）卷5，頁83。

涿州沙上飲盤桓，看舞春風小契丹；塞雨巧催燕淚落，濛濛
吹濕漢衣冠。[22]

當時接待遼使，應對必須小心。如熙寧五年，朝廷得到河北沿邊
安撫司諜報，知道遼使趙庭睦想刺探朝廷對西夏的政策，所以決定
「其當酬應之辭，三省樞密院同議定，箚與館伴使前」。[23]

每年宋廷致送遼朝的銀絹，按照澶淵誓書的規定，由雄州地方官
搬送到白溝驛邊界，由契丹地方官派人來點收。按慣例契丹官並不仔
細檢查歲幣，但是也有例外。實際的例子如西元1072年(熙寧五年)雄
州的職方員外郎王沆與監榷場侍禁李端修，於白溝界首橋南幕次內，
將銀絹交給契丹派來的左衙從省及永豐庫揀子楊元亨，絹每二千匹作
一會。這次遼方堅持驗看絹子，並且丈量尺寸，頗引起宋廷的疑慮。[24]

三、雄州地方官對契丹的外交

西元974年(開寶七年)，雄州地方官(權知雄州內園使)孫全興和
遼涿州刺史耶律琮交換書信，導致了雙方互派使臣交聘，建立了兩國
間的友好關係，也揭開了宋遼外交關係史的序幕。宋遼兩國的外交關
係，始於地方層次的接觸，也形成了雄州和涿州間外交交涉的模式。
在澶淵盟約締訂後，尤其具有規律；在雙方條約規定的範圍之內，地

22 同上，卷31，頁208。又有〈涿州〉、〈入塞〉二首。宋人詠有關雄州詩不
少，參見劉崇本纂，《雄縣新志》(台北：成文，1969)，第十冊，〈雄縣
詩鈔〉上。
23 《宋會要輯稿》，頁3523。
24 《長編》卷233，五月辛卯。

方上發生的大小問題，先由地方官試圖解決；不能解決時，中央政府才介入。有時候地方政府也曾經解決一些大問題。[25]

西元1005年二月，澶淵誓書初訂後不久，雄、霸州、安肅軍三地復置榷場。當地地方官並「移牒」北界，「使勿於他所貿易」。[26]同月，契丹新城都監命百姓獻麞鹿，雄州「報以醽酒」。宋真宗得報後說：「疆吏自相問遺，固亦無慊。厚其酬答可也。」[27]這是宋帝對於地方官可以自行與遼方交通的正式認可。三月，詔緣邊諸州軍：

> 應北界移牒，事理無疑者，即報之。關機要者，疾置以聞，待報而答，亦勿令知之。[28]

負責外交的雄州地方官，遇有對遼機要的事件才向朝廷報告；一般的事務，則可以隨機回答。例如同月契丹人過拒馬河放馬，雄州即上報朝廷，得到如下的命令，要邊臣：

> 具牒，列誓書之言，使聞於首領，嚴加懲戒。[29]

這年四月，順安軍遣牙校送返擒獲北方姦盜，契丹易州知州待以賓禮。朝廷遂詔諭緣邊諸軍：

25 〈宋遼關係的最初階段〉，參看拙著，《宋遼關係史研究》(台北：聯經出版公司，1984)，第二章之一、二。
26 《長編》卷59，二月辛巳。
27 《長編》卷59，二月癸卯。
28 同上，三月丙寅。
29 同上，三月丁卯。

> 應北界將吏至者，並豐其饋餉，或職位高，則以賓禮接之。[30]

換言之，地方官除文書外，也有親自交涉的先例成立。

綜合來說，地方官辦外交，事有大小繁簡，責任則很重大。下面略舉一些例子，來說明雄州地方官怎樣辦外交，辦的是那些事。

(一)違反條約規定的事件

這類事件發生後，雄州通常都向朝廷報告，按照朝廷的指示辦理。除非有特別要緊的情形，外交是由雄州地方官來辦。

最普通的事件是對方人士越界。如景德二年(1005)六月，安肅軍言：「部民數輩私至北界，易州州將執之送還。」朝廷乃詔諭邊臣：「如北人擅至封內，亦登時執送。」[31]一般百姓如此，盜賊自不例外。1006年，詔：「北界盜賊亡命至緣邊州軍者所在即捕送之。」當時有盜賊逃亡到遼境，被契丹州將捉獲送回，所以朝廷也作相對的措施。[32]

1009年(大中祥符二年)，雄州報告契丹改築新城，這也是違反條約的事。於是朝廷「令邊臣詰其違約，止之。」[33]另一個例子是1012年，知雄州李允則報告契丹議築武清、安次及涿州城，違反誓約。朝廷命令他託出使契丹的宋臣告知對方不可如此。結果此事作罷。[34]

30　同上，四月甲申。
31　同上，卷60，六月辛巳。
32　同上，九月丙寅。
33　同上，卷72，十月癸未。
34　大中祥符五年七月六日，見《宋會要輯稿》，頁7695。

(二)互相通知國內有關軍事的調動

此舉在避免對方疑心本國有不利於彼的行動。如1008年眞宗封禪泰山，命官員外郎孫奭至契丹境上告知。[35]這次是中央政府派員到雄州邊界通知對方。於是另一次遼的中央政府也派員到雄州邊界通知宋人，他們將征高麗。[36]以上都是中央派員在雄州交涉。下面一件事則純屬地方官之間的外交。1044年(慶曆四年)，保州兵亂，詔知雄州王德基牒報北界，宋軍正在平亂中，避免沿邊人戶驚疑。[37]

(三)禁止在界河捕魚及巡馬過界

這類事件時常發生。最嚴重的是西元1061年至1073年間的一連串事件。1061年，契丹人屢次在界河捕魚。雄州移文涿州詰問。趙滋知雄州，遣巡兵捕殺北人自海口載鹽入界河者，且破其船。趙滋因此罷官。[38]

數年後，1072年(熙寧五年)，又有北人在界河捕魚，引起衝突。同時有北界兵馬過界進入兩輸地，於是朝廷命送伴使告諭契丹使人。[39]

1073年十一月，北界巡馬過白溝，引起小衝突。朝廷命歸信、容城兩縣令尉「自今遇北界巡馬，並徐行襲逐，毋得相傷」。[40]

35　《長編》卷69，六月甲午。《宋會要輯稿》，頁7692-93。

36　《長編》卷74，1010年十月辛亥。

37　《長編》卷151，八月壬寅。

38　《長編》，《永樂大典》卷12458，五月庚戌。

39　同上，卷232，四月庚甲及乙亥。

40　同上，卷248，十一月壬寅。

(四)畫界交涉裡地方官的參與

在1074至1076年宋遼重畫河北河東地界的交涉裡，契丹派遣「泛使」蕭禧呈遞國書，要求重畫地界。宋廷乃先後任命劉忱、呂大忠、韓縝等負責商議邊界，及派沈括爲「回謝遼國使」與契丹抗爭。其間涿州與雄州間屢有文書往來。如1075年閏四月，「詔雄州移牒涿州，沈括回謝，不可以『審行商議』爲名」。[41]若干商談的細節，也以移牒來討論。如涿州移牒雄州商討河東黃嵬山天池子地界，一共三次。[42]

(五)有關西夏的移牒

1082年(元豐五年)，涿州牒雄州，說西夏向遼廷報告，「南朝無名起兵討伐」，故移牒詰問。神宗親自決定如何覆文，而仍由雄州牒涿州。[43]

1097年，涿州又移牒雄州，質問宋人爲何侵奪西夏領土，修城寨，有害和好，請追還兵馬，毀廢城寨，盡歸所侵土地。雄州回牒則由朝廷大臣草擬。[44]

(六)其他

1005年，霸州得北界永清都監牒，事關兩地百姓奪妻鬧劇。此一移牒是雄州以外南北地方政府書牒往來的少數事例之一。[45]

41　同上，《永樂大典》卷12506，閏四月丙申。
42　同上小註。
43　《長編》卷322，正月癸卯。
44　《長編》卷492，十月壬辰。
45　同上，卷60，五月庚戌。

1008年，契丹國母蕭氏卒，涿州移牒雄州，雄州以聞。[46]

1065年（治平二年）十二月，雄州得涿州牒，告知契丹國名改爲大遼。[47]

1079年（元豐二年），北界民戶爲避差配騷擾而南移宋境，涿州移牒雄州，請宋方阻止。[48]

四、情報與間諜活動

由於雄州是宋遼間外交和貿易的要地，並曾設有情報機關爲機宜司，遼朝境內的消息，大都由雄州的情報機構或官府首先獲得。上引遼國母去世及改國號的消息，都是首先通知雄州，可見從涿州到雄州這一條交通線，形成了經常用來傳遞消息的管道。

宋初對遼用兵前後，雄州時常得到敵方情報。如1002年（咸平五年），雄州言：「偵得契丹調兵，將謀入寇。」[49]澶淵和議以後，雄州守臣如李允則，仍然繼續查敵情。如1010年（大中祥符三年），李允則言：「契丹由顯州東侵高麗。期以十二月還中京。蓋慮朝廷使至彼也。」[50]又上契丹兵數。此外，如1012年（天聖九年），雄州以契丹主訃聞。[51]1055年（至和二年），雄州又以契丹主喪來奏。[52]

緣邊州軍取得契丹情報最著名的一次，是1042年（慶曆二年）契丹

46　同上，卷72，十二月癸卯。

47　《宋會要輯稿》，頁7702。

48　同上，頁7705。

49　《長編》卷53，十一月。

50　同上，卷74，十月戊辰。

51　同上，卷110，六月己亥。

52　同上，卷180，八月辛亥。

遣使求關南地,告保州王果和知雄州杜惟序都先購得契丹國書文稿,
向朝廷密報。不久契丹大使到了開封,宋君臣已有防備。[53]又如1099
年(元符二年),契丹遣使蕭德崇到宋朝,高陽關路的走馬承受公事所
亦先得到消息,向中央政府報告。[54]

宋人爲了取得和分析敵方國情,建立了情報組織。如1097年(紹
聖四年),宋樞密院言:

> 河北沿邊州軍及安撫司各置間諜,密伺北邊動靜之實。[55]

這種組織並不始於此時,而是由來已久。雄州機宜司在北宋初年
的設立,似即諜報活動由官方來主持的開端。名將李允則知雄州時,
諜報活動頻繁。例如1010年(大中祥符三年)有下面一則故事:

> 雄之諜者,常告遼國要官陰遣人至京師造茶籠燎爐。允則亦使
> 倍與直作之,纖巧無毫髮之異。且先期至,則攜入榷場,使茶
> 酒辛多口者,夸説其巧,令北商遍視之。如是者三四,知遼官
> 所市者已過,乃收之不復出。遼中相傳,謂允則略之,恐有姦
> 變。要官無以自明,乃被殺。其知術大抵如此。[56]

還有一個故事是這樣的:

---

53 同上,《永樂大典》卷12399,二月丁丑。
54 《長編》卷505,正月庚戌。
55 《長編》卷490,八月丁酉。
56 同上,卷73,四月。

又得遼諜，釋縛厚遇之。諜言：「燕京大王遣來。」因出所
刺沿邊金穀兵馬之數。允則曰：「若所得謬矣。」呼主吏按
籍書實數與之。諜請加緘印，因厚賜以金，縱還。未幾，諜
遽至，還所與數，緘印如故。反出遼中兵馬、材力、地理委
曲以為報。[57]

李允則手下的間諜，有一個叫做張文質的雄州人，偽裝為僧入契
丹刺事，並且做過契丹官。[58]

刺探敵情，除上述沿邊金穀兵馬數目和地理外，宋方列有詳細的
項目。

近降度僧牒三百與定州安撫司，充訓練義勇保甲及募刺事人
之費。其緣邊州軍，宜並依定州例量賜本錢出息，令鉤致北
人之能知其國事者，或賈所愛使探問敵中任事主兵人姓名、
材能、性識、所管兵數、武藝強弱、屯泊處所、城壘大小、
糧食多少，及出兵道路，刺其的實，逐旋以聞。候到參互比
較有實者，編類成書，準備照用。其邊臣不能使人到前後探
事尤無實者，當移降。[59]

這是神宗時期的規定。從這些規定中，可以知道間諜的任務、招募間
諜的基金，和得到的情報編輯成書以供參考等細節。同時，刺探敵情
是當時沿邊地方官的職責之一，不能稱職的人會受到處罰。除了經常

57 同上，卷93，天禧三年六月丁酉。
58 同上，卷105，天聖五年(1027)，九月乙巳。
59 《長編》卷256，熙寧七年(1074)，九月甲寅。

的活動外，政府有時會給地方官臨時的間諜工作。如1074年(熙寧七年)，神宗御批：

> 河東諜知北界一點集軍甚急。可令雄、定州並河北緣邊安撫
> 司經略安撫司，厚以錢物體問敵中動靜以聞。[60]

又如1076年，契丹賑濟兩屬戶，宋方不知原因何在，乃令剌事人「鉤測其端以聞」。[61]不過，探事者所得賞金似並不多。如探報了一件事，只能得到兩三千文而已。[62]抓到敵方間諜，則賞金較多。1050年(皇祐二年)，下詔河北轉運司：

> 沿邊榷場有能察捕得北界剌事者，重賞之。

是因爲河北人張用、張顯、王昇等捕捉了兩地供輸人馮均。馮均常將宋方情報提供給契丹。馮均處死，張用等補官。[63]

1075年(熙寧八年)，手詔：

> 外國剌事人，令都亭驛開封府密遣人迹捕。告獲一人，賞錢
> 千緡，仍與班行。即居停知情人能告首原罪外，亦與酬賞。
> 時北人泛使將至，慮有奸人竊覘中國也。[64]

60　《長編》卷253，熙寧七年五月甲寅。

61　同上，卷279，十二月癸巳。

62　同上，卷245，熙寧六年五月乙卯。

63　同上，卷168，四月庚申、壬戌。

64　同上，卷260，二月庚辰。

如果確有其事，則契丹間諜的活動已延伸到宋的京城了。

1079年(元豐二年)，宋方的間諜網正式成立，主管間諜活動的人有一定的名額：

> 河北緣邊安撫司言：「緣邊州軍主管刺事人，乞選募人，給錢三千，以使臣職員，或百姓為之。緣邊安撫司、廣信、順安軍各四人；雄州、北平軍各三人；霸州七人；保州、安肅軍各六人。其雄、霸州，安肅、廣信軍，四榷場牙人，於北客處鉤致邊情，乞選舉通判及監官，考其偵事虛實，如至和元年詔賞罰。[65]

上列各州軍名額人數不一，雄州的名額最少，霸州最多。也許是因為霸州州治離邊界較近的緣故。

諜報的成果，已見前述。間諜所得敵情，有時也不正確。例如1074年諜知「契丹必稱兵」。朝臣不以為然，結果契丹沒有動兵。[66]

間諜活動的缺點，是人多並不見得好辦事。如1077年高陽關路走馬承受王延慶請緣邊安撫司精選職員使臣主掌刺事人。樞密院言：

> 熙寧七年朝旨，緣邊刺事人多互傳報，繳倖賞物。人數雖多，於事無補。可下河北緣邊安撫司，選使臣牙吏有心力諳識敵情者，裁定人數，委長吏同募土著，可以深入探事人，每事審實以聞。量事大小給錢帛。候有符驗再與優賜。詔中

---

65 同上，卷299，七月甲戌。李燾自注：至和元年詔當考。

66 同上，卷253，五月乙丑。

明行下。[67]

並且有人指出宋方間諜成效不如契丹。事在1081年(元豐四年):

> 知制誥王存言:「竊見遼人覘中朝事頗詳;而邊臣刺遼事殊
> 疏。此邊臣任閒不精也。」[68]

1097年,樞密院又提出重複諜報這件事來討論:

> 樞密院言:「河北沿邊州軍及安撫司各置間諜,密伺北邊動
> 靜之實。訪聞逐州軍,雖探到敵中事久,例不經報過雄州,
> 竝匿而不聞。自來與雄州所奏相符合者,只是一事,而重疊
> 奏報,朝廷無緣得知,緩急有誤事機。」詔定州、高陽關路
> 安撫司:「應有探事人通說,竝畫一以聞。即不得觀望畏
> 避,輒行隱漏。」[69]

　　可見當時情報組織似缺乏最高統一指揮部門,而各地的小組織各
自為政。不過從以上引文中,可以知道雄州的情報工作領先其他各
地,而且各州軍的諜報,似必須通知雄州。
　　關於間諜的事蹟,參見附錄。應當指出的是,雙方間諜都是漢
人,亦即土著,包括了兩地供輸人。最值得注意的是新羅間諜洪橘
鮮,由高麗國主派到契丹境內搜集情報,將情報告訴了宋人。是否高

67　同上,卷281,三月乙亥。
68　同上,卷311,二月乙巳。
69　同上,卷490,八月丁酉。

麗和北宋間有某種情報工作方面的合作，則無從得知了。

五、結論

北宋大臣對於雄州的重要地位，曾有如下的話：「河北朝廷根本，而雄州又河北咽喉。」[70]神宗也曾指出「雄州最當北邊衝要」。[71]雄州在北宋國防和外交方面有很特殊的地位。在國防方面雄州成立了情報機構，及設立了宋遼間的緩衝地區的兩輸地。在外交方面，雖然好幾個州軍都可以和遼的地方官交換文書，但是雄州才是北宋對遼外交，尤其是文書往來的樞紐。本文顯示的地方層次的對外交涉，構成了北宋的外交模式，也是傳統中國外交史上的新頁。

附錄：宋遼間諜
宋

姓名	事蹟	資料來源
張文質	雄州民，爲僧入契丹刺事，並曾任遼官。補三班奉職潭州監當。	《長編》卷105，1027，98。
嚴政	嘗使刺事契丹，其家忽爲契丹捕去。補三班差使殿侍。	《長編》卷166，1049，1，25。
王沿 范仁美	入西界反間葉勒約噶兄弟。事覺，仁美被殺。	《長編》卷168，1050，4，21。
李秀	易州民，爲邊民所告。來歸後補三班差使殿侍。	《長編》176，1054，8，14；《會要》7700。
杜清	幽州人，自來與雄州刺探事宜。事	《長編》191，1060，3，24。

70　御史中丞王舉正言，見《長編》卷170，仁宗皇祐三年四月乙酉；《長編史料》，頁541。

71　《長編》卷259，熙寧八年(1075)正月丁酉；《長編史料》，頁677。

	覺來歸。	
武珪	沿邊安撫司指使，獻契丹廣平淀受禮圖。錄爲下班殿侍。	《會要》7701。
梁濟世	燕人，爲雄州諜者。嘗以詩書教契丹公卿子弟，先得其國書本以獻。	《長編》259，1075，1，22，小注。
于惟孝	北界人，因傳達邊界事，爲北人收捕甚急，乃歸明。與三班差使充江南指使。	《長編》295，1078，12，5；《會要》7705。
程詮、程岳程景、李弼	爲邊臣刺事，嘗告獲姦細。事覺來歸。程詮、程岳爲三班借職，程景三班差使，李弼賜地。	《會要》7705，事在1079年。
武備	北界人，伺敵中動靜。事泄懼罪來歸。錄爲下班殿侍江南東路指使。	《長編》299，1078，10，4；《會要》7705。
翟公僅	屢泄契丹事，懼禍，挈妻子來歸。爲三班借差江南指使。	《會要》7705。
馬傑	主管覘事人，探報北事有驗，詔與三班差使。	《長編》345，1084，5，12；《會要》7706。

遼

姓名	事蹟	資料來源
安忠信李文吉	嘗爲契丹刺事雄州。一來歸。稱爲歸明人。	《長編》157，1045，10，16；《會要》7700。
馮均	兩地供輸人。爲張用捕得，處死。	《長編》168，1050，4，6。
僧人	契丹遣蔚、應、武、朔等州人來五台山出家，以刺探邊事。	《長編》177，1054，9，27。
王千	兩地供輸人。放火燒白溝驛廟。斬之，家屬送潭州編管。	《長編》245，1073，5，13。
郝景	過南界榷場畫地圖，爲宋人捕得。	《長編》294，1078，11，25。
翟安	爲北人田文告獲。文等獲賞。	《長編》388，1086，9，18。
洪橘鮮	高麗新羅人，高麗國主遣其詐遁入契丹探事，以歸朝廷(宋)。	《會要》7696。

原載《國際宋史研討會論文集》。台北：中國文化大學，1988。

范仲淹與宋對遼夏外交

　　學者研究范仲淹，對於他的事功，大都注意他和韓琦在邊防方面對西夏的成就。尤其著重范氏主守，有別於韓氏主攻。韓氏主攻，而有好水川之敗。范氏主守之策遂大受讚揚。一般來說，學者很少論及范仲淹在外交政策方面的建樹。[1] 本文希望對於這一遺漏之處有所補充。范氏在慶曆年間宋人對遼和西夏的交涉中，實占有一個重要的決策者的地位。由於他對遼的外交政策似無人論及，所以本文雖亦包括范氏主持對夏的外交，而重點則置於對遼外交之上。

一、對遼夏外交的立場：「以和好為權宜，以戰守為實事」

　　首先，應該大略介紹范仲淹對於遼和西夏的外交政策的基本立場。也就是他對於威脅宋朝生存的「北西二敵」，究竟主張如何應

1　程應鏐著《范仲淹新傳》（上海：上海人民出版社，1986），第13章敘述范氏致書元昊及因而貶官的經過，第16章簡單交代了宋夏和議。漆俠的〈范仲淹的歷史地位〉（見李光璧、錢君曄編，《中國歷史人物論集》，北京：三聯書店，1957，頁271-280）未提范氏的外交。羅敬之著《論范仲淹之功德與文學》（台北：文津出版社，1976），第4章亦僅敘及范氏對西夏的邊防措施。陳榮照著《范仲淹研究》（香港：三聯書店，1987），第3章簡述范氏覆信元昊之事，見頁112-113。

付；在應付時，孰重孰輕，孰先孰後。

慶曆年間，當范仲淹主政時，他對遼和西夏的政策，是基於他多年來對宋朝國力的認識，和數年間與西夏周旋的經驗。這兩點影響，使他始終保持對「北西二敵」採取守勢的立場。簡言之，他主張「以和好爲權宜，以戰守爲實事」。[2]

早在天聖五年(1027)，范仲淹在〈上執政書〉中，已經指出軍事方面的積弊，呼籲政府立即改革：

> 今朝廷久無憂矣，天下久太平矣。兵久不用矣，……兵久不用則武備不堅。……武備不堅，則戎狄或乘其隙矣。

他提出的改革意見，包括備戎狄：

> 備戎狄，在乎育將材，實邊郡，使夷不亂華也。

主張汰老弱，精訓練，育將才，實邊郡。置本土之兵，勤營田之利。[3]

及至他實際參與西邊對西夏的戰守，他大致把上述的意見付諸實施。他認爲對西夏只能採取守勢，不同意深入夏境和敵人決戰。好水川之敗後，范氏致力於築堡寨，開營田，作久守之計。同時聯絡少數民族，使其歸附於宋。[4]

2　此語出於慶曆四年的〈奏陝西河北攻守等策〉，見《范文正公集》(上海：商務印書館《國學基本叢書》本)，〈政府奏議〉下，頁344。李燾《續資治通鑑長編》(台北：世界書局新定本)卷149，慶曆四年五月壬戌朔，韓琦、范仲淹上「四策」，作「以戰守爲實務」。兩處所載略有不同。

3　《范文正公集》卷8，頁104-116。

4　程應鏐，前引書，頁80-84。

范仲淹幾次提出備邊的建議。繼〈上執政書〉後，慶曆三年上改革的綱領十事，到慶曆四年〈奏陝西河北攻守等策〉，一致的著重防守。慶曆改革方案的十事中，第七事「修武備」，請依唐府兵法，從京畿招募衛兵，以助正兵。三時務農，一時教戰。既可強兵，又可節財。並推廣到諸道。[5]

慶曆四年的〈攻守等策〉，強調遼是宋面臨最大的威脅：

> ……國家禦戎之計在北，為大臣等，敢不經心。且北戎久強，在後唐日，以兵四十萬，送石祖至洛陽，立為天子而還。遂與石晉為父子之邦。邀求無厭，晉不能支。一旦釁起，長驅南牧，直抵京師，虜石少主，及當時公卿，盡室而去。幽燕遂陷，為中原千古之恥，尚未能雪。國家以生靈之故，與之結和，將休兵養民，有所待也。及天下無事，人人懷安，不復有征戰之議。

他認為和好是權宜，必須選將練兵，以備不測：

> 為今之謀者，莫若擇帥練兵，處置邊事。日夜計略，為用武之策。以和好為權宜，以戰守為實事。

又說：

> 陛下如唐高祖、太宗，隆禮敦信，以盟好為權宜，選將練

5　《范文正公集》，〈政府奏議〉卷上，「答手詔條陳十事」，頁311。

> 兵,以攻守爲實事。彼不背盟,我則撫納無倦,徒將負德,
> 我則攻守皆宜。如此則結好之策,未有失也。

然後他有「陝西政策」和「河北備策」,也就是如果要制夷狄,可攻
西夏,卻不可攻契丹。河北備策共有七事,包括:一、密爲經略;
二、再議兵書;三、專於選將;四、急於教戰;五、訓練義勇;六、
修京師外城;及七、密定討伐之謀。討伐是最後的目標:

> 密爲方略,以待其變。未變,則我不先舉。變,則我有後
> 圖。指彼數州,決其收復。使彼思漢之俗,復爲吾民。……

在這七事中,修京師外城一事顯示范仲淹對契丹的守勢主張。[6]事實上
他曾經屢次請求政府修京城,憂慮開封在地理上沒有自然的屏障可以
阻擋或延緩契丹騎兵的深入。所謂「北戎方盛,河朔千里,無陝西關
山之險」。[7]景祐三年(1035),范仲淹知開封府時,建議修洛陽城,以
備急難。呂夷簡反對,認爲如此是向契丹示弱。范仲淹乃請修京城,
呂夷簡又反對,未果。慶曆二年(1042)增幣交涉後,范仲淹又上疏請
修京城。以上兩道奏疏,《宋史》簡述爲「洛陽險固,而汴爲四戰之
地。太平宜居汴,即有事必居洛陽。當漸廣儲蓄,繕宮室」。[8]雖然他
「憂深思遠」,卻始終未被朝廷採納,種下日後的大患。[9]
　　慶曆四年八月,宋夏進行和談時,范仲淹再次指出與北西二敵和

6　以上見同上,〈政府奏議〉下,頁343-349。
7　同上,「奏乞選河北州縣官員」,頁377。
8　《宋史》(標點本)卷314,本傳,頁10269。
9　《長編》,引《永樂大典》卷12399,慶曆二年五月戊午條載有前後二疏。

平相處的重要性。他首先說明漢唐極盛時，也與戎狄和好：

> 臣竊觀史籍，見前代帝王與戎狄結和通好，禮意甚重。非志
> 不高而力不足也，蓋懼邊事不息，困耗生民。用兵久之，必
> 生他變，而爲社稷之憂。如漢高帝、唐太宗身經百戰，大勝
> 天下，不敢黷武而屈事戎狄者，正爲此也。及其國力強盛，
> 將帥得人，則長驅破虜，以雪天下之恥。

接著，他審度當時國際局勢，認爲「北敵西戎合謀，并力夾困中
原。」反對用兵，主張達成和平後，以富國強兵爲主要工作：

> 重議邊事，退移兵馬，減省糧草，蘇我生民，勤我稼穡，選
> 將練士。使國富民強，以待四夷之變。此帝王有道之術，社
> 稷無窮之福也。

最後指出征伐的危險性：

> 如欲與敵人理曲直，決勝負，以耗兆民，以危天下。語之則
> 易，行之實難。臣備位二府，當思安危大計，不敢避人謗
> 議，上下其說，累陛下包荒之德，以重增宵旰之憂。[10]

10　《長編》卷151，八月戊午。

二、招納元昊的一封信

范仲淹對西夏的策略既然主守,則與守勢一致的一個手段是招納。慶曆元年初,范氏即曾於上奏討論兵事時,提及「臣亦遣人探望其情,欲通朝廷柔遠之意,使其不僭中國之號,而修時貢之禮,亦可俯從。」建議用兵時,鄜延一路不出兵,「願朝廷敦天地包容之量,存此一路,乞諸將勒兵嚴備,賊至則擊。但未行討伐,容臣示以恩意。歲時之間,或可招納。」朝廷從其所請。[11] 於是乃有范仲淹實行「個人外交」,寫信給元昊的插曲。

元年正月,元昊遣塞主高延德至延州,與范仲淹談和,但並沒有帶書信。范仲淹以無表章,不能報告朝廷,遂自己寫了一封信給元昊,勸其歸附。他指出宋廷有恩於西夏,皇帝派他到西陲,曾命他「有爭無戰,不殺無辜」。他據此這樣說:

> 仲淹與大王雖未嘗高會,嚮者同事朝廷,於天子父母也,於大王昆弟也,豈有孝於父母而欲害於兄弟哉?

他勸元昊不必效法遼帝,因為「北朝稱帝,其來久矣。與國家為兄弟之邦,非藩屏可方也。」一方面強調宋以仁立國,因此兩方交戰多年,漢人並不願歸附西夏。另一方面聲稱宋人已經充實邊防,今非昔比。如果再戰,雙方將會傷亡慘重。因此他說:

---

11 《長編》卷130,正月丁巳。

> 朝廷以王者無外，有生之民者，皆爲赤子，何蕃漢之限？仲
> 淹方欲與大王議而決之，重人命也。

此外，西夏內附，就其與鄰近其他邦國來說，也並未失禮。且有「物
帛之厚賜」，及貿易之利。[12]

這封信由范氏派遣的監押韓周和高延德同返夏境遞交。二月，任
福敗死於好水川。因此四月元昊再遣葉勒旺榮致書於范仲淹，「書辭
益慢」。范仲淹於錄副本後，對使者燒掉原件。之後上報朝廷的副
本，也是經過刪改後的「節本」。這件事引起朝廷上一場爭論。大臣
都以爲范仲淹不應該私自和元昊通信，又不當焚燒來書。呂夷簡認爲
「人臣無外交」，宋庠甚至要皇帝殺仲淹。杜衍仗義執言，說仲淹忠
於國家，而呂夷簡也同意，范仲淹才免於重責。其實邊臣與外國通
信，宋初已有先例：宋立國後，和契丹外交關係的建立，就是由雙方
地方官互通書信開始的。[13]

范仲淹因這一封信受到的處罰，是由陝西經略安撫副使兼知延州
龍圖閣學士戶部郎中降爲戶部員外郎知耀州，職如故。仲淹到耀州後
的〈耀州謝上表〉中對此事有詳細的解釋，尤其指出他去招納元昊先
已得到朝廷的許可：

> 別奉朝旨，依臣所奏，留鄜延一路，未加討伐，容臣示以恩
> 意，歲時之間，或可招納。臣方令韓周守在邊上，探伺彼或
> 有進奉之意，即遣深入曉諭。適會高延德來，堅請使介同

12　《長編》卷130，是月條。

13　通信事，參看程應鏐，前引書，第13章。宋初與遼經過通信而建立關係，
　　看拙著，《宋遼關係史研究》（台北：聯經出版公司，1984），頁19-20。

行。況奏朝旨，許臣示以恩意，以遣韓周等，送高延德過
界，以示其意。或未稟承，則於臣爲恥，於朝廷無損。……[14]

至於焚燒敵人來書一事，范仲淹也援引了過去朝廷的指令。應當
注意的一件事，是范仲淹去職後，繼任的龐籍是他的知交，後來西夏
求和，仍然是透過延州這條管道來談判的。[15]

三、參與宋遼夏三角交涉的決策

范仲淹參與宋廷的大政，是從慶曆三年四月被任爲樞密副使時開
始。八月，爲參知政事。在此之前，宋遼「增幣交涉」已經結束。慶
曆二年對遼交涉的結果，締訂了〈關南誓書〉，宋方每年贈與遼方的
歲幣，從銀絹30萬兩疋增加到50萬。增幣的條件之一是不必割讓原屬
遼朝的關南十縣之地；條件之二是遼方答應諭令西夏與宋言和。負責
這次談判的外交官，是范仲淹賞識的富弼。[16]而慶曆二年十月出使遼
朝，根據〈關南誓書〉的規定，提出由遼勸服西夏與宋言和的梁適
（1000-1069），也是范仲淹的舊識，並曾和范仲淹在西邊討論過對西
夏的政策。[17]

梁適出使，要求遼興宗履行諾言。興宗即派同知析津府事耶律敵
烈、樞密院都承旨王惟吉諭夏國與宋和。元昊接到遼帝的詔書後，於

14　《范文正公集》卷15，頁214。
15　參看程應鏐，前引書，頁88。
16　參看拙著，前引書，第4章；程應鏐，前引書，頁123。
17　程應鏐，前引書，頁89。《長編》卷127，慶曆元年四月壬子條：梁適爲諫
　　官時曾爲范仲淹上言；卷134，元年十一月，是月條：梁適從陝西回到汴
　　京，帶呈范仲淹附奏攻守二議。

慶曆三年正月，派遣六宅使伊州刺史賀從勗與宋談判，但書信中稱男
而沒有稱臣。宋臣議論紛紛，認爲元昊沒有誠意。韓琦和范仲淹指出
西夏求和的根本原因，不過是由於多年的戰爭，使軍民疲怨，乃求暫
時休息而已。如果西夏不肯稱臣，則有不可許者三，大可防者三。不
可許的第一點，是許和則西夏與宋站在平等的地位（遼與西夏是舅甥
之國；西夏向遼進貢），西夏世受宋廷封爵，豈可受到和遼同等的待
遇？第二，許和，則西夏與契丹「並立，交困中國」，沒有太平的希
望。第三，許元昊「僭號」，等於是幫助那些去依附元昊和向他獻策
的漢「叛人」。大可防的三點是：一、元昊野心極大，應防其休養生
息之後，捲土重來。二、元昊將併吞鄰部坐大，不會久守盟信。三、
求和是因戰爭耗費了西夏的國力，用度必困。西夏想復圖與中國貿易
之利，尤其西夏蕃漢人出入京師，探聽消息，對宋極爲不利。韓、范
請朝廷拒絕西夏不稱臣的請求，同時積極充實邊防。[18]

　　富弼擔心宋夏以平等地位言和，則契丹於夏國舅甥之國，豈不獨
尊？四月，宋遣邵良佐假著作郎出使西夏談判，指出名體未正，不可
許和。七月，邵良佐和夏使呂尼如定同回。元昊卻仍稱男不稱臣。宰
相晏殊欲許和，獨韓琦堅持不可，上章指出如許和，契丹可能又有要
求，而西夏並無誠意。歐陽修對元昊自稱「吾祖」（兀卒），極爲憤
怒，亦不主張急於求和。韓琦又上疏言，元昊輕視中國，恐和契丹有
「合縱之策，夾困中原。」實際上元昊確曾於慶曆三年七月要求和遼
合兵侵宋，被遼興宗拒絕。[19]

　　契丹人從增幣交涉得到了很多好處，夏人已經不滿。不但如此，

18　《長編》卷139，二月己卯。
19　以上討論見《長編》卷139至142。並參看拙著，前引書，頁79-82。

契丹皇帝不費一兵一卒得到更多歲幣，卻又來告訴元昊，要他和宋言和，使有雄心大志的元昊難以忍受。遼夏兩國竟然交惡，還有其他的原因，一是元昊虐待契丹送去和元昊和親的公主，以至於死；另一是夏人擾亂遼的邊界，招誘部落。慶曆四年五月，遼興宗決定討伐西夏。元昊惟恐兩面受敵，當即擬向宋帝稱臣，自號夏國主。他派遣楊守素和宋談判。

正當此時（七月），遼帝突然遣使到宋廷，告知即將興師伐夏，藉口竟是爲了宋朝，說「元昊負中國，當誅」。希望在遼夏交戰時，如果元昊請求向宋稱臣，宋廷應予拒絕。

這件事又引起朝中大臣的紛紛議論。范仲淹首先提出了五個難題，要大家提意見。第一，他認爲契丹「志在邀功」，如果答應了，將來何以回報。其次，元昊如有誠意歸附，如何不言？再者，從來沒有聽說過遼夏之間有什麼不和。即使有些小衝突，一旦兩國言歸於好，則宋朝拒絕了西夏來貢，將來和西夏的怨隙轉大。第四，這次契丹要求宋朝拒絕西夏來貢，如果朝廷答應了，將來契丹如要求宋與西夏和好，則宋無法推拒。第五，這次拒絕了西夏，將來如何恢復和談？將來恢復和談後，西夏也許有更多的要求。因此，范仲淹建議，不可拒絕元昊來貢，而應當不依契丹所請：「元昊或納誓書，既不可阻，今契丹所請，或即阻之，誠朝廷之所重也。」但最重要的是，遼夏本來是聯合的，今天契丹的請求，不可憑信。他最後請朝廷立即「建捍禦之謀，以待二敵」。

他又說，契丹征西夏之舉不可信，契丹怎肯爲朝廷出兵討伐西夏？指出元昊在尚未與宋締訂和約之前，有入寇河東的可能。若元昊不向宋動兵，將來入貢，契丹將據爲己功，要求報酬，所以：

> 臣謂朝廷今日答書則易，將來禮報必難。而專於致略，欲滿
> 敵志，則契丹大兵，豈肯虛舉而善退？願朝廷熟慮此事，先
> 且大議備邊之策，然後遣使往來，使敵知我有備，無必勝之
> 理，則亦可以遏其邀功求報之心。縱背盟好，亦有以待之，
> 少減生靈之禍。[20]

富弼不認爲契丹會入侵。雖然如此，朝廷仍於次月任命他爲河北
宣撫使，加強邊備。[21]不久，翰林學士承旨丁度、學士王堯臣、吳
育、宋祁、知制誥孫抃、張方平、歐陽修、權御史中丞王拱辰、侍御
史知雜事沈邈等言，不可以拒絕契丹的請求，因爲如果許元昊歸附，
「得新附之小羌，違久和之彊敵。」主張：

> 宜降詔與元昊言，昨許再盟，蓋因契丹有書來言，彼是甥舅
> 之親。朝廷久與契丹結和，不欲傷鄰國之意，遂議開納。今
> 卻知國中招誘契丹邊戶，虧甥舅事大之禮，違朝廷納款之本
> 意。當須復順契丹，早除嫌隙，則誓書封冊，便可施行。仍
> 乞於契丹回書中言，已降詔與元昊，若其悔過歸順貴國，則
> 本朝許其款附；若執迷不復，則議絕未晚。如此則於西人無
> 陡絕之曲，於北鄙無結怨之端，從容得中，不失大義。[22]

這種做法，是對西夏施加一點壓力，要西夏停止向遼挑釁。可是西夏
怎會聽從宋的勸告呢？這個意見最先由吳育提出來，得到多數人的贊

20　《長編》卷151，四年七月癸未。
21　《長編》卷151，八月甲午。
22　《長編》卷151，八月乙未。

成。於是朝廷任命右正言集賢校理同修起居注余靖假右諫議大夫史館修撰爲回謝契丹使。余靖於前一年曾經出使契丹，這時候兩度上書，卻有不同的意見。他指出朝廷處境很困難，主張「元昊之論未定，猶可緩之，以順北敵之情。其餘不可從也。」「遜詞以謝北敵，緩詞以款西戎。首紓歲月之禍，誠當今可施之策也。」朝廷同意他的話，將西夏封冊之事暫留不發，遣余靖回謝，並探聽一下遼興宗的眞正意向。國書照余靖的意思，大略如下：

> 若以元昊於北朝失事大之體，則自宜問罪。或謂元昊於本朝稽效順之故，則無煩出師。刻延州昨奏，元昊已遣楊守素將誓文入界，儻不依初約，猶可沮還；如盡遵承，則亦難卻也。[23]

不久范仲淹言，本來「北敵西戎，合謀并力，夾困中原」，但現在西夏求和，不必要求盡復失地，「名體已順，餘可假借，以成和好。然後重議邊事，退移兵馬，減省糧草，蘇我生民，勤我稼穡，選將練士，使國富民強，以待四夷之變。」[24]可見范仲淹是極力主張接受西夏稱臣納貢的。

九月，元昊又遣使來議和。當時范仲淹已經受命宣撫陝西河東，知延州。余靖則已經出使回國，和蔡襄力主在遼夏戰爭勝負未分之前，對西夏速行封冊，這樣更可以使西夏免除兩面受敵之憂，而以全力與契丹爭衡。於是，宋朝於同月移文夏人，告知即將封冊。十二

23 《長編》卷151，八月戊戌。
24 《長編》卷151，八月戊午。

月，正式冊封元昊爲夏國主。宋使是梁適。[25]這一掌握了時機的外交，必已解除了元昊兩面受敵的威脅，堅定了他專力抗拒契丹的決心。

宋人沒有料到，遼夏間果然發生了戰爭。兩次交戰的結果，是遼人大敗。雖然雙方最後仍然恢復了和好的關係，他們卻沒有聯手來對付北宋。戰爭也削弱了遼夏兩國的國力。北宋則免除了北西二敵的威脅，東亞宋遼夏三國鼎立的形勢，得以維持。

四、結論

慶曆年間宋人對遼夏的外交，先由呂夷簡主持，富弼辦交涉。呂夷簡退位後，一時在政壇上最活躍的人物是范仲淹。當時的宰相杜衍和章得象，似乎無所建樹。晏殊又於慶曆四年九月去位。外交和軍事方面，富弼、韓琦和范仲淹擔當了重任，韓、范是樞密副使，范又於慶曆三年八月任參知政事。四年六月，以參知政事宣撫陝西河東。不過他於當年九月才成行。由於宋與西二敵的關係錯綜交織，所以在外交上范仲淹和富弼合作。范、韓、富三人在政局上的重要性，於他們發起的「慶曆改革」可知一斑。此外，當晏殊擬答應西夏的和議條件時，韓琦不肯，晏殊也無可如何。又如契丹請宋勿與西夏和，范仲淹提出意見，又請大家討論；身爲樞密使的杜衍，始終未見發表什麼意見。范仲淹主張接受元昊內附，拒絕契丹的請求，和丁度、歐陽修等多數人的建議不同。只有余靖的意見和范仲淹相近，最後是依范余的

25 王珪，〈梁莊肅公適墓誌銘〉，《華陽集》（《聚珍叢書》）卷37，頁26下至27上：「契丹遣劉六符來報元昊欲納款。朝廷命公復聘契丹。已而元昊果令賀從勗賫表至境上。又命公使延州，遂定元昊復臣之禮。」

政策去執行的。(四年九月范仲淹已經宣撫陝西河東，不過對遼夏政策已經決定。)實際負責對遼夏交涉的余靖和梁適，都是范仲淹的舊交。[26]這幾個人合作無間，突破困境，在外交上打開了一條成功的出路。

慶曆年間北宋對遼夏的基本外交政策，無疑是採取了范仲淹的守勢政策。當時持有相同看法的人很多，不過范仲淹於守勢之外，還有所作為。他主張以維持和好為一種暫時的手段，同時上下一心，必須積極的充實國防，希冀於富國強兵後，待機而動。後來王安石的對遼夏政策，幾和范氏的主張相同。可惜慶曆改革如曇花一現，只得到了一時的成功。范仲淹的「以和好為權宜，以戰守為實務」政策，無從實現。

原載《范仲淹一千年誕辰國際學術研討會論文集》。台北：台灣大學，1989。

26　呂夷簡貶范仲淹至饒州時，諫官御史沒有人敢說話。只有余靖仗義執言，因而和范同時貶官。慶曆中增諫官，朝廷以靖為右正言。看《宋史》卷320，〈余靖傳〉。

余靖與宋遼夏外交

在北宋和遼朝的長期和戰關係史上，為人熟知的傑出外交家首推富弼。[1]此外如眞宗時代的曹利用、仁宗時的余靖，和神宗時的沈括，都很有貢獻。其中余靖的成就不僅在外交方面而已，他還留下了一篇可貴的史料〈契丹官儀〉。[2]本文擬對余靖出使契丹及參與慶曆年間對遼夏外交決策的經過，作一個初步的整理。[3]

余靖字安道，韶州曲江人(今廣東曲江)，出身於仕宦家庭。宋仁宗天聖二年(1024)舉進士。慶曆三年，仁宗欲改革天下弊事，乃增設諫官，暢論得失，以靖為右正言。他曾經參與西元第11世紀中葉北宋對遼夏外交的決策。而且三次出使契丹。他對於遼朝外交政策和典章制度都很留心。可惜第三次出使時，因為作「蕃語詩」一事，為御史

1　看姚從吾，〈富弼〉，《中國一周》，第260期(1955)，頁14。

2　余靖，《武溪集》(廣東叢書本)卷18，頁5下-8下。厲鶚，《遼史拾遺》(廣雅叢書本)卷15，引文。

3　金毓黻在《宋遼金史》(頁36-37)中認為自富弼增幣交涉後，宋遼間除神宗時的棄地交涉外，即無重要糾紛。關鎮曾著〈宋夏關係之研究〉，《國立政治大學學報》，第9期(1964)，指出西夏採「聯遼制宋」策略，予宋廷莫大之困擾(頁287)，但未論及詳細交涉經過，且未參考李燾，《續資治通鑑長編》。日本田村實造則曾討論宋遼夏關係，看《中國征服王朝之研究》(京都：京都大學，1964)上，頁212-213。

王平等劾「失使者體」，[4]出知吉州。儂智高叛於交趾，靖討伐有功。又安撫廣西。官至工部尙書、集賢院學士、知廣州軍州事。卒於治平元年(1064)，年六十五。加贈刑部尙書。有文集20卷，奏議5卷，三史刊誤40卷。[5]

宋遼夏三國間在慶曆初所發生的複雜外交關係，應當追溯到慶曆元年(1041)二月任福等在好水川大敗於西夏之役。宋人在這一戰役中的失敗，引起了契丹對於河北的野心。二年三月，契丹遣宣徽南院使歸義節度使蕭英、翰林學士右諫大夫知制誥同修國史劉六符來求關南地。這就是宋遼關係史上著名的「增幣交涉」。結果，宋廷在「北西二敵」所施的壓力之下，答允每年送給契丹的歲幣，增加銀絹各10萬兩匹。歲幣並許稱「納」字。富弼就是在這次交涉中，表現了幹練的外交手段以及不畏強敵的勇氣。

遼朝在「增幣交涉」中提出來要求關南地的一個藉口，是質問宋興師伐夏爲何不通知遼朝。在外交折衝的過程中，宋廷不允割地，祇答應增加歲幣銀絹20萬兩匹，但是有一個附帶的條件，就是要求契丹

4　關於余靖因習虜語，寫蕃語詩而被劾的記載甚多。歐陽修，〈贈刑部尙書余襄公神道碑銘並序〉，《歐陽文忠公文集》(四部叢刊本)卷23，說他「坐習虜語，出知吉州」。李燾，《續資治通鑑長編》(台北：世界書局影印本，1961。以下簡稱《長編》)卷155，慶曆五年五月戊辰條：「余靖前後三使契丹，益習外國語。嘗對契丹主爲蕃語詩。侍御史王平、監察御史劉元瑜等劾奏靖失使者體，請加罪。……出靖知吉州。」《宋史》(武英殿本)卷320，本傳：「靖三使契丹，亦習外國語，嘗爲蕃語詩。」蔡襄，〈余公墓誌銘〉，《蔡忠惠公文集》(遜敏齋刻本)卷36：「坐習虜語，出知吉州。」原詩見葉隆禮，《契丹國志》(四朝別史本)卷24。及《武溪集》補佚。

5　余靖的傳記，除《宋史》卷320本傳以外，有歐陽修的〈贈刑部尙書余襄公神道碑銘並序〉，蔡襄的〈工部尙書集賢院院士贈刑部尙書諡曰襄余公墓誌銘〉，王偁《東都事略》(四朝別史)卷75，〈余靖傳〉。

「令夏國復納款」。否則祇許增加10萬。遼興宗不滿意這個附帶條件，拒絕將這事寫在誓書中，而僅載於國書。[6]

　　宋廷雖然在「增幣交涉」中不能夠勸服契丹去對西夏施壓力，但是並未放棄在這方面的努力。二年十月派右正言知制誥梁適為回謝契丹國信使，又提出了這個請求。[7]遼朝終於答允，於次年春遣右金吾衛上將軍耶律祥、彰武軍節度使王惟吾詔諭夏主元昊息兵。[8]

　　西夏自好水川一役以後，雖然在戰場上從未失敗，但是宋人與夏人停止貿易及戰爭中的損失，使西夏內部發生了經濟上的問題，已經有意議和。[9]元昊接到了遼的詔書後，很快的就派遣六宅使伊州刺史賀從勗來議和。在書信中，元昊自稱「男邦泥鼎國烏珠郎霄上書父大宋皇帝」。從勗又說：「契丹使人至本國，稱南朝遣梁適侍郎來言，南北修好已如舊，惟西界未寧。知北朝與彼為婚姻，請諭令早議通和。故本國遣從勗上書。」[10]

　　但是西夏並沒有意思要向宋稱臣。與遼原意不同。所以宋朝大臣

6　關於增幣交涉看《長編》，《永樂大典》卷12400之3-6、8-10。
7　同上，頁17下。司馬光《涑水記聞》(學津討原本)卷10，頁7上下：「梁適使契丹，契丹主謂適曰：元昊欲歸款南朝，而未敢。若南朝以優禮懷來之，彼必洗心自新矣。」參看《長編》，《永樂大典》卷12400之25-27。
8　《長編》卷142，慶曆三年七月癸巳條，韓琦上章中提及契丹勸元昊納款。引遼朝答書：「梁適口陳臺之事，已差右金吾衛上將軍耶律祥、彰武軍節度使王惟吾齎詔諭元昊，令息兵。況其先臣德昭，北朝曾封夏國王，仍許自置官屬。至元昊亦容襲爵。自來遣人進奉，每辭見燕會，並陞坐於矮殿。今兩朝事同一家，若元昊請罪，其封冊禮待亦宜一如北朝。」《遼史》(武英殿本)卷19，重熙十二年(1043)正月辛未條：「遣同知析津府事耶律敵烈，樞密院都丞旨王惟吉諭夏國與宋和。」又見卷115，〈西夏傳〉。
9　看《宋史》卷485，〈夏國〉上，頁17下-18上。田村實造，前引書，頁211。
10　《長編》卷139，慶曆三年正月癸巳條。

議論紛紛,認爲不可以允許西夏和議,尤其不可以答應其「不臣之請」。如韓琦和范仲淹等認爲「元昊知眾之疲,聞下之怨,乃求息肩養銳以逞凶志,非心服中國而來也。」指出如果元昊「大言過望,不改僭號之請,則有不可許者三。如卑詞厚禮,從烏珠之稱,亦有大可防者三」。[11]朝廷如果接受了西夏的請求,實際上就會發生和遼朝外交關係必須調整的困難。關於這一點,富弼有很扼要的敘述:

> 今朝廷過有許可,所憂有二事:若契丹謂中國既不能臣元昊,則豈肯受制於我?必將以此遣使來,未知以何辭答之?若契丹謂元昊本稱臣於兩朝,今既於南朝不稱臣,漸爲敵國,則以爲獨尊矣。異日稍緣邊隙,復有所求,未知以何術拒之?臣曉夕思之,二者必將有一焉,不可不早慮也![12]

其中第二事尤爲可慮,即如允許西夏不稱臣於宋,但西夏向遼稱臣,則宋的地位自然貶低,而遼朝躍居東亞的盟主。

結果朝廷以著作佐郎簽書保安軍判官事邵良佐爲著作郎使夏州。樞密院諭賀從勗「自今上表只稱舊名。朝廷當行封冊爲夏國主,賜詔不名。許自置官屬」。並許置榷場於保安軍,歲賜絹10萬匹,茶3萬斤。[13]

與西夏的交涉,的確令宋君臣非常苦惱。七月,夏使呂尼如定與邵良佐同來,提出11個要求,而且仍然稱「男」而不稱臣。在宋廷中又引起了一場議論。歐陽修擔心一旦與西夏訂立和約,遼朝因此居功,另有要求。他說:

11　同上,卷139,二月乙卯條。
12　同上,卷140,三年四月乙未條。
13　同上,四月癸卯條。

> 自賊請和以來，眾議頗有同異，多謂朝廷若許賊不稱臣，則
> 慮契丹別索中國名分。此誠大患。然臣猶謂縱使賊肯稱臣，
> 則契丹尚有邀功責報之患。是臣與不臣，皆有後害。如不得
> 已，則臣而通好，猶勝不臣。然後患不免也。此有識之士，
> 憂國之人所以不願急和者也。[14]

韓琦是堅決反對和議的。他甚至懷疑西夏求和有詐，恐怕與遼「有合從之策，夾困中原」。[15]

韓琦的疑慮，事實上頗有實現的可能。因為西夏雖然願意和北宋談和，卻對於北宋的邊境仍有覬覦之心。七月間曾經要求與契丹合兵侵宋，但是為契丹所拒絕。[16]

三年十月，余靖以右正言集賢校理的身分，為契丹國母正旦使。這是他的第一次出使，原是臨時派遣代替張昷之的。[17]由於任務重大，他在出使前曾經小心請示，策畫在遼廷應當交涉的事宜。[18]余靖出使的報告，透露給北宋朝廷「敵利急和之謀」，似當時余靖已探知契丹並無與西夏聯兵侵擾的計畫。[19]而西夏欲與北宋通好，據余靖的

14　同上，卷142，慶曆三年七月癸巳條。關於歐陽修的其他言論看卷141，三
　　年五月乙未條。又他和韓琦、蔡襄、余靖等的意見，見卷142，七月乙酉條
　　及癸巳條。

15　同上，卷142，七月甲午條。

16　《遼史》卷19，重熙十二年七月庚寅條：「夏國遣使上表，請伐宋。不
　　從。」

17　《長編》卷144，慶曆三年十月丁未條。

18　同上，十月辛亥條。

19　余靖的第一次出使報告，不見於《長編》。此處係歐陽修提及。見《長
　　編》卷146，慶曆四年二月庚子條。

判斷，仍然是契丹授意。遼主且曾以元昊所上的表給他看過。[20]

　　西夏對於遼，並不是十分馴服。雖然聽從了遼的指示與宋談和，卻提出很多條件，而且稱男不稱臣。再者，由於契丹不肯與元昊聯兵，可能激怒了元昊。據富弼的觀察，後來契丹與夏人發生衝突，是由於「始與元昊相約，以困中國。前年〔二年〕契丹背約與中國復和，元昊怒契丹坐受中國所益之幣，因此有隙，屢出怨辭。契丹怒其侵軼，於是壓元昊境」。元昊是否與契丹有約，在現存史料中，無法證明。但是從富弼不知道的三年七月西夏要求與契丹合兵侵宋一事看來，應有可能性。余靖的看法是興宗似認為可以隨意指使西夏。他說：「昨梁適使契丹之時，國王面對行人遣使西邁，意氣自若。自言指呼之間，便令元昊依舊稱臣。今來賊昊不肯稱臣，則是契丹之威，不能使西羌屈伏。」[21]無論如何，夏人從慶曆三年十月開始侵擾契丹擾境的黨項。四年，黨項等部附西夏，而西夏居然接納。[22]於是遼主決定討伐西夏。

　　慶曆四年七月，遼朝突然遣使到宋廷，告知契丹即將討伐西夏。以「元昊負中國，當誅」為藉口。並且希望在討伐的時候，如果元昊請求稱臣於北宋，北宋朝廷予以拒絕。[23]契丹的這一要求，驟然將北

20　《長編》卷150，慶曆四年六月戊戌條：「諫官余靖言：元昊遣人求和，皆出契丹之意。我之言議動息，彼必皆知。……」又卷151，八月戊戌條余靖之奏中云：「臣去年在敵中，敵主親與臣言：梁適去時，云河西事了，遣人來謝，及以元昊表示臣，俾知元昊畏伏之意。」

21　看《長編》卷151，慶曆四年八月甲午條，富弼之奏。余靖的觀察，見其慶曆三年二月乙卯之奏（《長編》卷139）。

22　《遼史》卷19，重熙十二年十月壬子條，十三年三月甲寅條、丙辰條，及五月壬戌條。宋人亦探知遼夏發生衝突，見《長編》卷150，慶曆四年六月壬子條，范仲淹之奏。

23　《長編》卷151，慶曆四年七月癸未條。

宋君臣陷入進退兩難的困窘境地裡。歐陽修描寫當時的情形道：

> 慶曆四年，元昊納誓請和。將加封冊，而契丹以兵臨境上，
> 遣使言：爲中國討賊。且告師期，請止，毋與和。朝廷患
> 之：欲聽，重絕夏人，而兵不得息；不聽，生事北邊。議未
> 決。……24

　　參知政事范仲淹認爲不宜拒絕元昊求和。但是當時一般大臣的意
見，以丁度、王堯臣、吳育、宋祁、孫抃、張方平、歐陽修、王拱辰
及沈邈等提出的爲代表，認爲朝廷所擬答書：「於元昊理難拒絕」的
說法不恰當。他們上奏道：

> 若阻契丹而納元昊，則未有素備之策；絕元昊而從契丹，
> 又失綏懷之信。莫若以大義而兩存之。臣等謂宜降詔與元昊
> 言：昨許再盟，蓋因契丹有書來信，彼是甥舅之親。朝廷久
> 與契丹結和，不欲傷鄰國之意，遂議開納。今卻知國中招誘
> 契丹邊户，虧甥舅事大之禮，違朝廷納款之本意。當須復順
> 契丹，早除嫌隙，則誓書封冊，便可施行。仍乞於契丹回書
> 中言：已降詔與元昊，若其悔過，歸順貴國，則本朝許其款
> 附，若執迷不復，則議絕未晚。如此則於西人無陡絕之曲，
> 於北鄙無結怨之端。從容得中，不失大義。25

24　歐陽修，〈余襄公神道碑〉。
25　《長編》卷151，慶曆四年八月乙未條。據李燾的考證，這個意見最先由吳
　　育提出。

換言之，宋廷是否接受西夏的請求，要看契丹的態度而定。在外交上不能主動。

惟有余靖提出不同的意見。據他的判斷，契丹來通知討伐西夏的動機，可能有四，即(一)向北宋借兵；(二)向北宋借邊粟；(三)向北宋借軍費；(四)與元昊聯盟，意在敗盟。他認爲朝廷對於這些可能的請求，都應當婉拒。主張「元昊之論未定，猶可緩之。以順北敵之請。其餘不可從也。」他反對拒絕元昊的求和，認爲「遜詞以謝北敵，緩詞以疑西戎」，固然是上策，但是也不能免於兵禍，因爲「今若徇北敵而絕西戎，亦有兵禍；納西戎而違北敵，亦有兵禍。二敵連謀，共爲矛楯之勢」。甚至契丹希望北宋拒絕與西夏達成和議，「皆北人之狡謀也」。北宋既處於上述的劣勢之中，如何答覆契丹的要求？余靖的建議是這樣的：

> 元昊使來，每稱北朝之意。早緣名體未順，難以從之。近者稱本朝正朔，去羌人僭僞之號，而稱臣矣。只以事要久遠，故須往覆商量。今若事體準前，固當拒絕；但業已許其每事恭順，則受其來歸。若來而拒之，則似失信。且中國以信自守，故能與四海會同。儻失與西人，誰復信其盟約？若北朝怒其叛而伐之，南朝因其服而捨之，共成德美，亦春秋之義也。[26]

結果朝廷採納了余靖的意見，並且於八月間派遣他爲回謝契丹使。朝廷的回書，大略依照余靖的意思：

26　《長編》卷151，慶曆四年八月戊戌條。

若以元昊於北朝失事大之體，則自宜問罪。或謂元昊於本朝稽
效順之故，則無煩出師。矧延州昨奏：元昊已遣楊守素將誓文
入界。儻不依初約，猶可沮還。如盡遵承，則亦難卻也。[27]

這一答覆，措辭不亢不卑，既婉拒契丹的要求，又不失大國國
體，自然較丁度等的建議為適當。富弼極為贊成，認為應當讓西夏知
道宋廷必與其成立和議，則西夏「必盡力與契丹相拼。若二寇自相殺
伐，兩有所損，此朝廷天福，天所假也！」如果拒絕西夏的和議，或
遷延不決，則西夏必將與遼再度聯合，為患宋朝。[28]

余靖第二次出使，其責任較第一次尤為重大。他見契丹主於九十
九泉（今綏遠涼城縣），探得遼朝的虛實。在回到汴京以後的報告中，
指出遼主並沒有侵犯北宋的企圖，主張：

唯有速行封冊，使元昊得以專力東向，與契丹爭鋒。二敵兵
連不解，此最中國之利。設若二敵交兵，雖有勝負，契丹不
能止我之和謀，已先定故也。假如契丹戰勝，元昊伏罪，則
我與元昊通和在前，固非觀望。……[29]

當時主張儘速和西夏建立和好關係的還有蔡襄，認為契丹和夏人
如確有衝突，則儘速冊封夏主於宋有利。因為如此夏人就可以全力與
契丹作戰，不會輕易對宋敗盟，而契丹亦無力分兵侵略宋朝。如果兩者

27　同上。
28　同上，八月戊午條。
29　同上，卷152，慶曆四年九月甲申條。

間並無嫌隙，則速行封冊，免除西顧之憂，也足以應付契丹的狡計。[30]

於是宋廷於慶曆四年十二月冊命元昊爲夏國主。夏對宋稱臣，奉正朔，改所賜敕書爲詔而不名。宋廷許其自置官屬，置榷場於保安軍及高平寨。[31]但是朝廷在已經派出冊禮使張子奭之後不久，竟然爲了畏懼契丹，一度命令已在途中的子奭停止前進。富弼大不以爲然，上奏說：「直待契丹許意，方敢遣使封冊，中國衰弱，絕無振起之勢，可爲痛惜！」又指出如果拒絕元昊而曲就契丹，「則是朝廷不敢舉動，坐受契丹制伏！」「若每事聽候契丹指揮，方敢施爲，使陛下蒙此屈辱，臣子何安？」由於富弼的抗議，朝廷纔不再躊躇，而逕自令子奭前往行冊封之禮。[32]

同年冬，遼興宗親征西夏，師潰於南壁。此後數年，興宗一意積極準備復仇，並沒有向北宋採取任何行動。遼重熙十八年(宋皇祐元年，1049)，興宗乘西夏元昊去世，新主初立之際，再度親征，仍然大敗。[33]

北宋在慶曆年間的宋遼夏交涉中，本來是處於極爲不利的地位，因爲遼夏之間原來沒有衝突的理由。當時遼夏如果眞的聯合起來對付北宋，則後者必然被迫付出極高的代價。但是國際局勢錯綜複雜，變化難測。由於元昊野心過大，開罪了易於衝動的遼興宗，所以產生了出於宋人意料的遼夏戰爭。遼夏之間忽然發生了嫌隙，未嘗不和宋人的外交政策有關。從慶曆二年的「增幣交涉」開始，宋人不斷的要求

30　《蔡忠惠公集》卷16，頁11下-12上，〈乞早降元昊冊書〉，又見《長編》卷152，九月甲申條；《蔡忠惠公集》同卷，頁10上-11下，〈請納元昊使人〉。

31　《長編》卷153，慶曆四年十二月乙未條。

32　同上。

33　《遼史》卷19，重熙十三年；卷20，重熙十八年；卷93，〈蕭惠傳〉。

遼朝勸西夏與北宋議和，遼興宗以爲西夏必然會聽他的話，所以遣使命西夏受宋封冊。但是元昊卻不完全遵從遼興宗的命令。他似認爲興宗既已經得到利益，就不該來干涉西夏，所以一方面與宋交涉時提出各種要求，不肯稱臣；另一方面更向遼興宗提出和契丹聯兵侵略北宋的反建議。在被興宗拒絕後，元昊遂轉而騷擾遼的邊境。

對於宋人來說，遼夏聯合是最壞的局面。慶曆年間的大臣們，很多都慮這種趨勢。遼夏間居然會發生齟齬，是誰也難以相信的一件事。余靖所提出來的一方面敷衍遼朝，另一方面冊封夏主的外交政策，經過他出使遼廷搜集情報之後，加速實行，免除了西夏的後顧之憂，竟促成了遼夏之間戰爭的爆發。否則西夏必不敢與契丹作戰。這一政策雖然仍是「以夷伐夷」的傳統策略，在當時的運用，卻頗爲巧妙。顧及到遼夏戰爭任何一方獲勝的情況，確實讓北宋能夠兩不得罪，置身事外。

慶曆年間的宋遼夏交涉中還有一件值得注意的事，是當時正值慶曆改革之際，朝政勃勃有生氣。群臣對於這一個大問題的討論，非常廣泛。當時朝廷接受了歐陽修請集百官廷議的建議，[34]令大臣各抒己見。不但收到了集思廣益的效果，而且最後選擇了最好的意見。由此可見政府的決策機能頗爲健全。接著朝廷又能夠愼選使臣，在對契丹的交涉中，獲取了正確的情報，迅速的制定了對策，終於造成了宋朝在遼夏相爭時，從中取利的局面。其結果不但解除了「北西二敵」的威脅，使局勢轉危爲安，而且由於遼夏在大戰之後，國勢削弱，北宋遂能重新掌握了11世紀中葉在東亞的領袖地位。

原載《食貨月刊》1卷10期，1972。

34　《長編》卷142，慶曆三年七月乙酉條；卷148，慶曆四年四月庚申條，田況亦有相同建議。關於慶曆改革，參看劉子健，《歐陽修的治學與從政》（香港：新亞研究所，1963），頁171-189。

宋遼邊界交涉的問題

　　西元1074年(宋熙寧七年，遼咸雍十年)，宋遼之間發生了一次嚴重的邊界交涉。事實上，兩朝通好七十年間，邊界上的大小糾紛不斷，到這一年已經三十餘年。[1]1074年的所謂「劃界」交涉，是三十年來爭競的頂點，其結果是1076年重新分劃地界的定案。

　　李燾的《續資治通鑑長編》提供了這次邊界談判相當豐富的資料。但是由於當時邊界上的一些地名，已不可考其今地，故究竟談判的結果，使宋朝失地多少，不易確定。本文的重點，不在衡量宋方失地的多寡，而擬從談判的過程中，找出一些值得注意的問題。對於這些問題，不一定都能提出答案，目的在提請學者的注意。邊界問題在中國歷史上一直占有重要的地位，過去有的學者認為傳統中國政府並不重視邊界，我在《宋遼關係史研究》一書中，已提出質疑。如果檢視宋遼之間三十餘年的邊界糾紛與交涉，也許更能看清楚時人對此一問題的態度與立場。

1　1075年與沈括交涉的遼官梁穎說：「舊日邊上時有小爭競，只為河東地界理會來三十餘年也，至今未定疊，須至時有爭競，若此回了卻河東地界，今後邊上更無一事，和好更勝如前日也。」李燾，《續資治通鑑長編》(點校本，北京：中華書局，1986；以下簡稱《長編》)卷265，熙寧八年六月壬子，頁6510。

　　根據西元1005年(按，景德元年訂約，條約成立時已是西元1005年)的澶淵盟約，宋遼兩國確定了邊界，規定「沿邊州軍，各守疆界；兩地人戶，不得交侵。」不過此後兩地人戶交侵的事件，時有發生。而尤以河北的雄州一帶和河東沿邊爲頻繁。本文的焦點，則在河東地界。

　　1042年(慶曆二年，重熙十一年)，發生了北人侵耕宋朝河東領土的糾紛。

> 重熙十年，北朝差教練使王守源、副巡檢張永、句印官曹文秀，南朝差陽武寨都監翟殿直、崞縣令教練使吳岊同行定奪，以黃嵬大山腳下爲界。[2]

　　這件事的解決，爲後來這一地區的邊界交涉，提供了重要的證據。其中一個要點是以黃嵬山腳爲界。

　　1053年(仁宗皇祐五年，重熙二十二年)正月，韓琦從定州徙知并州。他在任兩年中做的一件大事，是收回契丹人侵占的耕地冷泉村，立石於黃嵬山爲界。《長編》記載此事：

> 寧化軍天池顯應廟在禁地中，久不葺，契丹冒有之，琦遣鈐轄蘇安靜抵境上，召其酋豪諭曰：「爾嘗求我修池神廟，得爾國移文固在。今曷爲見侵也？」契丹無以對。遂歸我冷泉村。代州陽武寨地，舊用黃嵬山麓爲界，契丹侵耕不已。琦

2　《長編》卷265，引沈括《入國別錄》，頁6499。

又遺安靜塹地立石限之，自此不敢耕山上。[3]

這裡提到的「禁地」，是一種緩衝地帶。《長編》載：

> 先是，潘美帥河東，避寇鈔爲己累，令民內徙，空塞下不
> 耕，號禁地。而忻、代州、寧化、火山軍廢田甚廣。[4]

可見原來存在著緩衝的禁地。歐陽修曾經上奏，建議遣百姓前往耕種，他指出代州、岢嵐、寧化、火山軍沿邊地「幾二、三萬頃」，請募人充弓箭手前往。事經范仲淹同意，並且訂定計畫，但是爲明鎬所阻，不果行。到韓琦知并州時，才再提出復耕的計畫：

> 遣人行視，曰：「此皆我腴田，民居舊跡猶存。今不耕，適
> 留以資敵，後且皆爲敵人有矣。」訂鎬議非是，遂奏代州、
> 寧化軍宜如岢嵐軍例，距北界十里爲禁地。餘則募弓箭手居
> 之。會琦去，即詔〔富〕弼議，弼請如琦奏。凡得戶四千，
> 墾地九千六百頃。[5]

弓箭手每人分山坡以川原地二頃，並擇山險爲社，鞏固邊防。

1057年(嘉祐二年，清寧三年)，河東又有地界糾紛。這一次是契丹遣使至宋廷，指控宋人侵北界田地。宋政府不讓步，命以河東地界

3　《長編》卷174，正月壬戌，頁4194，小注云：黃嵬山，據行狀及家傳即六蕃嶺也。

4　《長編》卷178，至和二年二月丙午，頁4316-4317。

5　《長編》卷178，頁4317。以上並據小注。

圖示契丹使人：

> 二年正月，詔以河東地界圖示契丹人使。初，蕭扈等來賀
> 正，乃言武陽寨，天池廟侵北界土田。二府按：代州陽武寨
> 舊以六蕃嶺為界。康定中，北界人戶轟再支〔友〕、蘇直等
> 南侵嶺二十餘里，本州累移文朔州。朝廷以南北和好，務存
> 大體，正令代州別立石峰為界。比年，又過石峰之南。尋又
> 開塹以為限。天池廟本屬寧化軍橫嶺鋪，慶曆中嘗有北界人
> 杜思榮侵耕冷泉谷。近年亦標石峰。詔館伴使王洙以圖及本
> 末諭之。[6]

雖然如此，遼方仍認為宋人入侵遼界。如遼道宗和耶律頗的一段
對話，指清寧年間，宋人過界：

> 上獵大牢古山，〔耶律〕頗的謁於行宮。帝問邊事，對曰：
> 「自應州南境至天池，皆我耕牧之地。清寧間，邊將不謹，
> 為宋所侵，烽堠內移，似非所宜。」道宗然之。拜北面林
> 牙。後遣人使宋，得其侵地，命頗的往定疆界。還拜南院宣
> 徽使。[7]

6 《宋會要輯稿》（台北：新文豐影印本），第八冊，頁7687。按：康定中北
人轟再友、蘇直南侵土田，據沈括《別錄》，即康定二年，亦即慶曆六
年。見《長編》卷265，頁6500：「康定二年未定界至以前，以何處為
界？」《別錄》引王純狀：「自康定二年及嘉祐二年兩次兩朝差官商
量。」見《長編》，頁6511。前文定此次交涉為慶曆二年，亦據沈括，見
本文注2。此事之發生應不只在此一年內而已。
7 《遼史》（點校本）卷86，〈耶律頗的傳〉，頁1328。

這裡談到後來遣人使宋，語焉不詳，似指1065年(治平二年，咸雍元年)的一次重要交涉。

《宋史》記載是年六月，英宗「詔遣官與契丹定疆界」。[8]交涉的經過見《宋會要輯稿》，共有三次：

一、二年三月，「代州言契丹侵西陘寨地，殺守兵三人，岢嵐軍又言，契丹爭神林塢等地界，殺弓箭手二人。詔河東經略司，令雄州牒涿州禁止。

二、四月「太原府代州管內鈐轄專管勾麟府軍馬王慶民與契丹議畫牧羊峰地。以樺泉堆、解撥溝爲界。賞蕃漢將吏有差。」

三、十二月，「館伴契丹使馮京等言，契丹使牒稱，南界侵大〔天〕池等處地，請以聞。詔京等，告以本州結好，務在悠久。北來疆土，圖證具存，恐被邊臣隱昧，故時有辯爭。請北朝戒飭，令各務安靖」。[9]

這一回交涉，遼方的主要談判人物是蕭迂魯。《遼史》載，蕭迂魯「使宋議金事，稱旨」。[10]

六月裡，司馬光攻擊知雄州趙滋，以爲邊界糾紛起於趙滋處理北人在界河捕魚一事，手段過當：

> 近者，西戎之禍生於高宜，北陲之隙起於趙滋。而朝廷至今終未省悟，猶以二人所爲爲是，而以循理守分者爲非。是以邊鄙武臣，皆銳意生事。或以開展荒棄之地十數里爲功勞，或以殺略老弱之敵三五人爲勇敢。朝廷輒稱其才能，驟加擢

8　《宋史》(點校本)卷13，〈英宗紀〉，治平二年六月甲寅，頁257。
9　《宋會要輯稿》，第八冊，頁7688。
10　《遼史》卷93，頁1376。

用。既而敵心忿恨，遂來報復，屠翦熟戶，鈔劫邊民，所喪
失者，動以千計。……[11]

　　司馬光談的這件事，追溯到契丹人在界河中捕魚採葦，還有人從
界河經雄、霸運鹽至涿、易州。趙滋知雄州，遣巡兵捕殺這些人，且
破其船。朝廷於嘉祐六年(1061)下令，「禁北人捕魚於界河」。[12]當
時的地方官都效趙滋生事，請罷其官，朝廷卻加趙滋軍職。於是司馬
光論其剛愎不可管軍，請改命內地。朝廷沒有接受這個建議。[13]從這
些記載中，可以了解兩地人戶的「交侵」不是單方面的。治平二年宋
人北侵，後來宋人自己也提到確有此事，如1075年的一封札子記：
「所有治平二年起移北朝鋪舍，已指揮邊臣聽北朝於長連城、六蕃嶺
南依舊址修蓋。」[14]王安石也說過：「就令強蓋堡鋪如治平中，亦不
至起兵。」[15]
　　1074至1076年的劃界交涉，據遼使蕭禧於1074年所致國書，以宋
人侵入遼地界爲藉口：

　　　其蔚、應、朔三州土田一帶疆里，祇自早歲曾遣使人止於舊
　　　封，俾安鋪舍，庶南北永標於定限，往來悉絕於奸徒。洎覽
　　　舉申，輒有侵擾，於全屬當朝地分，或營修戍壘，或存止居
　　　民，皆是守邊之冗員，不顧睦鄰之大體，妄圖功賞，深越封

11　《長編》卷205，治平二年六月己酉，頁4969。
12　《長編》卷193，五月庚戌，頁4671。
13　《長編》卷195，閏八月丙子，頁4720-4722。
14　《長編》卷262，熙寧八年四月丙寅，頁6381。
15　同上，頁6385。

陲。[16]

事實上在這年以前，從1072年起，就累有契丹在界河捕魚，及越界滋擾的事件，經過若干往來文書的交涉，及宋方罷去較有進取心的邊官後，才略爲平息。[17]再者，當時在河東一帶，契丹人也侵築堡鋪。1075年與契丹談判的呂大忠即指出：

> 北人窺伺邊疆，爲日已久。始則聖佛谷，次則冷泉村，以致牧羊峰、瓦窯塢，共侵築二十九鋪。……治平二年，侵築十五鋪。[18]

關於畫界交涉的經過，這去已有研究，在此不必細述。[19]值得注意的是：

一、宋神宗原來認爲蕭禧來要求重畫地界，是「細事，疆吏可了，何須遣使？」[20]後來經過沈括仔細研究檔案和地圖，神宗才恍然大悟，謂括曰：「兩府不究本末，幾誤國事。」並自畫地圖示遼使。[21]

二、沈括本科學求證的精神，研究與兩朝邊界有關的文書和地圖，將爭執的地區分析得很清楚。在與遼人辯論的過程中，以圖籍及

---

16 《長編》卷251，熙寧七年三月丙辰，頁612-622。

17 參看拙著《宋遼關係史研究》（台北：聯經出版公司，1984），頁137-143。

18 《長編》卷260，熙寧八年二月壬申，頁6334-6335，沈括記事亦有：「治平二年，因北人侵越地分，采木蓋鋪。……」見卷261，三月辛酉條小注，頁6369。

19 張家駒，《沈括》（上海：上海人民出版社，1962），頁82-101；《宋遼關係史研究》，頁144-166。

20 《長編》卷251，頁6122。

21 《長編》卷261，熙寧八年三月辛酉，頁6367。

遼方文書爲證，使遼人無法得逞。

三、最後重畫地界，宋方在河東損失疆土，責任在神宗和韓縝。[22]

四、11世紀中的名臣，對於宋遼間的和平關係，大都主張維持下去。凡有如界河捕魚及移口鋪之類的事件發生，他們都主張以外交手段解決，不讓緊張情勢升高。這種主張，是不分所謂保守派或改革派的。茲舉司馬光的言論爲例。嘉祐六年(1061)當知雄州趙滋強硬對付入侵界河捕魚的北人時，司馬光批評他剛愎自用，任意行事，恐別引惹。他指出兩國和好已六十年：

> 今契丹事中國之禮，未有闕也。爲邊臣者，當訓士卒，繕器械，以戒不虞。厚饔餼，謹威儀，以待使者。內不失備，外不失好，以副朝廷之意而已。……凡二國所以相交之道，不可以不謹也。[23]

到了治平二年(1065)，司馬光論北陲之隙，起於趙滋，已見前引。他又說：

> 近者聞契丹之民有於界河捕魚及於白溝之南翦伐柳栽者，此乃邊鄙之小事，何足介意？……伏望陛下嚴戒北邊將吏，若契丹不循常例，小小相侵，如魚船、柳栽之類，止可以文牒敕會，道理曉諭，使其官司自行禁約，不可以矢刃相加。若再三曉諭不聽，則聞於朝廷。雖專遣使臣至其

22　張家駒，《沈括》(上海：上海人民出版社，1962)，頁82-101；《宋遼關係史研究》，頁144-166。

23　《長編》卷195，熙寧六年九月丙子，頁4721。

王廷，與之辯論曲直，亦無傷也。若又不聽，則莫若博求
賢才，增修政事。待公私富足，士馬精強，然後奉辭以討
之。可以驅窮虜於漠北，復漢唐之土宇。其與爭漁柳之勝
負，不亦遠哉？[24]

這種意見和王安石在界河糾紛和畫界交涉時的主張，沒有什麼不
同。茲舉王安石的言論兩則來比較。1072年，契丹於界河捕魚，王安
石主張不必計較此等小事：

「邊事尋當帖息，正宜討論大計。如疆場尺寸之地，不足校
計，要當有以兼制夷狄，乃稱天所以畀付陛下之意。」[25]

所謂「大計」，就是先富國強兵，再兼制夷狄，和上引司馬光的
說法，幾全相同。他認為契丹主不會無故生事。

「就令其失計如此，陛下不用遽與之爭，徐因使人譬曉，彼
亦當悔悟。若不悔悟，即是全不曉道理，不識利害，又何足
憚？……緣四夷中強大未易兼制者，惟北方而已。臣願陛下
於薄物細故，勿與之校。務厚加恩禮，謹守誓約而已。」[26]

其他如富弼、韓琦和曾公亮，都不主張兵戎相見。[27]

24　《長編》卷205，治平二年六月己酉，頁4969-4970。
25　《長編》卷232，熙寧五年四月壬子，頁5628。
26　《長編》卷236，熙寧五年閏七月壬申，頁5751-5752。
27　《宋遼關係史研究》，頁149-151。

除了上述這件事外，關於宋遼邊界交涉，還可以提出幾個問題。

一、基於理性的外交交涉

宋遼之間的條約維持了一百餘年，是基於雙方共同認識和平的重要性，而百餘年間的外交是根據條約的規定，作理性的談判。在邊界交涉的過程中可以看出這一個問題。王安石認為遼方要求畫界並非完全無理，判斷遼人不會無故違背盟約，發動侵略戰爭。他甚至認為遼帝是講理的：「契丹主即位已二十年，其性情可見，固非全不顧義理，務為強梁者也。」[28]又說：「契丹主即位幾二十年，所為詳審，必不肯無故生事。」[29]雙方對於邊界的要求，也是基於實際的證據的。

二、外交文書和邊界圖籍的保存

宋朝的國信所保存宋遼外交檔案甚為完善，蘇頌且編有《華戎魯衛信錄》一書。[30]當沈括被命出使時，他就在國信所研究圖籍，理清楚了宋遼邊界的地理形勢和雙方往來的文書，作為有力的交涉證據。我們從現存資料可知宋方檔案中有很多關於河東地界的文牒，涉及長連城和六蕃嶺邊界的「公牒計六十道」。[31]談判即以這些「照據文字」為依據，而遼人也檢查他們的「案卷」。[32]雙方對於邊界都很重視，邊界上立有「石峰」，置有堡鋪、堡寨、壕塹和烽堠。[33]宋方並以距邊界五里處為禁地。

三、邊界糾紛的責任問題

28　《長編》卷236，熙寧五年閏七月丙辰，頁5734。

29　《長編》卷236，同年同月己巳，頁5751。

30　《宋遼關係史研究》，頁99。

31　《長編》卷265，熙寧八年六月壬子附沈括《別錄》，頁6509。

32　《長編》卷262，熙寧八年四月丙寅，頁6390。

33　遼方之堡寨，見《遼史》卷92，〈蕭韓家傳〉；烽堠見卷86，〈耶律頗的傳〉。

由於現存宋方史料較爲豐富，所以給予讀者遼人時常挑釁的印
象。但是糾紛之起，宋人也有責任。韓琦即曾指出，侵占遼地應當歸
還：

> 「宜遣使報聘，優致禮幣，開示大信，達以至誠。……且疆
> 土素定，當如舊界，請命邊吏退近者侵占之地，不可持此造
> 端，欲墮祖宗累世之好。永敦信約，兩絕嫌疑。」[34]

1074年遼人提出重新畫界的要求，似並非無理的挑釁。

四、邊界糾紛反映外交決策

在邊界交涉的過程中，宋方大臣大都主張保全疆土。如韓琦說：
「代北與雄州素有定界，若伏容而與之，實慮彼情無厭，浸淫不已。
誠如聖詔所諭，固不可與。」曾公亮以爲代北之地，疆界已定。「與
之無名，則無厭之欲後不可足」。[35]不過，從宋方決策的經過來看，
儘管多數人反對棄地，最後神宗還是對遼人讓步。當時皇帝握有最後
的裁決大權，從邊界糾紛中也可以看出這個問題。

原載《中國民族史研究》，4輯。北京：1992，頁40-48。

34　《長編》卷262，熙寧八年四月丙寅，頁6390。
35　《長編》卷262，頁6388、6396。

北宋士人的起家及其家族之維持

　　本文主要根據北宋文集中的傳記資料，亦即墓誌，綜合這些記載，來探討北宋時期墓誌作者筆下的士人是怎樣起家的。起家之後，如何維持其家族的地位。

　　首先，必須指出這些傳記資料的性質。[1]墓誌是在一個官員或有名的人士死後，其家人、親友或門生故吏爲他所寫的紀念性的文章。其中大都記錄死者亦即「傳主」的家世、籍貫、祖先的官職和成就，傳主的教育、功名、事業、名言或重要的奏議，傳主的長官、朋友，其對自己家族的幫助，妻子的家世，以及有關子女的簡單情況。撰寫墓誌的目的，是爲了表揚故去人物的功業和德行，而沒有任何關於傳主的缺點或過失的記載。因此墓誌的第一個缺點是千篇一律的頌揚，從其中得不到傳主的生平的全部信息。

　　墓誌的另一個缺點是每篇中包含的大都是人物的官宦紀錄，有些甚至近於履歷表。缺乏性格、行爲方面的描寫。即使有時略觸及這一方面，也都是稱讚的話。由於傳主大都是做官的，所以墓誌屬於當時

1　參看拙著，〈歐陽修的傳記寫作〉，國立中興大學歷史系主編，《第三屆史學史國際研討會論文集》（台中：青峰出版社，1991），頁385-402。最近關於正史傳記的討論，見Denis Twitchett, *The Writing of official History Under the T'ang*(Cambridge University Press, 1992), Chap. 8, "Biographies".

政治史的一部分。

這類傳記資料還有一個缺點，就是太簡短，包含的內容也因此甚為貧乏。

不過，傳統傳記資料也有其優點。其一是數量巨大。除文集中已收入的墓誌之外，綜合編集的碑傳，如金石錄、言行錄，以及地方志中也包含了大量的資料。此外，還不斷的有新的石刻史料出土。

其二，是由於數量巨大，我們就可以讀到眾多人物的傳記。固然每篇傳記過於簡短是一個缺點，但惟其如此，我們才能看到眾多的傳記，而不僅是少數人的長篇傳記。

其三是仕宦紀錄和為官的措施及行為也給了學者研究政治史，甚至此一範圍以外的重要資料。

一、士人的起家

晚唐和五代時期，世家大族顛播流離。當時人對這一現象的記載頗多。如司馬光說：「五代之亂，衣冠之緒零落殆盡。」[2]王安石於王文亮的墓誌寫道：「……士大夫之家流落顛頓，不常其世。後雖有振起者，多不知其族之所出。」[3]蘇頌也於李常墓誌中如此寫：「唐季之亂，四方豪傑與京都士族往往避地江湖。」[4]

實際的遷徙避亂的例子，略舉數例如下：

田錫之父田懿說：「余世本京兆人，因唐末亂離，僖宗幸蜀，爾

2　司馬光，《溫國文正司馬公集》（四部叢刊初編縮本）卷75，頁543。

3　王安石，《臨川先生文集》（四部叢刊初編縮本）卷96，頁596。

4　蘇頌，《蘇魏公文集》（王同策點校，北京：中華書局，1988）卷55，頁841。

祖徙家至于此。」[5]

潘愼修，「其先滎陽中牟人。唐末避亂，遷於閩粤。治產作業，遂爲著姓。」[6]

狄氏，「其先家河東。……五代時避亂于長沙。」[7]

唐介，「其先晉昌人。唐末避亂於餘杭。自其祖始徙家江陵，今爲江陵人。」[8]

寇平，「寇氏出上谷。公之遠祖始徙大名之莘縣，又徙幽州。」[9]

朱氏，「遭唐季之亂，關中舊族多散遍荊湖南。」[10]

有的家族，遷徙的原因不明，如太原王氏的王乙：「其望在太原，而實家大名之元城，不知其始所以徙。」[11]

少數仍自居大族的，其地位亦不如以前。如清河崔氏之一的崔立，原是所謂「衣冠甲族，與盧李鄭數家相爲婚姻，它族不得預。」崔氏的曾祖母、祖母猶皆盧李二姓。到了崔立之女，則嫁給了新興的士大夫韓琦（1008-1075）。韓琦是韓國華側室胡氏所出。[12]崔立之妻則姓冉。[13]

學者統計正史列傳中的人物出仕的情況，得到的結果是，北宋632位具有進士資格的官員，其中81人（13%）出身於貴冑家庭；182

5　《全宋文》，第三冊卷95，頁221。
6　楊億，《武夷新集》，列入《全宋文》卷300，頁56。
7　王珪，《華陽集》（四庫全書珍本四集）卷57，頁7下。
8　同上，頁10下。
9　同下，卷55，頁1上。
10　同上，頁5下。
11　《臨川先生文集》卷98，頁613。
12　韓琦，〈錄夫人崔氏事跡與崔殿丞請爲行狀〉，《安陽集》（四庫全書珍本四集）卷46，頁23下。
13　同上，卷50，〈崔立墓誌〉，頁26下。

人(26%)出身於中等家庭；而369人(58.4%)的家庭是沒有仕宦背景的。[14]這一統計可以和上引史料印證，是世家大族沒落的結果。

簡單的說，宋代的讀書人就是士人。還沒有取得科舉功名或官職的士人是所謂「寒士」。例如楊時在〈論資蔭〉一文中指出一般人以蔭得官仍不滿意，還要去應舉，以獲得進士爲榮：「夫應舉亦是寒士無祿，不得已藉此進身耳。如得已，何用應舉？」[15]

也有以蔭入仕而不願意占有官位名額的人，如名相王旦的姪兒王質連資蔭也不要，說是「妨寒士之進」。[16]李昌言之族「大而貴」，他嫁女兒卻「常擇寒士。而至其後多爲名臣。范文正公仲淹，鄭文肅公戩，與駱侯(與京)是也。」[17]

怎樣從寒士躋身於士大夫之林呢？做官和起家的途徑不一，並不一定要以科舉入仕，如李容「起家爲三班官」；尹洙之祖「始以材行興其家」；王觀之「始起家爲能吏」；魚台人傅永錫「以治產起家」。[18]不過最重要的途徑是以進士起家。

一個士人想要從事舉業，並不是件容易的事，有的人家裡世代都讀書，有應舉的背景，如蔣氏子「世儒者家」，於明道三年登第。[19]

---

14 孫國棟，〈唐宋之際社會門第之消融〉，《新亞學報》4卷1期(1959)。頁245之表。又陳義彥亦有類似的結果，見〈從布衣入仕情形分析北宋布衣階層的社會流動〉，《思與言》9卷4期(1971)，頁244-253。不過宋史傳記資料過於簡略，應以文集中的碑傳資料補充。

15 楊時，《楊龜山集》(台北：臺灣商務印書館國學基本叢書本)卷2，頁39。

16 蘇舜欽，《蘇舜欽集》(上海：上海古籍出版社，1981)卷16，頁210。

17 曾鞏，《元豐類藁》(四部叢刊初編縮本)卷45，頁288。

18 蘇頌，《蘇魏公文集》(北京：中華書局，1988)卷61，〈李況墓誌〉，頁941；韓琦，《安陽集》卷47，頁7上；曾鞏，《元豐類藁》卷45，〈謝氏墓誌〉，頁288；李昭玘，《樂靜集》(四庫全書珍本初集)卷29，頁5下。

19 沈遘，《雲巢編》(沈氏三先生集，四部叢刊三編縮本)卷9，〈李氏墓誌〉，頁53下、54上。

陳君之家「世治經爲儒者……君少好學，能屬文，以進士起家」[20]趙
氏「家世儒素」，[21]趙安仁七子「皆傳其家學」。[22]

同樣具有有利條件的是富家子，如張奕，先世沒有仕進的人：

> 世居無錫，以善治生產名鄉里。至君而超然自喜從諸生游，
> 學經史爲詞章，以取科第。固以爲士友所奇矣！[23]

又如孫錫家，三世不仕。孫家是廣陵富姓，其父移居建安揚子，
「又卒爲富姓」：

> 爲公千里迎師，立學舍，市書至六七千卷。公感勵奮激，誦
> 習忘寢食。年十九，學進士開封，坐同保匿服罷，而再舉又
> 第一。[24]

趙仲祥家也是三世不仕，家裡有錢。自己並沒有仕進的意思，督
促子弟讀書，「戒不得預家事。痛折節延士大夫，食客滿門，以切磋
漸摩之。」子姪也不負所望。[25]

有的家庭因兒子有才氣，就加以培養，如張式家不仕者三世，其
父「知君可教，乃付家事長子，而縱君游學」，終於在天禧二年中進

20 沈括，《長興集》(沈氏三先生集，四部叢刊三編縮本)卷5，頁61上。
21 韓琦，《安陽集》卷50，頁22下。
22 蘇頌，《蘇魏公文集》(北京：中華書局)卷58，頁883。
23 蘇頌，《蘇魏公文集》卷58，頁892。
24 王安石，《臨川先生文集》卷97，頁606-607。
25 趙鼎臣，《竹隱畸士集》(四庫全書珍本初集)卷19，頁2下。

士。[26]孫惟吉也是選擇可教的就學:「視子孫可教者,悉遣之學,闢
館聚書,賓延高上,以完養其才。」[27]

有的家並不富有,得到富有妻子的幫助而起家。如鄭紓家本為大
姓:

> 嘗以其富,主四方之游士,至侍郎(紓)則始貧,而專於學。
> 夫人又故富家,盡其資以助賓祭,補紉澣濯,饎爨朝夕。[28]

又如蘇洵家至貧,其妻家程氏極富,蘇洵為了養家,必須「治
生」。有一天和其妻談起仍想做學問的事,程氏立刻將自己的私房錢
拿出來「治生」,讓蘇洵專心求學,「不數年,遂為富家。府君(洵)
由是得專至於學,卒成大儒」。[29]

家裡窮而沒有妻家幫助的人,只好自己治產,希望下一代可以起
家,如處士楊某,善治產,有書萬卷,子弟數十人,「召儒之有名業
者教之。子終登皇祐五年進士」。[30]

至於農家子一舉成名的,如蔡襄「以農家子舉進士,為開封第
一,名動京師」。[31]孔延之「幼孤,自感厲,晝耕讀書壠上,夜燃松
明繼之。學勢大成,鄉舉進士第一」。[32]

孫抃家雖有藏書,但從來都「力田以自給」。孫抃業科舉,當地

26　《臨川先生文集》卷92,頁579。
27　鄒浩,《道鄉集》(四庫全書珍本十二集)卷34,頁13上。
28　王安石,《臨川先生文集》卷100,頁629。
29　司馬光,《溫國文正司馬公集》卷76,頁553-554。
30　文同,《丹淵集》(四部叢刊初編縮本)卷38,頁282。
31　歐陽修,《歐陽文忠公文集》(四部叢刊初編縮本)卷35,頁272。
32　曾鞏,《元豐類藁》卷42,頁268。

王家有三女皆嫁士豪，三家間又互爲婚姻。等到孫抃中了進士，做了官，王家才來求親，孫抃也不拒絕：

> 夫人王氏……同郡大姓也，三姊皆歸里豪，生子者又相嫁娶，頗以寒士疏公。公既貴，而三家者又來求昏，亦不拒之。又爲之保任其子若孫，仕者數人。[33]

這個故事一方面指出讀書的人是「寒士」，一方面棄農求仕是一件很困難的事，大姓不願將女兒下嫁。棄農求仕的還有一個姓蘇的士人，世代務農，他卻：

> 慷慨有遠志，自力讀書，不治家事。宗族爭笑之，且怒之，曰：「汝世農家，勤治耕桑，以豐衣食。忽棄業爲書生，窮餒無日矣！」公曾不顧，爲學益堅。[34]

不過，並非所有的人都像上述王家那樣勢利。宋代有「榜下擇婿」的風氣，高官貴人選擇剛中了進士的人爲婿。也有些人則選擇看來有前途的寒士爲婿。最著名的例子是趙昌言選王旦，馬亮看中了呂夷簡，[35]以及上引李昌言選了范仲淹等寒士。這些都是有眼光的人「投資」成功，至於不成功的人則不知凡幾。

總之，宋代傳記中關於進士起家的記載，不勝枚舉，再略舉數

33　蘇頌，《蘇魏公文集》卷55，頁839；卷63，行狀，頁973。

34　司馬光，《溫國文正司馬公集》卷75，〈蘇騏驥墓碣銘序〉，頁544-545。

35　參看張邦煒，《婚姻與社會：宋代》（成都：四川人民出版社，1989），頁145-164、97-104。

例：

謝濤：

濤以文行稱，進士起家。

杜紘：

起進士，爲永年令。[36]

沈周：

少孤，與其兄相踵爲進士起家。掾漢陽。…兩男世其家。

掌禹錫：

起布衣，取進士第。[37]

二、士族身分的維持

決心讀書從事舉業，求取功名的寒士，一旦成功，就把他家族的地位提升，即所謂「起家」，達到了士大夫的階層，成爲當時社會上的精英（elite）。雖然有的學者認爲北宋時期的政治和社會是由少數世家大族所控制，而科舉制度的影響甚微。但從上舉諸例來看，的確有很多寒士出身於農家，奮鬥於科場，而取得士大夫的身分。當時社會上的價值觀，以士大夫高於其他各種職業的人士，如一位姓吳的處士說：「士而貧，多於工商而富也。」[38]政府安排皇族的婚姻，亦以士

36　《宋史》卷295，〈謝絳傳〉；卷330，〈杜紘傳〉。類似的記載又見《宋史》卷326，〈景泰傳〉；卷331，〈張問傳〉；卷332，〈陸謙傳〉。

37　沈周見王安石，《臨川先生文集》卷98，頁615。集中選有卷94，頁592的仲訥；卷95，頁594的勾希仲，和卷97，頁606的孫錫。掌禹錫見蘇頌，《蘇魏公文集》卷57，頁867。

38　王安石，《臨川先生文集》卷94，頁590。

族高門為對象，而不與工商雜流為婚。最早的規定見於仁宗於1029年所下立詔，要求皇族婚姻必於「衣冠之家」求取。1058年，規定按驗告身，必須三代之內有人做官才合格。[39]韓琦也有如此的記載：

> 如與皇族結親，必取三代告身按驗，以絕富民妄冒之弊。[40]

其後則陸續將規定放鬆，以致有的皇族大歎求得士族女子為配偶並不是一件容易的事。如趙仲肩：

> 皇族姻媾，或非士族，公常恥之。父母察其意，及昏，為求公族，得楊氏，故中書令崇勳之孫女。[41]

士族的身分既然如此重要，則起家後的士人，大都努力於保持其身分之不墜。這些努力可以從下面幾個方面來看。

第一，一個士人要維持其社會地位，需要家族裡有人繼續求取功名。能夠成功的做到這一點，就是當時所謂能「世其家」。蘇頌的外舅辛有終是景祐元年的進士，蘇頌寫辛有終的墓誌，說他是「能世其家者也」。[42]沈周的兩子，也「世其家」。[43]呂蒙正、呂夷簡、呂公著等名相之家，被當時人稱為「世族」：

39　參看John W. Chaffee, "The Marriage of Sung Imperial Clanswomen," in Rubie S. Watson and Patricia Buckley Ebrey, eds., *Marriage and Inequality in Chinese Society*(Berkeley: University of California Press, 1991), pp. 139-142.

40　《安陽集》卷49，〈趙宗道墓誌〉，頁10下。

41　范祖禹，《范太史集》(四庫珍本初集)卷47，頁16上。

42　《蘇魏公文集》卷58，頁880。

43　王安石，《臨川先生文集》卷98，頁615。

> (呂)希道，……由文穆公而下，三相五尹，遂家開封。世族
> 冠天下。[44]

又如胡宿起家發達以後，從衣冠家推展至族人，成爲名族：

> 胡氏自(胡)宿始大。及宗愈仍世執政，其後子孫至侍從九卿
> 者十數，遂爲晉陵名族。[45]

此外，還有些家族的稱呼，如「勢家」、「聞人」、「衣冠家」、「令族」等。今將這幾個名稱按士人、家到族的次序排列：

1.良士──曾鞏妹「所嫁皆良士」。[46]

2.聞人──王安石記王文亮「女三人皆歸聞人」。[47]

3.衣冠家──「洛陽衣冠家有女子因其家破，爲人略賣。」[48]

4.勢家──「本朝勢家，莫如韓氏之盛。」[49]

5.令族──「(劉昱)始以仕行其志，雖不至通顯，而操節治行號當時聞人。葉城劉氏遂爲令族矣。」[50]

6.顯族──王田「三娶皆顯族。」[51]

7.良族──程琳「女五人皆適良族。」[52]

44　司馬光，《溫國文正司馬公集》卷75，頁562。

45　《宋史》卷318，〈胡宿傳〉。

46　曾鞏，《元豐類藁》卷46，頁299。

47　王安石，《臨川先生文集》卷95，頁596。

48　畢仲游，《西台集》(四庫全書珍本別輯)卷14，頁9下。

49　李燾，《續資治通鑑長編》(世界書局影印本)卷453，頁9上。

50　同上，卷13，頁18下。又夏竦，《文莊集》(四庫全集珍本初集)卷29，頁23上，「宋宗子授室，王姬下嫁，必選令族」。

51　蘇頌，《蘇魏公文集》卷56，頁859。

8.大族——范雍女「嬪于大族」韓氏。[53]

科舉制度成立後，競爭愈來愈激烈。士大夫希望家人或族人能夠
取得功名祿位，必須給予他們嚴格的教育。因此若干家庭延聘老師，
設立私塾，讓家人或族人中的男孩一起有受教育的機會。有時甚至女
孩也可以聽講。呂氏家族就有這樣的私塾。[54]韓琦做了大官後，努力
尋求祖先譜牒，營建祖墳墓園，訓誡子弟向學，並建醉白堂收藏書籍
萬卷，供家族子弟鑽研。[55]李昉之孫、李宗諤之子昭述：

> 昆弟姪在焉，必以孝弟學行從容勸導，未嘗設資產。清素孝
> 謹，為舊族之冠。嘗言：我家三世學士，論者以為美談。吾
> 歿後汝等勉之，無墮素業。[56]

蔣堂家三世不仕，其父「常有中興門構之志。聚書延客，以教諸
子。」後來蔣堂果然中祥符六年進士。[57]處士楊某，善治產。有書萬
卷，子弟數十人，召儒之有名業者教之。子約登皇祐五年進士。[58]吳
伯武也善於「治生理財……。仰事俯育皆有餘資。聚書繕舍館，卑辭
厚幣以聘賢者，而俾子弟從事於文學。」[59]又前引孫抃家祖先不仕，

(續)
52 歐陽修，《歐陽文忠公文集》卷21，頁182；卷30，頁241。
53 劉攽，《彭城集》(台北：臺灣商務印書館國學基本叢書)卷39，頁511。
54 參見王章偉，〈宋代河南呂氏家族研究〉，香港中文大學碩士論文，頁
   182-183。
55 《安陽集》卷3，頁6下-7下。參看拙著，〈北宋韓琦的家族〉，《中國近世
   社會文化論集》(台北：中央研究院歷史語言研究所)，頁89-103。
56 胡宿，《文恭集》，列入《全宋文》卷468，〈李昭述墓誌〉，頁587。
57 同上，卷468，〈蔣堂墓誌〉，頁591。
58 文同，《丹淵集》(四部叢刊初論縮本)卷38，頁282。又二婿亦進士。
59 謝逸，《溪堂集》(四庫全書本別輯)卷8，頁17上。

但藏書豐富，號稱「書樓孫家」。魚台人傅思齊喜聚書又好客，天章閣待制李師中為此賦詩：「門無俗客盡清陰，家有藏書敵萬金。」[60]

士族教育子弟，不僅期望他們繼續向學，以取功名，也約束他們保持家風。如王旦「以清慎訓諸子」，長子王雍「恬於進取」，不占寒士進取的名額。[61]士大夫並且寫作了家範、家訓。如袁采的《世範》，司馬光的《書儀》等。[62]蘇頌的曾祖父蘇仲昌戒子孫守家法，著百韻詩以代家訓。[63]李昭述的女婿任拱之，兄弟二人都做大官，「語家法者多之」。[64]趙安仁長子溫瑜，「傳其家學家法，以執政子起家」。[65]張淮是宋初名臣張去華的曾孫，「以孝友篤行推於士大夫。至今河南言家法必先張氏」。[66]當時「將相大臣子孫，保有其家室，迨數世而不墜門法者，不十數家。」包括將家王超的子孫。[67]

其次是有官位的人，透過蔭補的規定，給子孫族人提供了入仕的初階。此點不必多贅，舉數例已足以說明。如許試：

> 有高行，名盛於雍熙咸平間。其族人多微。至得任子弟，禮部(試)舍其子弗官，而官其族人者八九。[68]

60　李昭玘，《樂靜集》卷29，頁9上。

61　蘇舜欽，《蘇舜欽集》卷15，頁193。

62　參看Patricia Fbrey所譯《袁氏世範》，*Family and Property in Sung China: Yuan Ts'ai's Precepts for Social Life* (Princeton University Press, 1984).

63　蘇頌，《蘇魏公文集》，附錄，〈魏公譚訓〉卷2，頁1129-1130。

64　同上，卷58，〈任拱之墓誌〉，頁891。

65　同上，卷58，頁883-884。

66　《范太史集》卷38，頁1上下。

67　同上，卷60，頁924。

68　沈括，《長興集》卷5，頁46上。

同樣，張克儉「初得任子，舍其子弗官，而官其兄之孤」。[69]張存字誠之。司馬光岳父，官至禮部尚書，「宗族用公(誠之)蔭補者凡三十餘人」。[70]可見從蔭補入仕人數之多。

再者，士族通婚的對象多是士族。同一社會階層的人士互為婚姻，是很自然的事。而這種聯姻也有實際的好處。其一是可以繼續教育子女，保持家學和家風。士族婦女不僅能做到當時士族所要求的侍奉公婆，也可以相夫教子。所以北宋士族間互為婚姻，也助長了一種新的社會階層。這種婚姻關係有幾種形式。

一種是榜下擇婿。就是將相大臣選擇新中了進士的人為婿。如王旦選擇韓億，把女兒嫁給他做繼室。族人反對，王旦說：「以吾女性孝而淑賢，必能盡力於父族。且其節行易以顯，亦足見吾家之法度焉。族盛者驕惰恣放，多以侈事相誇逐，是不喜吾女之向，此非渠輩所曉知也。」[71]

一種是士大夫互為婚姻，加強兩家的關係。如王旦姪王質和范仲淹友善，約以兒女為婚姻。王質長女就嫁給了范仲淹的兒子范純仁。[72]司馬氏和張氏世為婚姻，是中表婚的一個著名的例子。為了維持兩家和好的關係，有時長女嫁過去以後死亡，又把次女嫁給姊夫，如名族呂氏的呂公弼二女嫁給韓忠彥，是長女去世前的主意：

我有幼妹在家，君若全舊恩以續之，必能卹我子。又二姓之

69　同上，頁57上。

70　司馬光，《溫國文正司馬公集》卷77，頁559。

71　蘇舜欽，《蘇舜欽集》卷15，〈太原郡太君王氏墓誌〉，頁190。亦參看張邦煒，前引書，第6章，〈宋代的榜下擇婿之風〉。

72　畢仲游，《西台集》卷14，頁8上下。又見范仲淹，〈王待制質墓誌銘〉，《琬琰集》中卷7，頁1上-7上。

好不絕如故，我死無恨矣。……忠彥不忍違其遺言，爲娶其
妹。[73]

又如畢士安力薦寇準爲相，「準深德公，兩女皆嫁公之次子(慶
長)」。[74]尹洙以兩女嫁給張景憲。[75]

另一種是新興士人向名族攀親事。如趙普原是布衣出身，後來其
妹嫁給了「家世富貴」的將家侯益之子侯仁寶。[76]新興的范仲淹安排
其子純仁與舊族王旦之姪孫女爲婚也是一例。

還有一種提升地位的方式是和皇族聯姻。著名的例子是韓琦幼子
韓嘉彥尙神宗之女唐國長公主。[77]

此外，也有少數例子，是士族選擇女婿，並不一定要已經登第的
士人。如相里君把女兒嫁給杜衍，親族都不贊成，問他爲何要把女兒
嫁給「羈游士」。但杜衍次年中了進士。[78]李昌言嫁女，常擇寒士，
已見前文。路振也選布衣狄棐爲婿。[79]反過來看，也有貴族選布衣家
庭的女子爲媳的，如陳恕「族素貴」，其妻則「起寒家」。[80]這些例

---

73 韓琦，《安陽集》卷48，〈故東平縣君呂民墓誌銘〉頁8下-9上。參考拙
   著，〈北宋幾個家族間的婚姻關係〉，《中央研究院第二屆國際漢學會議
   論文集》(台北，1989)，頁933-943。
74 畢仲游，《西台集》卷16，「丞相文簡公行狀」，頁14上。
75 范純仁，《范忠宣集》(四庫全書珍本八集)卷17，〈張景憲行狀〉，頁17
   上。又劉敞兩娶倫氏。見劉攽，《彭城集》(國學基本叢書本)卷35，頁
   480。陳安仁娶錢氏，復娶其女弟。見范純仁，《范忠宣集》卷14，頁10
   下-11上。
76 《宋史》卷254，〈侯益傳〉。
77 參看拙著，〈北宋韓琦的家族〉。
78 《張方平集》，《全宋文》卷827，頁626。
79 王安石，《臨川先生文集》卷89，頁558。
80 《張耒集》(北京：中華書局本，1990)卷61，頁898。郝若貝(Robert

子說明士庶之間的界線，並沒有很明確的劃分。

　　士族間相互為婚，逐漸形成了一種婚姻關係的網路，其間自不免有互相幫助和提攜的情形。從當時對憑藉婚姻關係互相得到利益的言論，可以稍微窺見一斑。劉安世批評范純仁：「況純仁憑藉門閥，素無他才，矯情飾詐，善取名譽。」又論他和韓謝二族的關係深厚：

> 士大夫素知(范)純仁與韓謝二族私分深厚，見其無名變法，逆料必引(謝)景溫。五日之間，除書果下，挾情亂法，一至於此。[81]

　　這裡提出「門閥」一詞，在北宋文集中，極少出現。應屬於攻擊時引用過去的名詞來加強語氣。不過韓億一家的勢力的確不小，蘇轍亦曾批評他們說：「本朝勢家，莫如韓氏之盛。子弟姻婭布滿中外。朝之要官，多其親黨者。……」[82]今將韓氏的婚姻網，列表如下：

(續)——————

　　Hartwell)認為所有以科舉入仕的人在應舉之前已經和地方優秀分子的士紳家族通了婚；李弘祺已對此質疑。參看李弘祺，〈宋代社會與家庭：評三本最近出版的宋史著作〉，《清華學報》新19卷，第1期(1989)，頁191-207。

81　李燾，《續資治通鑑長編》卷421，頁4上下。

82　《長編》卷453，頁9上-10上。參看〈北宋幾個家族的婚姻關係〉，頁937。

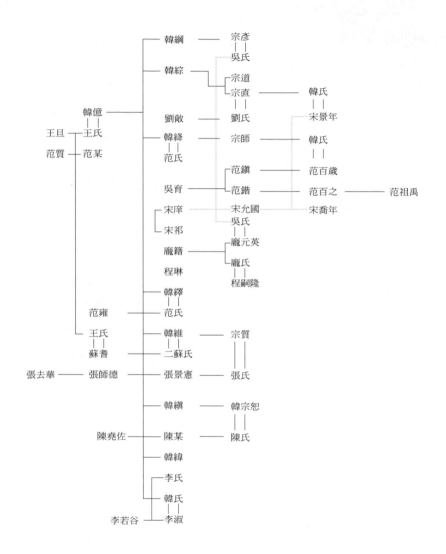

　　從上列的婚姻網繼續追蹤，可以發現與更多的家族的婚姻關係。
茲以王旦爲例。王旦四女嫁給呂公弼，韓億、蘇耆和范令孫，范韓二
家世爲婚姻，王旦長子王雍又娶名相呂夷簡女，王雍女又嫁給了呂夷

簡之孫，公綽之子呂希傑。[83]

　蘇耆是蘇易簡子，其子蘇舜賓娶韓億女。[84]王旦幼子王素之二妻
乃另一宰相張士遜之女，及李維之女。[85]

　王旦姪王質之女嫁范純仁，子王瑟娶李昉曾孫女。[86]見下表：

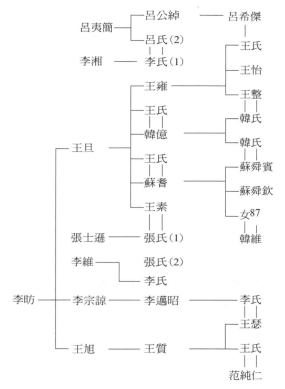

83　參看前引拙著，頁934-935。

84　《蘇舜欽集》卷15，頁191。

85　胡宿，《文恭集》，《全宋文》卷367，頁559；《張方平集》，《全宋
　　文》卷822，頁560。

86　《蘇舜欽集》卷16，頁214；《張耒集》卷60，頁887。

87　《南陽集》卷30，頁2下。韓維妻蘇耆女。

　　墓誌之末，往往述及傳主的子女數目。兒子是否從事舉業或者已
經登科，或者已經以蔭得官。女兒所嫁何人之子，有否功名或官職。
很多墓誌舉出女婿的名字，不然則僅記「女皆適士族」之類，舉例如
下：

　　胡宿「女四人皆適士族」。[88]
　　周嘉正「女七人皆嫁爲士大夫妻」。[89]
　　王文亮「女二人皆歸聞人」。[90]
　　錢氏「爲夫族收恤孤女，歸之士人」。[91]
　　皇輔鑑「女七人皆嫁士族」。[92]
　　宋輔臣「六女皆嫁傍近士大夫」。[93]
　　趙溫瑜「女皆從士人」。包括進士黃孝儀、蘇結、沈邁、沈
　　遠等。
　　蘇結爲蘇頌從叔。[94]
　　程琳，「女五人皆適良族」。「女五人，長適職方員外郎榮
　　諲，次適大理丞吳得，次適將作監主簿王傭。」[95]

　　從以上最後兩例，可以知道所謂士人和良族，都是官宦家族。

88　《歐陽文忠公文集》卷34，頁269。
89　《臨川先生文集》卷96，頁602。
90　同上，卷95，頁596。
91　《蘇魏公文集》卷62，頁953。
92　《彭城集》卷38，頁505。
93　《西台集》卷14，頁16上。
94　《蘇魏公文集》卷58，頁886。
95　《歐陽文忠公文集》卷21，〈程琳神道碑〉，頁182；卷30，〈程琳墓誌
　　銘〉，頁241。

　　特別要注意的一點，是士族婦女在家庭裡扮演的教育子女的角色。不少婦女幼年時隨兄弟讀書；有些對此發生興趣，就更進一步地研讀。司馬光在書儀中有這樣的敘述：

> 七歲。男女不同席，不共食。如誦孝經、論語，雖女子亦宜誦之……九歲，男子讀春秋及諸史，始爲之講解，使曉義理。女子亦爲之講解論語、孝經，及列女傳、女戒之類，略曉大意。[96]

　　可見司馬氏認爲當時女子的教育，基本上是初級的教育，而且在童年期以後不再讀書。但是文集中有頗多婦女繼續讀書。女子出嫁後在夫家督導子孫向學，尤其在丈夫去世以後，對於子女的前途更有決定性的作用。前文已經提到過蘇洵妻程氏親自教育蘇軾、蘇轍兄弟的故事。以下再舉數例。名族呂氏中的呂夷簡，年輕時「親帥子弟，屬志於學」。其堂妹（夢巽之女）「方幼，見字輒喜，於是汎通詩書百家之學。文靖（夷簡）嘆曰：信矣諸父之言！」原來伯父呂蒙正曾「奇之，以謂殊非諸女之儔」。嫁給覃某之後，年三十餘時夫卒，於是她「親授經義」於諸子。[97]像這樣傑出的女子，還有一位叫做周婉的，「喜圖史，好爲文章。日夜不倦，如學士大夫。」有詩七百篇。她的墓誌作者曾鞏爲此大發議論：

96　《司馬氏書儀》（叢書集成本）卷4，〈居家雜儀〉，頁45。關於朱熹對女子教育的看法，見Bettine Birge, "Chu Hsi and Women's Education," in Wm. Theodore de Bary and John W. Chaffee, eds., *Neo-Confician Education: The Formative stage*(University of California Press, 1989), pp. 325-367.

97　王珪，《華陽集》卷53，頁9上。

> 昔先王之教，非獨行於士大夫也。蓋亦有婦教焉。……教成
> 於內外，而其俗易美，其治易洽也。茲道廢，若夫人之學生
> 於天性，而言行不失法度，是可賢也已。[98]

曾鞏又為沈周之妻許氏寫墓誌，說她「讀書知大意」，其子沈披和沈括，「其幼皆夫人所自教也」。於是曾鞏又發議論道：

> 昔先王之治，必本於家，達於天下。而女子之言動有史，以
> 昭勸戒後世以古為迁，為政者治吏事而已。女子之善，既非
> 世教所獎成，其事實亦罕發聞於後。其苟如此，其衰微所以
> 益甚。則夫人之事，其可使無傳也哉？[99]

曾鞏有妹十人，一早夭。他為四個妹妹寫墓誌，其中兩位都能讀書。[100]看來他很注意為婦女立傳，把她們的事蹟傳於後世。

婦女教子讀書的例子頗多。如蔚氏助夫藏書，夫死後，「教諸子，專以經史」。[101]何氏，夫不歸家14年，何氏教子「學書念文

---

98 曾鞏，《元豐類藁》卷45，頁287。

99 同上，頁286。

100 同上，頁293、294。此外讀書的婦女如楊氏〈該涉文史〉。見文同，《丹淵集》卷40，頁299；賈氏喜讀書，見王珪，《華陽集》卷53，11下；郭氏，「能讀書史，善詩畫，喜浮圖之說」。見歐陽修，《歐陽文忠公文集》卷36，頁279；錢氏「善為歌詩，多或數百言。生平所著千餘首。讀經史佛道書，手不釋卷。博聞強記，談論清辨。自曉音律。……晚而為理性之學。」見范祖禹，《范太史集》卷45，頁13上。魏氏「以詩書論吾教經教兩子」。見《王臨川文集》卷99，頁623。

101 《范太史集》卷45，頁13下。

字」。[102]進士王逵,「幼學于母氏」。[103]朱氏於夫死後,「攜諸孤居鄂州自教讀書」。後來兒子之一馮京,官至翰林學士。[104]由母親教育成名的人,除馮京、蘇軾兄弟、沈括兄弟之外,還有歐陽修和賈昌朝。歐陽修幼年喪父,由母親一手撫養教育成人,事見其千古傳誦的〈瀧岡阡表〉。賈昌朝「少孤。母日教誨之,自經史圖緯訓詁之書,無所不學」。[105]

有學問的婦女中,有一位劉氏,可以說是特立獨行的女士:

> 嗜學,書傳無有不經覽者。於左氏春秋,尤能通誦之,中間事跡、詞語、沿端、極涯、開說、講辯、名氏、世族、地里、歲月,條分緒解,癸甲不亂。

嫁給許平施以後,對其夫諄諄勸誨。夫卒,劉氏攜子還成都:

> 至則舊產已空,蕭然無一椽之屋以居。寄人舍下,合聚閭巷親族良家兒女之推齒者,授訓誡,教書字。逾十年,獲所遺以給朝夕,僅取足,不營於他。其所居左右之人,凡過其門,悉俛首遽進,不敢諠譁作高語大笑,懼聞于夫人。清風滿家,寒苦霜雪。督諸子學,晝夜不廢。改詰撿問,使中程律。一或不及,譙勵不貸。故其子天啟嘗預府貢,書占在高等。夫人教之也。自是夫人之徽烈懿行,愈聞于人,萬口一

---

102 文同,《丹淵集》卷40,頁294。

103 《元豐類藁》卷42,頁267。

104 王珪,《華陽集》卷55,頁6上下。

105 同上,卷56,頁2上。

詞，謂絕倫類。

劉氏不僅教其子，而且教親族良家兒女，是文集中見到惟一的女教師。[106]此外，不能親自教育的婦女，則監督子女向學。例子甚多，今舉三例如下。

劉弇父死，母才四十餘。「未問生業，收書萬卷，以授諸子，使畢生於學。……遠近士族俟之。」其母是否親自教書，不很清楚。後來四子皆進士。[107]

處士陳芳妻江氏，於夫死後，負責家政。「子未冠，縱其求師問道。」[108]

胡宿母「訓諸子以學，勖諸女以順」。[109]

三、治產及聚族而居

士人起家做官後，鮮有不治產的。韓琦除在開封有賜第外，在家鄉相州經營產業，建有晝錦堂，及晚年退休後修的醉白堂，在他的「北第池上」。此外還有榮歸堂、安正堂、善養堂和虛心堂。這些都是他私人的屋業，如他記善養堂的作用，是「外將延賓僚，內足燕親族」。[110]

---

106 文同，《丹淵集》卷40，頁295-296。另有一位教諸子極嚴，很像教師的，是一位王氏，見葛勝仲，《丹陽集》(四庫全書珍本別輯)卷14，頁15上-16上。

107 劉弇，《龍雲集》(四庫全書珍本十二集)，附錄，頁2上。

108 謝逸，《溪堂集》(四庫全書珍本別輯)卷9，頁19下。

109 胡宿，《文恭集》，列入《全宋文》卷467，頁560。

110 韓琦，《韓魏公集》(正誼堂全書)卷1，〈相州新修園池記〉：《安陽集》

　　大官如韓琦得到皇帝賜給的房屋。有的人搬到開封久居，如韓億之父始家京師，[111]王旦也是從青州益都搬到開封，成為開封人。王韓兩家結親，同是開封人當然是重要的原因。陳堯佐是蜀人，在京師「治甲第」。[112]名族呂氏在開封也有大廈。

　　前引李昭述訓子姪，「未嘗言及資產」，但是墓誌中又提及：「家有名園，尤善種樹，珍叢嘉植，周阿而生。親朋之來，樽酒相對，歌詩筆翰。自守家法，不為時變。」[113]

　　季復未退休前，即已「營構第宅，高明爽塏，殆甲一鄉。」親舊問他為何年未五十即為家居計。他說了一篇道理，最後指出「若必待暮年，血氣既衰，不得已而引退，然後求田問舍，吾不為也。」[114]

　　王山民家汝陰。「自慶曆以來，賢士大夫往往經營其地，以為閒燕之地。」換言之，就是別墅。王山民得意地說：

　　　　吾里有第，鄉有田，而子有祿，可以休矣。[115]

　　太原人閭光度，臨死前說：

　　　　洛中彰善宅足以聚居，東南莊足充歲計。若不改吾舊制，則
　　　　汝等無患失所矣。[116]

(續)─────
　　　卷3。參看〈北宋韓琦的家族〉。
111　張方平集，《全宋文》卷821，頁540。
112　畢仲游，《西台集》卷6，頁33下。
113　胡宿，《文恭集》卷486，頁587。
114　謝逸，《溪堂集》卷10，頁8下。
115　蘇頌，《蘇魏公文集》卷61，頁935。
116　張德林撰閭光度墓誌，見《全宋文》，第2冊卷48，頁94。

蘇州朱長文「安貧樂道」,卻也「因舊圃葺台樹、池沼、竹石、花木,有幽人之趣。……太守章公伯望表其所居爲樂圃坊。」「藏書二萬卷,且曰:以此遺子孫,不賢于多財者乎?遺以財是教之爲利也;遺以書是教之爲學也。可不愼歟!」[117]

士大夫不僅買田置產,而且像韓琦那樣營祖墳。如孫沔(威敏公)之妻邊氏,於孫沔卒後,以私田二千畝贍所立寺院,「及公葬,夫人又令葺其宇上,歲益以山陰之田四頃。由是孫氏之阡長以完善」。[118]由此可見治產之鉅。

很多人不僅爲自己治產,而且顧及族人親戚。如劉居正買田,「歲租贍族人」。[119]像這樣的例子,不勝枚舉。如吳奎,「買田北海,號曰義莊」。[120]信州鉛山人劉輝,是嘉祐四年的狀元,「會數世族人有貧而不能爲生者,乃買田數百畝以聚之。晨昏歲月,饗給周足。縣大夫爲易其地名曰義榮社。」他又因從學者眾,乃擇山溪勝處建館舍以處之。縣官又爲其館取名「義榮齋」。[121]衢州樊滋,「謀所以賙宗族之寠貧者。……於是裂慶牆鄉之別業爲義產,且以戚疏定多少之差,歲給之,而人賴以炊者眾焉」。[122]吳江魏憲「增廣義宅

---

117 朱長文,《樂圃餘藁》(四庫全書珍本二集),附錄,張景修撰墓誌,頁2下-4下。

118 蘇頌,《蘇魏公文集》卷54,頁823。治墓園及恢復祭典,看Patricia Buckley Ebrey, "The Early Stages in the Development of Decent Group," in Patricia Buckley Ebrey and James L. Watson, eds., *Kinship Organization in Late Imperial China. 1000-1940*(University of California Press, 1986), pp. 16-61.

119 蘇頌,《蘇魏公文集》卷54,頁826。

120 劉敞,《彭城集》卷37,頁492。

121 楊傑,《無爲集》(四庫全書珍本五集)卷13,頁3上。

122 葛勝仲,《丹陽集》(四庫全書珍本別輯)卷14,〈樊宜人蔡氏墓誌銘〉,頁17下。原來樊滋置義產是其妻蔡氏的主張。

義莊，以衣食疏族。給事中傅公墨卿奉使海東，嘗請於朝。表其閭曰敦義」。[123]折可適「置別業於長安，以賙孤遺。又置義莊於岢嵐，以贍近親，而爲松楸洒掃之奉」。[124]以上數例，都類似范仲淹所創的義莊，不過傳記簡略，不得其詳。與此稍有不同的方式，如謝絳家，「有田在蘇杭，歲入千斛，悉留以給宗族之在南者」。[125]

此外，有不少的婦女在夫家做這樣的好事。如蘇洵妻程氏，不惜用盡家財，幫助族嫁娶、就業，甚至周濟有急難的鄉人。[126]韓絳家，「族人百餘口，夫人（范氏）存撫教育之，同其有無。未常少自異，人人歸心。……如是者三十年，家始貧乏。其後祿賜益增，而姻族益廣，施予益博。」幫助族人，是韓氏家法：「世傳韓氏家法，莫不師仰之，皆自以爲不及。」[127]而這家法似在范氏手上發揮得淋漓盡致。

還有一位周氏，是傅某的側室，在傅家握有治產大權：

> 康定中，傅氏之族蕃衍日大。而府君以不足以養爲憂。去城之東湖得童山廢田百頃，又得浪港廢陂數百畝。府君以千金易之，曰：田將種之粳稌而陂將養之芻葦也。顧諸子尚幼，又欲令力學，以世其家。問誰可主者，意在夫人。而夫人承其意。府君喜曰：汝才眞可以比付也。故常往來童山，獨爲

---

123 同上，卷12，〈魏憲墓誌銘〉，頁7下。
124 李之儀，《姑溪居士集》（四庫全書珍本十集）卷20，頁12下。
125 范純仁，《范忠宣集》卷13，頁9上。參看朱家源，〈試論宋代品官地主庄田的土地占有形式〉，《宋遼金史論叢》，第1輯(1985)，頁83-109。文中討論兩宋品官地主賜田、買田、強占民田等形式。
126 司馬光，《溫國文正司馬公集》卷76，頁554。
127 劉攽，《彭城集》卷39，頁512。

提其大要，而以其節目任之。凡所以更革而新之者，出于夫
人之謀十三四也。居久之，生事就緒，歲有餘入。而府君無
內顧之憂者，實夫人之助也。[128]

　　周氏於傅氏夫婦死去十餘年，族人分家產，遂回到自己家裡。有
子二人，就學時周氏用嫁妝支持。

　　宋代聚族而居的現象，已有中外學者論及，[129]文集中有少數事
例，可以補充一二。上引韓絳家有族人百餘口，似爲聚居的一個例
子。鄱陽人陳侯家五世同居，闔門千口。[130]蔡子難家「疏遠而聚居
者百餘人」。[131]蘇州長州人侍其偉，「家世以武顯。族大且貴聞天
下」。其「族千指」。[132]毘陵張氏，「累世義居」。至張虞卿，
「益蕃雄一方」。[133]江陰葛勝仲，「闔門數百指，共室同爨。而姻
戚至時顯仕，歲時燕集，軒騎填里門」。[134]司馬光家同居累世，
「宗族甚大」。光兄爲族長二十餘年。[135]司馬光與張氏世爲婚姻。
張氏「居信都者，宗族百人，開南北二第」。[136]蘇頌居潤州，「聚
族建第，不啻二百口」。[137]撫州陳氏大族，「合堂同食者不啻數百

128　陸佃，《陶山集》（四庫全書珍本別輯）卷16，頁15上下。
129　一般都引《宋史》中的例子。近著如Patricia Ebrey，前引文，頁29-34。
130　陸佃，《陶山集》卷14，頁12下。
131　劉攽，《彭城集》卷37，頁495。
132　葛勝仲，《丹陽集》卷13，頁5上-6下。
133　鄒浩，《道鄉集》（四庫全書珍本十二集）卷37，頁3下-4上。
134　葛勝仲，《丹陽集》卷14，頁22上。
135　司馬光，《溫國文正司馬公集》卷77，頁555。
136　《范太史集》卷39，頁7上。
137　蘇頌，《蘇魏公文集》，附錄〈魏公譚訓〉卷7，頁1163。

指」[138] 又：

> 呂升卿家，「大族也，內外百口」。[139]
>
> 田氏，「大姓也。……有家法，義居甚久，人無閒言」。[140]
>
> 傅思齊不仕，能「合一百口，資產稍立」。[141]
>
> 葛氏，「闔門百口，有右雍睦之風。今東西大族稱孝友者，
> 曰江陰葛氏」。[142]
>
> 呂規父死，「門內百口飲食被服滋奢」。乃「經理生事」，
> 製造鐵器用具。[143]
>
> 程濬，「族屬貧者，聚而衣食，養孤女寡婦而嫁之者凡六
> 人」。[144]

　　家裡人口眾多，士大夫要為衣食奔波。王安石的女婿毛滂曾上書
給宰相叫苦：

> 某今年五十七歲矣。宦游更三十許年，官不過從六品，家無
> 一金產。子弟無一人有升斗之祿。而四十口之家，須某主撮
> 以活身。……某今月得俸三十千，米六石，麥豆半米之數以
> 養，無尺寸功而有祿如此。……然計某之口，則食與衣猶若

138 謝逸，《溪堂集》卷9，頁15上。
139 楊傑，《無為集》卷14，頁3上。
140 同上，卷14，頁7下。
141 《樂靜集》卷29，頁7上。
142 秦觀，《淮海集》，(四部叢刊初編)卷33，頁117。
143 《樂靜集》卷29，頁10上。
144 呂陶，《淨德集》(四庫全書珍本六集)卷21，頁20下。

未足也。[145]

　　上引韓絳家幫助族人三十年，「家始貧乏」，所幸後來祿賜增加了。江陰趙越，本來「家世饒貲」，也是盡力幫助族人，如「同產妹既嫁，貧不能自存，則並其夫與子養於家。……君以財發其義大率類此。故生業浸薄，而鄉閭稱長者。」[146]聚居和置義莊還有很多問題，袁采談得很詳細，結論主張不如置義學：

　　不若以其田置義學，能為儒者，擇師訓之，既為之食，且有
　　以周其困乏，亦不至生事擾人，繁煩官司也。[147]

　　有些士大夫為了怕子孫敗家，不治田產。最好的例子是蘇洵妻程氏，認為有餘財不是福，而將「愚吾子孫」，因此散家財幫助族人和鄉人。[148]孫抃「不為子孫計」。[149]皇甫鑑「不為子孫多營業，曰：不如教使治心田也」。[150]畢士安家也不為生產計：

　　自丞相(畢士安)以來，絕不為生產計。公(畢從古)仕宦三十
　　年，竟無田宅居人。或為公憂，曰：其為子孫何？公曰：使
　　吾子孫賢，雖無田宅，未聞有餓死之賢士也。如不賢而厚遺

145　毛滂，《東堂集》(四庫全書珍本六集)卷8，〈重上時相書〉，頁8上。
146　葛勝仲，《丹陽集》卷14，〈江陰趙君墓誌銘〉，頁9上。
147　袁采，《袁氏世範》(四庫全書珍本六集)卷上，頁28下。
148　《司馬光集》卷76，頁554。
149　《蘇魏公文集》卷63，頁972。
150　劉攽，《彭城集》卷38，頁505。

以田宅，祇速其敗爾！何益？[151]

四、結論

　　雖然在11世紀中葉若干新興士族逐漸把握了重要的政治地位，這一地位卻不是很穩固的。一方面這些士族必須不斷的由家族中的優秀分子通過考試入仕，一方面政府對過分發展的家族有控制的手段。如執行「避親嫌」的政策，使具有親戚關係的家族減少互相合作。同時言官也發揮了批評的制衡作用。政治上氣候的轉變，新黨的崛起，迫使已擁有勢力的若干家族失去其權勢。這些因素，都不會讓新的「門閥」產生。而且形成了士族向下流動的趨勢。南宋洪邁指出這一現象說：

　　近見餘干寓客李氏子云：本朝三李相，文正公昉，文靖公沆，文定公迪皆一時名宰，子孫亦相繼達宦。然數世之後益為蕭條。又經南渡之厄，今三裔並居餘干，無一人在仕版。文定濮州之族，今有居越者，雖曰不顯，猶簪纓僅傳。而文正、文靖無聞，可為太息。[152]

　　士人家貧，妻女流落的例子有二：范純仁妻王氏，王旦姪女，在范家安排家族婚嫁數十人，「洛陽衣冠家有女子因其家破為人所略賣。夫人聞之，急推金帛以贖之，為具衣衾資以嫁之」。[153]傳求

151 畢仲游，《西台集》卷16，〈畢從古行狀〉，頁23上。
152 洪邁，《容齋三筆》（上海：上海古籍出版社，1978）卷12，頁562。
153 畢仲游，《西台集》卷14，頁9上。

「嘗買妾，察其態度有異。問之，衣冠家女也，又常嫁爲士人妻。公乃嘗試其父，爲之咨側。訪其家，母已改適。因爲備行具，以禮嫁之。又爲保薦其夫。其篤於義，多類此」。[154]

田產之散失亦舉一例。李復撰〈遊歸仁園記〉，描寫歸仁園原爲唐丞相牛思黯的別墅。園廣二百畝。「本朝嘗爲參知政事丁度所有，後散歸民家。今中書侍郎李邦直近營之，方得其半。」事在北宋之末（崇寧四年）。[155]

爲了維持士族的地位和產業，不少家族都愼選子孫中有能力讀書從事舉業的，儘量讓他們不事生產，全力向學。另一方面則讓其他子孫努力生產，所謂「仕者多顯于朝，居者能富其家」。[156]是當時仕人的理想，也是爲了「世其家」而發展的策略。治產和置義莊目的在於維持士族的地位，也有互助的作用。

教育子弟不僅是爲父爲兄的責任，也是婦女所擔當的一種重要的任務。在男子喪妻可以一再續弦，而社會不鼓勵士人婦女再嫁的環境中，寡婦的處境是十分艱鉅的。在本文中可以見到不少的婦女或者於寡居時監督子孫的教養，而且有些學問的婦女，親自教育子孫成材。

原載《興大歷史學報》，第3期，1993。

154　《張方平集》，《全宋文》卷820，頁533。

155　李復，《滴水集》（四庫全書珍本六集）卷6，頁14-16下。

156　〈華申錫墓誌〉，見鄒浩，《道鄉集》卷36，頁3下。

歐陽修的傳記寫作

　　中國歷代的正史和文集中，包含了數量極大的傳記。這些傳記是研究歷史的主要資料之一。由於正史的列傳和文集中的碑傳的編寫有特定的目的，所以也有缺點。胡適曾經慨歎：「我覺得二千五百年來中國文學最缺乏最不發達的，是傳記文學。中國的正史，可以說大部分是集合傳記而成的；但可惜所有的傳記多是短篇的。」他認爲文人作墓誌銘小傳，都是受了初期幾部偉大的歷史——《史記》、《漢書》、《三國志》等——的傳記體裁的影響。「不過我們一開頭就作興短傳記的體裁，是最不幸的事。」

　　他又說：「中國傳記文學第一個重大缺點是材料太少，保有的原料太少，對於被作傳的人的人格、狀貌、公私生活行爲，多不知道；原因是個人的記錄日記與公家的文件，大部分毀棄散佚了。這是中國歷史記載最大的損失。」傳記文學不發達，原因是：一、忌諱太多，顧慮太多，就沒有法子寫可靠的生動的傳記。二、缺乏保存史料的公共機關。三、文字上的困難。「以這樣的文字來記錄活的語言，確有困難。」[1]

1　〈傳記文學〉，《胡適言論集(甲編)‧學術之部》(台北：華國出版社，1953)，頁53、59-60。

　　類似的批評很多，不能一一列舉，如毛子水說，過去的傳記「大概都是臚陳事實，沒有什麼分析的工作。嚴格的講，有文學價值的並不多」。[2]程滄波指出，「數千年中唐宋元明清各代的傳記墓誌，都是刻板的式樣」。[3]

　　西方學者們也提出他們的看法，如傅海博認為不應一廂情願的相信正史裡的傳記，但也不應對這些資料採取吹毛求疵的態度。由於正史是官員寫給官員看的歷史，自然有其局限。同時褒貶書法是中國傳記寫作的一個特點。[4]杜希德也說，正史雖然提供了豐富的傳記資料，但傳記的範圍則很有限。正史傳記的編寫，是根據傳主家庭所提供的行狀或家傳，只注重傳主一生的某些方面。典型的傳記主要包括了仕宦的經歷，以及一些奏議，枯燥無味，讀者很難捉摸到人物的性格。[5]

2　〈我對於傳記文學的一些意見〉，《傳記文學》第1卷，第1期(1962)，頁7-8。

3　〈論傳記文學〉，《傳記文學》第1卷，第3期(1962)，頁4-6。

4　Herbert Franke, "Some Remarks on the Interpretation of Chinese Dynastic Histories," *Oriens*, Vol. 3. No.1(1950), pp.113-122.傅氏觀察到傳統歷史寫作的刻板模式，指出為了加強對死去官員行為和品德的優點，傳記包括了七個主要部分，即幼時聰明，人們誇他將有大作為；孝順；受到皇帝的賞識；皇帝稱其字而不稱其名；為官有聲，百姓愛戴為父母官；及不聚財，身後蕭條。

5　Denis Twitchett, "Chinese Biographical Writing," in E.G. Beasley and E.G. Pulleyblank, eds., *Historians of China and Japan*(London: Oxford University Press, 1961), p. 109, 113.關於傳記的討論，尚有以下諸文，載於1962年8月出版之*Journal of Asian Studies*，總題為"The Biographical Approach to Chinese History: A Symposium"，包括Howard L. Boorman, "Preliminary Reflections," pp. 453-455; David S. Nivison, "Aspects of Traditional Chinese Biography," pp. 457-463.中譯為：〈美國歷史學者對中國傳記的看法〉。張源譯，《傳記文學》第2卷，第3期(1963)，頁4-6。並參看杜維運，《與西方史家論中國史學》(台北：中國學術獎助委員會，1966)，頁122-123。

　　歐陽修（1007-1072）是北宋時期的傑出人才，以文雄天下，既在經學方面是領袖人物，又在史學方面是前驅。[6]他的傳記寫作，見於《新五代史》和《歐陽文忠公文集》。這些傳記有些什麼特點？是否仍是套入前人的模子，作刻板的文章，還是有所發明？本文擬將他寫的傳記作一個簡單的介紹，並作初步的觀察。

　　《新五代史》一書，是唐以後正史改由官修的諸種正史中，首先以一人之力寫成的一部史書，曾經被公認為正史，湮沒了《舊五代史》。《新五代史》的特點，主要是重書法。歐陽修自己說他的著史原則是：「予於五代書，竊有善善惡惡之志。」[7]其子歐陽發寫他的事跡，也說他：

> 褒貶善惡，為法精密。發論必以嗚呼，曰此亂世之書也。其論曰：昔孔子作春秋，因亂世而立治法。余述本紀，以治法而正亂君。此其志也。[8]

　　陳師錫在〈五代史記序〉中讚揚他本於春秋的褒貶書法，說他「其事跡實錄詳於舊記，而褒貶義例仰師春秋，由遷、固而來，未之有也。」[9]趙翼認為《新五代史》有兩個優點：文章簡淨及寓春秋書

6　劉子健，《歐陽修的治學與從政》（香港：新亞研究所，1963），頁2-3。英文版名：*Ou-yang Hsiu*: An *Eleventh-Century Neo-Confucianist*（Stanford: Stanford University Press, 1967）.

7　《歐陽文忠公文集》（《四部叢刊》縮編本）卷39，〈王彥章畫像記〉，頁296。

8　《歐陽文忠公文集》，《附錄》卷5，歐陽發，〈先公事跡〉，頁1286。參考蔡世明，《歐陽修的生平與學術》（台北：文史哲出版社），頁114。

9　點校本無序，此據百衲本。

法於紀傳之中：

> 不閱薛史，不知歐史之簡嚴也。歐史不惟文筆潔淨，直追
> 《史記》，而以春秋書法寓褒貶於紀傳之中，則雖《史記》
> 亦不及也。[10]

　　在體裁方面，歐陽修用通史的寫法，不分五代，將本紀和列傳按時間的先後，綜合編寫。列傳又分類為〈家人傳〉、〈死節傳〉、〈死事傳〉、〈一行傳〉、〈雜傳〉等。制度方面則省略了很多史料，只有〈司天〉、〈職方〉二考。

　　王鳴盛批評歐史，以為史書體例已經由班固、范曄的斷代史建立，不必更改。[11]錢大昕則反對用春秋褒貶的原則來寫史：「歐陽公《五代史》，自謂竊取春秋之義。然其病正在乎學春秋。」引洪邁的兩例，指歐陽修故意不提周世宗殺人及朱全忠減稅。[12]現代大陸史家指責歐陽修著史是為了「鞏固北宋地主階級政權，特別是為了給尊孔崇儒尋找歷史依據和理論依據」。[13]事實上，史書具有多樣性，中外都有以垂訓為主旨的史書，不足為怪。歐陽修自創體例，以春秋義理貫通全書，正是他著史有獨到之處。我們似不必拘泥於班范的斷代史格局之中，而應注意他自成一家，以主觀意識寫成一部勸善暴惡的史

10　《廿二史劄記》（《叢書集成》本）卷21，〈歐史書法謹嚴〉。
11　《十七史商榷》（《叢書集成》本）卷93，〈新史意在別立體裁〉，頁1058-1059。他認為斷代史體裁，「百世不可易也」。極力反對雜傳。
12　《十駕齋養新錄》（《四部備要》本）卷6，頁19上下。錢氏認為歐陽修尚不如洪邁「論史有識」，內藤虎次郎認為錢氏之評過酷。見氏著，《支那史學史》（東京：清水弘文堂書房，1967），頁253-254。
13　《新五代史》（北京：中華書局，1974），〈出版說明〉，頁3。

書。至於批評他為地主階級服務一點，在此不必多論。目前大陸史家
似已不再堅持這種教條式的論點了。

如趙翼所說，歐史文筆簡潔。將新舊二史同一人的傳記略作比
較，就可以看出明顯的分別，如薛史〈馮道傳〉引錄馮道自敘全文，
而歐史僅摘錄數語。也許歐陽修以舊史行於世，為人熟知，新史不必
與舊史多所重複。制度方面，他時常將典章制度的討論融入傳記中，
如卷24論宰相失職，卷27論軍制，卷54論入閣、起居之制，及卷55論
文武二舞等。由於歐陽修著史的目的是垂訓於後世，則《新五代史》
中並不詳述若干史實，也缺少制度方面的記載，是可以了解的。

《新五代史》裡的傳記，大致沿用傳統的模型。其特點是以史論
和人物的性格和行為的描寫，或穿插一些軼事，或文章作法的變化，
使傳記活潑生動而非千篇一律，令讀者不會覺得枯燥。歐氏的一些人
物，性格鮮明，活躍於紙上，對人物的行為，有些也有解釋。這也許
是因為既然立傳是要為後世人臣樹立好的榜樣，或勸戒他們不要步
「二臣」和「逆臣」的後塵，則關於人物行為和品德的評判，必須以
事實為根據。

文集中的碑傳，分量不如正史裡的多。其中很多人物是歐陽修的
同事和親友，所以讀來特別親切，與正史裡的傳記有很多的差別。歐
陽修寫的墓誌，如果和當時其他文人所作的比較，特別簡而有法。[14]
他論墓誌銘，以為應當「簡而著」：

> 予考古所謂賢人君子功臣烈士所以銘，見於後世者，其言簡
> 而著。及後世衰，言者自疑於不信，始繁其文，而猶患於不

14　劉子健曾指出此點，見《歐陽修的治學與從政》，頁86。

章，又備其行事，惟恐不爲世之信也。

所以他作的銘「不待繁言而信」，但是對於「行事終始」也「不
敢略」。[15]

歐陽修重視傳記的文筆。他論唐代田布碑道：

〔田〕布之風烈，非得左丘明司馬遷筆不能書也。故士有不
顧其死以成後世之名者，有幸不幸，各視其所遭如何爾。今
有道史漢時事者，其人偉然甚著，而市兒俚嫗猶能道之。自
魏晉以下，不爲無人，而其顯赫不及於前者，無左丘明司馬
遷之筆以起其文也。[16]

應該指出，墓誌雖多褒美之詞，歐陽修所寫的墓誌，則頗多實
錄。司馬光曾經指出這一點。原來歐陽修寫過一篇孫甫的墓誌，述及
孫甫早年爲右正言時，言宮禁事，勸宋仁宗小心「女禍」。後來任晉
州河東轉運使，裁節對往來經過官員的招待。孫甫熟悉唐史，「學者
以謂，終歲讀史，不如一日聞公論也」。[17]司馬光寫「書孫之翰墓誌
後」說歐公的這篇墓誌：「光讀後，恍然如復見公，得侍坐於旁
也。……觀歐公此文，其言公自初仕，以美才清德爲時所重。在諫院
言宮禁事，切直無所避。在陝，不飾廚傳。……喜言唐事，學者終歲

15　《歐陽文忠公文集》卷24，〈內殿崇班薛君墓表〉。

16　《歐陽文忠公文集》卷142，〈唐田布碑〉，頁1131-1132。此點並參考王
　　夢鷗，〈傳記‧小說‧文學〉，《傳記文學》第2卷，第1期(1963)，頁4-
　　6。

17　〈尚書刑部郎中充天章閣待制兼侍讀贈右諫議大夫孫公墓誌銘〉，《歐陽
　　文忠公文集》卷33，頁258-259。

讀史，不如一日聞公論。此皆光親所睹聞，當時士大夫所共知，可謂
實錄而無愧矣。」又說：「歐陽公以文雄天下，固不待光言而後人信
之。然歲月益久，識公〔孫甫〕者益寡，竊懼後之人見歐陽公之文，
以爲如世俗之銘誌，但虛美以取悅其子孫耳。故冒進越之罪，嗣書其
末。……」[18]由此可見當時文人都知道碑傳大都有虛美之詞，只有善
於寫作及長於著史的作家如歐陽修，才能以事實來表現人物的長處，
以文筆來凸顯人物的性格。

以下試將歐陽修寫作傳記的幾個特點，提出來討論。

首先要討論的是褒貶的書法。趙翼已經論及歐陽修的遣詞用字，
寓有褒貶。如用兵之名有四，攻戰得地之名有二，立后的書法等。[19]
這裡不必重複。值得注意的是歐陽修避免觸及宋太祖得位的史實。
《舊五代史》〈恭帝紀〉述宋太祖登位的事相當詳細，引趙匡胤的
「受禪」詔書。《新五代史》則僅書「遜于位，宋興。」全書未提趙
匡胤。徐無黨的注解釋是這樣的：「五代之亡，所書不同。隨事爲文
爾。……周曰遜于位，遜、順也，能順乎天命也。」[20]事實上歐陽修
對於朝代興亡，大臣的出處，書法是很嚴格的。他慨歎：「自古治君
少而亂君多。」[21]「吾於五代，得全節之士三人而已。」[22]特別褒揚
「絜身自負之士」以及死節、死事之臣。茲引一例，在其中他論及五
代君臣父子之間，分際大壞：

18 司馬光，〈書孫之翰墓誌後〉，《司馬溫公文集》(《國學基本叢書》本)
　　卷13，頁310。
19 《廿二史劄記》卷21，〈歐史書法謹嚴〉，頁416-418。
20 參看薛居正等撰，《舊五代史》(北京：中華書局，1976)卷120，〈恭帝
　　紀〉，及《新五代史》卷12，〈周本紀〉。
21 《新五代史》卷32，〈死節傳〉。
22 《新五代史》卷33，〈死事傳〉。

嗚呼！五代之亂極矣。傳所謂「天地閉，賢人隱」之時歟！
當此之時，臣弒其君，子弒其父，而搢紳之士安其祿而立其
朝，充然無復廉恥之色者皆是也。……五代之亂，君不君，
臣不臣，父不父，子不子，至於兄弟、夫婦人倫之際，無不
大壞，而天理幾乎其滅矣！[23]

因為「五代無全臣」，他特別立「雜傳」，理由是：「仕非一
代，不可以國繫之者，作雜傳。夫入于雜，誠君子之所羞，而一代之
臣，未必皆可貴也。覽者詳其善惡焉。」[24]雜傳中有皇甫遇其人，於
契丹滅晉後自殺。《舊五代史》記載這件事的經過很詳細，並說他自
殺後，「遠近聞而義之」。《新五代史》的記載則極簡單，沒有讚揚
他，只說：「行至平棘，絕吭而死。」贊云：「不得為死事。……相
與亡人之國矣，雖死不能贖也。豈足貴哉！」[25]這樣說來，周亡宋興
之事，難道值得稱讚嗎？歐陽修避免討論，正是胡適指責的避諱的毛
病。

歐陽修貶抑的大臣，最有名的是馮道。《舊五代史·馮道傳》的
本文中，對馮道並沒有什麼不好的意見，說他少時「純厚，好學能
文。不恥惡衣食，負米奉親，……」列舉其功業。只有在傳贊部分，
才批評他「事四朝，相六帝，可得為忠乎！夫一女二夫，人之不幸，
況於再三者哉！……」[26]歐陽修則在馮道傳之前，發為議論：「予讀

---

23 《新五代史》卷34，〈一行傳〉。
24 《新五代史》卷21，〈梁臣傳〉，頁207。
25 參看《新五代史》卷95，〈皇甫遇傳〉及《新五代史》卷47，〈皇甫遇傳〉。
26 參看《舊五代史》卷126，頁1666。

馮道〈長樂老敘〉，見其自述以爲榮，其可謂無廉恥者矣。則天下國家可從而知也。」[27]在傳記中，描寫馮道「視喪君亡國亦未嘗以屑意。」「當是時，天下大亂，戎夷交侵，生民之命，急於倒懸。道方自號『長樂老』，著書數百言，陳己更事四姓及契丹所得階勳官爵以爲榮。」[28]最有趣的是舉一個五代時的故事來諷刺馮道。故事的主角寡婦李氏，手臂被人拉了一把，就用斧砍掉。歐陽修寫完故事後歎道：「嗚呼！士不自愛其身而忍恥以偷生者，聞李氏之風，宜少知愧哉！」接著才寫馮道傳。

墓誌中涉及褒貶的處所較少。茲舉一例：吳舉墓誌中述及吳舉曾仕南唐，唐亡不仕：

> 君學春秋，通三傳。其臨大節，知所守。當五代時，僭竊分裂，喪君亡國不勝數。士之不得守其節與不能守者，世皆習而不怪。君於此時獨區區志不忘李氏，其義有足動人，然而亦無爲君道者。

因此，歐陽修特別指出吳舉學春秋，通三傳，知所守。並且爲之銘曰：

> 世逢此兮，廉恥道缺。中國五禮兮，九州分裂。朝存夕亡兮，士莫守節。昧者習安兮，懦夫志奪。偉哉吳君兮，凜矣其烈。世莫我知兮，不妄自伐。有韞必昭兮，後世而發。嗚

27　《新五代史》卷54，頁611。
28　同上，頁614。

> 呼吳君兮，寓銘斯碣。[29]

這種表揚是和《新五代史》的書法一致的。

歐陽修於抨擊亂臣賊子之外，特別厭惡宦官和女禍，尤其是宦官：

> 嗚呼！自古宦女之禍深矣！明者未形而知懼，暗者患及而猶安焉。至於亂亡而不可悔也。雖然，不可不戒。作宦者傳。[30]

宦者之禍大於女禍：

> 自古宦者亂人之國，其源深於女禍。女，色而已；宦者之害，非一端也。……夫女色之惑，不幸而不悟，則禍斯及矣；使其一悟，捽而去之可也。宦者之為禍，雖欲悔悟，而勢有不得而去也。唐昭宗之事是已。古曰：深於女禍者，謂此也。可不戒哉！[31]

歐陽修對於婦女的看法，與當時傳統的觀點並無差別，從上述李氏寡婦斷臂的故事可以知道他主張婦女應當守節。在〈梁家人傳〉的前言中，他指出梁之敗是敗於女色：

29　《歐陽文忠公文集》卷35，頁275。
30　《新五代史》卷38，頁403。
31　同上，頁406-407。

> 梁之無敵於天下，可謂虎狼之強矣。及其敗也，因於一二女
> 子之娛，至於洞胸流賜，剚若羊豕，禍生父子之間，乃知女
> 色之能敗人矣。自古女禍，大者亡天下，其次亡家，其次亡
> 身。身苟免矣，猶及其子孫。雖遲速不同，未有無禍者也。
> 然原其本末，未始不起於忽微。……32

〈家人傳〉中的后妃有數人「以色進」，不良的后妃爲唐莊宗后劉氏，笞其父劉叟，又用事於中。33晉出帝后馮氏，於高祖駕崩後，出帝居喪中，酣飲歌舞，行爲不檢。34不過，歐陽修也表揚賢明的后妃，如梁太祖之母告誡太祖，全活多人，35唐太祖正室劉氏無子，卻性賢不妒忌，36其他婦女，如張全義妻儲氏「明敏有口辯」爲保護其夫而與梁太祖辯論。37後蜀李昶母李氏，爲人明辯。李昶死後，不食而卒。38最富於戲劇性的，是契丹阿保機之后述律氏斷腕的故事，顯示契丹婦女的強悍。39

文集中的婦女，則與《新五代史》中的后妃頗有差異。一方面因爲這些婦女都是他的家人，或朋友的母親及妻子，其傳記主要目的是表揚他們。另一方面，這些婦女與國家興亡禍福無關。他曾指出：

32　同上，卷13，頁127。
33　同上，卷14，頁144。
34　同上，卷17，頁180。
35　同上，卷14，頁128。
36　同上，卷14，頁142。
37　同上，卷45，頁490。
38　同上，卷64，頁807。
39　同上，卷73，頁902-903。

夫男子見于外，其善惡功過可舉而書。至於婦德主內，自非
死節徇難，非常之事，則其幽閒淑女之行孰得顯？[40]

由於著重褒貶，寫作傳記在取材方面不免要仔細斟酌。《新五代
史》裡增加了修舊史時未見及缺漏的史料，改正了舊史的若干錯誤，
也刪去歐陽修認為不必保留的部分。不涉及褒貶的補正和刪改，可以
顯出歐陽修在史學上面的成就；如果涉及褒貶，則會發生問題。歐陽
修在補充史料方面，於〈王彥章畫像記〉一文中說得很明白：「惜乎
舊史殘略，不能備公〔王彥章〕之事。」他找到王彥章的家傳，補充
了很多資料，如王彥章曾說「豹死留皮，人死留名」的話。[41]若比較
新舊二史中的王彥章傳，可見新史因褒貶而影響到材料的取捨，例如
歐陽修為了表彰王彥章的勇敢，在他兵敗被擒的戰役中，將所率兵士
數目從舊史的數千人減為「新募之兵」五百騎。[42]周太祖郭威得位
後，劉崇「自立于太原」，又有「冬十月，漢人來討」的寫法，[43]但
是歐陽修對於郭威基本上是頌揚的。也許宋太祖與郭威的得位情形相
似，所以歐陽修暗示黃袍加身有不妥之處，從安定大局，統一中國來
說，則功多於過。

其次值得研究的，是歐陽修刻意描畫人物的性格和行為。無論是
《新五代史》中的傳記或文集中的碑傳中，都可以見到。有些人物
《舊五代史》中已有相似的記載，卻不如歐陽修重寫的精采。茲舉數

40　《歐陽文忠公文集》卷36，〈萬壽縣君徐氏墓誌并序〉，頁277。

41　《歐陽文忠公文集》卷39，〈王彥章畫像記〉，頁295-296。

42　歐陽修寫王彥章的傳記，有錯誤的地方，也有故意改動史實的缺點，見點
　　校本《舊五代史》卷21，頁289-293之小注。參看趙翼，《廿二史劄記》卷
　　21，〈歐史失檢處〉，頁419-420。

43　《新五代史》卷11。

例於下：

一、郭威

> 威年十八，以勇力應募。爲人負氣，好使酒。〔李〕繼韜特
> 奇之。威嘗游於市，市有屠者，常以勇服其市人。威酒醉，
> 呼屠者，使進几割肉，割不如法，叱之。屠者披其腹示之
> 曰：爾勇者，能殺我呼？威即前取刀刺殺之，一市皆驚，威
> 顏自如。[44]

這段文字寫郭威刺殺屠者，竟似爲後來《水滸傳》中魯智深拳打
鄭屠所本。也見於《舊五代史》，但《舊史》云郭威殺人後「市人執
之屬吏」。[45]

二、翟光鄴

> 光鄴爲人沉默多謀，事繼母以孝聞。雖貴，不營財產。常假
> 官舍以居，蕭然僅蔽風雨。雍睦親族，粗衣糲食，與均有
> 無，光鄴處之晏然，日與賓客飲酒聚書爲樂。……[46]

這是一篇很短的傳記，首兩段寫翟光鄴幼時隨晉明宗，後來歷仕

44　《新五代史》卷11，頁109。
45　《舊五代史》卷110，〈太祖紀〉。
46　《新五代史》卷49，頁553-554。參看《舊五代史》卷129，〈翟光鄴
　　傳〉。

晉、漢、周三朝。最後(即上引者)描寫他的爲人。

三、馮道

> 道爲人能刻苦爲儉約。當晉與梁夾河而軍,道居軍中,爲一
> 茅庵,不設床席,臥一束芻而已。所得俸祿,與僕廝同器飲
> 食,意恬如也。諸將有掠得人之美女者以遺道,道不能卻,
> 寘之別室,訪其主而還之。[47]

歐陽修的〈馮道傳〉志在貶抑二臣,但是他也不淹沒其性格值得
稱道的一面。

四、劉龑

> 龑性聰悟而苛酷,爲刀鋸、支解、刳剔之刑。每視殺人,則
> 不勝其喜,不覺朵頤,垂涎呀呷。人以爲眞蛟蜃也。[48]

描寫南漢劉龑嗜殺,不過四十字,讀之悚然。

五、石延年(曼卿)

47　同上,卷54,頁612。
48　同上,卷65,頁811。《舊五代史》卷135有〈劉龑傳〉,即劉陟。寫其嗜
　　殺曰:「陟性雖聰辯,然好行苛虐,至有炮烙、刳剔、截舌、灌鼻之刑。
　　一方之民,若據爐炭。」頁1808。

幽燕俗勁武，而曼卿少亦以氣自豪。讀書不治章句，獨慕古
人奇節偉行非常之功，視世俗屑屑無足動其意者，自顧不合
於時，乃一混以酒。然好劇飲大醉，頹然自放，由是益與時
不合，而人之從其遊者，皆知愛曼卿落落可奇，而不知其才
之有以用也。[49]

這是一個不合於時的人，以酒麻醉自己。

六、尹源

爲人剛簡不矜飾，能自晦藏，與人居久而莫知，至其一有所
發，則人必驚伏。其視世事，若不干其意，已而摧其情僞，
計其成敗，後多如其言。其性不能容常人，而善與人交，久
而益篤焉。……〔其兄尹洙〕師魯與時賢士，多被誣枉得
罪，君歎息憂悲，發憤，以謂生可厭而死可樂也。往往被酒
哀歌泣下，朋友皆竊怪之。已而以疾卒。[50]

這是一個憂時之士，看似不關心國事，而實際上則因國事不可爲
而厭世。

七、梅堯臣妻謝氏

49　《歐陽文忠公文集》卷24，頁195，〈石曼卿墓表〉。
50　《歐陽文忠公文集》卷31，頁245，〈太常博士尹君墓誌銘并序〉。

慶曆四年秋，予友宛陵梅聖俞來自吳興，出其哭內之詩而悲
曰：吾妻謝氏亡矣！丐我以銘而葬焉。予未暇作。居一歲
中，書七八至，未嘗不以謝氏銘為言。且曰：「吾妻故太子
賓客諱濤之女，希深之妹也。……年二十以歸吾，凡十七年
而卒。卒之夕，欲以嫁時之衣，甚矣，吾貧可知也。然謝氏
怡然處之。治其家有常法。……吾嘗與士大夫語，謝氏多從
戶屏竊聽之。間則盡能商榷其人才能賢否，及時事之得失，
皆有條理。吾官吳興，或自外醉而歸，必問曰：今日孰與飲
而樂乎？聞其賢者也則悅，否則歎曰：君所交皆一時賢儁，
豈其屈己下之耶？惟以道德焉，故合者尤寡。今與是人飲而
歡耶？……[51]

歐陽修為婦女作傳，行文簡潔而富感情。這篇文章，大半引用梅
堯臣對他敘述其妻一生的事蹟，極為生動，描寫一個讀書人為官時，
其妻對他的關心。

歐陽修所著傳記中時有議論。最為人熟知的是他借題發揮己見，
於唐六臣張文蔚等傳贊論朋黨，影射時政；及於晉出帝紀贊論喪禮，
意在討論濮議。[52]此外，《新五代史》中有好幾處論盛衰禍福，指出
「憂勞可以興國，逸豫可以亡身。」[53]「君子小人之禍福異」，「君
子之罹非禍者，未必不為福。」[54]晉之亡，「蓋必然之理」。[55]此

51　《歐陽文忠公文集》卷36，頁276，〈南陽縣君謝氏墓誌銘〉。
52　此點趙翼已指出，見《廿二史劄記》卷21，〈歐史傳贊不苟作〉，頁419。
53　《新五代史》卷37，〈伶官傳〉，頁397。
54　同上，卷42，頁464。
55　同上，卷52，頁600。

外，又論名器、[56]人性，[57]及妖祥。[58]文集中碑傳裡的議論則較少為人注意。他的朋友張先以疾卒，年四十八。他寫道：「善人君子，欲使幸而久在於世，亦不可得，嗚呼可哀也已？」[59]尹源卒年五十，他歎道：壽考不長，「其所以然者，不可得而知」。[60]活得長的，如閭象，卒年七十七，也沒有什麼大的成就，於是歐陽修把這種情形歸之於命：

　　嗚呼？士患不逢時。時逢矣，患人主之不知。知矣，而不及
　　用者，命也。[61]

另一個不能一展長才的例子是梅詢。他於真宗朝已經言天下事合人主之意，卻「擯斥流離四十年間，白首翰林，卒老一州。」歐陽修歎道：「嗟夫！士果能自為材邪？惟世用不用爾！」[62]
　　論及當時社會和政治，歐陽修的意見，是認為禮儀喪失，如指出「自唐滅，士喪其舊禮，而一切苟簡」。只有杜衍家能「守其家法」。[63]又說：

　　禮之失久矣，喪禮尤廢也。今之居喪者，惟仕宦婚嫁聽樂不
　　為，此特法令法之所禁爾。其衰麻之數，哭泣之節，居處之

56　同上，卷49，頁558-559。
57　同上，卷51，頁581。
58　同上，卷67，頁844。
59　《歐陽文忠公文集》卷27，〈張子野墓誌銘〉，頁219。
60　同上，卷31，〈太常博士尹君墓誌銘并序〉，頁245。
61　同上，卷20，〈金部郎中贈兵部侍郎閭公神道碑銘并序〉，頁168。
62　同上，卷27，〈翰林侍讀學士給事中梅公墓誌銘〉，頁215。
63　同上，卷31，〈太子太師致仕杜祁公墓誌銘〉，頁242。

別，飲食之變，皆莫知夫有禮也。在上位者不以身率其下，在下者無所望於其上，其遂廢矣乎。[64]

薛直孺無子，歐陽修認為可哀，並非其罪：

孟子曰：不孝有三，無後為大。此為舜娶妻而言耳，非萬世之通論也。不娶而無後，罪之大者可也。娶而無子，與夫不幸短命未及有子而死以正者，其人可以哀，不可以為罪也。[65]

歐陽修對於當時的政治，是抱著悲觀的態度的。如他指出小人用事：

慶曆中，小人有不便大臣執政者，欲排去之，未知所發。而杜丞相[衍]子婿蘇舜欽為集賢校理，負時名，所與交遊皆當世賢豪。已而，舜欽坐監進奏院祠神會客，為御史所彈。公〔王洙〕以坐客貶知濠州。……[66]

關於這件事，又說蘇舜欽：

君名重天下，所會客皆一時賢俊，悉坐貶逐。然後中君者喜曰：吾一舉網盡之矣。其後三四大臣繼罷去，天下事卒不復施為。[67]

64　同上，卷25，〈太常博士周君墓表〉，頁203。
65　同上，卷28，〈薛質夫墓誌銘〉，頁224。
66　同上，卷31，〈翰林侍讀學士王公墓誌銘并序〉，頁248。
67　同上，卷31，〈湖州長史蘇君墓誌銘并序〉，頁247。

　　最後，應該一提歐陽修寫傳記的格局。在這方面，他的寫法較同時人如司馬光和范祖禹有變化。如前引梅堯臣妻謝氏的傳記，全用梅堯臣告訴他的妻子的事跡。這種寫法，又見著名的〈瀧岡阡表〉，敘述其父的事蹟，是引用其母告誡他的話，從「汝父為吏，廉而好施。……」開始，到「夫養不必豐，要於孝；利雖不得博於物，要其心之厚於仁。吾不能教汝，此汝父之志也。」[68]同樣的寫法，也用在其為父所寫的傳記中。也是從「汝父為吏，廉而好施」開始，引述其父的事蹟。[69]又其妻胥氏的事蹟，則由其弟子徐無黨記錄，因為他「哀不能文」。[70]

　　至於為朋友寫傳記，則頗多自述與友人交往的經過，如〈張汝士傳〉中，歐陽修述及張汝士「為人靜默修潔」，「工書，喜為詩，間則從余遊，其語言簡而有意，飲酒終日不亂，雖醉，未嘗頹墮。與之居者，莫不服其德。」[71]又如張先墓誌中，歐陽修也敘與他交遊的經過。[72]友人尹洙的性格，不為人所知的，歐陽修為他表揚，說他「無愧於古君子」。[73]他為蘇舜欽寫墓誌銘，則記述舜欽死後數年，其妻杜氏（杜衍女）奔走求援，終於得到歐陽修的幫助，搜羅其文章成集，並為之序。[74]他寫謝絳夫人高氏的墓誌，回憶初見絳父謝濤的情景，描寫他「鬢髮垂白，衣冠肅潔。貌厚而氣清，壽考君子也。」與謝絳

68　同上，卷25，頁206。

69　同上，卷62，〈先君墓表〉，頁467。按小注云：「此乃『瀧岡阡表』初稿，其後刪潤頗多。」

70　同上，〈胥氏夫人墓誌銘〉，頁469。

71　同上，卷24，〈河南府司錄張君墓表〉，頁201。

72　同上，卷27，頁219。

73　同上，卷28，〈尹師魯墓誌銘〉，頁225-226。

74　同上，卷31，頁246。

遊，則「見其年壯志盛，偉然方爲一時名臣」。[75]

歐陽修曾經自動爲人寫墓表，雖然不曾見過傳主，卻也寫得相當感人。他自述爲乾德縣令時，問當地長老，得知漢水旁的石隄是李仲芳所修。他自認既是縣官，就有責任頌揚李君。[76]

歐陽修的傳記寫作，雖然大致沿襲前人的做法，卻不是一成不變，刻板無味。他寫的傳記，尤其是《新五代史》中的傳記，大都蘊含著他著史的主要目的——褒貶。就褒貶史學這一點來說，似不必指爲《新五代史》的缺點。史學在北宋有重大的發展，其中《新五代史》獨放異彩，是一部重解釋和文筆的史書。我們也不必堅持一代之史必須採用班范的體裁。歐陽修的新創體例是好是壞，不必放在正史的體裁中去評判，歐陽修也許並沒有計畫把《新五代史》看作一部正史。他創造新體例，並以主觀的看法貫通全書，加以組織緊湊，文字簡鍊優美，可讀性高，尤其是文集中的碑傳，敘述其親友的事蹟，特別親切。這些都是歐陽修在史學和傳記上的貢獻。

歐陽修的《新五代史》並非沒有缺點，其一是也許爲了褒貶人物，除了增加史料外，也刪削和改動史料。其二是傳記太短。不過，傳記寫得短並非歐陽修獨有的缺點。由於正史必須容納很多人的傳記，似不可能收入特別長的傳記。碑傳則因墓碑、神道碑面積的限制，也不可能太長。這種實際的因素，也許影響到中國過去缺乏長篇傳記的傳統。再者，由於歐陽修著史的主旨是褒貶，則只要能彰顯這一主旨，並不需要長篇的傳記。

原載《第三屆史學史國際研討會論文集》。台中：中興大學，1990。

75　同上，卷36，〈渤海縣太君高氏墓碣〉，頁279。

76　同上，卷24，〈尚書屯田員外郎李君墓表〉，頁196。

宋高宗的性格

在中國王朝的皇位繼承制度正常運作情形下，趙構(1107-1187；在位：1127-1162)，即宋高宗，不可能成爲皇帝。趙構是宋徽宗(1082-1135)的第九個兒子，欽宗(1101-1161；在位：1126-1127)之弟。在北宋末年的宋金戰爭中，金軍攻占了宋首都汴京，擄去徽宗、欽宗、后妃和宗室，而趙構因受命招兵買馬，不在汴京城中，沒有被金人捉去。1127年，趙構被擁立爲帝，改元建炎。

南宋(1127-1279)的輝煌文化和長足的經濟發展卻沒有爲趙構，也就是高宗，增高他在歷史上的地位。一般人認爲南宋是一個積弱的朝代。高宗在位的年代，無法收復失去的疆土，南宋成爲金朝的附庸國。高宗和秦檜(1090-1155)更因爲羅織民族英雄岳飛的冤獄而聲名狼藉。

高宗的一朝有幾個特點。首先，高宗君臣締造了宋朝的中興。南宋得以延續一百五十年。其次，南宋的中興有了新的開始。在政策和制度方面和過去有有所不同，雖然當政權穩固後，仍然回復了傳統的模式。南宋在對金朝的關係方面則低於北宋與遼的對等情況。第三，高宗最後讓位給孝宗，享受太上皇的地，在中國歷史上比較少見。

本文旨在討論高宗的性格，觀察他的個人經驗如何反映到對金的

政策，最後論及他的所謂「禪讓」。[1]

一、從靖康之難到汎海逃生

　　靖康元年(1126)正月，金帥完顏斡離不(宗望)率領大軍南下圍困汴京。欽宗派遣大臣往金營談判，金人並且要求一位親王作爲人質，保證和平的條件。康王趙構自願前往金營，於是欽宗派他與太宰張邦昌同去。[2]宋朝答允割讓邊境三鎮，及支付軍費，交換金人撤兵。[3]但是，金兵撤退後，宋朝廷中主戰派抬頭，反對割地。於是金兵再度入侵，於十月中渡黃河。朝廷被迫重啓談判，並派趙構與刑部侍郎王雲同往河北。但趙構等到磁州時，百姓怒殺王雲，趙構落荒逃亡。[4]同時金軍再度包圍汴京，而趙構則被欽宗任命爲河北兵馬大元帥。汴京陷落時，趙構在山東招兵，無法入援。靖康二年(1127)三月，金帥另立張邦昌爲楚帝。[5]

　　金朝大軍撤退，擄走徽、欽二帝、宗室、后妃，包括趙構的王妃，以及百官、宦官、工匠、樂工、大量宮中的寶器和圖籍。未被擄去的官員勸張邦昌放棄皇位，仍爲太宰，找到哲宗(在位：1086-

---

1　　本文的主要資料根據李心傳，《建炎以來繫年要錄》(《叢書集成》本)。以下作《要錄》。關於高宗日曆的討論見李勇先，〈從繫年要錄看高宗日曆中有關秦檜岳飛史實的記載〉，岳飛研究會編，《岳飛研究》，第四輯(北京：中華書局，1996)，頁190-213。

2　　《要錄》卷1，頁13。

3　　看Herbert Frank, "Treaties between Sung and Chin," in F. Aubin, ed., *Etudes Song*, ser. 1, no. 1 (Paris: Mouton, 1970), pp. 55-84.

4　　《要錄》卷1，頁17-18；徐夢莘，《三朝北盟會編》(文海本，以下作《會編》)卷64，頁4a-b；脫脫等，《宋史》(北京：中華書局本)卷357，〈王雲傳〉。

5　　《要錄》卷3，建炎元年三月丁酉，頁66。

1100)廢后，即元祐皇后(1077-1135)垂簾。元祐皇后發表詔書，號召天下支持康王中興。[6]五月初一，康王就位於南京(河南)，並沒有回到汴京。[7]

康王就皇帝位時年二十一，已經受過折磨。據說他是一個勇敢有為的青年，「資性朗悟，博學彊記。讀書誦千餘言。挽弓至一石五斗」。[8]在他作為人質時，據說他維持了尊嚴。但完顏斡離不一度因宋軍突襲而遷怒於康王與張邦昌，康王則很害怕。[9]當時他的確面臨可能被金人囚禁的困境。另一個資料則說金人不滿康王的鎮定，而要求換人，於是欽宗以肅王來代替他。[10]後來他被命到河北和金人談判時，若非磁州的變亂，他仍有可能被金人拘留。

康王即位之初，號召收復失土，迎回徽、欽二帝。用李綱(1083-1140)為相，宗澤(1059-1128)為將。宗澤守衛汴京，屢次上書請求皇帝(高宗)返回首都，但是新皇帝都不予理會，相信的是黃潛善和汪伯彥。汪黃在靖康元年冬天康王落難時，最先帶兵來支持他。汪伯彥還和康王在相州鄉野共過患難。[11]據說汪黃對待康王如乳母對赤子一般。[12]多年後，高宗說當初他不知如何處理事情，黃潛善幫助他建立政權。[13]李綱只做了75天的宰相，就被汪黃取代。兩人勸新皇帝，

6　《要錄》卷4，建炎元年四月甲戌，頁107。
7　《要錄》卷5，建炎元年五月庚寅朔，頁115。
8　《要錄》卷1，建炎元年正月朔，頁1；《宋史》卷24，頁1。丁傳靖，《宋人軼事彙編》(台北：臺灣商務印書館)卷3，頁66。
9　《會編》卷33，頁8-10，鄭望之的報告。但《宋史》卷24，頁1b則說張邦昌害怕，康王鎮定。
10　《要錄》卷1，頁14；《會編》卷36，頁9b。
11　《要錄》卷18，建炎二年十月甲子，頁360。
12　胡寅，《斐然集》(《四庫全書珍本》)卷16，頁3b。
13　《要錄》卷99，紹興六年三月癸巳，頁1633。

回汴京太危險，不如南遷江南。

困擾高宗的第一個問題是他做皇帝的合法性。他就位後，有頗多對他得位的批評和抗議。建炎元年，在金軍圍汴時曾經發起抗議活動的太學生陳東和歐陽澈，至此又「伏闕上書」，指責康王不當用汪、黃，應當用李綱，回汴京治兵親征，迎回欽宗。高宗聽了汪黃的話，居然處決陳東和歐陽澈。[14]此後一直不允許「伏闕上書」，強調他們不該干涉朝廷用人。[15]數年後，紹興四年(1134)，高宗承認用汪、黃，處死陳東、歐陽澈是他年輕時的錯誤：

> 朕初即位，昧於治體，聽用非人。至今痛恨之。雖已贈官推恩，猶未足以稱朕悔過之意。可更贈官賜田。雖然，死者不可復生，追痛無已。[16]

高宗於建炎元年九月，決定至維揚，同時賜張邦昌死。十月，高宗至揚州。十二月，金帥聽說宋人逼退了張邦昌，乃決定南侵。建炎二年正月，宗澤屢次請高宗返汴京。三月，信王榛起兵於五馬山，遣馬擴至高宗處求援。四月，傳信王欲入汴京，高宗下詔還京。顯然高宗擔心信王入汴京和宗澤合作，成為高宗的競爭對手。[17]後來金兵攻破五馬山，信王失蹤，高宗才放心。

建炎三年初，高宗遭到南下金軍突襲，倉皇渡江。過程中與難民

14 《要錄》卷8，建炎元年八月壬午，頁206。

15 《要錄》卷58，紹興二年九月庚辰，頁1011。

16 《要錄》卷81，紹興四年十月壬寅，頁1339。

17 參看拙著，〈南宋初信王榛抗金始末〉《邊疆史研究集——宋金時期》(台北：臺灣商務印書館，1971)，頁24-32。

一起，甚至手刃一個出言不遜的衛士。[18]雖然最後他在東南穩固了政權，紛至沓來的問題一直困擾著他。

高宗君臣逃到杭州，將汪、黃免職。三年三月，將領苗傅、劉正彥不滿大將王淵、內侍康履及汪黃等的貪黷，發動政變。他們認為高宗不當就大位，如果欽宗回來，不知何以處？主張對金求和，並逼皇帝退位。高宗不得已，下詔禪位，把他的三歲兒子放在皇位上，由元祐皇后垂簾聽政。苗、劉並先後殺內侍康履等。逼宮的叛變經過元祐皇后和大臣朱勝非與苗、劉周旋，讓高宗於四月復辟。[19]呂頤浩、張浚、韓世忠等起兵勤王，苗、劉逃走。七月，殺苗、劉。這件事對高宗的傷害很大，從此他懷疑諸將。[20]復辟後，論范瓊跋扈，不肯勤王之罪，賜死。[21]紹興元年，張浚殺大將曲端；同年，李允文賜死，罪名都是不聽指揮。[22]後來岳飛之死，是高宗控制諸將手段的極致。高宗也不輕易信任大臣，他更換宰相相當頻繁。宋朝皇帝中，他任用的宰相最多，但是卻信任秦檜最久，達18年，僅次於史彌遠(1164-1233)的23年。此外，他的親信包括醫官王繼先(1098-1181)、宦官康履、張去為，[23]以及劉貴妃。[24]王繼先「權勢之盛，與秦檜埒」。[25]

18　《要錄》卷20，建炎三年二月壬子，頁390-391。

19　《要錄》卷21，建炎三年三月癸未至三月末，頁416-461；卷22，三年四月戊申朔，高宗復辟，頁463。

20　《宋史》卷25，三月至七月，頁462-471；卷475，苗傅、劉正彥傳。參看虞雲國，〈苗劉之變的再評價〉，《兩宋歷史文化叢稿》(上海：上海人民出版社，2011)，頁183-196。徐秉瑜，《宋高宗的對金政策》，台灣大學碩士論文(1984)，頁58-60。

21　《要錄》卷25，七月丙戌、壬辰，頁509、512。

22　《要錄》卷43，紹興元年四月丁亥，頁791-792；卷48，紹興元年十月丁卯，頁857。

23　王繼先傳見《宋史》卷243。

24　劉妃「妄預國政，廢于家。……辛亥，以劉婉容事連坐，昭慶軍承宣使王

　　一波未平，一波又起。高宗的合法地位尚未穩固，面臨大敵金軍追來。建炎三年(1129)十一月，金兵渡江。十二月，陷臨安(杭州)。高宗登船入海逃亡。[26]金帥完顏宗弼在海上追趕數百里，無功而返。此役的影響深遠。高宗定都杭州，即臨安，不肯都建康，是因為臨安瀕海，易於逃亡。此後金軍或偽齊軍發動攻擊，高宗都會考慮退避。如紹興二年(1132)八月，高宗問群臣：「假如敵或南來，避與不避，策將安出？」宰相呂頤浩回答：「當先為定計以待之。」高宗只好說：「未聞千里而畏人者也。」[27]又如紹興四年六月，高宗與群臣討論防秋：「儻敵人尚敢南來，朕當親率諸軍迎敵，使之無遺類。即中原可復也。若復遠避為汎海計，何以立國耶？」可見他想到退避。[28]事實是常有人主張逃避。如紹興四年九月，金、齊聯軍大舉南侵，「諜報至，舉朝震恐。或勸上他幸，議散百司。」被趙鼎制止。[29]所以李綱指出，「近年所操之說有二：閑暇則以和為得計，而治兵為失策。倉卒則以進禦為誤國，而退避為愛君。」[30]三十一年(1161)金朝

(續)————————

　　繼先福州居住，停子孫官，籍其貲。」見《宋史》卷32，紹興三十一年八月丁未、辛亥，頁602。王繼先被貶時的十大罪名見《要錄》卷192，紹興三十一年八月辛亥，頁3211-3212。

25　《要錄》卷157，紹興十八年三月甲申。秦檜妻與王繼先敘拜為兄弟，往來甚密。參看劉子健，〈秦檜的親友〉，《食貨月刊》14卷7.8期(1984)，頁319-321。

26　《宋史》卷25，建炎三年十一月、十二月；卷26，建炎四年正月、二月，頁470-476。《要錄》卷31，建炎四年正月丙寅，頁603。

27　《要錄》卷57，紹興二年八月庚寅，頁989。

28　《要錄》卷77，紹興四年六月丙午，頁1271。五年正月戊申，高宗說：「敵已退遁，須當漸圖恢復。若止循故轍，為退避之計，何以立國？」頁1378。

29　《要錄》卷80，紹興四年九月乙丑，頁1313。

30　《要錄》卷87，紹興五年三月壬寅，頁1452。翟汝文也說：「將相大臣，每至防秋，則豫謀避地之計。」頁1460。

大軍南下,高宗也一度想從海路逃走。

　　另一件高宗頭痛的事,是金人於建炎四年樹立第二個傀儡政權劉豫(1073-1143),建號齊,與他爭正統。[31]金人利用劉豫來牽制甚至滅亡南宋。不少南宋將官和盜賊歸附所謂偽齊,造成高宗很大的困擾。其中主要的人物是紹興元年投奔齊國的李成,[32]二年的孔彥舟,[33]三年的水軍將領徐文,[34]和七年率四萬兵士投降的酈瓊。[35]也因此對於諸將,高宗認為戰勝並不可喜,而以能尊朝廷為可喜。[36]

　　身為人質的艱辛,將領的叛變,皇位的岌岌可危,金兵的追襲,連年的戰爭,對二十三歲的高宗來說,身負的責任是嚴苛的,所受的傷害是沉重的。這些問題對高宗的心理和處事施政,自然有很大的影響。

二、從戰爭到和議

　　南宋政權建立之初,軍事和經濟上都無從與金抗衡,因此高宗不斷遣使對金求饒。他一直表示願意談和,沒有很堅強的抗敵意志。高宗的性格反映在對敵人的態度和政策上。

　　金朝滅北宋時,金太宗吳乞買在東北,中原由兩位副元帥負責軍事和政治上一切事務。宋高即位之初,就屢次遣使求和。對象不是金

31　《會編》卷141。《宋史》卷475,叛臣上,〈劉豫傳〉。

32　《要錄》卷44,紹興元年五月是月,頁807。《金史》卷79有傳。

33　《要錄》卷55,紹興二年六月壬寅,頁970。《金史》卷79有傳。

34　《要錄》卷64,紹興三年四月辛亥,頁1097。《金史》卷79有傳。並有李成、孔彥舟等。

35　《金史》卷79有傳。云「率所領步騎十餘萬歸附于齊。」頁1781。

36　《要錄》卷106,紹興六年十月癸酉,頁1731。

朝皇帝，而是在河東的左副元帥完顏宗翰(即粘罕、宗維)。河北的右
副元帥完顏宗望(即斡離不)於1127年死後，由完顏昌(即撻懶)繼續其
地位。建炎元年(1127)，六月，主和的黃潛善、汪伯彥遣傅雱、馬識
遠爲大金通和使，往河東。[37]八月，傅雱等欲見金左副元帥宗翰，但
只見到左監軍完顏希尹、耶律伊都等。請上二帝表。[38]九月，傅雱帶
完顏希尹所交金國書南還，希尹要求交回河北河東在南方的百姓，又
想置権場。[39]十月，宋遣王倫、朱弁爲大金通問使，見完顏宗翰議
和。《金史》載，宋建炎元年(金天會五年，1127)：

> 先是，康王嘗致書元帥府，稱：大宋皇帝構致書大金元帥帳
> 前。至是，乃貶去大號，自稱宋康王趙構謹致書元帥閣下。
> 其四月、七月兩書皆然。[40]

康王貶去「大號」，並以完顏宗翰爲對手，而不是金朝皇帝，地位不
對稱。從這一年起，除非對敵作戰之外，南宋派遣到金朝的「祈請」
使節，絡繹於途。主要「祈請」的內容，是請求歸還他的父母兄弟，
尤其是他的母親。

建炎四年(1130)十月，秦檜南歸。[41]秦檜原是北宋末年的太學

37　《要錄》卷6，六月戊寅。五月，王倫、朱弁爲大金通問使。又改遣傅雱、
　　趙哲爲大金通和使。未行。又改遣周望、趙哲爲大金通問使，往河北。

38　《要錄》卷8，八月末。

39　《要錄》卷9，九月末。

40　《金史》卷74，〈宗翰傳〉。宋使帶往之國書內容，除杜時亮1129年十月出
　　使帶給完顏宗翰的書信外，都沒有記載。在稱謂方面，顯然應依《金
　　史》。宋金記載，都沒有關於完顏宗翰對南宋的答覆。

41　《要錄》卷38，建炎四年十月辛未，頁718-721。

生，靖康之難時，赴金營請求放回徽欽二帝，被金軍扣留。他被留置
在完顏昌軍中，和昌建立關係。建炎四年，他和妻子王氏被完顏昌放
回，似乎成了金人的一顆談和的棋子。他晉見高宗時，請議和，說：
「如欲天下無事，須是南自南，北自北。」且請高宗致書完顏昌求
和。[42]意思是雙方講和後，逃奔南方的人回到北方，北方的南人也回
到南方。紹興元年二月，秦檜參知政事。七月，他宣稱「有兩策可以
聳動天下」。因此被任命爲右相兼知樞密院事。

　　紹興二年八月，完顏宗翰放回王倫，宗翰致書高宗，有意議和：
「既欲不絕祭祀，豈肯過於吝愛，使不成國。」[43]當時被拘留的有朱
弁、魏行可、崔縱、洪皓、張邵、孫悟等。宗翰命王倫回國，要南宋
派人前往議和。[44]九月，秦檜與左相呂頤浩不和，因和議時機沒有成
熟而去位。高宗說：「檜言南人歸南，北人歸北。朕北人，將安
歸？」[45]

　　紹興四年(1134)，南宋穩固了政權，高宗增加了信心。他對大臣
說：「岳飛已復襄、郢，尼瑪哈(粘罕)聞之必怒。況今正是六月下
旬，便可講究防秋。儻敵人尚敢南來，朕當親率諸軍迎敵，使之無遺
類，即中原可復也，若復遠避爲汎海計，何以立國耶？」[46]是年十
月，高宗下詔親征，不過只到建康而已。[47]群臣屢次請求高宗遷都建

42　《要錄》卷39，建炎四年十一月丙午，頁733-734。

43　《要錄》卷57，紹興二年八月癸卯。

44　王繪於紹興四年出使前透露，宗翰要宋遣使談和，後來要大臣商議，所以
　　派韓肖冑。見卷80，四年九月癸丑。

45　《要錄》卷57，紹興二年八月甲寅，頁999-1000。

46　《要錄》卷77，紹興四年六月丙午，頁1271。

47　《要錄》卷81，紹興四年十月丙子朔，頁1321。戊戌，從臨安出發，頁
　　1337。

康（今南京），高宗不爲所動。[48]

紹興七年（1137），高宗用張浚籌劃進取，親自到建康行宮。[49]但張浚用兵部尚書呂祉往淮西撫諭諸軍，而軍中將官酈瓊與王德不和，呂祉請罷酈瓊。酈瓊反叛，殺呂祉，率四萬人降劉豫。[50]於是罷張浚。這是高宗對金、齊最積極的北伐計畫，反而遭到一大挫折。從此高宗重用秦檜，一意對金議和。

張浚去職後，高宗用趙鼎爲相。紹興七年十一月，金朝廢僞齊。[51]又因徽宗去世，宋金間乘機開始談判。宋使王倫帶回消息，謂金人許還徽宗梓宮（棺材）及皇太后。高宗大喜。[52]派王倫出使，遊說金人以黃河爲界。高宗說：「朕以梓宮及皇太后、淵聖皇帝未還，曉夜憂懼，未嘗去心。若敵人能從朕所求，其餘一切非所較也。」[53]紹興八年正月，秦檜任右相。[54]高宗想「屈己議和」。[55]趙鼎並不反對，所謂「首鼠兩端」。[56]九月，趙鼎罷，秦檜獨相，極力主和。[57]十一月，高宗力排眾議，下詔要群臣表示意見：

> 大金遣使至境。朕以梓宮未還，母后在遠。陵寢宮闕，久稽

48　主張以建康爲首都的包括王綯，見《要錄》卷87，紹興五年三月壬寅，頁1456；張浚，見卷102，紹興六年六月己酉，頁1668；張行成，見卷128，紹興九年五月癸卯，頁2079-2080。

49　《要錄》卷109，紹興七年三月辛未，頁1773。

50　《要錄》卷113，紹興七年八月丁酉，頁1826-1828。

51　《要錄》卷117，紹興七年十一月乙巳，頁1881-1882。

52　《要錄》卷117，紹興七年十一月癸未，頁1894。

53　《要錄》卷117，紹興七年十一月丁亥，頁1895。

54　《要錄》卷118，紹興八年三月壬辰，頁1911。

55　《要錄》卷120，紹興八年六月戊辰，頁1938。

56　《要錄》卷120，紹興八年六月丙子，頁1944。

57　《要錄》卷122，紹興八年十月甲戌，頁1974。

汎掃。兄弟宗族，未得會聚。南北軍民，十餘年間，不得休
息。欲屈己求和，在庭侍從臺諫之臣，其詳思所宜，條奏來
上。58

這篇求言的詔書，明顯的向大眾宣布，高宗要「屈己求和」，願意當
一個對金稱臣納貢的小皇帝，因此百姓可以得到安寧。

韓世忠、樞密副使王庶等群臣反對和議，其中措詞最激烈的是樞
密院編修官胡銓，他上疏說：

陛下尚不覺悟，竭民膏血而不恤，忘國大讎而不報。含垢忍
恥，舉天下而臣之甘心焉。就令敵決可和，盡如(王)倫議，
天下後世，謂陛下何如主也？

胡銓主張斬秦檜、王倫，否則情願蹈海而死，也不願意做「小朝
廷」的臣子。胡銓請斬秦檜、王倫。59高宗大怒，將他貶竄。對秦檜
說：「朕本無黃屋心。今橫議若此，據朕本心，惟應養母耳。」60

紹興八年，金朝詔諭使張通古、蕭哲抵臨安，謂先歸河南地，再
談其他。秦檜見金使，以高宗諒陰三年不言為藉口，不見金使，由秦
檜攝冢宰接受其國書。國書大要是：「向者建立大齊，本以休兵。欲
期四方寧謐，奈何八年之間，未能安定，有失從來援立之意。於是已
行廢黜。況興滅國，繼絕世，聖人所尚。可以河南之地俾為主。」據

58《要錄》卷123，紹興八年十一月辛丑，頁1990；卷153，頁2469、2473。
59《要錄》卷123，十一月丁未，頁1997。
60《要錄》卷123，十一月壬子，頁2003。

當時人記載,張通古所持詔書言辭不遜,而高宗皆容忍。[61]《金史》張通古傳載:「爲詔諭江南使。宋主欲南面,使通古北面。通古曰:大國之卿當小國之君。天子以河南、陝西賜之宋,宋約奉表稱臣,使者不可以北面。若欲貶損使者,使者不敢傳詔。遂索馬欲北歸。宋主遽命設東西位,使者東面,宋主西面。受詔拜起皆如儀。」[62]

宋廷命韓肖冑、爲大金奉表報謝使,錢恤副使。王倫爲迎奉梓宮奉還兩宮交割地界使,藍公佐副使。許歲貢銀絹共五十萬兩匹。後又任命王倫爲東京留守,兼權開封府。[63]

當時高宗與秦檜不顧群臣與將帥的反對,接受金帝的詔書,達成和議。[64]金人將黃河以南之地讓與南宋,南宋不費一兵一卒,得到河南和開封。不過徽宗的梓宮和高宗生母此時並未歸還,直至紹興十一年和議後才再度往迎。

可是金朝在紹興十年的權力鬥爭裡,皇帝(熙宗)和忠於皇室的大將完顏宗弼得勝。不過半年,宗磐、宗雋和昌相繼被誅殺。五月,宗弼再度進兵汴京,留守孟庚投降。金帝下詔取河南地。[65]於是完顏宗弼占領以前屬於僞齊的地盤。復取河南地後,繼續向南挺進,卻遭到劉錡和岳飛的奮力抵抗。劉錡敗金兵於順昌,以步兵持長槍斬女眞騎兵的馬腿,因而大捷。岳飛敗金兵於偃城和潁昌,先鋒牛皋進兵朱仙

61 《要錄》卷124,紹興八年十二月丙子、庚辰,頁2021、2027-2029。參看《會編》卷189,頁416。參看葉紹翁,《四朝聞見錄》(《叢書集成》本),丙集,頁75-76。記載稍有差異。

62 《金史》卷83,〈張通古傳〉,頁1860。

63 《要錄》卷124,紹興八年十二月乙亥;卷125,紹興九年正月丙戌、戊戌。

64 參看趙永春,〈宋金關於受書禮的鬥爭〉,《民族研究》,1993.6,頁83。

65 《要錄》卷135,紹興十年五月丙戌,頁2166-2168。

鎮。同時聯絡兩河義兵，聲勢浩大。但是岳飛在七月中被朝廷召回，自偃城班師。[66]

雖然紹興八年的和議沒有成功，高宗仍然倚重秦檜繼續進行談判。於是召回韓世忠、張俊和岳飛三大將，任命他們為樞密使和樞密副使，奪其兵權，不再出師。[67]完顏宗弼見對峙之局不易改變，高宗又屢次卑辭求和，遂允許進行和談。

紹興十一年(1141)九月，金帥越國王完顏宗弼遣回宋使莫將等，致書高宗，說過去遵奉金帝的意思，把黃河以南之地賜予南宋。而南宋卻「搖蕩邊鄙，致稽來使，久之未發。而比聞至於分遣不逞之徒，冒越河海，剽攘郡邑。考之載籍，蓋亦未有執迷至於此者。今茲將天威，問罪江表，已會諸道大軍，水陸並進。師行之期，近在朝夕。義當先事以告。因遣莫將等回，維熟慮而善圖之。」[68]宋廷以劉光遠、曹勛為使，回答的「報書」，說：

> 某昨蒙上國皇帝推不世之恩，日夜思念，不知所以圖報，故遣使奉表以修事大之禮。至於奏稟干請，乃是盡誠，不敢有隱。從與未從，謹以聽命。不謂上國邊起大兵，直渡濁河，遠踰淮浦。下國恐懼，莫知所措。夫平生畏死，乃人之常情。將士臨危，致失常度。雖加誅戮，不能禁也。今聞興問

---

66 《要錄》卷137，紹興十年七月庚申，頁2203。
67 參看虞雲國，〈論宋代第二次削兵權〉，《兩宋歷史文化叢稿》，頁166-182。
68 《要錄》卷141，紹興十一年九月乙卯，引《紹興講和錄》，頁2274-75。《會編》卷206，頁6下-7上。(第4冊，頁90-91)《會編》保留《要錄》刪去的48字中，如「不量己力，復逞蜂蠆之毒。」「冒越河海，陰遣寇賊，剽攘郡邑。考之載籍，蓋亦未有執迷怙亂至於此者。」

罪之師，先事以告，仰見受念至厚，未忍棄絕，下國君臣，
既畏且感。[69]

　　根據李心傳的附注，他把宗弼的「誇大」書信有所刪削。高宗接到這
樣的信後，回信貶抑自己，雖然對朝臣還說：「敵人議和，熟思所以
應之。若彼我之勢，強弱相等，如是而和者，彼有休兵之意。我強彼
弱，足以制其命，如是而和者，彼有懼我之意也。是二者於何為易，
若乃彼強我弱，壓以重兵，要盟而和，則必有難從之事，邀我以逞。
當思有以應之者，可戒諸將，厲兵秣馬，以為待敵之具。事或難從，
豈得避戰也。」[70]

　　十月，宗弼遣劉光遠回朝，帶第二封書來，謂「如果能知前日之
非而自訟，則當遣尊官右職名著者，持節而來。及所齎緘牘，敷陳畫
一，庶幾可及也。」要宋廷派大使，說明條件。[71]宋乃派尚書吏部侍
郎魏良臣為大金軍前通問使、王公亮副使，帶去的答書聽從對方提條
件，「惟上令下從，乃分之常。豈敢輒有指述，重蹈僭越之罪。專令
良臣等聽取鈞誨。顧力可遵稟者，敢不罄端，以答再造。」求對方
「乞先斂兵，許敝邑遣使奉表闕下，恭聽聖訓」。[72]

　　十一月，宗弼遣行台尚書戶部兼工部侍郎蕭毅為審議使、邢具瞻
副使，與魏良臣帶第三封書信到宋廷。宗弼許以淮水為界，歲幣銀絹
各二十五萬。又要宋割讓唐、鄧兩州。宗弼說他奉金帝的命令，便宜

---

69 《要錄》卷141，九月戊午，頁2276，引《紹興講和錄》，頁2276-2277。

70 《要錄》卷142，十月庚午，頁2280。

71 《要錄》卷142，十月乙亥，頁2281。這封信刪取12字。

72 《要錄》卷142，十月壬午，引《紹興講和錄》，頁2283。

從事。[73]宋以魏良臣爲接伴使，莫將爲館伴使。開始規劃金使入見的禮儀，不設仗衛，而設黃麾仗一千五百隱蔽於殿廊。

紹興十一年(1141)，宋金和議成，條件爲：

(1)宋對金奉表稱臣。高宗自稱「臣構」、「敝邑」，稱金爲「上國」。

(2)兩國國界，東以淮水，西以大散關爲界。宋割唐、鄧二州予金。

(3)每年宋遣使賀金帝正旦及生辰，與金使至宋廷禮節不同。

(4)宋歲貢銀絹各二十五萬兩匹於金。[74]

紹興十一年的和約，對南宋是屈辱的。南宋對金「事大」，除進貢歲幣銀絹各三十萬兩匹及割唐、鄧二州給「上國」外，高宗對金的書信稱「表」，署名稱「臣構」，「既蒙恩造，許備藩方，世世子孫，謹守臣節。」又自稱「敝邑」，雖然仍然保持了皇帝(帝)的稱號。[75]在外交方面，宋使在金廷的待遇，和對方使節在宋廷的禮節，都與宋遼時有很大的差別。例如北宋時遼使朝見的受書儀式中須跪拜，皇帝不直接受書。南宋高宗則須降榻受書。[76]楊聯陞稱此時的宋金關係是傳

73　《要錄》卷142，十一月辛丑，引《紹興講和錄》，頁2288。

74　《要錄》卷142，十一月庚申，頁2292-2293。

75　宋金誓書載《建炎以來繫年要錄》卷142，十一月辛丑，頁2288。但省去若干字及高宗稱「臣構」。《金史》卷77，〈宗弼傳〉載高宗稱臣及敝邑等文字。參看趙永春，〈關於宋金交聘國書的鬥爭〉，《北方文物》，1992年2期，頁53-58。

76　《建炎以來繫年要錄》卷150，十二月己酉。參看趙永春，〈宋金關於受書禮的鬥爭〉(《民族研究》，1993.6)，頁83。

統朝貢關係的「反向朝貢」("tribute in reverse")[77]。

　　和議成，宋廷以何鑄、曹勛爲大金報謝使副到金朝進誓表。高宗
給何鑄等的使命是請求歸還親族，尤其他的生母，要對金人說：「慈
親之在上國，一尋常老人耳。在本國則所繫甚重。往用此意，一天性
至誠說之，彼亦當感動也。」[78]又對金使說：「若今歲太后果還，自
當謹守誓約。如今歲未也，則誓文爲虛設。」同時下詔官司文字，並
稱大金。又詔邊臣保守見存疆界，不得出兵生事，招納叛亡。[79]宗弼
還和宋廷爲割地、歸還在南方的百姓，及迎回太后來往書信前後共七
封。

　　紹興十二年八月，皇太后渡淮河，高宗親自迎接。[80]以万俟卨爲
參知政事，大金報謝使。高宗對大臣說：「和議既定，內治可興。」
秦檜奉承他說：「以陛下聖德，漢文帝之治不難致。」高宗回答他素
來有這個志向。任命左相兼樞密使秦檜爲太師、封魏國公。[81]

　　紹興十三年(1143)十二月，金賀正旦使完顏曄、馬諤至臨安。使
節帶給高宗的禮物是金酒器六種，色綾羅紗穀三百段，馬六匹。成爲
金主賀高宗的慣例。更重要的是，從這次舉行的禮儀，讓後世知道和
議後的拜年禮節：

　　　　故事，北使跪進書殿下。自通好後，金使每入見，捧書升殿
　　　　跪進。上起立受書，以授內侍。金使道其主語，問上起居。

77　楊聯陞文"Historical Notes on the Chinese World Order," in Fairbank, ed., *The Chinese World Order*, p. 21.

78　《要錄》卷142，十一月丁巳，頁2291-2292。

79　《要錄》卷142，十一月戊午及是月，頁2292-2293。

80　《要錄》卷146，紹興十二年八月丙寅、辛巳。

81　《要錄》卷146，八月甲戌；九月乙巳。

上復問其主畢，乃坐。

高宗對這樣的受書禮，似乎並不在意。對秦檜說：「今次使人來，大體皆正。其他小節不足較。觀金人之意，和議必須堅久。」秦檜說：「所以然者，由陛下御得其道。」高宗說：「非卿學識過人，堅主和議，安得如此。」[82]

紹興二十五年，秦檜病死。反對和議的議論再起。高宗為了繼續與金維持和平，乃用支持和議的大臣，如陳誠之、魏良臣等。並對群臣說：「兩國和議，秦檜中間主之甚堅，卿等皆預有力。今日尤協心一意，休兵息民，確守勿變，以為宗社無窮之慶。」[83]次年，以沈該、万俟卨為左、右相。

紹興二十六年(金正隆元年，1156)三月，從北方逃到南宋的東平府進士梁勛，伏闕上書，說「金人必舉兵，宜為之備。」但是他卻被責罰，罪名是違反伏闕上書之禁和妄議邊事。送千里外州軍編管。高宗下詔禁妄議邊事：

朕惟偃兵息民，帝王之盛德；講信修睦，古今之大利。是以斷自朕志，決講和之策。故相秦檜，但能贊朕而已，豈以其存亡而有渝定議耶？近者無知之輩，遂以為盡出於檜，不知悉由朕衷。乃鼓唱浮言，以惑眾聽。至有偽造詔命，召用舊臣，獻章公車，妄議邊事。朕實駭之。……自講好以來，聘使往來，邊陲綏靜。嘉與宇內，共底和寧。內外小大之臣，

82 《要錄》卷150，紹興十三年十二月己酉，頁2420-2421。
83 《要錄》卷170，紹興二十五年十二月乙未，頁2794。

其咸體朕意，恪遵成績，以永治安。如敢妄議，當重寘典
刑。[84]

　　這通詔書對金宣示高宗信守和約的決心。一面解釋和議完全由高
宗主導，一面盡力維持和平。禁止任何人破壞和議。秦檜死後，朝中
大臣都是附和秦檜的主和派，但是主戰派逐漸抬頭，紹興二十六年十
月，張浚上奏，說講和是一時權宜，金人必將敗盟。高宗認爲張浚不
可用，說：「浚用兵，不獨朕知，天下知之。如富平之戰，淮西之
師，其效可見。今復論兵，極爲生事。且太祖以神武定天下，亦與契
丹議合。」張浚被責備，眾臣不敢再反對和議。高宗說：「不如此，
議論不得定。」[85]

　　紹興二十八年(1157)二月，賀金朝正旦的使節孫道夫和鄭朋返
國，上奏金主質問在關輔買馬違反和約。認爲金朝將敗盟。[86]二十九
年初，賀金正旦使沈介、黃中回朝，黃中也請防備金人，說：「金國
治汴京，役夫萬計。此必欲徙居以見逼。不可不早自爲計。」[87]

　　紹興二十九年六月，主和的大臣沈該、湯思退不聽使人的報告，
建議派大臣前往，探聽金人的意圖，同時鞏固盟約。於是派同知樞密
院事王綸、曹勛爲大金奉表稱謝使副。九月，王綸等回朝，報告金朝
恭順和好。宰相湯思退等拜賀，高宗說，他擔心兩國兵連禍結，「中
夜以思，不寒而慄。」這時才放心：「今而後，宜安邊息民，以圖久

84 《要錄》卷172，紹興二十六年三月丙寅，頁2827-2828。
85 《要錄》卷175，紹興二十六年十月丁酉，閏十月己亥朔，頁2885-2887。
86 《要錄》卷180，紹興二十八年十一月己卯，頁2994。
87 《要錄》卷181，紹興二十九年四月壬辰，頁3011。

長。」[88]但是那時金主已經決定要南下侵宋了。

紹興三十年二月，宋遣同知樞密院事葉義問、劉允升爲大金報謝使副(報謝金遣使祭弔顯仁皇太后之喪)，同時探聽敵情。三月，參知政事賀允中等使金還，說金勢必敗盟。應當防備。五月，葉義問使還，報告金人必將敗盟：「今欲遷汴京，且造戰船，敵人皆有深意。」[89]

紹興三十一年(正隆六年，1161)五月，金賀生辰使高景山、副使王全提出要求重新畫國界，欲以長江爲界。其詔書要點是：[90]

(1)報欽宗之喪。

(高宗)曾差祈請使巫伋等來，言及宗屬及增加帝號等事。當時不曾允許其所言。今則惟天水郡公，昨以風疾身故。所祈請事，後因熟慮，似亦可從。意即允許接回其靈柩。

(2)兩國不當以淮水爲界。

淮水爲界，私渡甚多。其間往來越境者，雖嚴爲械禁，亦難杜絕。及江以北，漢水以東，雖有界至，而南北叛亡之人，互相扇誘，適足引惹邊事。不知梁王(完顏宗弼)當日何由如此分畫來。

(3)指索大臣商議重畫國界。

帝當於左僕射湯思退、右僕射陳康伯，及或聞王綸知樞密院，此三人內可差一人。兼楊存中亦當遣來。朕所言者，惟土田而已，務欲兩國界至分明，不生邊事。

88 《要錄》卷182，六月甲申朔，頁3023；卷183，九月乙酉，頁3053。
89 《要錄》卷185，紹興三十年五月辛卯，頁3099。
90 《要錄》卷190，三十一年五月辛卯，頁3172-3173。

六月，金使返國途中，又有金牌使大懷正來，對送伴使呂廣問等宣示
金主旨意，令其歸報，金主將於六月遷到南京(汴京)。[91]高宗遣徐嘉、
張掄爲大金起居稱賀使。金翰林侍讀學士韓汝嘉已經在泗州等候，渡
淮與宋使相會，告以金主北方有事，將親往討伐。命宋使返回。[92]

這時南宋君臣才確定金人將南侵。五月，內侍張去爲勸高宗退
避，傳說皇帝有幸閩、蜀之計。人情惶惑。[93]八月，醫官王繼先、婉
儀劉氏等勸高宗固守和議，甚至建議懲罰新進用的軍官。高宗命劉婉
儀回家，罷王繼先。[94]十月，高宗下詔親征。[95]當時盛傳高宗想逃
避，建王自請率兵出征。結果建王和高宗一同到建康「親征」。[96]從
建炎三年在金兵追逐之下，高宗倉皇入海，到此時仍有航海避敵的傳
言。幸虧紹興三十一年采石戰役宋軍得勝，否則高宗不免再度入海。

高宗被傳統和現代史家批評，說他怯懦懼戰，只知道自私的保住
皇位。而控制諸將，最後收兵權，是穩固皇位的重要手段。[97]金朝不

91 《要錄》卷190，三十一年六月辛亥，頁3182。
92 《要錄》卷190，六月戊辰，頁3188；卷191，七月壬辰，頁3202-3203。《金
　　史》卷129，〈李通傳〉記：「海陵至南京。宋遣使賀遷都，海陵使韓汝嘉
　　就境上止之，曰：朕始至此，必聞北方小警，欲復歸中都。無庸來賀。」
93 《要錄》卷192，紹興三十一年五月甲午，頁3175。
94 《要錄》卷192，紹興三十一年八月丁未、辛亥，頁3209、3210-3212。注引趙
　　甡之《遺史》：「高宗以國事委之檜，家事委之去爲，一身委之繼先。」
95 《要錄》卷193，十月庚子朔，頁3229。
96 《宋史》卷33，〈孝宗紀〉，頁617。參看李心傳，《建炎以來朝野雜
　　記》，乙集逸文，〈陳魯公諫避狄〉，頁902，拙著《金海陵帝的伐宋與采
　　石戰役的考實》(台北：台灣大學文史叢刊，1963)，頁107-108，〈高宗航
　　海避敵的準備〉。
97 參看曾瓊碧，〈論宋高宗收兵權〉，周寶珠主編，《岳飛研究論文集》，
　　第二集(中原文物，1989)，頁19-39。對高宗的批評，見王夫之，《宋論》
　　(上海：商務印書館，1936版)。朱偰，〈宋金議和之新分析〉，《東方雜
　　誌》，33.1(1936)。宮崎市定，《亞洲史研究》卷2(京都：京都大學，

僅用武力試圖滅南宋，而且利用欽宗為政治籌碼，迫使高宗就範。如果金朝歸還欽宗，南宋朝廷會因高宗得位不正而陷入混亂的局面。[98]

三、高宗的日常工作與生活方式

　　從史料中看來，高宗是一個勤勞的皇帝。他要對所有朝廷的重要事情作決定。他每天早晨見大臣，下午和晚間的時間多半用於讀書。他午後讀《春秋》、《史記》，夜間讀《尚書》，尤其喜歡《左傳》。他說他每二十四天讀《左傳》一遍。[99]他誦《晉書》〈王羲之傳〉「凡五十餘過。其與殷浩書及會稽王牋，所謂自長江以外，羈縻而已。其論用兵，誠有理也。」[100]王羲之勸殷浩勿北伐，強調內治比攘外重要，所以高宗非常欣賞。他督促臣子讀《春秋》，要他們了

(續)————

　　1959)，頁174-177。鄧廣銘，〈南宋對鬥爭中的幾個問題〉，《歷史研究》，1963.2，頁21-32。有王增瑜，《荒淫無道宋高宗》。關於岳飛，見鄧廣銘，《岳飛傳》，增訂版，1983。王曾瑜，《盡忠報國：岳飛新傳》(石家庄：河北人民出版社，2001)。認為秦檜主和是正確的學者如陳登原，〈秦檜評〉，《金陵學報》，1.1(1931)。其他意見如關履權，《兩宋史論》(鄭州：中州書畫社，1983)，頁250。近年論秦檜如曾瓊碧，〈趙構與秦檜〉，岳飛研究會選編，《岳飛研究》(杭州：浙江古籍出版社，1988)，頁284-305。秦檜的傳記有韓酉山，《秦檜傳》(上海：上海古籍出版社，1999)。關於南宋的民族意識，見Hoyt C. Tillman, "Proto-Nationalism in Twelfth-century China? The Case of Ch'en Liang," *HJAS*, 39.2 (1979), pp. 403-428.

98　據說高宗之母宣仁太后回到南宋時，帶著欽宗的書信，只請求退休。見《朝野遺記》(《學海類編》本)卷1，頁1199。關於高宗對欽宗的態度，參看張星久，〈陰影下的宋高宗〉，岳飛研究會編，《岳飛研究》，第四輯(北京：中華書局，1996)，頁221-237。

99　李心傳，《建炎以來朝野雜記》(北京：中華書局，2000)卷1，頁31-32。

100　《要錄》卷152，紹興十四年八月庚子，頁2448。參看《晉書》卷80，〈王羲之傳〉。

解怎樣做個好官:「爲君不知《春秋》,昧爲君之道;爲臣不知《春秋》,昧爲臣之道。」[101]他要大家學習《春秋》:「春秋之學,士人習者極少,宜有以勸之。」[102]看來高宗對《春秋》的興趣在於政治,紹興二十六年,特賜陳瓘諡「忠肅」,對大臣說:「近覽瓘所著《尊堯集》,無非明君臣之大分,深有足嘉。《易》首乾坤,孔子作《繫辭》,亦首言天尊地卑。《春秋》之法,無非尊王。王安石號通經術,而其言乃謂道隆德峻者,天子當北面而問焉。其言背經悖理甚矣。」[103]可見他要臣子研讀這部書的目的是提升皇帝的權威。他在奪諸將兵權後說:「人主之權,在乎獨斷。」[104]

除了讀書以外,高宗每天下午練習射箭,晚間批閱奏章。[105]他抄寫若干典籍,如《尚書》、《史記》、《孟子》、《左傳》。[106]高宗的書法很有名,學過黃庭堅、米芾和孫過庭。秦檜將他所寫經書刻石於國子監,頒墨本賜諸路州學。[107]

大致說來,高宗是一個保守的人。他遵循太祖以來的家法。[108]國家大事和政策服從祖宗之法,又說:「朕思祖宗舊法已善,豈宜輕

101 《要錄》卷148,紹興十三年二月丙寅,頁2379。

102 《要錄》卷155,紹興十六年五月癸巳,頁2507。

103 《要錄》卷173,二十六年七月乙卯,頁2856。

104 《要錄》卷142,紹興十一年十月丙寅朔,頁2279。

105 《要錄》卷65,紹興三年五月乙卯,頁1099;卷98,紹興六年二月壬戌:「朕宮中每日食後,略治家事,即觀書寫字。此外別無他事。」頁1619。

106 《要錄》卷147,紹興十二年十二月庚辰。頁2373:「朕一無所好,惟閱書作字。自然無勌。《尚書》、《史記》、《孟子》俱寫畢。《尚書》寫兩過,《左傳》亦節一本。」

107 丁傳靖,《宋人軼事彙編》(台北:臺灣商務印書館)卷3,頁69;《要錄》卷150,紹興十三年十一月丁卯,頁2416。

108 《要錄》卷152,紹興十四年九月庚戌,頁2449。

改。」[109]尤其遵循仁宗，說：「祖宗制度，自朕家法。至於仁宗，臨御最久，恩澤及人最深。朕於政事間，未嘗不澤思仁祖，庶幾其髣髴也。」[110]他鄙視王安石(1021-1087)，相信北宋主要亡於王安石的新法。紹興四年(1134)，他命令刊修哲宗實錄，及重修《神宗實錄》，旨在凸顯王安石的失敗。[111]紹興六年，任命侍讀、侍講：「制曰：……慨念熙寧以來，王氏之學行，六十餘年，邪說橫興，正途壅塞。學士大夫。心術大壞。陵夷至於今日之禍，有不忍言者。故孟氏以楊、墨之害，甚於猛獸；亂臣賊子，與夫洪水為患之烈，信斯言也。」[112]他並剝奪王安石的封號。[113]他找出元祐舊黨人的子孫，任命他們為官，其中有些與理學家有淵源。他喜歡司馬光(1019-1086)[114]和楊時(1053-1135)，[115]後者是程頤(1033-1107)的弟子。不過高宗不太在意程頤，甚至一度在紹興六年(1136)禁讀程頤的著作。[116]這是因為趙鼎提倡程子之學，而當秦檜做到宰相時，一方面主張王安石，一方面打擊政敵趙鼎及其徒眾。秦檜死後，高宗於紹興

109 《要錄》卷152，紹興十四年八月癸巳，頁2447。

110 《要錄》卷65，紹興三年五月癸亥，頁1103。

111 《要錄》卷76，紹興四年五月庚申，頁1253-1254；卷79，八月戊寅朔，頁1289；卷93，五年九月乙酉，趙鼎上重修《神宗實錄》，頁1547。

112 《要錄》卷97，紹興六年正月辛卯，頁1605。又見《要錄》卷46，紹興元年八月庚午：「王安石之罪，在行新法。」頁831；卷84，紹興五年正月：「安石行法，大抵學商鞅耳。自安石變法，天下紛然。……」頁1375；卷87，紹興五年三月：「天下之亂，生於安石。」頁1449。

113 《要錄》卷79，紹興四年八月乙未。王安石之王爵已於靖康初剝奪，至此毀其諡號，頁1296。

114 《要錄》卷14，紹興二年三月甲午，頁297-8；卷106，紹興六年十一月庚辰，頁1733。

115 《要錄》卷11，紹興元年庚辰，頁259。

116 《要錄》卷107，紹興六年十二月己未，頁1747；卷108，七年正月辛未，頁1754-1755；乙酉，頁1759。

二十六年(1156)指出趙鼎偏好程頤而秦檜提升王安石；[117]他自己在科舉的出題方面必須在兩者之間做到平衡。從這一點來看，秦檜的確對高宗的思想有影響。

高宗不相信佛教、[118]道教及陰陽占卜。[119]他說他從來不注意這些事情，因為與治道無關。[120]他不讓佛教過度發展，指出這樣才不會令政府收入減少。[121]他不相信祥瑞。[122]不過因太廟生靈芝，特別製造靈芝旗。又諸處出現瑞木、嘉禾、瑞瓜、雙蓮等，都畫在旗幟上。[123]紹興二十六年則下詔禁止官民向朝廷報告祥瑞。[124]

高宗治國的方式，以「清淨」為主。紹興和議成立後，他說：「治天下當以清淨為本。若各安分不擾，朕之志也。」[125]宋朝諸帝，他取法宋仁宗。[126]也推崇漢文帝和漢光武。他在紹興十一年對金和議的前後有所差異。在紹興十一年之前，他仰慕後漢光武帝，因為光武中興。[127]紹興七年，朱松(朱熹之父)言「自昔之君，惟漢光

---

117 《要錄》卷173，紹興二十六年六月乙酉。「士大夫不師六經，而盡心佛說，殊為可笑。」頁2847。

118 《要錄》卷143，紹興十一年十二月丙寅，頁2295。

119 《要錄》卷111，紹興七年六月丁巳，頁1809。

120 《要錄》卷134，紹興十年正月癸卯，頁2148-2149。

121 《要錄》卷149，紹興十三年六月癸巳，頁2397-2398。高宗對佛教的批評見《要錄》卷171，紹興二十六年二月甲午，頁2820。

122 《要錄》卷46，紹興元年七月乙未朔，頁821。

123 《要錄》卷167，紹興二十四年十月癸未，頁2768。

124 《要錄》卷172，紹興二十六年四月甲午，頁2834。

125 《要錄》卷147，紹興十二年十月乙丑，頁2359。

126 《要錄》卷45，紹興元年六月戊子，頁817。紹興十七年，秦檜謂仁宗成太平之治。高宗說：「仁宗皇帝即位之久，灼見治道。」卷156，三月己巳，頁2526。

127 《要錄》卷70，紹興三年十一月丁巳，頁1178。

武可以爲法。……上曰：光武固無可議。」[128]紹興十一年之後，他
轉而欣賞前漢文帝的誠實。他認爲唐太宗是賢君，但「誇大而好名，
雖聽言納諫，然不若漢文帝之至誠也。」[129]紹興十二年高宗和秦檜
論和議，說：「唐太宗不敢望漢文帝，其從諫多出矯僞。」又說：
「朕謂專以至誠爲上。太宗英明有餘，誠有未至也。」[130]宋金之間
既然成立和議，高宗與群臣的議論尊崇漢文帝的政策是有其道理的。
高宗說：

> 外國不可責以中國之禮。朕觀三代以後，惟漢文帝待匈奴最
> 爲得體。彼書辭倨傲，則受而勿較；彼軍旅侵犯，則禦而勿
> 逐。謹守吾中國之禮，而不以責外國，此最爲得體也。[131]

意思是不能要求外國遵守中國之禮。他注重文德，說：「自古無文德
而有武功，往往非國家之福。」[132]

　　高宗相信宋金必歸於和，不過因爲主戰者多，有時候他不能不表
示他有勇氣抗敵。如紹興十年與大臣談到賞罰時，說：「朕若親提一
軍，明賞罰以勵士卒，必可擒烏珠（即完顏兀朮）。」[133]次年又說：
「自敵犯邊，報至，人非一。朕惟靜坐一室中，思所以應敵之方。自
然利害皆見。蓋人情方擾，惟當鎭之以靜。若隨物所轉，胸中不定，

128 《要錄》卷70，紹興七年八月丁酉，頁1825。
129 《要錄》卷142，紹興十一年十月丁酉，頁2286。
130 《要錄》卷146，紹興十二年八月甲戌，頁2343。
131 《要錄》卷140，紹興十一年六月辛未，頁2255。
132 《要錄》卷141，紹興十一年七月甲辰，頁2263。
133 《要錄》卷138，紹興十年十月壬辰，頁2219。

則何以應變也。」[134]

　　紹興十八年(1148)，有人奉承秦檜，說秦檜有大功於和議，高宗
對秦檜承認從頭到尾一心一意想講和。他喜歡治國用「柔」道，自始
就知道將來必定會有和議。他指出北宋與遼的和議對百姓有益，北宋
諸帝都不主戰，而他則以「柔道」控制「御」女眞：

> 自頃用兵，朕知其必至於講和而後止。在元帥府時(靖康年
> 間)，朕不知有身，但知有民。每惟和好是念。檜曰：此所
> 以誕受天命。上又曰：用兵蓋不得已，豈可樂攻戰？本朝眞
> 宗與契丹通和百餘年，民不知兵。神宗講武練兵，實未嘗
> 用。朕自始至今，惟以和好爲念，蓋兼愛南北之民，以柔道
> 御之也。[135]

　　在家庭生活方面，高宗的皇后邢氏其實是他在就位以前的王妃，
在金軍滅北宋後與徽、欽二帝一同被擄去。卒於紹興九年六月，年三
十四。[136]高宗直到紹興十三年(1143)才另立貴妃吳氏爲后。[137]妃嬪
之中，劉貴妃最得寵。不過高宗自稱「朕於宮中，無嗜好。惟好觀
書，考古人行事，以施於政。」[138]「性不喜與婦人久處。」[139]「聲
色之奉，未嘗經心。只是靜坐內省，求所以合天意者。」[140]日子過

---

134 《要錄》卷139，紹興十一年二月庚寅，頁2236。
135 《要錄》卷159，紹興十八年四月丙寅，頁2583。
136 《要錄》卷129，紹興九年六月，頁2084。
137 《要錄》卷148，紹興十三年四月己丑，頁2389。
138 《要錄》卷144，紹興十二年正月癸卯，頁2305。
139 《要錄》卷15，紹興二年四月乙丑，頁310。
140 《要錄》卷140，紹興十一年六月甲戌，頁2255-2256。

得恬淡寡欲：

> 朕之所好，非世俗之所謂道也。若果能飛昇，則秦皇、漢武
> 當得之。若果能長生，則二君至今不死。朕惟治道貴清淨，
> 故恬淡寡欲，清心省事，所謂為道日損。期與一世之民，同
> 躋仁壽。如斯而已。[141]

雖然他不圖長生，但善於養生。他對於飲食，似不特別講究。初
即位時，吃麵、飯、煎肉、炊餅。[142]這是初就位時比較困難的情
形。後來他說：

> 朕常日不甚御肉，多食蔬菜。近日頻雜以豆腐為羹，亦可食
> 也，水陸之珍，並陳於前，不過一飽。何所復求？過殺生
> 命，誠為不仁。朕實不忍。[143]

他很注意醫藥。說：「朕於醫藥，嘗所留意。每退朝後，即令醫
者診脈。纔有虧處，便當治之。正如治天下國家，不敢以小害而不速
去也。」[144]他的身體健康，活到81歲。御醫王繼先一直在他左右。
據說高宗曾因建炎三年在揚州被金軍突襲時受到驚嚇，從此不能人

---

141 《要錄》卷180，紹興十月戊子，頁2988。
142 《建炎以來朝野雜記》，甲集卷1，頁31，「高宗恭儉」；《要錄》載：宋
　　皇宮的舊制，「御膳日百品。靖康初，損其七十。高宗渡江後，日一羊煎
　　肉，炊餅而已。」卷20，建炎三年二月壬戌，頁400。
143 《要錄》卷109，紹興七年二月甲辰，頁1766。
144 《要錄》卷105，紹興六年九月庚辰，頁1708。

道。[145]信任王繼先，也許是希望他在生子方面有所助益。據說有人批評秦檜和高宗的醫生王繼先，高宗說：「檜國之司命，繼先朕之司命。」[146]可見他和這兩人的密切關係。當時人批評高宗：「以國事委之檜，家事委之(張)去爲，一身委之繼先。」[147]

四、高宗的內禪

自建炎三年高宗之子去世後，他的妃子就沒有再生一個男孩。從建炎三年起，不斷有人建議高宗立儲。[148]建炎四年，高宗下令選太祖的幾個後人進宮。紹興元年，開始選擇伯字輩少年。二年，伯琮和伯浩入宮接受教育。改伯琮之名爲瑗。紹興四年，僞齊羅誘上「南征議」，勸劉豫對南宋用兵，理由之一是高宗沒有立太子，「主孤而內危」，地位不穩。[149]五年，高宗對宰相趙鼎說他年二十九，沒有兒子，決定封趙瑗爲建國公。並說「藝祖創業，肇造王室，其勤至矣。朕取子行下子，鞠於宮中，復加除拜，庶幾仰慰藝祖在天之靈。」[150]紹興七年，岳飛朝見高宗時，也請立趙瑗爲太子，據說是岳飛後來得禍的一個原因：

145　佚名，《朝野遺記》(《叢書集成》)，85冊，頁1。參看劉子健，〈秦檜的親友〉，《食貨月刊》14.7、8(1984)：319-321。

146　葉紹翁，《四朝聞見錄》(《叢書集成》本)，乙集，頁47。

147　《要錄》卷192，紹興三十一年八月丁未注，頁3209-3210。張去爲是高宗的內侍。《宋史》卷469〈宦者傳〉：「去爲與秦檜、王繼先俱用事。」

148　《建炎以來朝野雜記》，乙集卷1，〈壬午內禪志〉，頁496-511。參看Lau Nap-yin(柳立言)，"The Absolute Reign of Sung Hsiao-tsung (reign: 1163-1189)," Ph.D. Dissertation (Princeton University, 1986).

149　《要錄》卷78，紹興四年七月丁丑，頁1286。

150　《要錄》卷89，紹興五年五月辛巳，頁1481。

飛密奏,請正建國公皇子之位。人無知者。及對,風動紙
搖。飛聲戰不能句。上諭曰:卿言雖忠,然握重兵於外,此
事非卿所當預也。飛色落而退。[151]

　　紹興十二年,高宗以建國公爲普安郡王。[152]秦檜也於紹興二十
三年提出以趙瑗爲太子的建議。[153]高宗終於在紹興三十年立趙瑗爲
太子。其間的問題之一,是與趙瑗同爲可能的繼承人的趙璩,封恩平
郡王,得到高宗母親顯仁太后的鍾愛。[154]另一個問題是高宗等待妃
子能夠生子。而且秦檜也認爲有可能:「始檜嘗爲高宗言:趙鼎欲立
皇子,是謂陛下終無子也。宜待親子乃立。」[155]立太子之事,在顯
仁太后和秦檜都去世之後才決定。

　　紹興三十一年,金帝完顏亮率大軍南下,兵敗於采石和東海,完
顏亮被叛軍所殺。金世宗即位後,與南宋議和。高宗於議和過程中,
立建王爲皇太子,有意退位。

　　紹興三十二年十二月,舉行內禪之禮。高宗稱太上皇帝,退居德
壽宮。[156]高宗禪位在中國歷史上是一件頗爲特殊的事。究其原因,有
以下幾點。首先,在高宗禪位的詔書裡,他說在位三十六年中,對外
「邊事浸寧,國威益振。」但想釋去重任。皇太子賢聖仁孝,可即帝

---

151 《要錄》卷109,紹興七年二月庚子,頁1764。李心傳注,得自熊克《中興
　　小曆》,熊克歎:「嗟夫!鵬舉爲大將,越職及此,其取死宜哉!」頁
　　1764。
152 《要錄》卷144,紹興十二年二月丁丑,頁2310。
153 《要錄》卷148,紹興十三年正月癸卯,頁2375。
154 《建炎以來朝野雜記》,乙集卷1,〈壬午內禪志〉,頁505-506。
155 同上,頁502。
156 《要錄》卷200,紹興三十二年六月乙亥,頁3382-3383。其實這是高宗第二
　　次禪位。

位。其次，在舉行典禮時，他說自己「今老且疾，久欲閑退」。[157]

退位的原因，還在於紹興三十一年宋金大戰之前，高宗一直相信金朝不會破壞和議，因此他自覺誤判情勢，以致金軍入侵時沒有作好準備。甚至他還有入海避敵的計畫。大戰之後，他覺得是他的主和政策的結束。[158]

高宗以太祖的後人為繼承，是明智之舉。此舉宣示他做皇帝並無私心。他作為太宗的傳人，禪位給太祖的後代，表示宋朝皇帝的傳承回歸到太祖的帝系，可以稍釋自開國以來人們對太宗得位的疑惑。他自以為號稱「光堯」可以比美古代堯舜禪讓的佳話。

五、結論

高宗本來一度有志恢復失土，但是重用張浚等主戰派，並無所成。紹興七年的兵變，和大批軍隊投降劉豫，徹底破壞了恢復大計。高宗從此不再重用張浚。至於趙鼎，則主守而不主攻。而且他也曾主張和談，不反對與秦檜共事。促成宋金和議的主要人物是秦檜。

紹興十年，南宋的兵力已經可以成功的抵禦金兵。但是高宗不願意進一步北伐。原來高宗認為有效控制諸將比大敗敵人更為重要。早在建炎三年發生苗劉之變時，高宗被軍官劫持退位。這件事對高宗的影響極大。因此紹興六年岳飛遵守朝廷的命令調防，高宗

---

157 同上，六月丙子，頁3383-3384。

158 寺內遵舉出兩個原因：1.在確立南宋政權過程中，採共同政治行動的秦檜已死，其成員也在此時全遭逐放；2.金之毀盟敗約，重啟戰端，亦破壞了高宗政策的根本。見氏著，劉靜貞、李今芸譯，《南宋初期政治史研究》（台北：稻禾出版社，1995），頁446。

對宰相趙鼎說：「劉麟(劉豫子)敗北，朕不足喜，而諸將知尊朝廷
為可喜也。」[159]顯示他對於諸將的猜疑和對於控制諸將的重視。

高宗沒有恢復中原，報君父之仇的大志，是怯懦；擔心諸將反
叛，凸顯他的自私。他很佩服宋仁宗，不羨慕漢唐的武功。他屢次說
主張和議是為了免百姓於戰禍，是一種藉口。實則很怕和金人作戰，
即位後始終不敢回汴京，南渡後也不敢定都於南京。而都杭州，是因
為杭州近海，便於乘船避敵。

高宗的私心是一方面擔心金人把宋欽宗放回，另一方面則希望接
回他的母親。紹興八年六月，當金人有談和的意向時，高宗說：「太
后春秋已高，朕朝夕思念，欲早相見，故不憚屈己，以冀和議之成者
此也。」[160]十一月，因反對和議的大臣極多，尤其胡銓的批評最為
激切，高宗對秦檜說：「朕本無黃屋心，今橫議若此。據朕本心，惟
應養母耳。」[161]所以奉承他的人都強調高宗的孝心。他承認主張和
議的是他自己，秦檜不過是執行他的政策而已。秦檜知道高宗的弱
點，高宗也知道秦檜跋扈，[162]卻只能於秦檜死後，才除去其黨羽。
但因對金和議是他們兩人合作的結果，高宗仍然堅持和議。

總之，高宗懼戰、自私，只想鞏固自己的皇位，收諸將兵權，提
高皇帝的獨裁權力。秦檜深知高宗的心理，從而迎合他，取得大權。

159《要錄》卷106，紹興六年十一月癸酉，頁1731。

160《要錄》卷120，紹興八年六月戊辰，頁1938。

161《要錄》卷123，紹興八年十一月庚戌，頁2003。

162 此乃李心傳對秦檜的的結論：「上久知檜跋扈，秘之未發。至是首勒(秦)
　　熺致仕，餘黨以竄逐。天下咸仰英斷焉。」《要錄》卷169，十月丙申。頁
　　2772。

史源及參考書

丁傳靖，《宋人軼事彙編》（台北：臺灣商務印書館）。

王夫之，《宋論》（上海：商務印書館，1936版）。

徐夢莘，《三朝北盟會編》，文海本。

李心傳，《建炎以來繫年要錄》，《叢書集成》本。

李心傳，《建炎以來朝野雜記》（北京：中華書局，2000）。

胡寅，《斐然集》，《四庫全書珍本》。

周必大，《周益國文忠公文集》，《文淵閣四庫全書》本。

脫脫等，《宋史》（北京：中華書局）。

脫脫等，《金史》（北京：中華書局）。

《朝野遺記》，《學海類編》本。

葉紹翁，《四朝聞見錄》，《叢書集成》本。

王曾瑜，《荒淫無道宋高宗》（石家庄：河北人民出版社，1999）。

王曾瑜，《盡忠報國：岳飛新傳》（石家庄：河北人民出版社，
　　2001）。

史蘇苑，〈宋高宗論二題〉，中州書畫社編，《宋史論集》（鄭州：
　　中州書畫社，1983），頁417-441。

朱偰，〈宋金議和之新分析〉，《東方雜誌》，33.1（1936）。

寺地遵著，劉靜貞、李今芸譯，《南宋初期政治史研究》（台北：稻
　　禾出版社，1995）。

衣川強編，《劉子健博士頌壽紀念宋史研究論集》（東京：同朋舍，
　　1989）。

李勇先，〈從繫年要錄看高宗日曆中有關秦檜岳飛史實的記載〉，岳

飛研究會編,《岳飛研究》,第四輯(北京:中華書局,1996),
　　頁190-213。

宮崎市定,《亞洲史研究》卷2(京都:京都大學,1959)。

徐秉瑜,《宋高宗的對金政策》(台北:臺灣大學碩士論文,1984)。

張星久,〈陰影下的宋高宗〉,岳飛研究會編,《岳飛研究》第四輯
　　(北京:中華書局,1996),頁221-237。

陳登原,〈秦檜評〉,《金陵學報》,1.1(1931):27-46。

陶晉生,〈南宋初信王榛抗金始末〉,《邊疆史研究集──宋金時
　　期》(台北:臺灣商務印書館,1971),頁24-32。

陶晉生,〈完顏昌與金初的對中原政策〉,《邊疆史研究集──宋金
　　時期》,頁33-49。

曾瓊碧,〈趙構與秦檜〉,岳飛研究會選編,《岳飛研究》,第二集
　　(杭州:浙江古籍出版社,1988),頁284-305。

曾瓊碧,〈論宋高宗收兵權〉,周寶珠主編,《岳飛研究論文集》,
　　第二集(鄭州:中原文物,1989),頁19-39。

虞雲國,〈苗劉之變的再評價〉,《兩宋歷史文化叢稿》(上海:上
　　海人民出版社,2011),頁183-196。

虞雲國,〈論宋代第二次削兵權〉,《兩宋歷史文化叢稿》,頁166-
　　182。

趙永春,〈宋金關於受書禮的鬥爭〉,《民族研究》,1993.6:83。

趙永春,〈關於宋金交聘國書的鬥爭〉,《北方文物》,1992.2:
　　53-58。

鄧廣銘,〈南宋對鬥爭中的幾個問題〉,《歷史研究》,1963.2:
　　21-32。

鄧廣銘,《岳飛傳》,增訂版,1983。

劉子健，〈秦檜的親友〉，《食貨月刊》14卷7.8期(1984)，頁319-321。

關履權，《兩宋史論》(鄭州：中州書畫社，1983)。

韓酉山，《秦檜傳》(上海：上海古籍出版社，1999)。

Lau Nap-yin(柳立言), "The Absolute Reign of Sung Hsiao-tsung (reign: 1163-1189)," Ph.D. Dissertation (Princeton University, 1986).

Herbert Frank, "Treaties between Sung and Chin," in F. Aubin, ed., *Etudes Song*, ser. 1, no. 1 (Paris: Mouton, 1970), pp. 55-84.

Hoyt C. Tillman, "Proto-Nationalism in Twelfth-century China? The Case of Ch'en Liang," *HJAS*, 39.2 (1979), pp. 403-428.

Lien-sheng Yang, "Historical Notes on the Chinese World Order," in Fairbank, ed., *The Chinese World Orde: Traditional China's Foreign Relations*(Harvard University press, 1968), pp. 20-33.

本文原載衣川強編，《劉子健博士頌壽紀念宋史研究論集》。東京：同朋舍，1989，頁531-543。2012年10月譯補。

再思三寸金蓮

　　本文討論的問題，不是纏足(金蓮)的源頭，而是如何在宋代逐漸
流傳以至於普遍，甚至傳入士人的家庭中。首先，本文論述宋朝宮廷
與民間的互動。宋初的宮廷中有少數的妃嬪及宮女是從被征服的諸國
帶來，也帶來時尚和纏足。其後相當多的后妃和宮女都來自民間。而
有些妃嬪和很多宮女會回歸到民間。宮廷和民間的界線並不如一般想
像的那麼清楚地不可踰越，因此生活習慣、服飾、飲食都互相影響。
其次，宮廷中的時尚帶領了汴京社會，士人欣賞酒樓歌姬舞伎的宮樣
或內樣的妝扮，有人指出京師婦人最著名的是頭髮和腳。由於士人對
歌姬舞伎的愛好，家裡也有家伎，最後士人的女兒也就開始纏足。

　　關於纏足的起源，至今不能確定。[1]本文將討論的問題，不是纏

1　高彥頤討論纏足的歷史資料，除了過去常被引用的一些記載，如唐代的韓偓
　　(《香奩集》)，宋代的張邦基(《墨莊漫錄》)、車若水(《腳氣集》)等之
　　外，主要的論述是金蓮崇拜在宋以後的演變，見其《纏足——金蓮崇拜盛極
　　而衰的演變》，第四章。但是關於纏足的源頭，則不能確定。她說：第十世
　　紀，從唐帝國末期，到唐亡之後動盪紛亂的五代時期，是纏足的源頭，雖然
　　還是缺乏明確的證據。(頁219)關於纏足的普及，高彥頤的解釋之一是椅子
　　論——她推測，椅子的普及，使人們坐著時雙腳懸空，解除了席地而坐時
　　腳部的壓力，腳跟得以釋放出來。由於坐在椅子上的姿勢，有助於坐者展
　　示雙足。她並問：既然雙足變得顯眼，何妨在鞋履添加華麗的裝飾，好吸

足(金蓮)的源頭，而是這一習俗如何在宋代逐漸流傳以至於普遍，甚至傳入士人的家庭中。由於資料的限制，本文中關於纏足從宮廷或歌姬舞伎傳入士人家庭的解釋，只是一種假設。

宮廷與民間的互相影響

宋朝建國後，先後征服五代諸國，將國主及后妃遷至汴京。太祖、太宗或將諸國的一些后妃據爲己有。後蜀的徐慧妃，即花蕊夫人，遭到這樣的命運。[2]南唐宮人喬氏及臧氏入太宗禁中。[3]太宗貴妃張氏原爲江南李煜宮人。煜卒，入禁中。後自御侍爲縣君、美人、貴儀。[4]李煜「宮中盛雨水染淺碧爲衣，號天水碧。未幾，爲王師所克。士女至京師猶有服之者。天水，國之姓望也。」[5]這個記載目的在說明天水碧暗示南唐將亡於天水的宋，而南唐亡後，士女至汴京仍穿著南方流行的服飾以及纏足。除嬪妃外，宮女也被征服者接收。太宗征北漢，北漢主劉繼元投降，獻其宮人百餘人。雖然太宗把宮女分

(續)

引眾人的目光？(頁218-219)這種推論，可以解釋爲纏足普及的一個原因。不過，婦女在鞋履添加華麗的裝飾，主要是用在閨房內，而不常用來展示給眾人觀賞。著者說過：唐代婦女們遮蔽雙足是合乎禮節的舉動。她也說：「纏足以隱蔽爲特徵。」見〈作爲服飾的身體：十七世紀中國纏足意涵的轉變〉，列入張國剛、余新忠主編，《新近海外中國社會史論文選譯》，頁170。

2　蔡條，《鐵圍山叢談》(中國野史集成編輯委員會、四川大學圖書館，《中國野史集成》，成都：巴蜀書社，1992)卷六，頁310。

3　喬氏見王銍，《默記》(北京：中華書局，《唐宋史料筆記叢刊》，1997版)卷中，頁25。臧氏見徐松輯，《宋會要輯稿》(台北：世界書局版)，后妃三之一。頁234。

4　《宋會要輯稿》，后妃三之一，頁234。

5　《宋史》(北京：中華書局點校本)，志第十八，五行三，頁1429。

給有功的將校，[6]仍顯示戰敗者必須作出奉獻。靖康之難，被金人擄去的二帝嬪御176人，宦官146人，宮女、侍女832人。[7]

皇帝後宮中，妃嬪服飾華麗。眞宗后(章穆郭皇后)則「性惡奢靡。族屬入禁中，服飾華侈，必加戒勗。」可見皇后的親戚本來喜歡把外界的華麗服飾帶進宮中。仁宗喜愛妃子尙氏，爲了節省宮中經費作爲軍國之用，卻不會減少尙氏等的優厚賞賜。景祐元年(1034)九月，下詔：

> 朕以宮闈之間，務先儉約，軍國之用，宜在優豐。念有司經
> 畫之勤，出宮中羨餘之物，俾資常費，式表推恩。宜令入內
> 內侍省將尙氏等位金銀財帛，除各已優厚給賜逐人外，據見
> 在數，准折價銀二十一萬貫，委內藏庫措撥與三司支贍軍旅
> 使用。[8]

明道二年(1033)，仁宗的郭皇后和妃子尙氏、楊氏爭寵，皇帝和大臣呂夷簡決定廢郭皇后。[9]當時「外人籍籍，頗有聞者」。殿中侍御史段少連上疏反對，說：「民間喧傳中宮被譴入道，又傳降爲妃而

6　李燾，《續資治通鑑長編》(北京：中華書局本。以下簡稱《長編》)卷20，太平興國四年五月辛卯。但《宋史》卷4，頁62作：「繼元獻官妓百餘，以賜將校。」太祖也曾將荊南節度使高繼冲的伶官142人分賜大臣。太宗不接受錢俶夫人所進女樂十人。見《宋會要輯稿》，崇儒七之四七—四八，頁2298。

7　確庵、耐庵編，崔文印箋證，《靖康稗史箋證》(北京：中華書局，1988)，開封府狀箋證，頁92。

8　《宋會要輯稿》，食貨五一之四，頁5662。

9　《長編》卷113，明道二年十二月甲寅，頁2648-2654。

離宮庭矣。」[10]在南京(今河南商丘)任官的石介有一封給樞密使王曾
的信中說：

> 正月以來，聞既廢郭皇后，寵幸尚美人。宮庭傳言，道路流
> 布。或說聖人好近女室，漸有失德。自七、八月來，所聞又
> 甚。或言倡優日戲上前，婦人朋淫宮内。飲酒無時節，鐘鼓
> 連晝夜。近有人說，聖體因是嘗有不豫。[11]

這封信除提到宮中的倡優、飲酒外，特別值得注意的是皇宮裡發生的
事情，如廢后、寵信妃子等，外界很快就會知道。仁宗慶曆三年
(1043)諫官孫甫勸皇帝制後宮，省浮費。他指出：

> 後宮之數，臣雖不知，但聞三司計肉食者千餘人，又上有貴
> 職，下有私身，當不啻數千人矣。臣近聞染院計置染綾羅甚
> 急，以備宮中支用，言左藏庫所積紅羅，去冬已絕。他物稱
> 此，則浮費可知也。[12]

　　北宋爲宮廷染製綾羅有東西兩個染院。[13]所謂他物，不外是奢侈
品。後苑造作所内有74作，爲禁中及皇屬婚娶造名物，如鏤金、胭
脂、腰帶、絲鞋等，役匠436人。[14]仁宗晚年，後宮生女，賞賜「所

10　《長編》，同上，頁2650。
11　《長編》卷115，景祐元年八月庚午，頁2694-2695。
12　《長編》卷145，慶曆三年是歲，頁3518。不確定是否包括内侍的費用。内
　　侍人數亦多，見《長編》卷227，熙寧四年十月丁卯，頁5528-5529。
13　《宋會要輯稿》(台北：世界書局版)，職官二九，頁2977。
14　《宋會要輯稿》，職官三六之七二，頁3093-3094。又上引仁宗時肉食者幾

費不可勝紀」。[15]

教坊吸收民間的音樂人才，如政和間，郎官有朱維者善音律，而尤工吹笛。雖教坊亦推之。流傳入禁中。徽宗和大臣欣賞之餘，教坊樂工皆稱善。遂命朱維爲典樂。[16]柳永善爲歌辭，教坊樂工每得新腔，必求永爲辭，始行於世，於是聲傳一時。[17]秦觀也善爲樂府，語工而入律，知樂者謂之作家歌。元豐間盛行於淮楚。[18]南宋時每年招待金使則從民間找人表演音樂和雜技。[19]也說明教坊和民間的密切關係。教坊中訓練大批男童和女童表演歌舞。《東京夢華錄》，「宰執親王宗室百官入內上壽」載：

> 勾女童隊入場。女童皆選兩軍妙齡容豔過人者四百餘人，或戴花冠，或仙人髻鴉霞之服，或卷曲花腳襆頭四契紅黃生色銷金錦繡之衣。結束不常，莫不一時新妝，曲盡其妙。
>
> 諸女童隊出右掖門，少年豪俊爭以寶具供送，各乘駿騎而歸。觀者如堵。省宴亦如此。[20]

（續）————————————

千人。早在眞宗時供給宮中肉食的牛羊司經常有羊數萬頭，還從陝西運來，於是在洛陽置牧地。後來每年棧羊33000口。見職官二一之一一一，頁2844。《長編》卷187，嘉祐三年(1058)三月癸酉：處罰御廚自盜御食，日宰280頭羊。以後日宰40頭。(頁4506)依此計算，每年需15000隻。

15 《長編》卷189，嘉祐四年五月戊午，頁4566。當時進才人者加賜銀五千兩，金五百兩。才人的月俸從二萬五千增加到二十萬。見六月丁卯，頁4567。

16 葉夢得，《避暑錄話》（《全宋筆記》）卷上，頁277。

17 《避暑錄話》卷下，頁285。

18 同上，頁286。

19 李心傳，《建炎以來朝野雜記》（北京：中華書局，2000），甲集卷3，頁101。小兒隊和女童隊也於此時廢罷。同上，乙集卷4，頁577。

20 孟元老，《東京夢華錄》（北京：中國商業出版社，1982）卷9，頁61-62。

從這些文字中可以看到當時汴京教坊中的女童出來表演和百姓爭相觀看的盛況。這些女童都穿著流行的新妝，容豔過人。本來宮嬪、宮女和教坊女子是不可以見外人的。[21]但這時候皇帝與民同樂，有機會讓人們能夠看到她們在皇帝前的表演。甚至有些少年可以乘機和女童接觸。字裡行間透露人們對宮廷少女的羨慕。而少女的新妝會被人們模仿。至於男童和女童如何進入教坊，又如何離開，則很少信息留到現在。

北宋皇后，有的出身並不高貴，而是來自民間。最著名的是眞宗的劉皇后(章獻明肅劉皇后)，幼時爲孤兒，在外家養大。會擊鼓。被四川人龔美帶到開封。入宮後，以龔美爲兄弟，改姓劉。後來成爲宋代最有權力的皇后之一。[22]仁宗的母親李宸妃入宮後，其弟窮困，在汴京從事紙錢業。[23]仁宗的張貴妃據說是後母賣給齊國大長公主家的一個歌舞女郎。[24]才人張氏原來是一位進士的女兒，父親死後，八歲時與姊妹三人入宮。[25]神宗朱皇后，「開封人。父崔傑早世。后鞠於所親任氏。熙寧初，入宮爲御侍」。[26]她是哲宗的母親。徽宗劉貴妃，「其出單微」。又有安妃劉氏，「本酒保家女」。[27]南宋孝宗謝皇后，「幼孤，鞠於翟氏，因冒姓焉」。[28]看來也不是出身高貴。寧

21　邵伯溫，《邵氏聞見錄》(北京：中華書局，1983)卷1，頁8。

22　《宋史》卷242，頁8612。李燾，《長編》卷56，景德三年正月乙未，頁1225-6。參看張邦煒，《宋代皇親與政治》(成都：四川人民出版社，1993)，頁134-138。

23　《長編》卷111，明道元年三月己丑，頁2579。

24　引見張邦煒，《宋代皇親與政治》，頁134。

25　《長編》卷129，康定元年十月癸未，頁3050。

26　《宋史》，頁8630。

27　同上，頁8645。

28　同上，頁8652。

宗楊皇后，「少以姿容選入宮。忘其姓氏。或云會稽人。」[29]理宗謝
皇后，「家產益破壞。后嘗親汲飪。」[30]這些出身於平民家庭的婦
女，自然將民間的一些習俗、歌舞藝術帶到宮中。后妃如此，宮女的
情形更複雜。司馬光批評宮女制度「頗隳舊制。內中下陳之人，競置
私身，等級浸多，無復限極。監勒牙人，使之雇買，前後相繼，無時
暫絕。至有軍營、井市下俚婦人，襍處其間，不可辨識。此等置之宮
掖，豈得為便？」主張徹底改革。[31]

宮禁制度雖然嚴密，[32]后妃的家屬仍可到皇帝的後宮去。如上述
眞宗后不許族屬入禁中時服飾華侈。眞宗劉后在仁宗初垂簾當政。劉
后的前夫劉美的「家婢出入禁中，大招權利。樞密直學士、刑部侍郎
趙稹厚結之。」[33]仁宗當政後，於寶元二年(1039)下詔：

> 皇族之家及諸命婦、女冠、尼等，非乾元節、南郊進奉、并
> 每歲孟冬朔，毋得入內。其親王婦人、長主即勿拘。先是，
> 外戚疏遠，多緣歲時，入禁中有所干謁。言者請一切禁絕
> 之。故降是詔。[34]

這裡提到的言者，應當是韓琦，他說：

29　同上，頁8656。

30　同上，頁8658。

31　《長編》卷201，治平元年四月癸未，頁4863。

32　張邦煒，前引書，頁185-194。

33　《長編》卷109，天聖八年九月乙丑，頁2544。

34　《長編》卷123，寶元二年五月己亥，頁2904。曾有王克明，令人到宮裡爲
　　太后禳災，得獎賞白金百兩。這時爲此降官。《長編》卷112，七月甲申，
　　頁2626。

> 只自莊獻明肅太后垂簾之日，遂有奔競之輩，貨賂公行。假
> 托皇親，因緣女謁，或於內中下表，或只口爲奏求。是故僥
> 倖日滋，賞罰倒置。[35]

雖然如此，劉從德之妻出入內庭，有人說她得到仁宗的喜愛，打算封她爲遂國夫人，最後因富弼封還詔書作罷。[36]英宗高皇后在哲宗時爲太皇太后，「宋用臣等既被斥，祈神宗乳媼入言之，冀得復用。」[37]被她拒絕。哲宗(1076-1100)十三歲時，據說宮中在京城找尋乳母十人。大臣范祖禹上疏勸太皇太后(宣仁高皇后)管教年輕的小皇帝，勿近女色。劉安世查訪此事後也進言。但是太皇太后告訴呂大防，小皇帝都在她身邊，找乳母是因爲先帝(神宗)有一二小公主還需哺乳。太皇太后的解釋並不合理(哲宗於1085年即位，至此已經13年)，結果范劉二人卻只得上疏請罪。[38]哲宗孟皇后，「有姊頗知醫。……嘗已后危疾，以故出入禁掖。……持道家治病符水入治。」[39]以上種種現象顯示宮庭和外界是經常有些互動和互相的影響。

后妃有罪或失寵，就會貶出宮門。如太宗放嬪妃出宮，說：「宮中嬪御頗多，幽閉可憫。朕已令擇給事歲深者放出之。」[40]前文提及仁宗時廢郭皇后，而尚、楊二美人被楊太后逐出宮門。郭后封淨妃，

35　《長編》卷123，頁2905，李燾注：琦此言，不得其時。

36　《長編》卷133，九月戊午，頁3174。

37　《宋史》卷242，后妃上，頁8627。

38　《長編》卷436，元祐四年十二月是月，頁10509-10520。李燾對此案有大篇考證，似眞有其事。

39　《宋史》，頁8633。

40　《長編》卷41，至道三年五月甲申，頁866。

居長寧宮。尚美人爲道士，楊美人回家。[41]仁宗時放出的宮人景氏，
嫁給許宗賢，卻於離婚後被神宗召入宮中。[42]又如上述孟皇后因用道
家治病符水得罪，廢爲庶人。王氏本宮人，因禁中火出外。[43]王世寧
妻李氏，「本在宮中。先帝（神宗）命適世寧。」[44]南宋光宗婕妤符
氏，出嫁於民間。

　　宋代和前代一樣，不斷羅致民間的女子進入宮中。[45]上文引諫官
孫甫勸皇帝制後宮，省浮費。可見後宮有數千人。仁宗曾說：過去太
后當政，「臣僚戚屬多進女口入宮。今已悉還其家矣。」[46]這是一個
特別的例子，所以被記載下來。北宋初宮女數目小，不過300人。[47]
太宗曾下令放宮人50餘人。[48]眞宗也放宮人，但人數不明。[49]根據
《宋史》本紀的記載，可以知道北宋的皇帝一共釋放了3396個宮女，
其中最少的是哲宗紹聖四年，共放宮女24人。最多的是政和六年放宮

41　《長編》卷115，景祐元年八月壬申，頁2696。

42　楊繪，上神宗乞放內人景氏：後放出嫁許宗賢，近已聽離，卻召入內者。
　　《全宋文》卷1562，頁414。

43　王銍，《默記》卷下，頁41。洪邁，《夷堅志》，甲集卷12，宣和宮人的
　　故事說一個宮人得病，找道士作法去鬼。

44　《長編》卷205，治平二年五月癸亥，呂誨言。

45　例如仁宗放宮人207人時，說有人獻雙生二女子，他卻而不受，張士遜曾進
　　女口被御史彈劾。
　　《長編》卷123，寶元二年四月乙丑，頁2902。

46　《長編》卷113，明道二年十二月戊申，頁2647。

47　《長編》卷34，淳化四年七月庚戌，頁751。《全宋文》卷1629，頁718-
　　719：蒲宗孟之應詔陳陰氣太盛……疏說太祖後宮280人，太宗300人，英宗
　　時有數千百人。

48　《宋會要輯稿》，崇儒七之七七，頁2313。《長編》卷41，至道三年五月甲
　　申，頁866。

49　《宋會要輯稿》，崇儒七之七七，頁2313。

女600人。[50]這些數字應當加上《宋會要輯稿》記載的數目。嘉祐四年(1059)先後放宮女214人及236人,同時也放後宮劉氏和黃氏。[51]治平元年的數目也作335人。[52]除紹興元年數字的差別(391-319=72)外,《宋會要輯稿》所載,比《宋史》共多出1467人以上。合計從宋初到南宋,見於記載的共有5061人。而徽宗一朝出宮人達到2470人(據《宋會要輯稿》)。從這些數字可以想像當時宮女數目之大。據莊季裕《雞肋編》:「淵聖皇帝以星變責躬詔曰:常膳百品,十減其七。放宮女凡六千餘人。則道君朝蓋以萬計也。」[53]

出宮人的原因是大臣們認為皇帝要修德,應當減少妃嬪和宮女的數目。寶元二年(1039),仁宗下令放宮人270人,他對宰臣說,這樣做是可憐她們被禁閉。同時,放她們出去可以省經費:「矜其幽閉,亦可省禁掖浮費也。」[54]嘉祐四年放宮女214人,是為了「修陰教以應天變」。[55]

宮女放出宮後,如果不是太老,大概都會嫁人。眞宗景德元年(1104),出宮人,令從良。又放年輕的宮人,「訪求良家,方令屬聘。」大中祥符八年(1015)放宮人,「優與資給,聽其從便。」[56]明道二年(1033),仁宗放宮人二百人,對宰相呂夷簡說:「昨出卻內人

50　《宋會要輯稿》與《宋史》本紀所載出宮女的數目見拙著〈宋代宮女初探〉。

51　《長編》卷189,六月己卯,頁4571;七月丙午、丁未,頁4579。

52　《長編》卷201,四月癸未,頁4863。注4又有100、35及25之數。

53　引見《宋會要輯稿》,崇儒七之七九,頁2314。

54　《長編》卷123,四月乙丑,頁2902。宮女的疾病缺乏照顧,「有疾甚者出之尼寺,十七八九。」至神宗時才改善。《長編》卷224,熙寧四年六月壬申,頁5454。

55　《長編》卷189,嘉祐四年六月己卯。

56　《宋會要輯稿》,崇儒七之七七,頁2313。

不少，並令聘嫁。免至幽怨。」[57]英宗時給仁宗的宮女嫁妝，令她們
回親戚家，或任便適人。[58]又出尼女冠96人，「歸本寺觀，願嫁者聽
之。」[59]富弼指出，甚至西夏元昊刻意收買她們：「比來放出宮女，
任其自如。元昊重幣市之，納諸左右。不惟朝廷之事爲其備詳，至於
宮禁之私，亦所窺測。」[60]

　　宮女的命運受到戰爭的影響。北宋靖康之亂後，大批宮女被金人
擄去，其他失散於民間的頗多。金人追逐宣仁皇后至吉州，「宮人失
一百六十人。」金人追至太和縣，「宮人死者甚眾。」[61]

　　妃嬪和宮女中有懂音樂及表演的。如上引眞宗的劉后會擊鼓。眞
宗對侍臣說：宮人掌管事情的不可少，「其解音律者，非皇太后誕辰
及節序外，經時未嘗施用。」[62]宋初有仙韶使。仁宗內職的二十四司
中有司樂，掌音集之事。[63]欽宗靖康二年(1127)，京城陷落，金人索
取各種人物，包括「歌女及宮女數百人。」又索「樂女、樂器、大晟
樂器、鈞容班一百人，并樂器、內宮腳色。」[64]高宗時，傳說金人有
意索取仙韶院女樂。高宗出宮人319人，可能包括仙韶院樂女二百餘
人。[65]根據周密記載：宋高宗德壽宮有舞譜二大帙，「皆新製曲，多
妃嬪諸閣分所進者。所謂譜者，其間有所謂左右垂手、雙拂、抱肘、

57　《宋會要輯稿》，崇儒七之七八，頁2313。.
58　《長編》卷201，治平元年四月丁丑，頁4862-3。
59　《宋會要輯稿》，崇儒七之七九，頁2314。
60　《長編》卷124，寶元二年九月，是月，頁2926。
61　李心傳，《建炎以來繫年要錄》(《叢書集成》本)卷29，建炎三年十一月
　　丁卯，頁577。
62　《宋會要輯稿》，崇儒七之七七，頁2313。
63　《宋會要輯稿》，后妃四之一，頁251；四之二，頁251。
64　徐夢莘，《三朝北盟會編》(新北：文海出版社)卷77，頁139、143。
65　《建炎以來繫年要錄》卷190，紹興三十一年六月丁未，頁3182。

合蟬、小轉、虛影、橫影、稱裡。(等等)……是亦前所未聞者,亦可想見承平和樂之盛也」。[66]高宗時如此,可以想像徽宗時的盛況。一些妃嬪和大批的宮女不斷的從宮中釋放出來,這些宮女,可能「失所」;[67]而在宮中受過歌舞的訓練,有表演的經驗的宮女,在離開宮殿後很可能到酒家求生活。不論妃嬪和宮女是否有纏足的習慣,宮中的風氣逐漸傳布到民間,應當是事實。而民間對時尚最敏感的一群人就是酒樓上的歌姬舞伎了。

宮樣、內樣和京師婦女的時尚

汴京的繁華,如仁宗景祐三年二月,直昭文館扈偁上奏的描寫:「京師,天下之本。而士民僭侈無法,室居服玩,競為華靡,珠璣金翠,炤燿路衢。一襲衣其直不翅千萬,請條約之。」[68]朝廷很快就對住家、金銀首飾、交通用具等有詳細的規定,但是效果如何則不得而知。[69]汴京酒樓是人們娛樂的重要去處。《東京夢華錄》載:

> 京師酒店。……向晚燈熒煌,上下相照。濃妝妓女數百,聚於主廊檐面上,以待酒客呼喚。望之宛若神仙。……大抵諸酒肆瓦市,不以風雨寒暑,白晝通夜,駢闐如此。[70]

---

66 《癸辛雜識》(北京:中華書局),後集,舞譜,頁88。
67 《長編》卷113,明道二年十二月戊申,頁2647。
68 《長編》卷118,景祐三年二月丙辰,頁2777。
69 《長編》卷119,景祐三年八月己酉,頁2798。
70 《東京夢華錄》卷2,頁16。

尤其值得注意的，是汴京酒樓中的歌伎，模仿宮女的裝飾，稱為
「宮樣」。蘇東坡的〈菩薩蠻〉詞最有名，他寫道：

> 塗香莫惜蓮承步，長愁羅襪凌波去。只見舞迴風。
> 偷穿宮樣穩，並立雙趺困。纖妙說應難，須從掌上看。

宮中女性的妝扮是所謂的「宮樣」，傳到民間。把宮中的時尚和民間
的模仿連結在一起，還有晏幾道(1130-1106)詞〈鷓鴣天〉：「紅綃
學舞腰肢軟，旋織舞衣宮樣染。」[71]舞衣依照「宮樣」的染法。舞
鞋當然也學宮中小而彎的式樣，見無名氏句「鳳鞋宮樣小，彎彎
露。」[72]朱敦儒(1081-1159)的〈南鄉子〉詞中也有「宮樣」二字：

> 宮樣細腰身。玉帶羅衫試新。小底走來宣對御，催頻。
> 曲殿西廂小苑門。
> 歌舞斗輕盈。不許楊花上錦茵。對得君王真個醉，承恩。
> 金風紅袍印粉痕。

可見所謂「宮樣」就是宮中為君王所作的妝扮，也稱「內樣」。
皇祐元年(1049)，仁宗下詔規定「婦人冠高無得過四寸，廣無得踰一
尺，仍無得以角為之。犯者重致於法，仍聽人告。」原來當時流行一
種帽子，來自宮中的式樣：

---

71 唐圭璋編，《全宋詞》(北京：中華書局，1965)，頁237。
72《全宋詞》，頁3828。

> 先是，宮中尚白角冠梳，人爭效之，謂之內樣。其冠名曰垂
> 肩，至有長三尺者。梳長亦踰尺。御史劉元瑜以爲服妖，故
> 請禁止之。婦人多被罪者。[73]

這件禁令說明宮中的服飾爲民間模仿。而民間的反應卻是認爲劉元瑜
和政府管得太多，甚至被人作歌曲嘲笑。李燾記這件事的小注裡寫
道：「《御史記》云：劉元瑜乞禁止，重賞告訐者，婦人多被刑責。
大爲識者所嗤。都下作歌以嘲之。」[74]南宋孝宗時，皇帝談到奢靡的
風俗，龔茂良奏：

> 此等習俗，皆由貴近之家，仿傚宮禁，以致流傳民間鬻簪珥
> 者，必言內樣。彼若知上崇尚淳樸，必觀感而化矣。[75]

不僅如此，皇親和宦官的衣服也被百姓模仿。也在仁宗時，皇親
內臣穿的紫衣被染成墨綠色，「士庶浸相傚」。有人說顏色像「奇哀
之服」，於是朝廷明令禁止。[76]北宋汴京的風氣，如魏泰《楓窗小
牘》載，甚至外國風尚也傳至京師：「汴京閨閣粧抹凡數變。……花
鞾弓履，窮極金翠；一襪一領，費至千錢。今聞虜中閨飾復爾。如瘦
金蓮方，瑩面丸，遍體香，皆自北傳南者。」[77]陸游記：「宣和末婦

---

73 《長編》卷167，皇祐元年十月丁丑，頁4019。
74 《長編》卷167，小注。
75 《宋會要輯稿》，輿服四之一○，臣庶服。淳熙二年，頁1784。又見后妃二
  之二二，頁230；食貨四一之四九，頁5547。
76 《長編》卷197，嘉祐七年十月己丑，頁4782。
77 《筆記小說大觀》（新竹：新興書局本），三編卷下，頁1672-3。

人鞋底尖以二色合成，名錯到底。……皆服妖也。」[78]

南宋姜夔詩〈觀燈口號〉：「花帽籠頭幾歲兒，女兒學著內人衣。」[79]內人指宮人。[80]南宋理宗朝，宮妃有這樣的服飾：

> 理宗朝，宮妃繫前後掩裙而長粹地，名「趕上裙」；梳高髻
> 於頂曰「不走路」；束足纖直名「快上馬」；粉點眼角名
> 「淚妝」；剃削童髮，必留大錢許於頂左名偏頂，或留之頂
> 前，束以綵繒，宛若博焦之狀，或曰鵓角。[81]

這件事載於《宋史》〈五行志〉中，原來的意思是指服妖之類。其中引人注意的是宮妃纏足：「束足纖直」。可見當時宮中女子帶領時尚之一斑。同時，王邁(嘉定十年〔1217〕進士)對策指出，宮中早上的服飾新式樣，下午就被民間仿效：

> 婦女飾簪之微，至當十萬之直。不惟巨室為之，而中產亦強
> 做之矣。後宮朝有服飾，夕行之於民間矣。[82]

北宋末汴京第一名妓李師師被徽宗寵愛，甚至封為明妃。雖然封

78　《筆記小說大觀》，三編卷三，頁1719。

79　《全宋詩》卷2724，頁32054。

80　韓駒詩：「近侍皆分金帶赤，內人爭看雪衣明。自注：內人多自昇平樓上
　　下觀。」見《全宋詩》，頁16580。

81　《宋史》，志第十八，〈五行〉三，頁1430。

82　王邁，《臞軒集》(《文淵閣四庫全書》)卷1，〈丁丑廷對策〉，頁1178-
　　1450。

為妃子的傳說並無根據，但是李師師確有其人，如《東京夢華錄》[83]
載：

> 崇、觀以來，在京瓦肆伎藝：張廷叟，孟子書。主張小唱：
> 李師師、徐婆惜、封宜奴、孫三四等，誠其角者。

張邦基著，《墨莊漫錄》也載汴京名伎李師師、崔念月。[84]而《宣和
遺事》[85]中的李師師的腳是弓小的金蓮：

> 單眉彎鬢垂雲碧，眼入明眸秋水溢。
> 鳳鞋半折小弓弓，鶯語一聲嬌滴滴。
> 裁雲剪霧製衫穿，束素纖腰恰一搦。
> 桃花為臉玉為肌，費盡丹青描不得。

皇帝喜愛的女子如此，是模仿宮中妃嬪，還是互相爭豔？

以上所說明的是，就服飾的時尚而言，宮廷和民間有互動的現
象。於是趙令時(1051-1134)作結論：「京師婦人梳妝與腳，天下所
不及。」[86]

關於歌舞與纏足，從宋人的詞曲中可以窺見。筆者曾經在〈歌姬
舞伎與金蓮〉一文中，根據宋詞描述當時歌姬和舞伎的養成和表演的

83　孟元老，《東京夢華錄》(北京：中國商業出版社，1982)卷五，京瓦伎
藝，頁32。

84　張邦基，《墨莊漫錄》(北京：中華書局，2002)卷8，頁222。

85　《新刊大宋宣和遺事》(台北：東吳大學圖書館藏，n.d.; n.p.)，頁49。

86　趙令時，《侯鯖錄》(《全宋筆記》，大象出版社，2006)卷4，頁222。

現象，並且指出這些女子的纏足是歌舞表演中非常重要的一環。例如
陳允平的〈早梅芳〉有句：「貼衣瓊佩冷，襯襪金蓮小。」[87]汪元量
的〈鳳鸞雙舞〉有句：「金蓮步，輕搖彩鳳兒，翩翩作戲。」[88]辛棄
疾的〈菩薩蠻〉，描寫舞女的小鞋：

淡黃弓樣鞋兒小。腰肢只怕風吹倒。
驀地管弦催，一團紅雪飛。[89]

而王之望(1138進士)描寫舞女的小靴：「弓靴三寸坐中傾，驚歎小如
許。」史浩(1106-1194)的〈如夢令〉也歎：「難說，難說，真是世
間奇絕。」[90]從以上關於士人對纏足和舞鞋的詠歎，可以作這樣的結
論：歌舞女郎模仿宮樣，普遍受到士人的欣賞和鼓勵。王之望和史浩
的驚嘆，顯示纏足即使傳到士人家庭中，其尺寸還不及酒樓舞女的尺
寸。

纏足怎樣進入士人的家庭

纏足怎樣進入宋代士人的家庭？由於資料的缺乏，的確是一個難
題。我的假設是這樣的。首先，宮庭服飾的時尚，是婦女普遍追逐的

87　金千秋編，《全宋詞中的樂舞資料》(北京：人民音樂出版社，1990)，列
　　入〈宴席歌舞〉，頁126。
88　《全宋詞中的樂舞資料》，頁126-127。
89　《全宋詞中的樂舞資料》，頁125。
90　引見〈歌姬舞伎與金蓮〉，原載鄧小南主編，《唐宋女性與社會》(上海：
　　上海辭書出版社，2003)，頁365-374。又見拙著《歷史的瞬間：從宋遼金
　　人物談到三寸金蓮》(台北：聯經出版公司，2006)，頁127、132。

對象；士人在酒樓飲酒塡詞，會召歌姬演唱。歌姬舞伎的華麗表演，
爲士人醉倒。其次，有些士人家中有表演歌舞的小伎。除了士人宴客
時要她們的服務外，她們也受過訓練，能夠即席唱出士人隨興作出的
詞曲。三朝宰相韓琦退隱於安陽，家園廣闊，還有十位歌舞伎爲賓客
表演。有些官員和士人家裡養著侍兒、琴伎、琵琶伎、歌姬舞伎。蘇
軾買一個小姑娘，訓練她唱詞。朋友徐君猷有家姬，還有三位侍人。
劉敞和歐陽修曾到一位友人家裡欣賞五位小姑娘演奏音樂。[91]韓絳有
家妓十餘人。[92]例子不勝枚舉。

再者，有些婦女欣賞這些歌舞女子，如朱淑眞作五絕，詩題
是：〈會魏夫人席上命小鬟妙舞曲終求詩予以飛雪滿群山爲韻作五
絕〉。[93]詩曰：

> 管弦催上錦裀時，體段輕盈祇欲飛。若使明皇當日見，阿蠻
> 無計況楊妃。
> 香茵穩襯半鉤月，來往凌波雲影滅。弦催緊拍捉將遍，兩袖
> 翻然做迴雪。
> 柳腰不被春拘管，鳳轉鶯回霞袖緩。舞徹伊州力不禁，筵前
> 撲籁花飛滿。
> 占斷京華第一春，清歌妙舞實超群。只愁到曉人星散，化作
> 巫山一斷雲。
> 燭花影裡粉姿閒，一點愁侵兩點山。不怕帶他飛燕妒，無言
> 相逐省弓彎。

91　參看拙著，〈歌姬舞伎與金蓮〉。
92　趙令畤，《侯鯖錄》卷4，頁219。
93　《全宋詩》卷224，頁2610。引見〈歌姬舞伎與金蓮〉，頁123。

這一次的宴會，是士人夫人們的聚會，請小鬟表演餘興節目。朱淑眞非
常欣賞她的舞蹈。詩中提到唐明皇會爲之傾倒，趙飛燕會嫉妒。而「香
茵穩襯半鉤月」句裡的「半鉤月」是否指金蓮？[94]又如一位王氏於隆冬
大雪時，「登樓眺望，見美妓從雪中來」，乃作〈雪中觀妓〉：

> 梁王宴罷寸瑤台，
> 窄窄紅靴步雪來。
> 恰似陽春三月暮，
> 楊花飛處牡丹開。[95]

　　王氏是北宋曹緯、曹組(徽宗宣和三年進士)之母，自然屬於士人
家庭。朱淑眞和王夫人欣賞的歌舞伎似乎都是家伎。王氏並不反對纏
足，還欣賞「窄窄紅靴」。也許因此，歌舞伎的纏足被士人欣賞接
受，讓他們的女兒也開始纏足。有一位士人的妻子，〈寄鞋襪〉給丈
夫：「細襪宮鞋巧樣新，殷勤寄語讀書人。」[96]還有一位女子〈謝姊
惠鞋〉：「蓮瓣娟娟遠寄將，繡羅猶帶指尖香。」[97]這兩人和宋墓中
發現的婦女，都不是歌舞女郎。當然有些士族女子並沒有纏足，另有
些女子的腳沒有歌舞伎們的金蓮那麼小，才有人看到歌舞伎的金蓮

94　晁補之詞〈碧牡丹〉有句「步蹙香裀，紅浪隨駕屧。」謝逸詞〈西江月〉
　　有句「步步蓮生宮錦。」與此句類似。見《全宋詞》，頁577、644。小腳
　　也用鉤來形容，如廖瑩中句「軟玉香鉤。」頁3318；鄭文妻有「花深深，
　　一鉤羅襪行花陰。」頁3539；無名氏句「轉步蓮，徐徐卸鳳鉤。」頁
　　3832。
95　《名媛詩歸》(四庫存目全書)卷18，頁339-204；《全宋詩》，第23冊，卷
　　1350，頁15436。又引見〈歌姬舞伎與金蓮〉，頁131。
96　《全宋詩》，第72冊卷3773，頁45513。
97　《全宋詩》卷3773，頁45514。

時，驚嘆其弓小。

結論

　　纏足在北宋時期，已經逐漸成爲一種風氣，是從宮廷中的妃嬪、宮女開始傳入民間。宮廷和民間的互動，可以從不少北宋妃嬪出身自民間，和妃嬪及宮女不斷來自民間，又從宮廷放回民間來看。宮中的裝飾被都市中酒樓的歌舞伎模仿。至於如何被良家婦女採取，亦即從歌舞伎到她們中間的連結，則甚難建構。本文提出的一種解釋。是家庭婦女的纏足，有兩個來源：一是受到宮廷時尚的影響，妃嬪和宮女的服飾爲民間模仿，或放出宮後，帶著宮中的宮樣走入民間。大眾欣賞歌姬舞伎，而這些女子模仿宮中時尚，或與宮中有所互動和互相影響。另一來源是有些士人家中也養著年少的歌舞女郎。既然士人欣賞歌姬舞伎的金蓮，則家庭婦女終於不免仿效。

引用及參考資料

王銍，《默記》（北京：中華書局，《唐宋史料筆記叢刊》，1997版）。

王邁，《臞軒集》，《文淵閣四庫全書》本。

北京大學古文獻研究所編，傅璇琮、倪其心、孫欽善、陳新、許逸民主編，《全宋詩》（北京：北京大學出版社，1991）。

《名媛詩歸》，《四庫存目全書》。

《全宋筆記》（鄭州：大象出版社，2006）。

《宋史》（北京：中華書局點校本）。

李心傳，《建炎以來繫年要錄》，《叢書集成》本。

李燾，《續資治通鑑長編》（北京：中華書局本）。

周密，《癸辛雜識》（北京：中華書局，1988）。

徐松輯，《宋會要輯稿》（台北：世界書局本）。

徐夢莘，《三朝北盟會編》（台北：文海出版社）。

孟元老，《東京夢華錄》（北京：中國商業出版社，1982）。

邵伯溫，《邵氏聞見錄》（北京：中華書局，1983）。

洪邁，《夷堅志》（北京：中華書局）。

唐圭璋編，《全宋詞》（北京：中華書局，1965）。

張邦基，《墨莊漫錄》（北京：中華書局，2002）。

《新刊大宋宣和遺事》（台北：東吳大學圖書館藏），n.d.; n.p。

葉夢得，《避暑錄話》，《全宋筆記》。

趙令畤，《侯鯖錄》，《全宋筆記》。

蔡絛，《鐵圍山叢談》，中國野史集成編輯委員會、四川大學圖書館，《中國野史集成》（成都：巴蜀書社，1992）。

金千秋編，《全宋詞中的樂舞資料》（北京：人民音樂出版社，1990）。

高彥頤，《纏足——金蓮崇拜盛極而衰的演變》（新北：左岸文化出版社，2007）。及Dorothy Ko, *Cinderella's Sisters: A Revisionist History of Footbinding* (University of California Press, 2005).

高彥頤，〈作為服飾的身體：十七世紀中國纏足意蘊的轉變〉，張國剛、余新忠主編，《新近海外中國社會史論文選譯》（天津：天津古籍出版社，2010），頁156-171。

張邦煒，《宋代皇親與政治》（成都：四川人民出版社，1993）。

陶晉生，〈歌姬舞伎與金蓮〉，《歷史的瞬間：從宋遼金人物談到三

寸金蓮》（台北：聯經出版公司，2006），頁115-135。
鄧小南主編，《唐宋女性與社會》（上海：上海辭書出版社，2003）。

第四屆國際漢學會議，2012年6月20日。

宋代宮女初探

　　宋代宮廷不斷羅致民間的女子進入宮中，稱為「宮人」或「內人」。其中無職掌者應當是多數。合計從宋初到南宋孝宗朝，放出宮外見於記載的宮女共有5275人以上。而徽宗一朝出宮人達到2463人。從這個數字可以想像當時宮女的數目相當龐大。宮女放出後，有些由朝廷安排嫁人，有些由她們自己選擇，即自便。其他的可以從事別的職業，或者流落失所。後宮制度是維繫中國王朝相當重要的支柱。由於宮女出入宮廷的流動性大，宮中的風氣逐漸傳布到民間，而一般婦女也追逐時尚。換言之，宮女和宮外的婦女在時尚方面形成一種互動關係。

一、宮女的工作和生活

　　什麼是宮女？廣義的說，除皇后外，所有宮殿內的婦女都是宮女。她們也叫做「宮人」或「內人」。狹義的說，妃嬪和大部分的宮女不同。妃嬪無職掌，是皇帝的妾侍，有官品且較女官為高。如妃嬪中的才人，屬正五品，與尚書內省最高的女官尚書同等。尚書內省有六尚書：尚宮、尚儀、尚服、尚食、尚寢和尚功。二十四司的司正屬正七品，而二十四司掌僅為正八品。有些宮人會得到封號，如國夫

人、郡夫人、郡君、縣君等。女官和職員在宮中的工作是有組織的分工。根據宋仁宗時的制度，二十四司的職員共382人。[1]組織的情形如下例：

> 尚宮二人，掌導引皇后管司記司簿司闈，仍總知五尚須物出納等事。
> 司記二人，掌在內諸司文書入出目錄爲記審訖付行監印等事。其佐有典記掌記各二人女史六人。
> 司言二人，掌宣傳啓奏事。其佐有典言掌言各二人女史六人。

　　女官和職員雖然與妃嬪不同，但是也可能被拔擢爲妃嬪。如仁宗德妃俞氏，景祐三年(1036)自御侍爲才人。苗才人，景祐五年三月，自御侍爲才人。[2]此外是所謂無職掌者。如宋高宗「出宮人之無職掌者」。[3]宋初宮女數目小，因大部分都有職掌，故無職掌的宮女不多。後來則無職掌的爲多數。

　　宋代和前代一樣，不斷羅致民間的女子進入宮中。[4]仁宗曾說：

1　徐松輯，《宋會要輯稿》(台北：世界書局版)，后妃四之二，頁252。參看張邦煒，《宋代皇親與政治》(成都：四川人民出版社，1993)，頁124-134。

2　李燾，《續資治通鑑長編》(北京：中華書局。以下作《長編》)卷120，景祐三年五月庚戌，頁2831。《宋會要輯稿》(台北：世界書局版。以下作《輯稿》)，后妃三之二四，頁240。苗才人，景祐五年三月，自御侍爲才人。《輯稿》)，后妃三之二四，頁249。

3　李心傳，《建炎以來繫年要錄》(《叢書集成》本)卷20，建炎三年二月癸亥。

4　例如仁宗放宮人207人時，說有人獻雙生二女子，他卻而不受。張士遜曾進女口被御史彈劾。

過去太后當政，「臣僚戚屬多進女口入宮。今已悉還其家矣。」[5]可見即使女后當政，還是會增加宮女。仁宗讓臣子進貢的宮女回家，是一個特別的例子，所以被記載下來。有的宮女年幼時就入宮，有一個年紀只有四歲。[6]有的在宮中八十年。而素質不一定整齊。司馬光批評後宮制度的敗壞和選擇宮女浮濫：

> 王化之興，始於閨門，故易基乾、坤，詩首關雎。前世皆擇良家子以充後宮，位號等級各有員數。祖宗之時，猶有公卿大夫之女在宮掖者。其始入宮皆須年十二三以下，醫工診視，防禁甚嚴。近歲以來，頗隳舊制。內中下陳之人，競置私身，等級寖多，無復限極。監勒牙人，使之雇買，前後相繼，無時暫絕。至有軍營、井市下俚婦人，襍處其間，不可辨識。此等置之宮掖，豈得為便？臣念及此，不勝憤惋。今陛下即位之初，百度惟新，嬪嬙之官皆闕而未備。臣謂宜當此之時，定立制度，依約古禮，使後宮之人共為幾等，等有幾人。若未足之時，且虛其員數。既足之後，不可更增。凡初入宮，皆須幼年未適人者，求乳母亦須選擇良家，性行和謹者，方得入宮。傳之子孫，為萬世法。此誠治亂之本，禍福之源，不可以為細事而忽之也。[7]

從司馬光的進言，可以知道當時有人積極將女子推介入後宮，造

成素質低落。他的諫言,是否爲朝廷接受,並不清楚。

在等級制度下的妃嬪,待遇當然較一般的職員爲優渥。後宮的費用浩大,慶曆三年(1043)諫官孫甫勸仁宗制後宮,省浮費。他指出:

> 後宮之數,臣雖不知,但聞三司計肉食者千餘人,又上有貴職,下有私身,當不啻數千人矣。臣近聞染院計置染綾羅甚急,以備宮中支用,言左藏庫所積紅羅,去冬已絕。他物稱此,則浮費可知也。[8]

北宋爲宮廷染製綾羅有東西兩個染院。[9]所謂他物,不外是奢侈品。後苑造作所內有74作,爲禁中及皇屬婚娶造名物,如鏤金、胭脂、腰帶、絲鞋等,役匠436人。[10]早在眞宗時供給宮中肉食的牛羊司經常有羊數萬頭,還從陝西運來,於是在洛陽置牧地。後來每年棧羊33000口。[11]可見宮中消費情形之一斑。二十四司中有專管「宮人食及柴炭之事」。[12]宮中的生活固然鬱悶,但比出外後流離失所好得多。難怪皇帝要放出宮女時,有些願意留下。(見下文。)

宮女的容貌姣好,米芾欣賞章伯益的書法,與宮女比擬:「如宮女插花,儐嬙對鏡,自有一番態度。」[13]宮女會表演歌舞。宋初有仙

8　《長編》卷145,慶曆三年是歲,頁3518。不確定是否包括內侍的費用。內侍人數亦多,見《長編》卷227,熙寧四年十月丁卯,頁5528-5529。

9　《輯稿》,職官二九,頁2977。

10　《輯稿》,職官三六之七二,頁3093-4。又上引仁宗時肉食者幾千人。

11　見職官二一之一一,頁2844。《長編》卷187,嘉祐三年(1058)三月癸酉:處罰御廚自盜御食,日宰280頭羊。以後日宰40頭。(頁4506)依此計算,每年需15000隻。

12　《輯稿》,后妃四之二,頁252。

13　曾敏行,《獨醒雜志》,《筆記小說大觀》,頁232。

韶使。仁宗內職的二十四司中有司樂,「掌音集之事」。[14]南宋高宗
時,傳說金人有意索取仙韶院女樂。高宗出宮人319人,可能包括仙
韶院樂女200餘人。[15]周密記載:高宗德壽宮舞譜二大帙,「皆新製
曲多妃嬪諸閣分所進者,所謂譜者,其間有所謂左右垂手、雙拂、抱
肘、合蟬、小轉、虛影、橫影、稱裡(等等)……是亦前所未聞者,亦
可想見承平和樂之盛也」。[16]

宮女的數目大,其中得到皇帝寵愛的是極少數。一般宮女過著寂
寞的日子。如汴梁宮人以詩(宮詞)描寫她入宮十幾年的景況:

> 一入深宮裡,經今十五年。
> 長因批帖子,呼去御床前。[17]
> 歲歲逢元夜,金蛾鬧簇中。
> 見人心自怯,終是女兒身。[18]

她們無聊時以賭博消磨時間:「殿前輪直罷,偷去賭金釵。」她
們害怕爲皇上服侍時刻到來:「怕見黃昏月,殷勤上玉階。」[19]又怕
嚴格的管教:「尙愁宮正怒,含淚強添妝。」[20]

宮中規矩甚嚴,犯罪可能被處死。例如高宗的惟一兒子元懿太

14　《輯稿》,后妃四之一,頁251;四之二,頁251。
15　《建炎以來繫年要錄》卷190,紹興三十一年六月丁未,頁3182。
16　周密,《癸辛雜識》(北京:中華書局,1988),後集,舞譜,頁88。
17　《名媛詩歸》(《四庫存目全書》)卷18,第一首,339冊,頁202。參看蘇
　　者聰,《宋代女性文學》(武漢:武漢大學出版社,1997),第17章,〈愛
　　國女詞人〉。
18　《名媛詩歸》,第二首。
19　《名媛詩歸》,第三首。
20　《名媛詩歸》,第十三首,339冊,頁203。

子，四歲時生病，一個宮女碰倒一座鼎的響聲驚嚇太子，以致太子抽搐不止而死。高宗命令將宮女處斬。[21]太監閻文應驅逐仁宗喜愛的尚、楊二妃，甚至可能毒死仁宗的廢后郭氏。閻文應對仁宗的愛妃如此，可想而知他這樣的宦官會怎樣對待地位低落的宮女。[22]

自宋初以來宮女的疾病缺乏照顧，「有疾甚者出之尼寺，十亡八九」。至神宗時才改善，使太醫治病。[23]有病的宮女送到尼寺，而尼寺貪圖宮女的財物及喪葬費用，不妥善照料有病的宮女，讓她們病死。至徽宗政和四年七月，才更進一步改善醫療環境，革除弊害：

> 詔於宮城西北隅創建館宇，專充掖庭宮人養疾之所，以保壽、粹和為名。仍差同知入內內侍省事李彀提舉，所有羌置官屬胥徒，選醫治療，典掌湯劑。立考覈殿最之格，核存亡勸沮之法。並抑提舉所條具聞奏。先是宮人疾患例於妙法廣福之寺醫治，見至鮮有生者。蓋尼徒上下幸其物故喪葬賻贈，及其私財。上知其弊，故有是詔。[24]

新法實施後，仍有弊病。十一月手詔指出：「管幹養病使臣，未能革心，利於必死，覬有厚利。未副仁政之本意。」到七年十二月，新法顯然失敗，「保壽、粹和館官吏並罷。宮人依舊法往尼寺養病。地歸軍器所。」[25]宮女仍然被欺壓剝削。

21　《建炎以來繫年要錄》卷25，建炎三年七月丙戌。

22　《長編》卷115，景祐元年八月壬申，頁2696。

23　《長編》卷224，熙寧四年六月壬申，頁5454。《宋會要輯稿》，后妃四之五，頁253。

24　《輯稿》，后妃四之一〇，頁256-7。

25　《輯稿》，頁257。

二、從放宮女看宮女的數目

從以上引文可見仁宗朝後宮有數千人。不過，究竟數目是多少，卻沒有確切的記載。北宋初宮女數目小，不過300人。[26]太宗曾下令放宮人50餘人。[27]眞宗放宮人，但人數不明。[28]也許可以從歷朝放出宮女的數目來推想。根據《宋史》本紀的記載，可以知道北宋的皇帝一共釋放宮女4099人以上，其中最少的是哲宗紹聖四年，共放宮女24人。最多的是政和六年放宮女600人。[29]這些數字應當加上《宋會要

26　《長編》卷34，淳化四年七月庚戌，頁751。《全宋文》卷1629，頁718-719：蒲宗孟之「應詔陳陰氣太盛……疏」說太祖後宮280人，太宗300人，英宗時有數千百人。
27　《輯稿》，崇儒七之七七，頁2313。《長編》卷41，至道三年五月甲申，頁866。
28　《輯稿》，崇儒七之七七，頁2313。
29　《輯稿》與《宋史》本紀所載出宮女的數目如下表：

宋會要輯稿	年號及時間	出宮女數	宋史卷數	年號及時間	出宮女數
崇儒七之七七，頁2313	太祖開寶五年(972)	50			
	太宗至道三年(997)	不明			
	眞宗景德元年(1004)	不明			
七之七八	大中祥符元年(1008)	120			
	八年(1015)	184			
	仁宗明道二年(1033)	200			
	仁宗景祐元年(1034)	不明			
	仁宗寶元二年(1039)	100餘人	10	仁宗寶元二年(1039)	270
	仁宗慶曆七年(1047)	150餘人			
	仁宗嘉祐四年(1059)	236+214 《長編》卷189，六月己卯；卷190，七月丙午。	20		

（續）————————————

七之七九	英宗治平元年(1064)	135 尼女冠96 《長編》卷201，四月 癸未作335人			
	三年(1066)	180			
	哲宗紹聖二年(1095)	91		91	
	四年(1097)	24			
	元符二年(1099)	11			
	三年(1100)	62		69	
	徽宗崇寧元年(1102)	76			
	三年(1104)	62			
	大觀二年(1108)	77			
	三年(1109)	56			
	四年(1110)	486	20	徽宗大觀四年	486
	政和元年(1111)	80		政和元年	80
	二年(1112)	383		二年	383
	三年(1113)	279	21	三年	279
	四年(1114)	68		四年	68
	五年(1115)	50		五年	50
	六年(1116)	600		六年	600
	七年(1117)	68		七年	68
	八年(1118)	178		重和元年(1118)	178
	高宗建炎三年(1129)	出宮人之無職掌者(1)			
七之八十	高宗紹興五年(1155)	30	28	紹興五年	30
	紹興三十一年(1161)	319		紹興三十一年(1161)	390
	孝宗隆興元年(1163)	30餘人			
	乾道三年(1167)	89			
	淳熙十四年 (1187)	49(2)			
	寧宗慶元五年(1199)	1			

(1)《要錄》卷20，三年二月癸亥，頁401。

(2)周必大，〈思陵錄〉上：高宗逝世後，出宮人49人。見《文忠集》，
　　《文淵閣四庫全書》，頁1148-1887。

輯稿》記載的數目。嘉祐四年(1059)先後放宮女214人及236人,同時也放後宮劉氏和黃氏。[30]治平元年的數目也作335人。[31]除紹興元年數字的差別(391-319=72)外,《宋會要輯稿》所載,比《宋史》共多出1467人以上。孝宗淳熙十四年(1187),高宗去世,宮女被放出49人。[32]合計從宋初到南宋孝宗朝,見於記載的共有5275人以上。而徽宗一朝出宮人達到2470人(據《宋會要輯稿》)。從這個數字可以想像當時宮女數目之大。據莊季裕《雞肋編》:「淵聖皇帝以星變責躬詔曰:常膳百品。十減其七,放宮女凡六千餘人。則道君朝蓋以萬計也。」[33]如果這個數字可信,加上靖康之難被金人擄去的宮女侍女832人及戰亂失散的160人(見下文),則欽宗即位時人數達7000人以上。[34]

三、出宮女的原因及其遭遇

出宮人的原因,主要是大臣們認為皇帝要修德,應當減少妃嬪和宮女的數目。范仲淹上疏仁宗說:放宮女「以遂物性,又省冗費,亦人君盛德之事,可以感動天意。」[35]

(續)————————————

29　《長編》卷123,四月乙丑,頁2902。
30　《長編》卷189,六月己卯,頁4571;七月丙午、丁未,頁4579。
31　見《長編》卷201,四月癸未,頁4863。注4又有100、35及25之數。
32　周必大,〈思陵錄〉,《文忠集》(《文淵閣四庫全書》),頁1148-1887。
33　引見《輯稿》,崇儒七之七九,頁2314。但《宋史》欽宗紀不載此數。確庵、耐庵編,崔文印箋證,《靖康稗史箋證》(北京:中華書局,1988)中,〈青宮譯語〉載徽宗退位後,出宮女6000人。見頁176。
34　《靖康稗史箋證》引〈開封府狀〉載徽宗妃嬪143人,宮女504人;欽宗妃嬪38人,宮女53人,見頁104、112。頁122之統計則為宮女479人。〈南征錄〉載宮女2500人,女樂等1500人;見頁136。
35　《長編》卷143,慶曆三年九月壬辰,頁3461。

皇帝有時會憐憫宮女「幽閉」。太祖開寶五年(972)，因久雨，太祖對宰相說：「霖雨成災，得非關政使之然耶！恐宮掖中有所幽閉。令編藉後宮，得二百八十餘人。諭以願歸者，以情言。其應命者五十餘人，各賜以白金帷帳，遣還其家。趙普等咸稱萬歲。」[36]

太宗時，雍邱縣尉武程上疏，請皇帝裁減後宮嬪嬙。太宗對宰相說，武程是小官，不知道宮中的事情。宮中只有不過三百人，都有職掌，不能減省。他不怪罪武程。至道三年(997)，太宗對宰臣說：「宮中嬪御頗多幽閉可憫。朕已令擇給事歲深者出之。」[37]

寶元二年(1039)，仁宗下令放宮人270人，他對宰臣說，這樣做是可憐她們被禁閉。同時，放她們出去可以省經費：「矜其幽閉，亦可省禁掖浮費也。」[38]高宗時出宮人三十人，也是為了節省經費。[39]

君臣在面臨天災時，會反思是否施政有缺失。因此發生天變的時候，是以人事的措施來彌補錯誤的時機。嘉祐四年放宮女214人，是為了「修陰教以應天變」。[40]而徽宗在天災、祥瑞發生時出宮女。因此出宮女的次數最多。如下表：

徽宗朝出宮女的各種事件

> 紹聖二年(1095)　蘇州夏秋地震。桂陽慶雲見。
>
> 紹聖四年(1097)　兩浙旱餓。詔行荒政，移粟振貸。
>
> 崇寧三年(1104)　諸路蝗。

36　《輯稿》，崇儒七之七七，頁2313。

37　《輯稿》，崇儒七之七七，頁2313。

38　《長編》卷123，四月乙丑，頁2902。

39　《輯稿》，崇儒七之八〇，頁2314。《建炎以來繫年要錄》卷95，紹興五年十一月癸未，頁1571。

40　《長編》卷189，嘉祐四年六月己卯。

師婦人梳妝與腳,天下所不及。」[58]不論妃嬪和宮女是否有纏足的習慣,由於宮女出入宮廷的流動性大,宮中的風氣逐漸傳布到民間。南宋王邁(嘉定十年〔1217〕進士)對策指出,宮中早上的服飾新式樣,下午就被民間仿效:

> 婦女飾簪之微,至當十萬之直。不惟巨室爲之,而中產亦強做之矣。後宮朝有服飾,夕行之於民間矣。[59]

換言之,妃嬪宮女和皇宮外面的婦女對應,是皇宮內外的時尚中心。

引用及參考文獻

王邁,《臞軒集》,《文淵閣四庫全書》。

北京大學古文獻研究所編,傅璇琮、倪其心、孫欽善、陳新、許逸民主編,《全宋詩》(北京:北京大學出版社,1991)。

四川大學古籍整理研究所編,曾棗莊、劉琳主編,《全宋文》(成都:巴蜀書社,1992-1994)。

《名媛詩歸》,《四庫存目全書》。

李心傳,《建炎以來繫年要錄》,《叢書集成》本。

李燾,《續資治通鑑長編》(北京:中華書局)。

---

58 趙令畤,《侯鯖錄》(《全宋筆記》,鄭州:大象出版社,2006)卷4,頁222。

59 王邁,《臞軒集》(《文淵閣四庫全書》)卷1,〈丁丑廷對策〉,頁1178-450。

周密，《癸辛雜識》(北京：中華書局，1988)。

周必大，《文忠集》，《文淵閣四庫全書》。

徐松輯，《宋會要輯稿》(台北：世界書局版)。

脫脫等，《宋史》(北京：中華書局)。

陶宗儀，《輟耕錄》，《四部叢刊》三編。

曾敏行，《獨醒雜志》，《筆記小說大觀》本。

趙令時，《侯鯖錄》，《全宋筆記》(鄭州：大象出版社，2006)。

向斯，《宮禁后妃生活》(北京：華藝出版社，1993)。

安作璋主編，《后妃傳》，二冊(鄭州：河南人民出版社，1990)。

張邦煒，《宋代皇親與政治》(成都：四川人民出版社，1993)。

黃錦君，《兩宋后妃編年》(成都：巴蜀書社，1997)。

蘇者聰，《宋代女性文學》(武漢：武漢大學出版社，1997)。

發表於香港嶺南大學舉辦之「十至十三世紀中國的政治、文化與社會學術討論會暨嶺南宋史研究會第三屆年會」，2012年12月8日。

宋金廟學與儒家思想的傳布

　　我國歷史上地方建立官學，雖然可以遠溯至三代，但是古時的官學似爲一種理想中的制度，史籍史缺乏比較詳細的記載。眞正的地方學校，應始於春秋時期民間的鄉校。[1]到了唐代，地方官學才成爲一種制度，並且確立經學爲教育的主要課程。[2]宋代的地方學校，淵源於此。由於唐末地方學校已經名存實亡，宋代興學樹立了近代廟學亦即州縣學的基礎，是中國教育史上很值得注意的大事。[3]過去已有很多學者研究宋代學校，在本文中，除了少數必須引用的重要史料外，不再重複他們的研究成果，而著重11、12世紀宋金時期當時人所描述學校教育的功用和影響，其目的不在追溯廟學制度的細節，而在探討宋金時期州縣學對於儒家思想的發揮和傳布，及傳統文化的維繫，有什麼貢獻。本文包括女眞建立的金朝，擬略加申論在邊疆民族入主中

1　陳槃，〈春秋時代的教育〉，《中國上古史》待定稿第三本(1985)，頁335-406。

2　參看高明士，〈唐代學制之淵源及其演變〉，《國立臺灣大學歷史學系學報》，第四期(1977)，頁215-219。

3　劉子健認爲宋代興學「奠定了中國文化近千年來廣大和深厚的基礎。……這種發展是劃時代的，眞有深遠的決定性的。……地方上的官學，尤其是私學，比起國子監太學重要得多。就文化延續而論，也是如此。」見〈略論宋代地方官學與私學的消長〉，《宋史研究集》，第四輯(1969)，頁189-207。

原後，地方官學在漢化過程中的情況，及儒家思想在當時的保全及其發生影響的程度。

唐代地方官學本來並不很普遍，而且從唐末開始衰落，地方官學也隨之式微。宋初書院興起，但是數目小，規模也有限。孔廟和州縣學在宋初的荒廢，和五代兵革也有關係。以下略舉數例，以見一斑：

〔興國軍孔廟〕雖祀典不廢，羽籥絃頌之音蓋寢矣。[4]

〔定州夫子廟〕本會昌所廢天祐佛祠，其制猶若浮屠氏所居。[5]

〔光化孔子廟〕堂序失次，而風雨鳥鼠侵敗屋室。土摧木腐，瓴飄甓裂。貌像攲殘。器用缺折。[6]

〔并州孔子廟〕視夫子之廟尤為不急，置城之東南隅。體陋而削，僅有祠所。[7]

〔郴州〕郴於湘南介要荒之地，向之為州者，往往陋其俗而不教之，使知其方，故舊祠圮毀，而弦誦之音未之聞焉。[8]

以上這些孔廟似都不是學校。此外如翼城文廟在宋初重修時，也

4　余靖，〈興國軍重修文宣王廟記〉，《武溪集》（《四庫全書》珍本六集）卷6，頁9下。
5　韓琦，〈定州新建州學記〉，《安陽集》（《四庫全書》珍本四集）卷21，頁4下。
6　李廌，〈襄州光化縣重修縣學記〉，《濟南集》（《四庫全書》珍本別輯）卷7，頁7下。
7　韓琦，〈并州新修廟學記〉，《安陽集》卷21，頁10下。
8　祖無擇，〈郴州學記〉，《龍學文集》（《四庫全書》珍本五集）卷7，頁9下。

沒有提到是不是廟學。[9]有的文廟設有講堂，存有藏書。如絳州夫子廟「搆重樓，積群書。」[10]解州聞喜縣夫子廟「起講學堂，致齋堂，總二十有四楹，學室五棟。」[11]

宋開國後，陸續興建廟學，如開寶中將定州夫子廟「因其極廢而復興」。景德三年（1006），朝廷通令「諸道州府軍監文宣王廟摧毀處，量破倉庫頭子錢修葺。」[12]

仁宗即位，賜袞州學田，及命藩輔皆得立學。[13]景祐二年（1035），許陝西永興軍立府學。[14]有「修業進士一百三十七人在學」。[15]又如福州於宋初始立孔子廟，至景祐中建州學，請賜田五頃。[16]上述興國軍孔子廟也於景祐初修廟學。同時，李若谷在并州建學：「即廟建學，得賜田贍學徒，而人始樂教。」[17]

仁宗慶曆年間，開始全國性的興建官學。其主要原因是在爲國求材。當時有識之士，深知科舉的弊病，范仲淹和韓琦於慶曆三年（1043）提出求治的正本清源之道十條，其中第三條是「精貢舉」：

> 今諸道學校如得明師，尚可教人六經，傳治國治人之道。而

9　文彥博，〈翼城文廟碑〉，見胡聘之，《山右石刻叢編》（台北：藝文印書館石刻史料叢書，無出版日期）卷12，頁39下-41上。

10　李垂，〈絳州重修夫子廟碑〉，《山右石刻叢編》卷12，頁52下。

11　李垂，〈解州聞喜縣夫子廟碑〉，《山右石刻叢編》卷12，頁19上。

12　王昶，《金石萃編》（台北：藝文印書館石刻史料叢書）卷126，頁29下-30上。

13　脫脫等，《宋史》（標點本）卷157，〈選舉志〉，頁3658。

14　〈永興軍牒〉，《金石萃編》卷132，頁16下-19下。

15　〈永興軍中書箚子〉，《金石萃編》卷132，頁21上-22上。

16　蔡襄，〈福州修廟學記〉，《端明集》（《四庫全書》珍本四集）卷28，頁14上。

17　韓琦，〈并州新修廟學記〉，《安陽集》卷21，頁10下。

> 國家專以詞賦取進士，以墨藝取諸科，士皆捨大方而趨小
> 道。雖濟濟盈庭，求有才識者，十無一二。況天下危困，乏
> 人如此，固當教以經濟之業，取以經濟之才，庶可救其不
> 逮。……臣請諸路有學校處，奏舉通經有道之士，專於教
> 授，務在興行。

在取士方面，主張「先策論而後詩賦」，目的在「使知聖人治身之
道，則國家得人，百姓受賜。」[18]

次年，范仲淹等意欲興學校。大臣宋祁、王拱辰、張方平、歐陽
修等合奏，指出當時學者的弊病：

> 取士當求其實，用人當盡其才。今教不本於學校，士不察於
> 鄉里，則不能覈名實。有司束以聲病，學者專於記誦，則不
> 足盡人材。

他們建議：

> 使士皆土著，而教之於學校，然後州縣察其履行，則學者修
> 飭矣。故爲設立學校，保明舉送之法。

學校裡的考試，要「先策論」，「簡記誦」和「問大義」。於是仁宗
下詔興學：

18　李燾，《續資治通鑑長編》(台北：世界書局新定本)卷143，慶曆三年九月
丁卯。

儒者通天地人之理，明古今治亂之源，可謂博矣。然學者不得騁其說，而有司務先聲病之章句以拘牽之，則夫英俊奇偉之士，何以奮焉？士有純明朴茂之美而無斅學養成之法，……則夫懿德敏行之賢，何以見焉？本學校以教之，然後可求其行實。

仁宗接著命令天下：

今朕建學興善，以尊子大夫之行，而更制革弊以盡學者之才，教育之方，勤亦至矣。有司其務嚴訓導，精察舉，以稱朕意。……其令曰：州若縣皆立學。本道使者選屬部官爲教授，三年而代。選於吏員不足，取於鄉里宿學有道業者，三年無私譴，以名聞。

並規定：

士須在學習業三百日，乃聽預秋試。舊嘗充試業者，百日而止。[19]

慶曆興學時間雖短，但盛況空前。從以下的敘述，可見一斑：

〔吉州〕詔書再下，吏民感悅奔走，執事者，以後爲羞。其

---

19 以上據《長編》卷147，慶曆四年三月乙亥。詔書並參見徐松輯，《宋會要輯稿》（台北：新文豐出版公司影印），第三冊，崇儒二之四。

年十月，吉州之學成。……既成，而来學者常三百餘人。[20]

〔并州〕建禮堂於夫子之殿北。……其後生員寖廣。[21]

〔饒州〕先聖祠宮棟幹隳剝。……郡之秀民聞是謀者，爭出家以助其費。[22]

〔鄆州，范仲淹〕買田聚書，……而學遂以盛。……〔其後滕元發〕得田二千五百畝有奇，與民耕口，歲輸錢百萬，是為新田。[23]

〔雷州〕乃援前詔，廣學宮而新之。[24]

〔康州〕去郡東五里而近，得紫極宮之故基而鼎新之，殿堂門序，凡五十楹。……凡廟學之式參備焉。[25]

〔瀘州〕故有孔子廟，在州郭之北。唐咸昌所建也。迨慶曆四年，詔州縣興學，爰始除舍，以贏生徒。[26]

華亭縣故有宣聖廟。自慶曆後，郡縣皆有學，於是縣立學宮以附於廟。[27]

歐陽修記興學的情況說：

……詔天下皆立學，置學官之員。然後海隅徼塞，四方萬里

20　歐陽修，〈吉州學記〉，《歐陽文忠公文集》(四部叢刊)卷63，頁22下。

21　韓琦，〈并州新修廟學記〉，《安陽集》卷21，頁10下。

22　余靖，〈饒州新建州學記〉，《武溪集》卷6，頁5下。

23　李侃，〈鄆州州學新田記〉，《金石萃編》卷139，頁17上-18下。

24　余靖，〈雷州新修郡學記〉，《武溪集》卷6，頁7上。

25　余靖，〈康州重修文宣王廟記〉，《武溪集》卷6，頁7下-9上。

26　魏了翁，〈瀘州重修學記〉，《鶴山先生大全文集》(四部叢刊縮本)卷45，頁385。

27　同上，〈華亭縣重修學記〉卷46，頁390。

之外,莫不有學。嗚呼盛矣。[28]

南宋魏了翁追溯興學的起源到仁宗時期:

> 至我仁宗景祐、寶元、慶曆之盛、州縣無小咸得立學,而孔
> 廟巋然其中。則州縣間廟學之備,實在此乎。[29]

慶曆興學,規定州府軍監學「學者二百人以上許更置縣學,於是州郡不置學者鮮矣」。[30]總之,當時人估計「郡府立學校,尊先聖廟十六七」。[31]

興學的主要人物范仲淹有實際建校的經驗,並以教學蘇湖間二十餘年的胡瑗主持太學,把他的教學之法為國學式。胡瑗教學以道德仁義為本,學生於經義、治事二齋中研習,而注重明體達明。[32]

范仲淹重視人材,他說:

> 國家之患,莫大於乏人。人曷嘗乏哉?天地靈粹賦於萬物,
> 非昔醇而今漓。吾觀物有秀於類者,曾不減於古,豈人之秀
> 而賢者,獨下於古歟?誠教有所未格,器有所未就而然耶。

---

28 歐陽修,〈吉州學記〉,頁22下。

29 魏了翁,〈潭州州學重建暨古閣明倫堂記〉,《鶴山先生大全文集》(四部叢刊縮本)卷49,頁415。

30 《宋會要輯稿》,崇儒二之三。又脫脫等,《宋史》(標點本)卷167,〈職官志〉,頁3976:「州郡無不有學」。

31 尹洙,〈鞏縣孔子廟記〉,《河南先生文集》(四部叢刊縮本)卷4,頁17。

32 參看任時先,《中國教育思想史》(台北:臺灣商務印書館,1964台一版),頁169-170。

> 庠序可不興乎？庠序者俊乂所由出焉。三王有天下各數百
> 年，並用此道以長養人材。材不乏而天下治，天下治而王室
> 安。斯明著之效矣。[33]

　　引用三代的理想來支持當時的興學，是很多人共同的看法。范仲
淹主張「隆古道」。他著重教育，是以詩書禮樂爲主，而教育是致治
之道的本源：

> 先於都督之郡，復其學校之制。約周官之法，興閭里之俗。
> 辟文學掾以專其事，敦之以詩書禮樂，辨之以文行忠信，必
> 有良器，蔚爲邦材，況州縣之用乎！夫庠序之興，由三代之
> 盛王也，豈小道哉！孟子謂，得天下英材而教育之，一樂
> 也。豈偶言哉！行可數年，士風丕變，斯擇材之本，致理之
> 基也。[34]

　　韓琦和范仲淹共同主張興學。他首先提出儒家改善人性的理論，
來說明學校教育的重要。他說：

> 天與人性不一，聖人欲率焉而一之於善，非學不能也。夫子
> 之言性有三，曰上智，曰下愚，曰中人。謂智愚則不移矣，
> 然而中人之可以上下者，由學與不學乎。昌黎文公曰：上之
> 性就學而愈明，下之性畏威而寡罪。夫智者之欲益明，愚者

33　《范文正公集》(四部叢刊初編)卷7，頁57。
34　同上，卷8，〈上執政書〉，頁66。

使知其可畏，又必在乎學而已矣。[35]

中人需要學來改善，上智需要學而愈明，下愚需要學才知道畏威而少
犯罪。這是用儒家的道理來說明教化的重要。而且改朝換代也不能改
變學校的重要性：

> 天地之主或不能常焉，而吾夫子之主，雖終天地而不變也。
> 凡為人君，為人臣，為人子者，能勉而及吾夫子之主，則其
> 國治焉，其家保焉，其身安焉。[36]

韓琦也遠引三代，認為三代的興盛是有學校的緣故：

> 三代之興也，自國家以達乎鄉黨必有學，以教其民人，導其
> 性。使一之於善，以明乎君君臣臣父父子子兄兄弟弟夫夫婦
> 婦之道。然後人安其分而享國永長。大矣哉，學之有功於治
> 也。[37]

北宋第二次興學是熙寧年間（1068-1077）王安石發起的。王安石
變法的綱領之一是興學，其「乞改科條制箚子」指出：

> 伏以古之取士，皆本於學校，故道德一於上而習俗成於下，
> 其人材皆足以有為於世。自先王之澤竭，教養之法無所本，

---

35 《安陽集》卷21，〈定州新建州學記〉，頁3下。
36 同上，卷21，〈并州新建廟學記〉，頁9下。
37 同上，頁3下-4上。

> 士雖有美材，而無學校師友以成就之。議者之所患也。今欲
> 追復古制，以革其弊，則患於無漸。宜先除去聲病對偶之
> 文，使學者得以專意經義，以俟朝廷興建學校，然後講求三
> 代所以教育選舉之法，施於天下，庶幾可復古矣。[38]

其最終目的是以學校教育取代科舉。

王安石擴充太學，創太學三舍法。並且繼續於地方興學，把三舍
法普及於地方。關於地方學校的學田和學官，有如下的規定：

> 諸州置學官，給四十頃爲學糧。元有學田不及者，益之；多
> 者，聽如故。仍置小學教授。凡在學有職事，以學糧優定請
> 給。[39]

北宋第三次興學，是新黨繼續執行王安石的變法政策之一，而興
學規模較前爲大。崇寧元年(1102)，徽宗詔天下興學，建立太學、州
學、縣學的三級制度。諸州學校養士人數、經費的來源都有規定。[40]

新黨在興學方面，於普及教育有很大的貢獻。其失敗處在王安石

38　《臨川先生文集》（四部叢刊初編縮本）卷42，頁269。

39　《長編》卷221，熙寧四年(1071)三月庚寅。

40　關於三次興學的詳情，參看林子勛，〈宋代地方教育的發展〉，《華岡學
　　報》二(1965)，頁155-176；趙鐵寒，〈宋代的學校教育〉，《宋史研究
　　集》第四輯(1969)，頁209-237；趙鐵寒，〈宋代的州學〉，《宋史研究
　　集》第二輯(1967)，頁343-363；李強祺，《宋代教育散論》（台北：東昇
　　出版公司，1980）；Thomas H.C. Lee, *Government, Education and Examina-
　　tions in Sung China*(Hong Kong: The Chinese University Press, 1985), Chapter
　　5, "Local Schools," pp. 105-137；劉子健，〈略論宋代地方官學與私學的消
　　長〉。

以自己手著三經新義爲標準課本，遭到舊黨的嚴厲批評。而本質上，即使是反對新法的理學家程頤，其教育思想也不見得全和王學相反。如程頤論學，反對章句之學：

> 讀書將以窮理，將以致用也。今或滯心於章句之末，則無所用也，此學者之大患。[41]

教育的目的，修養德性比會寫文章重要。他說：

> 善學者進德，不有異於綴文者耶？有德矣，動無不利，爲無不成，何有不文？[42]

而且不應該以爲學來爭取名利：

> 學者欲得正，必以顏子爲準的。[43]

但是他也著重實用；重複的說：

> 百工治器，必貴於有用。器而不可用，工不爲也。學而無所用，將何爲也？[44]

41　《二程全書》（四部備要本），《河南程氏粹言》上卷，〈論學篇〉，頁13上。
42　同上，頁11下。
43　同上，頁11下。
44　同上，頁14上。

他似也主張設學校，如他指出古有庠序之教：

> 古者家有塾，黨有庠。三老坐於里門，察其長幼出入揖遜之
> 序，詠歌諷誦，無非禮義之言也。[45]

又說：

> 故教不立，學不傳，人材不期壞而壞。[46]

　　宋代三次興學都在北宋時期。南宋官學除初期力圖恢復外，其後
逐漸沒落。雖然如此，頗多南宋地方官仍致力於興學。如有學者指出
十家文集中的學記，顯示創建學校的有八處，興復的有三十三處。直
到宋亡之前，仍然不斷的有修建的記載。[47]現存南宋地方志中，可以
發現所有的州縣都有廟學。惟一例外是祁門縣，只記載「先聖廟在縣
南。」由於記載太簡單，無從得知是否也是學校。[48]縣學創建得較早
的是在唐代，如句容、溧水、富陽、新城等。較遲的如仁和縣學，嘉
定八年(1215)創學，[49]上元縣和江寧縣學建於景定中(1260-64)。[50]值
得注意的是有的學校另立小學，[51]有的鎮也有鎮學，如溮水鎮學。[52]

45　同上，頁17下。
46　同上，頁17下。
47　趙鐵寒，〈宋代的學校教育〉，頁235。
48　《新安志》(台北：國泰文化公司影印宋元地方志三十七種，1980)卷4，頁
　　546。
49　《咸淳臨安志》卷56。
50　《景定建康志》卷30。不過上元縣學原附於郡學。江寧沒有縣學也是因為
　　已有建康府學。
51　如溧水縣，見《景定建康志》卷30。

　　廟學教學的內容，自然是以儒家經典為主。此點過去論者已多，不必重複。應指出的，是宋初印刷術逐漸發達，政府贈予地方經書的事例也多。如端拱二年(989)「康州言：願給九經書以教部民之肄業者。從之。」至道二年(996)，賜嵩山書院印本九經書疏。咸平四年(1001)，「詔諸路郡縣有學校聚徒講誦之所，賜九經書一部。」大中祥符三年(1010)，賜英州文宣王廟版本九經。天聖七年(1029)，江陰軍重修文宣王府，「舊無九經書，欲乞支賜。從之。」[53]慶曆興學以後，福州州學建「九經閣，藏舊所賜書；三禮堂以圖輿服之制，祭享之器。」[54]興國軍建二庫藏賜書禮器。[55]其後諸路州學，「有閣藏書，皆以經史為名。」[56]邊郡新學學生，至少要能背誦《孝經》、《論語》和《孟子》。有能力的要再學一經。[57]只有沿邊蕃學除教經書外，可以「誦佛書」。[58]崇寧興學以後，小學生必須學一經及《論語》、《孟子》。[59]

　　地方興修學校，通常由地方官發起，向朝廷要求賜錢或由地方撥公款。地方人士參加興建，是一大特色，茲舉光化廟學為例：

　　　於是願獻貲以助用者，願獻地以益基者，願新繪塑者，願新
　　　祭器者，願按圖指位則治材董工自作某處者，板築墁墀塗泥

(續)
52　《澠水志》卷5。
53　以上見《宋會要輯稿》，崇儒二之二、三。
54　蔡襄，〈福州修廟學記〉，頁14下。
55　余靖，〈興國軍重修文宣王廟記〉，頁10下。
56　《宋會要輯稿》，崇儒二之一二。
57　同上，二之一四。
58　同上，二之一一。
59　同上，二之二三。

丹膡，惟恐或後。[60]

　　地方人士合力興學的例子，不勝枚舉，如南宋時通泉縣重修廟學，「鄉之民合三百萬」。[61]赤城州嘉祐中(1056-1063)陳貽範輸數畝，淳熙四年(1177)，「諸邑有樂義者三人，獻其私人八十五畝。」[62]嘉定縣學得學正王君「撥己產添助」。[63]重修大成殿時，「史君遂撥其功德寺田七十畝有奇，曰：是爲後之繕修備。給縣廢田六十二畝有奇，曰：是爲士之供億用。」[64]奉化縣善士董安嗣、徐如松等三十二人，「爭趨競勸，相與再建駕說之室。……凡爲屋四十楹」。[65]

　　學田制度是北宋的創舉，也是我國傳統地方官學能夠發展和維持的一個主要因素。[66]學田制始於乾興元年(1022)，創設於兗州。[67]各地學校的田產大小不一，總數十畝到千畝以上。[68]

60　李鷹，〈襄州光化縣重修縣學記〉，頁8上。
61　魏了翁，〈通泉縣重修學記〉，《鶴山先生大全文集》卷50，頁426。
62　《嘉定赤城志》卷13，頁5上下。
63　陸增祥，《八瓊室金石補正》(石刻史料叢書)卷121，唐夢翔，〈嘉定縣學田租記〉，頁8下。
64　《江蘇金石志》(石刻史料叢書)卷18，頁25上。
65　樓鑰，〈奉化縣學記〉，《攻媿集》(四部叢刊初編縮本)卷54，頁509。
66　參看Lee，前引書，頁129-136；日本福澤與九郎，〈宋元時代州縣田產考〉，《福岡學藝大學紀要》8(1958)，頁27-42；9(1959)，頁27-36。
67　Lee，前引書，頁130。
68　參看下表，其中天台縣只有八十畝。二百畝的如邵州新化縣，政府給水田二百畝爲學田，見《長編》卷251，熙寧七年三月乙巳。三百畝的如饒州，有美田三頃，見《武溪集》卷6，頁6上。五頃的比較普遍，如溫州縣學有學田五頃，可贍給學生百人。見Lee，前引書，頁129。福州於景祐中請賜田五頃，後來又增美田充所賜數，亦即共十頃。見《端明集》卷28，頁14上下。太平州蕪湖縣拘收違法租佃圩田十六頃八十五畝，撥充本州養士。見《宋會要輯稿》，崇儒二之三九，時在紹興二十五年(1155)。南宋常州宜興縣學，「籍閒田五千畝以豐其廩，斥長橋僦金歲入七十餘萬以附益

學田的設置，常常是靠地方官去籌措和地方人士的捐助。而且時常是長期的努力的累積。例如鄆州州學最早由范仲淹買田聚書，滕元發繼之置新田二千五百畝，已見前述。南方吳興學也有類似的情形。吳興學「著於天下」。但其初只有賜田五頃，而且在湖邊，常被水淹，歲入無幾。嘉祐中(1056-1063)，太守鮑軻聽說秀州有人爭田不決，官府將沒收田產，鮑軻乃向轉運使貸款六十萬，買田七頃。然後以收入在兩年內償還貸款。其後，這些學田的收入可以養士一百人。所以記其事的顧臨評論此事說：

> 夫棟宇之固易墜也，泉布之富易耗也，惟田之息可以霑及無涯。語其始可謂惠而不費者也，養其終可謂養而不窮者也。[69]

又如平江府學從嘉泰四年(1204)到開禧二年(1206)陸續添置學田，第二批計十筆，共得五百零四畝及瓦屋五間。[70]建康府學增置學田的歷史很清楚。天聖七年(1029)，朝廷給田十頃。靖康間增至三十八頃五十七畝、酒坊三處。紹興初有田一千九百十五畝。紹興二十八年(1158)，以秦申王(檜)所送錢一萬貫續置到田一千八百九十畝。其後本府續有增撥，至於景定間(1260-1264)，田地共九千三百八十畝一角六十步。田租外，尚有坊場、蘆場的收入。[71]

(續)——————
之。」見朱熹，〈常州宜興縣學記〉，《朱文公文集》(四部叢刊初編縮本)卷80，頁1460。
69　顧臨，〈湖學田記〉，見呂祖謙，《宋文鑑》(台北：世界書局，1962)卷83，頁5下-6上。
70　《江蘇金石志》卷14，頁34上。
71　《建康志》卷28，頁1158、1167。

　　宋人地方志中有一些關於學田數目的記載。茲舉《嘉定赤城志》
中所列赤城州縣學田數如下：[72]

赤城州縣學田

	田(畝)	地(畝)	山(畝)
州縣總數	2,814.2	1,888.3	3,514.2
州	1,837.3	51.3	62.2
臨海縣(附州學)			
黃嚴縣	540	41	13.1
天台縣	80.1	623.2	1,543
仙居縣	155.1	881	41.2
寧海縣	210.3	291.1	1,854

　　其中臨海縣學附於州學，田產多，學校養士也多。可能因此臨海
人中進士的也居諸縣之冠。雖然如此，赤城州縣學田的總數，比佛道
寺觀遜色得多。赤城州縣寺觀田地總數達十三萬五千四百四十九畝，
單是報恩寺就有六千五百多畝。[73]

　　學田養士的情形，大致十頃田在北宋時可以養士一百人，已見前
述。嚴州州學南宋時舊來以七十人為額。學生每日原只有伙食費不及
二百文，因通貨膨脹，「每食不飽」。經請求增加到每日五百文。[74]

72　《嘉定赤城志》卷13，頁6上-7上(總7176)。

73　同上，卷14，頁1上下(總7177)。

74　《嚴州圖經》卷1，頁49上-50下(總6951)。關於北宋國子監和太學生的待
　　遇，看李弘祺，〈北宋國子監與太學的經費〉，《宋代教育散論》，頁73-
　　95。

　　宋代興學的貢獻和影響，可以從當時人的記述裡歸納成以下幾點：

　　第一，宋代興學的目的之一，是要正風俗，得賢才。程顥說：「治天下以正風俗，得賢才爲本。」[75]包拯認爲學校教育應是道德教育，[76]另有人指出教育有潛移默化之功。[77]道德教育可以推之四方，不僅影響一地而已。[78]如果不興學，則「詩書之道廢，人惟見利而不聞義焉耳。」[79]在正風俗方面，興學的效果是：「〔岳州〕郡人由是知孝悌禮義皆本於學。」[80]越州在廟學舉行祭典後：

> 州人故老堵立而歎曰：偉哉學也。我髫壯所未睹，逮黃髮見之矣。成是美俗，世爲善良者，其在茲乎！[81]

　　鄂州通城縣縣學建資深堂後：

> 於是投耒耜而挾書，棄惰游而受業者，日至焉。頃之，夙夜於其家者，知貴老；出入於其鄉者，知尚齒；於市於田見儒衣者，皆肅然。父老乃相與歎曰：毀我財而成我子弟，勞我

75　《明道文集》(四部備要)卷2，頁2下-3上。

76　Lee，前引書，頁238-239，引包拯的意見。

77　《金石萃編》卷148，〈蕪湖縣新學記〉，頁19上：「薰蒸陶冶，革易民情，不自知而趨於善焉。」

78　《江蘇金石志》卷17，〈增修華亭縣學記〉，頁40下。

79　祖無擇，〈龍學修袁州學記〉，《龍學文集》(《四庫全書》珍本五集)卷12，頁12下。

80　尹洙，〈岳州學記〉，《河南先生文集》卷4，頁21。

81　張伯玉，〈越州新學碑〉，見陸增祥，《八瓊室金石補正》卷110，頁27上。

力而逸我者老，蓋學之功耶！[82]

第二，在得賢才方面，雖然有不少反對科舉的意見，科舉究竟仍
是在各地登用人才的一個主要途徑。反對的人如蔡襄認爲孔子顏回之
學不以仕進爲目的，才是爲學之本。[83]蘇軾指出當時學風重「絃
誦」，不能得到眞正有才能的人。[84]

從實際進用人才來看，蘇州州學自胡瑗主持以後，「登科者逾百
數」。[85]所以有人指出，興學有助於學子應舉：

> 聖朝承平之久而長育之勤，雖瀕海裔夷之邦，孰未垂髫之
> 子，孰不抱籍綴辭以干榮祿，裏然而赴詔者，不知其幾萬
> 數，蓋自昔未有盛於今也。[86]

從宋初到紹興初，共一百七十餘年，鹽官縣入仕的人只有一兩
個。南宋初張九成避亂徙居鹽官講學後，自己考進士第一，廷試又第
一，而他的弟子考第二。重修學以後，張九成又有學生及第。[87]

紹定初，鉛山縣「括廢寺若絕家田合若干畝」爲學田。「明年，
對大庭者凡六人。士讙然曰：我侯教育之效也。」[88]

82　黃庭堅，〈鄂州通城縣學資深堂記〉，《豫章黃先生文集》(四部叢刊初編
　　縮本)卷17，頁171。
83　蔡襄，〈亳州永城縣廟學記〉，頁19下-20上。
84　《東坡後集》(四部備要)卷15，〈南安軍學記〉，頁2下。
85　朱長文，〈蘇州學記〉，《江蘇金石志》卷14，頁42上。
86　同上，頁41下。
87　《咸淳臨安志》卷56，頁4398。
88　眞德秀，〈鉛山縣修學記〉，《西山先生眞文忠公文集》(四部叢刊縮本)
　　卷25，頁385。

　　赤城仙居縣建學後，學生甚少。皇祐二年（1050），地方官陳襄集
父老宣讀勸學文，以名利誘導學子：

> 今天子三年一選士，雖山野貧賤之家，子弟苟有文學，必賜
> 科名。身享富貴，家門光寵。戶無縣役，庇蔭子孫，豈不爲
> 盛事哉！……前年曾有文書教諭汝鄉民，令遣子弟入學。於
> 今二年矣，何其無人也。古者十室之邑尚有忠信，況今百里
> 之邑，良民之子弟不少，其間豈無聰明瑰茂樸美之器，可
> 使爲公卿者。然而不使之爲學，眞可惜也！今汝父老歸告而
> 子弟，速令來學。予其擇明師而教誨之，庶幾有成。[89]

　　直到政和五年（1115），仙居人蔣旦和應灌力學中第，當地人才開
始「自奮」。[90]

　　第三，普遍的設立州縣學有助於普及教育。例如福州興學後，
「遠近學者靡然從慕。」[91]天台縣興學，「先茲邑民不識儒學，又故
廟湫隘，與民雜居，侮慢不尊。至是耳目聞覺，始有學者。」[92]

　　宜興縣學的教育，據朱熹說是「卓然科舉文字之外」，「於是縣
人學子知所鄉慕。至於里居士大夫之賢者，亦攜子弟來聽席下，無不
更相告語，更相勉勵，而自恨其聞之晚也。」[93]因此地方人士合力捐

89　《赤城志》卷37，頁7356-7357。時在皇祐二年（1050），仙居令是陳襄。又
　　見其《古靈集》卷19。

90　同上，卷33，頁7315。

91　蔡襄，〈福州修廟學記〉，頁15上。

92　陳襄，〈天台縣孔子廟記〉，《古靈集》（《四庫全書》珍本三集）卷18，
　　頁13上。

93　朱熹，〈常州宜興縣學記〉，《朱文公文集》卷80，頁1460。

錢修建。

太原府壽陽縣，子弟多習武，興學後，「自是邑民之子稍魁秀而可學者，……從事於筆硯經史之間，雍雍如也。」[94]定州也是用武之地，地方官不認爲建學校是急務，等到韓琦上任，才恢復舊學。[95]

邊遠地區興學，也有助於教育的普及。如彬州「於湘南介要荒之地，向之爲州者，往往陋其俗而不教之使知其方。」皇祐五年新作夫子廟城。[96]廣東的康州、雷州、瓊州，廣西的潯州等地，無不有學。[97]甚至西北的環州境內馬嶺鎮也有夫子廟，「以尙風教」。[98]所以當時有人說：

> 列聖相承，右文尊儒，度越前古。車書萬里，聲教可達。至於要荒蠻蠻之域，悉置學官以資教養，口歟盛哉！[99]

第四，若干儒者認爲興學可以對抗佛教。佛教不僅使一般人不知「君臣之義，父子之愛，師友之禮」，而且導致禍亂。[100]佛道寺觀，布滿天下，「孔子弟子乃顧學校廢，恝然於心，可無愧乎！」[101]「豈有服儒服，爲弟子，而奉其師反不如服緇黃之弟子有觀寺之崇，享獻

---

94 李毅，〈壽陽縣新學記〉，《山右石刻叢編》卷15，頁39上。

95 韓琦，〈定州新建州學記〉，《安陽集》卷21，頁4上下。

96 祖無擇，〈彬州學記〉，《龍學文集》卷7，頁9下。

97 余靖，〈康州重修文宣王廟記〉，《武溪集》卷6，頁7下-9上，〈雷州新修郡學記〉卷6，頁7上，〈潯州新成州學記〉，頁1上-2下；朱熹，〈瓊州學記〉，《朱文公文集》卷79，頁1442。

98 范仲淹，〈書環州馬嶺鎮夫子廟碑陰〉，《范文正公集》卷15，頁122。

99 沈璞，〈嘉定縣學記〉，《八瓊室金石補正》卷119，頁4下。

100 祖無擇，〈蔡州新建學記〉，《龍學文集》卷7，頁3上下。

101 李廌，〈襄州光化縣重修縣學記〉，《濟南集》卷7，頁7上。

之豐潔邪！」[102]

對抗佛教究竟有沒效果，是無法證明的。當時人中只有祖無擇認為蔡州興學後，「蔡人於是知孔子之教非西方佛類，皆欲澡刷前日所為夷狄行。」[103]

最後，有一種意見，認為興學可以使一代趨於大治，而不至於亂。如李泰伯認為秦為漢所滅，原因是「詩書之道廢，人唯見利而不聞義。」有為之君的成功，「皆孳孳學術，俗化之厚」。[104]有人指出，不重教育，則「周穆、秦皇、漢武所以為耄荒而不可救藥也。」[105]南宋末魏了翁仍然認為歷史上治少亂多，「君不得為堯舜之君，民不得為堯舜之民」，都是因為沒有顧到教育這個「大本」。[106]

宋代既然致力於興學，所以當時人讚歎宋代「度越前古」，[107]及超越了秦漢以下各代：「風化之美，尤愧三代，視秦漢而下，蓋過之矣。」[108]

當女真人入侵，北宋淪亡之際，華北和華中很多地方都受到了戰火之災，不少廟學遭到了破壞。但是女真人確立了金朝的統治以後，大量採取中原的制度，也兼及修建學校。除了恢復年久失修及重建受戰禍破壞的廟學以外，也曾幾度下令新建地方學校。根據筆者的初步研究，如下表所示，華北有少數的州縣在金人入主後仍然沒有廟學，其興建是在金朝皇帝下詔興學以後的事。

---

102 《金石萃編》卷126，〈昭應縣文宣王廟碑〉，頁17下-18上。
103 祖無擇，前引文，頁4下。
104 李泰伯，〈袁州學記〉，《宋文鑑》卷80，頁16上。
105 《建康志》卷20，〈句容縣重修學記〉，頁1197。
106 〈成都府學三先生祠堂記〉，《鶴山先生大全文集》卷38，頁324。
107 沈璞，前引文，頁4下。
108 〈中江縣重修學宮記〉，《八瓊室金石補正》卷119，頁23下。

地區	新建廟學數目
山西	14
河北	15
山東	15
河南	16

此外，金政府在12世紀末，13世紀初建立了組織較完備的府州縣學系統，包括八十五所府州學，有學生一千八百人，縣學的數字和學生數目則無記載。[109]

與宋代比較，顯然金代發展的地方學校規模不大。[110]但是在外來的女真人統治下，中原的廟學的發展仍然不絕如縷。因此當時的文人對此類頗多頌揚，例如：

> 學校如林，遍滿天下。其仁義道德之教，詩書禮樂之用，煌
> 煌焉炳炳焉，固已行之躋於三代矣。[111]

金末文豪元好問描寫當時儒家教育廣被的情形道：

---

109 "Public Schools in the Chin," in Hoyt C. Tillman and Stephen H. West, eds., *China under Jurchen Rule* (Albany: State University of New York Press, 1995), pp. 50-67.

110 北宋學校發展極盛時，葛勝仲有一些統計數字：「總天下二十四路，教養大小學生以人計之。凡一十六萬七千六百二十二；學舍以楹計之，凡九萬五千二百九十八；學錢以緡計之，歲所入凡三百五萬八千八百七十二，所用凡二百六十七萬八千七百八十七；學糧以斛計之，歲所入凡六十四萬二百九十一，所用凡三十三萬七千九百四十四。學田以頃計之，凡一十萬五千九百九十；房廊以楹計之，凡一十五萬五千四百五十四。……」《丹陽集》(《四庫全書》珍本別輯)卷1，頁3上下。時在大觀二年(1108)。

111 張邦彥，〈解州聞喜縣重修聖廟碑並序〉，見《山右石刻叢編》卷23，頁4下。

文治既洽，鄉校家塾絃誦之音相聞。上黨高平之間，士或帶
經而鋤，有不待風厲而樂為之者。化民成俗，觀見於此。[112]

學校養士與科舉仍有密切的關係，如京兆府學在1135至1218年期
間，培養的學生進士及第的有六十二人，包括《金史》有傳的六人。[113]

宋代地方學校制度有不少的缺點。本文沒有重複當時人和現代史
家對宋代州縣學的種種批評，而是試圖就州縣學在宋金時期發展的實
況，來發掘儒家思想透過學校教育的影響。宋人對於教育的看法，是
基於孔子的有教無類和賢人政治的觀念，而加以發揚。宋初儒學復
興，政府登用人才，倚重科舉。科舉不足，乃以加強學校教育來輔
助。科舉與學校之間關係密切。科舉的特色之一是有地方名額的限
制，以提拔全國各地的人才。教育也需要普及，才可以從各地養成人
才。政府的提倡，地方官的努力，和學田制度的創設，長期的維持學
校於不墜。

儒家的教育思想著重道德，而宋代地方教育也許不能充分發揚德
育，以致很多人批評學校成了追逐名利的場所。但是當時人並沒有忽
視地方學校對於發揚儒家思想，普及教育於全國的貢獻。從宋代到金
代，可以看到學校對於政府吸收地方人才的貢獻，和儒家思想滲透到
各地的影響。

原載《國際孔學會議論文集》，1987。

---

112 元好問，〈壽陽縣學記〉，張金吾輯，《金文最》（台北：成文出版社，
　　1967）卷15，頁13上。
113 《金石萃編》卷158，〈進士題名錄〉，頁23下-24上；卷159，〈改建題名
　　錄〉，頁1上-3下。

遼金時代漢人的北遷

　　宋代中國經濟重心的南移，已是眾所周知的史實。華南經濟的發展，人口的向南流動，和華南的開發以及文化的發達，有密切的關係。本文則試行探討同一時期北方人口向東北的遷徙，以及人口和文物的北遷，如何促進東北地區的開發和發展。

　　遼金時代，東北不屬於中原王朝的宋，而顯然屬於當時的「外國」，由於遼金時代契丹人和女眞人把大批的漢人和文物遷移到東北，漢人的農業社會生活方式和文化，建立了日後中原漢族向東北的繼續發展的重要基礎。所以在這一時期中，中原漢人有意的或被迫向外發展，形成了將東北包涵在中華文化領域的一個歷史趨勢。

一、遼代漢人的北遷

　　遼朝自建國之初，就移民於中心地帶。如遼太祖耶律阿保機將渤海人民移到遼上京附近。[1]移民的目的，在將渤海人移出原居地以免其叛亂。同時充實遼上京也有經濟上的效益。[2]在建國初期，渤海鐵

1　金敏黻，《東北通史》（台北：樂天出版社本，1971），頁523。

2　Karl A. Wittfogel and Feng Chia-sheng, *History of Chinese Society: Liao* (Philadelphia, 1949), p. 52 ；《遼史》（藝文本)卷75，〈耶律羽之傳〉。

匠、蒲盧毛朵部的造船工匠，中原河北織工、絲匠、銀匠，以及渤海和夷狄的絲工，不斷的移入遼上京。《遼史》載：

> 太祖開拓四方，平渤海，〔應天〕后有力焉。俘掠有技藝者，多歸帳下，謂之屬珊。[3]

太祖耶律阿保機不斷的把南侵時俘獲的漢人移到東北。例如西元902年(神冊五年)，阿保機以兵四十萬伐河東、代北，攻下九郡，獲生口九萬五千，駝馬牛羊不可勝計。次年十月，進兵攻劉仁恭，拔數州，盡徙其民以歸。[4]921年十一月，分兵略檀、順、安遠、三河、良鄉、望都、潞、滿城、遂城等十餘城，俘其民徙內地。[5]類此記載很多。[6]

被契丹俘獲的漢人，一般都分隸於契丹貴族，成為軍隊、僕人、工人或農夫。[7]西元947年，遼太宗耶律德光入侵中原，也擄獲大量中原文物和各種職業的人口，包括很多工匠。

除了被俘的漢人和居留在契丹征服地區如燕雲十六州的漢人外，也有些中原人士自願歸附契丹。下面一段史料極為重要：

> 是時，劉守光暴虐，幽涿之人多亡入契丹，阿保機乘間入塞，攻陷城邑，俘其人民，依唐州縣置城以居之。漢人教阿

3　《遼史》卷37，儀坤州。Wittfogel and Feng, *Liao*, p. 143.

4　《遼史》卷1，〈太祖紀上〉。

5　同上，卷2，〈太祖紀下〉。

6　參看鄒逸麟，〈遼代西遼河流域的農業開發〉，陳述主編，《遼金史論叢》，第2輯(北京：書目文獻出版社，1987)，頁71-74。

7　Wittfogel and Feng, *Liao*, p.194.

保幾曰：中國之王，無代立者，由是阿保機益以威制所部，而不肯代立。九年，所部以其久不代，共責誚之，阿保機不得已，傳其旗鼓，而謂諸部曰：吾立九年，所得漢人多矣。吾欲自爲一部以治漢城，可乎？諸部許之。漢城在炭山東南灤河上，有鹽鐵之利，乃後魏滑鹽縣也。其地可植五穀。阿保機率漢人耕種，爲治城郭邑屋廛市，如幽州制度。漢人安之，不復思歸。……[8]

這段史料說明：第一，由於五代時期中原混亂，若干北方漢人遂北上避亂。第二，有些漢人以中國制度傳給契丹主阿保機，勸他自立爲帝，不必遵從契丹原有的君主世選制度。第三，阿保機在炭山東南灤河上建立以漢人爲主要居民的「漢城」，其中制度一如幽州。並且率領他們從事農耕。第四，結果，漢人不想再回到中原。

契丹帝國的南部，主要是農業地區。契丹人在這裡以少數民族治理多數的漢族，自必倚重漢人知識分子和官僚。遼朝的所謂「兩元政治」體制，於是形成。治理南半部的機構，有南宰相府、南樞密院等。所用的漢人，可以舉韓延徽和康默記兩人爲代表。

韓延徽是幽州安次人，附太祖後，「請樹城郭，分市里，以居漢人之降者。又爲定配偶，教墾藝，以生養之。以故逃亡者少。太祖初元，庶事草創，凡營都邑，建宮殿，正君臣，定名分，法度井井，延徽力也。」[9]

康默記則主持建都的事：「神冊三年(918)，始建皇都。默記董

8　歐陽修，《五代史記》卷72，〈四夷附錄〉。參看Wittfogel and Feng, *Liao*, p. 405.

9　《遼史》卷74，〈韓延徽傳〉。

役，人咸勸趨。百日而訖事。」[10]

所謂「漢城」，並非只是上引史料中所說的灤河上的一處。據研究，遼初所建的漢城，就是漢人所居住的城，不止一處。「漢城」是類名，主要的有以下幾處。

1.上京臨潢府

南城謂之漢城。南當橫街，各有樓對峙，下列井肆。據胡嶠〈陷虜記〉：「上京西樓有邑屋市肆，交易無錢而用布。有綾錦諸工作、宦者、翰林、伎術、教坊、角觝、儒、僧、尼、道士。中國人并、汾、幽、薊為多。」

2.東京遼陽府

以渤海漢戶所建，外城謂之漢城，分南北市。中為看樓。晨集南市，夕集北市。河朔亡命，皆籍於此。

3.中京道建州

故石晉太后詣世宗，求於漢城側耕墾自贍。許於建州南四十里給地五十頃，營構房屋，創立宗廟。[11]

此外，又有多處用漢戶建置的州邑。這種州邑，主要是以俘獲的漢人來建立和居住，如臨潢縣：

> 太祖天贊初(元年為922)，南攻燕薊，以所俘人戶，散居潢水之北，縣臨潢水，故以名。[12]

10　《遼史》同上，〈康默記傳〉。
11　姚從吾，〈說阿保機時代的漢城〉，收入《遼史彙編補》(台北：鼎文書局，1974)，頁76-109、76-126。
12　同上，頁76-118。據姚從吾統計，這種州邑共有38處。

也有少數似不一定用俘人來建置,而是遷徙人戶而成。如嚴州:

> 太祖平渤海,遷漢戶雜居興州境。聖宗於此建城焉,隸弘義
> 宮。[13]

這些城邑,也具有漢城的性質。據統計,在西遼河流域,即遼代的上京道和中京道,以漢人和渤海人設置的州縣,共有47個之多。有戶口記載的8個州縣,漢人約十萬餘口,渤海人的14個州縣,有14萬1500口。另有17個州縣沒有戶口記載。合計西遼河流域的漢人約有15、6萬,渤海人16、7萬。[14]從以上的幾十處有漢人居住或由漢人建造的城邑來看,漢人移居東北,為數既多,所帶去的中原生活方式,自有深遠的影響。

遼代漢人的分布,已遠達黑龍江地區。如黑龍江泰來縣的塔子城古城,周長4562.8米,確定為11世紀末遼代控制室韋諸部的軍事據點。遼泰州的故址。該地是漢族聚居地之一,出土的遼大安七年(1091)刻石,載有47個漢人姓名。[15]

遼中葉以後,漢人大家族勢力擴張,與契丹合力統治。遼末有所謂「韓、劉、馬、趙」四大家族,直至元初,北方人猶能稱道。其中韓氏趙氏都於五代時北遷。從五代至元初三百餘年,盧龍趙氏子孫繁衍,幾達千人。趙氏一支的族墓在今遼寧朝陽。韓氏劉氏在金朝繼續其仕宦世家的傳統,維持不墜。契丹、女真都因統治漢地,招致北方

---

13 同上,頁76-104、76-109。

14 鄒逸麟,前引文,頁75-79。

15 孫秀仁,〈黑龍江歷史考古述論(上)〉,《社會科學戰線》,1979年1期,頁224。

漢人世家大族合作。而北宋時期，則自唐末以來的大族，鮮能維持。
這也是在邊疆民族建立政權後，社會上的一個特色。[16]

二、金代漢人的北遷

金代建國之初，似並無併吞中原的計畫，所以也和遼初一樣的移
漢人於其發源地的上京，和西邊的雲中(山西大同一帶)。

金太祖完顏阿骨打於西元1125年將燕京城交給宋人時：

> 用阿骨爽計，寸金寸土衰取殆盡。將燕城職官、民戶，技
> 術、嬪嬙、倡優、黃冠、瞿曇、金帛、子女等席卷而東。[17]

《金史》亦有如下的記載：

> 太祖每收城邑，往往徙其民以實京師。民心多不安。……及
> 以燕京與宋，而遷其人，獨以空城與之。[18]

這一政策，在金初執行了好幾年。如：

1.天輔六年(1122)，「既定山西諸州，以上京爲內地，則移其民實
  之。又命耶律佛頂以兵護送諸降人于渾河路，以皇弟昂監之，命從

---

16 參看拙著，〈金代的知識分子〉，《中央研究院國際漢學會議論文集》(台
    北，1981)，頁981-982。盧龍趙氏一支的墓群在今遼寧朝陽。看鄧寶學、孫
    國平、李宇峰，〈遼寧朝陽趙氏族墓〉，《文物》，1983年9期，頁30-38。

17 徐夢莘，《三朝北盟會編》(台北：大化書局本，1979)卷16，頁甲148，引
    〈平燕錄〉。

18 《金史》(藝文本)卷133，〈張覺傳〉。

便以居。」[19]

2.天輔七年(1123)，「取燕京路，二月，盡徙六州氏族富強工技之民於內地。」[20]

3.同年，「命習古乃、婆盧火監護長勝軍及燕京豪族工匠，由於亭關徙之內地。」[21]

4.天會元年(1123)，「徙遷潤、來、隰四州之民于瀋州。」「以舊徙潤、隰等四州之民於瀋州之境。以新疆之戶，艱苦不能自存，詔曰：比聞民乏食，至鬻子者，聽以丁力等者贖之。」[22]

5.金人攻下汴京後，將宋徽欽二帝、宗室、外戚、百官、后妃、宮女、宦官、太學博士、太學生、僧侶、伶官、醫工、工匠、司天監、陰陽官、大晟樂工等數千人，移到上京。[23]

6.天會六年(1128)：「遷洛陽、襄陽、潁昌、汝、鄭、均、房、唐、鄧、陳、蔡之民于河北。」[24]宋人記載鄧、汝等州之民北徙情形較詳細：建炎二年(1128)，正月二十七日壬子，金人陷鄧州，「根括百色技藝人及金物銀帛既盡。……傳令，竭城北遷，盡過河北。官員依舊注授差遣，僧道依舊歸寺觀，百姓任便居住農家，給田種作寄居。上戶歸城中。……」[25]又建炎二年，「銀尤已焚鄧州，乃給寄居官上戶車及各有差，遷之北去，寄居官上戶，每過州縣又及米

19　同上，卷46，〈食貨一・戶口〉，頁459。

20　同上，頁460。

21　同上，卷2，頁43；卷76。

22　同上，卷3，天會元年十一月乙巳；卷46，頁466。以上並參看范壽琨，〈金代東北的漢人〉，《社會科學戰線》，1986年2期，頁221。但范文僅列移漢民5次，即本文114及7項。

23　參看拙著，《女眞史論》(台北：食貨出版社，1981)，頁32。

24　《金史》卷3，六年二月癸未；卷74，〈宗翰傳〉，頁743。

25　《三朝北盟會編》卷115，頁1549。

三升。貧民下戶,途中死者不可計,到西京,已無幾矣。」[26]

7. 滅北宋後,將漢人大舉北遷的記載,尚有「華人男女,驅而北者,無慮十餘萬。」[27]

8. 金人索南人縣「移至雲中。建炎四年(1130),十二月,金左副元帥宗維命諸路州縣「大索南人及拘之於路」。「藉客戶拘之入宮,至次年春盡,以鐵索鎮之雲中,於耳上刺官字以誌之。散養民間。……先是,中原士大夫爲宗維所掠,聚之雲中。至者無以自活,往往乞食於路。宗維見之,畏其眾也,驅三千餘人坑之城外。」[28]

　　遼金兩代將中原漢人遷入東北的結果,是人口持續增加,地方城邑也隨之增多。金毓黻曾經將遼金二史所載遼金東北戶數作一比較,發現金代戶數比遼代增加了二倍。[29]

三、遼金時代東北漢文化的發展

　　游牧民族多少有農業活動。契丹建國之前已經有關於農業的記載。建國後帝國北部的生活方式主要仍是畜牧,以及有限的農業。帝國南部則主要依靠農民的耕種,農業的收入占政府歲入的大部分,所以契丹統治者認識到其重要性,而有勸農之類的措施。

26　同上。

27　李心傳,《建炎以來繫年要錄》(《叢書集成》本)卷4,建炎元年四月辛酉。

28　同上,卷40,四年十二月辛未,頁744。

29　金毓黻,《東北通史》,頁524-531。按金氏數字爲:遼總戶數7萬900,金總戶數68萬653。不知何故稱金戶數爲遼之二倍,待考。又《遼史》中多數地方無戶數的記載,故遼總戶數事實上無從計算。

　　11世紀中葉，宋使蘇頌的出使詩〈牛山道中〉述及奚人居住地區利用漢人耕種，農業甚為發達，小注云：「耕種甚廣，牛羊遍谷。問之，皆漢人佃奚土，甚苦輸役之重。」詩云：

> 農人耕鑿遍奚疆，部落連山復枕岡。
> 種粟一收饒地力，開門東向雜邊方。
> 田疇高下如棋布，牛馬縱橫似谷量。
> 賦役百端閒日少，銜憤生事甚茫茫。[30]

　　宋使蘇轍的出使詩中也描述當時奚人在今熱河地區的農耕情形道：

> 奚君五畝宅，封戶一成田。
> 故壘開都邑，遺民雜漢編。
> 不知臣僕賤，漫喜殺生權。
> 燕俗嗟猶在，婚姻未許連。[31]

《遼史》載：遼境「城郭相望，田野益辟」。[32]到了遼末金初，宋人的出使報告記載了遼末的農業情況：

> 離咸州即北行，州平地壤，居民所在聚落，耕種殆遍。地宜

30　《蘇魏公文集》（《四庫全書珍本》四集）卷13，頁10下。
31　《欒城集》（《四部叢刊》縮本）卷16，頁14下。
32　《遼史》卷48，〈百官志四〉。參看楊樹森、王承禮，〈遼朝的歷史作用初論〉，《遼金史論集》，第2輯，頁1-13。

稷黍。[33]

　　金代的女眞人原來的生活方式是漁獵兼農耕，建國以後在東北也多勸農，禁止妨害農業的措施。[34]根據近年的考古報告，松花江中游金代鐵製農具大量出土。在黑龍江、嫩江、湯旺河流域也有發現。吉林省的集安、懷德、吉林、靖宇等地都有鐵犁，黑龍江肇東縣四站，里城一處就出土七百餘件鐵器，包括鐵犁。總之，金代的農具幾乎與當時中原地區的農具相同。可見松嫩平原和黑龍江沿岸的很多地區，農業有普遍的發展。[35]

　　遼代已有水碓的存在，如遼聖宗賜南京學「水碓莊一座」。[36]金王寂在《遼東行部志》一書中，記載他到了今吉林地區的松瓦千戶寨時，「始見水碓」。[37]

　　遼代保存契丹文化以及契丹的漢化，論者已多。今只略舉考古資料，以證漢文化在東北的影響。1985年在內蒙古奈曼旗青龍山發掘的遼陳國公主駙馬合葬墓，是至今保存最完整、出土文物最豐富的契丹大貴族墓葬。合葬墓建於遼開泰七年(1018)，出土大量玉、琥珀、水晶、瑪瑙、珍珠及金銀製品，可見漢文化的影響。[38]墓中壁畫所示契

33　鍾邦直，〈宣和乙巳奉使行程錄〉，附入陳樂素，〈三朝北盟會編考〉，《歷史語言研究所集刊》，第六本(1936)，頁275。

34　《女眞史論》，頁30。

35　《女眞史論》，頁133；范壽琨，〈金代東北的漢人〉，頁222；吉林市博物館，〈吉林市郊發現的金代窖藏文物〉，《文物》，1982年1期，頁59-64。

36　《遼史》卷48，頁5下。

37　王寂，《遼東行部志》(《遼海叢書》本)。

38　張郁，〈遼陳國公主夫婦殯葬服飾小記〉，《文物》，1987年11期，頁25-28；內蒙古文物考古研究所，〈遼陳國公主駙馬合葬墓發掘簡報〉，《文

丹人著漢服的很多，出土服飾中的腰帶，包括契丹服和漢服使用的兩大類。[39]

內蒙古庫倫二號遼墓，所在地屬於遼代懿州，為聖宗女越國公主塑古的私城（頭下軍州），出土了大量瓷器碎片。多數是定瓷和景德鎮影青瓷器，也包括部分遼瓷。從器形、瓷胎和釉色看，遼瓷也多數是仿照宋瓷製成的。[40]

又如遼寧朝陽縣西五家公社發掘遼耶律延寧墓的報告，也指出白瓷盞托是華北定窯產品；昭烏達盟寧城縣，小劉仗子遼墓是契丹豪族的墓地，同時並存的白瓷器中，有中原和當地燒造的兩種。這些都說明中原漢文化影響的普遍。[41]

遼墓中的壁畫，除契丹人喜愛的北地山水和田獵的景況外，佛教的影響如內蒙古庫倫旗八號墓壁畫中的迦陵頻伽（像徵吉祥的妙音鳥），是受飛天的影響。門神則反映中原文化的傳布。[42]

金代中原漢文化對東北的影響，也顯現在瓷器上，如吉林農安發現金代窖藏文物，包括定窯出產的白瓷，以及唐、北宋和金代的錢幣。[43]吉林塔營城出土的遼金文物中，包括大量遼金瓷器，以金代

（續）─────────────────

39　李逸友，〈遼代帶式考實——從遼陳國公主駙馬合葬墓出土的腰帶談起〉，《文物》，1987年11期，頁27-35。

40　王健群，〈庫倫旗二號遼墓發掘散記〉，《社會科學戰線》1978年1期，頁210。

41　遼寧省博物館文物工作隊，〈遼代耶律延寧墓發掘簡報〉，《文物》，1980年7期，頁18-22；李逸友，〈昭烏達盟寧城縣小劉仗子遼墓發掘簡報〉，《文物》，1961年9期，頁44-49。

42　內文物考古研究所、哲里木盟博物館，〈內蒙古庫倫旗七、八號遼墓〉，《文物》，1987年7期，頁74-84。

43　吉林省博物館、農安縣文管所，〈吉林農安金代窖藏文物〉，《文物》，1988年7期，頁74-81。

的較多，多爲遼金時期本土燒造，可見當時製瓷手工業的發達。還有
一些中原「名窯」，如定窯、鈞窯、龍泉窯、耀州窯的產品，似以定
窯爲多。[44]

綏芬河下游的雙城子，可能是金代恤品路路治所在，出土大量宋
金銅錢，可見當時貿易活動之一斑。[45]從吉林市郊出土的銅器和鐵器
看來，農業生產工具、手工業工具、漁具、車馬具和兵器等，既可以
從遼代的器物中找到它們的雛形，更可以和宋代器物比較。這些都顯
示中原文化在東北更進一步的發展。[46]從文獻記載，可以知在東北的女眞
人也從事耕種。如1181年(大定二十一年)，金世宗問臣下：「女眞人徙居
奚地者，菽粟得收穫否？」左丞完顏守道對曰：「聞皆自耕，歲用亦
足。」上曰：「彼地肥美，異於他處，惟附都民以水害稼者，賑之。」[47]

四、結語

以上簡略介紹了遼金時代中原漢人向東北和北方遷移的零星史
料，東北地區農業的發展和若干中原文物對東北的影響。有很多問
題，如東北漢人的戶口，金代漢人的分布，以及文化上更多面的影
響，仍待進一步的探討。本文目的在喚起學者注意歷史上中原漢族北
遷的史實。

原載《中外關係國際研討會論文集》，台北：淡江大學，1989。

44　何明，〈記塔虎城出土的遼金文物〉，《文物》，1982年7期，頁44-49。

45　華泉，〈完顏忠墓神道碑與金代的恤品路〉，《文物》，1976年4期，頁
　　29-33。

46　吉林市博物館，〈吉林市郊發現的金代窖藏文物〉，《文物》，1982年1
　　期，頁59-64。

47　《金史》卷47，〈食貨志二〉，引見鄒逸麟，前引文，頁82。

遼金兩代對傳統中國文化的影響

　　本文的主要論點是遼金兩代契丹和女眞民族的文化對於傳統中國文化的影響。在傳統中國王朝的統治下，社會文化的變遷是要受到皇帝和中央政府的直接或間接的影響的。因此必須以政治結構和政策爲討論的架構。再者，文化的交流和社會以及經濟的變遷關係密切，所以在文中也不能不顧及到社會和經濟這兩方面。

　　過去在東亞和東北亞曾經存在過的王朝，可以大致劃分爲漢民族和非漢族建立的朝代兩大類。在漢族王朝統治期間和非漢族王朝統治期間，漢族與非漢族間的社會文化互動，顯然有異。在漢族王朝統治的時期，漢族與非漢族社會和文化間的互動，是因雙方王朝各自政策的不同而有差異。一般來說，相互的影響比較有限。即使如此，中國自古以來一直接受外來的事物，也一直受到外來文化的影響。最顯著的例子之一是戰國時期趙武靈王爲了抵禦游牧民族而採取「胡服騎射」。在非漢族統治漢族地區的情形下，游牧民族居於統治階級，其與被統治階級的漢人間的互動當然比較複雜。這種互動受到王朝最高統治者的政策的不同而有所差異。統治者對漢族文化的喜好或厭棄，直接影響到王朝對漢文化的政策。游牧民族基本上希望維持他們原有的社會及其文化，這種考慮當然對族際互動有相當大的影響。不過，我們也應當注意，有時候統治者並不能有效的控制和掌握民間的族際

互動和文化的發展趨勢。而民間的互動和文化發展的趨勢也影響到王朝的社會文化政策和發展的方向。

一、政治方面的影響

傳統中國王朝的統治者對於與中國境外民族的關係往往持著保留和懷疑的態度。自古以來，他們對於北方和西方的游牧民族尤其謹慎，因為來自游牧民族的威脅遠大於其他的周邊民族。

在政策方面，傳統中國政府經常採取守勢，防範機動性高的游牧民族的侵擾。而在國勢強盛時，則以戰爭或是「遠交近攻」的手段來制伏或驅逐外族，甚至努力擴張版圖，企圖將游牧民族也包容在大一統的帝國之內。強盛的王朝建立以中國為中心的世界秩序，將鄰邦納入所謂的「朝貢系統」之中，要求鄰邦向中國進貢，成為藩屬。但是在國勢衰弱的時代，中國王朝則被迫放棄了朝貢系統，以平等的地位，甚至以低於敵國的地位與鄰邦交往，同時運用「以夷制夷」、「和親」，甚至以金帛來購買和平等策略來維持國際間的均勢。

在宋代以前，多元的國際關係，已經存在於古代的春秋戰國時期，魏晉南北朝及五代時期。很多外交的先例在這幾個時期中建立。從五代到北宋，東亞再度出現的多元國際關係，其中的兩個主要國家是宋和遼。中原王朝的宋和游牧民族建立的契丹(遼)朝之間的外交，揭開了新頁。後晉主石敬瑭向外族求助，對契丹主割地稱臣，眾所詬病。不過，在中國外交史上卻可以說是一個新發展。而這個創舉，則在宋代經過一些改變後，竟成為一個相當穩定的模式。當時的模式是這樣的：第一、從宋遼之間的兩個條約的條文裡，可以看到宋人繼承了古代，尤其是春秋戰國時代諸國間的外交先例。條約的形式顯然模

仿古代，也就是以雙方宣誓信守條約來達到「誓書」的成立。條約中兩國君主間的大致平等的規定，也有先例可援。同時，兩國間使節的交聘，也是援引古代的模式，不過名目繁多，超過古代。第二、這兩個條約中，有很多的新發明。首先是關於疆界的清楚劃分，凡有越界的人士，都必須遣返。其次，宋向遼所付出的歲幣，在條約中規定，成爲一種制度。再者，兩國間邊境上不得增建防禦工事，兩輪地成爲緩衝區，以及一方有軍事調動或對第三國採取軍事行動前，必須通知另一方等規定，都是基本於相當現代的觀念。第三、宋方堅拒割地，以及關於地界爭執的多次談判，推翻了若干現代西方學者認爲傳統中國王朝不重視疆土和疆界的論點。換言之，宋遼雙方都有很清楚的「國」和「國界」的觀念。第四、宋遼兩國之間，並沒有建立實際的親屬關係。宋朝廷堅持不和外族建立和親的關係，是一個新發展。因此，兩個皇族之間成立了虛構的兄弟關係。而兩國也成爲兄弟之邦。第五、宋朝中央政府裡，成立了外交機構，即「國信所」，專司對遼的外交事務。同時，建立了外交檔案，並且編纂了外交事務和先例的一部大作《華夷魯衛信錄》。最後，在東亞歷史上，又出現了南北朝：宋朝稱遼朝爲北朝，而遼朝稱宋朝爲南朝。與此相伴隨的是「北人」、「北客」、「南人」等新詞彙的使用。這種用法一直到元代仍然沿襲著。[1]

　　非漢族統治中國時期的特點，是少數民族以武力征服一部分或全部的漢族地區，建立王朝。這些王朝之中，由游牧民族建立的政權，特點是他們本身的文化和中原漢族文化有基本上的差異，也就是游牧文化和農業文化的差異，而游牧民族之間，又因地區的不同，有不同

1　參看拙著：《宋遼關係史研究》（台北：聯經出版公司，1987）。

程度的差異。例如契丹族的基本生活方式就和女眞族的生活方式不太一樣。契丹族原來是經常依季節和氣候的變化而遷移的游牧民族，而女眞族則有相當程度的農耕。

大致說來，非漢族在中原建立王朝之前，及建立王朝之後，其政策也可以從對外和對內兩方面來看。

邊疆民族在入主中原之前，聯合諸部族，集中力量，然後或以外交手段迫使漢族王朝割讓土地和人民，或施加壓力於後者，以取得金錢和物質上的補償，或貿易上的權利和利益。最後以武力征服漢族王朝。沒有在漢族地區建立王朝的邊疆民族和漢族的互動是受到一些限制的。如貿易方面有所謂「榷場貿易」，限制了漢族與外族間的貿易。此點將於後文再論。

在非漢族侵略中原的過程裡，對漢族的生命財產造成了不同程度的破壞。在入主中原的過程及以後，爲了鞏固少數民族對多數漢人的統治，必須使用嚴厲的控制手段，以維持其政權。此外，當征服者迫使漢族改換髮式和服裝，採取非漢族的風俗習慣時，又使用了殘暴的手段，殺害了無數的漢族人民。這種政策和手段，可以說是邊疆民族對農業民族發動戰爭以及統治被征服的人民造成的負面影響。此點在本文中不擬多加討論。在制度上，這種維持統治者的地位和特權的措施則反映於制度的簡化和皇權的提高。自唐代以來的三省制在金代和南宋不約而同的簡化爲一省。也就是取消了過去三省制衡的制度，僅保留了注重中央集權的職司行政的尚書省，而此一省由皇帝直接控制和指揮。到了明代，則又廢了尚書省，由皇帝直接指揮六部。在建立更高的威權方面，則加強了對大臣的懲罰，如對臣子動輒施以廷杖。官員地位在清代的低落，可於官員對皇帝自稱奴才見其一斑。以上種

種的發展可以視為從金代開始的政治過程的殘暴化的趨勢。[2]另一個
制度上的改變，是金代在新征服地區建立行臺尚書省。此一制度本來
是一種權宜措施，其後為元代承襲，在全國建立了行省制度。這就是
現代中國地方行政制度的淵源。以上所述，可以稱之為近世中國政治
文化受到游牧民族統治期間以及其後的部分的影響。

　　另一方面，新的非漢族王朝對內全盤的或部分的採取漢族的制度
及風俗，利用漢族的讀書人來統治新王朝，並利用農民和工匠的人力
和物力，來維持統治階級的少數民族的利益。換言之，在統治漢族的
制度方面，是利用原有的制度，繼續維持新的王朝。這方面牽涉到社
會文化的互動，將在下文討論。

　　非漢族對於中國版圖的擴大，影響深遠。遼金兩代都將漢人農民
遷移到北方和東北，從事農業生產。這種移民政策的一個重要的結
果，是加強和加速了北方尤其是東北地區的開發。到了元代和清代，
以武力向外繼續擴張的結果，是將廣大的原來不屬於漢人朝代的地
區，納入了中國的版圖。而且在有些地區如東北，大批漢人移民造成
了漢族人口上占據多數的形勢。

　　遼、金和西夏的崛起，造成了東亞的多元國際系統。在此一系統
下，出現了多元的國際關係，已如上述。多元國際系統在中原的影響
之一，是中國政治中心的北移。河北地區在五代以前並不是政治重心
所在。燕京一帶也不是經濟和文化的中心，而是中國邊緣地帶的一個
小城市。遼代建燕京為五京之一的南京，是統治燕雲的行政中心。金
代沿遼舊，其後改為中京。到了元代，燕京成為元的首都，即大都。

2　參看拙著：〈金代的政治衝突〉，《中央研究院歷史語言研究所集刊》，
　　第43本第1分(1971)，頁135-161。

明清兩朝也都以燕京，即北京爲首都。由此可見遼金元三代對中國政
治中心北遷的影響。[3]

二、社會、經濟方面的影響
(一)經濟方面

　　在漢族統治時期，對外採取開放或保守的貿易政策。基本的貿易
形態是限制對外貿易，如設榷場，限制通商於特定地點。有時以停止
貿易爲手段來制裁擾邊的部族。應當注意的一點是，採取開放貿易的
政策並不能保證外族不會入侵。

　　在非漢族統治中原時期，也採取開放或閉關的政策。元代東西交
通發達，採取開放的貿易政策，而清代則是中期以後採取閉關的政
策。

　　文化的交流隨著經濟上的交易的盛衰而有變化。如唐代對外開
放，其都市文化受到西域文化相當大的影響。即使國際貿易限於榷
場，貿易的雙方對物品的交易有限制和控制，仍然發生了相當程度的
文化交流。如北宋與遼之間的貿易的物品包括書籍、香料、奢侈品、
皮革、武器、農產品，以及馬匹等。宋金間的貿易也是透過榷場。宋
向金輸出以茶和絲爲主。金、銀、銅錢、糧食、軍需品、書籍和耕牛
則爲私販。金對宋輸出毛皮、珍珠和人參，而馬匹則爲主要的走私貨
物。[4]

3　參考 Herbert Franke and Denis Twitchett, *The Cambridge History of China, Volume 6: Alien Regimes and Border States, 907-1368* (Cambridge: Cambridge University Press, 1994), p. 16.

4　宋金間的貿易及走私貿易，見全漢昇，〈宋金間的走私貿易〉，《歷史語

　　隨著中國版圖的擴大，和大批漢人定居於邊疆地區，這些地區也就開發了。遼金兩代在建國初期，都大規模的將漢族農民和工匠遷移到東北地區，從事農業和工業生產。此外，由於五代時期中原動盪不安，若干漢族知識分子也向北遷移，爲契丹人雇用爲新朝的官僚，幫助契丹人建立制度，穩定政權。因此，遼代東北漢族居住地建立了幾個所謂「漢城」。金代繼續利用遼代治下的漢族農民、工匠和官員，同時也將更多的漢族農民北遷，在攻占開封後，又將俘虜的大批漢人，包括北宋的皇族、后妃、宮女、官員、工匠、書畫家等人士，都遷移到東北居住。這些人毫無疑問的對於東北的開發，有很大的貢獻。[5]

(二)社會方面

　　傳統中國思想中對於中原之內及其外的少數民族有一個要點。是認爲所有的「夷狄」都會自動自發的仰慕和採取漢人的制度和文化。這就是所謂「夷狄入中國則中國之」的同化論。今天我們不一定接受這種論調，而是需要小心的檢驗兩種文化的互動中發生什麼情況和產生什麼結果。我們不能忽略非漢族對漢文化的抗拒和對其本身文化的保存的努力。

　　近代中國史家對於中國周邊的以及曾經入主中原的少數民族和漢族間關係，解釋爲廣義的中華民族間的融合。如姚從吾先生在〈國史擴大綿延的一個看法〉一文中，提出中國歷史上文化的「五大醞釀」和「四大混合」的論點，認爲中國的儒家大同文化絕未被外族征服。所有的邊疆民族都全部或部分的歸化於中華文化，而從無用夷變夏的

(續)──────────────

　　言研究所集刊》，第11本(1947)，頁403-432。
　5　拙著〈遼金時代漢人的北遷〉，《中外關係史國際學術研討會論文集》(台
　　　北：淡江大學歷史系，1989)，頁7-14。

情形發生。他認為少數民族都屬於中華民族,構成中華文化的支流。確認已經漢化的少數非漢族即使入主中原,並非「外族征服者」。因此他認為四大混合的前兩次,即漢代和唐代的混合之後,元朝和清朝的統一,也是中華民族的統一。應當注意的是,姚從吾先生並不認為所有的非漢族都全部被漢文化同化,如他指出邊疆民族「全部或部分」的歸化於中華文化。[6]大體說來,非漢族加入漢族,融合在一起,形成了中華民族,也造成了大一統。

關於民族的融合,需要討論漢化或華化的問題。漢化或華化是當漢民族和另一個民族接觸時,這另一個民族放棄了自身的族群認同及其文化,而與漢民族通婚,採取了漢文化。應當強調的一點是,漢化或華化是一個過程,也就是說,在某一個時期裡,漢化的程度與另一個時期不同。而且當漢化發生後,並不是說被漢化的民族文化完全消失。[7]根據這個定義,讓我們來觀察契丹、女真和蒙古的漢化。首先,契丹族的漢化程度,在遼朝一代,可以說相當粗淺。遼朝的統治階層裡,有若干貴族受到了漢文化的影響。例如以漢文作文及吟詩。不過,基本上很多契丹平民在契丹人實施的兩元制度下,仍舊過著游

6　《東北史論叢》(台北:正中書局,1959),上冊,頁1-26。關於遼代契丹人的漢化的討論,參考Karl W. Wittfogel and Feng Chia-sheng, *History of Chinese Society: Liao (907-1125)*(Philadelphia: American Philosophical Society, 1949), pp. 4-8, 219-225;姚從吾,〈契丹漢化的分析〉,《宋遼金史研究論集》(台北:大陸雜誌社,1960),頁254-271。

7　涵化與同化的分別,參看George E. Possetta, ed., *Assimilation, Acculturation, and Social Mobility*(New York and London: Garland Publishing, 1991),此書中分辨涵化與漢化。前者指文化的採借(如語言),後者民族籍通婚而同化。此種分別始自Milton M. Gordon, *Assimilation in American Life* (New York: Oxford University Press, 1964)根據這種定義,可以知道美國黑人幾乎完全涵化於白人文化中,而並沒有經由黑白通婚而達到同化。黑人與白人的通婚仍在同化的過程中。

牧的生活方式。而移居到漢人居住的燕雲地區的契丹人則受到了較多的漢文化的影響。遼朝末期，一部分契丹人西遷，建立了西遼。留在華北的族人則開始和女眞族和漢族融合。契丹族眞正的漢化，應當是金朝滅亡後的事。金末元初的耶律鑄和耶律楚材父子都和漢族文人沒有什麼差別。到了元代，元朝政府將華北的契丹人、女眞人和漢人一律稱爲漢人，就是契丹人終於已經漢化的有力的證據。

　　非漢族建立朝代後，居於少數的統治族群在過去王朝原有的社會結構之上，建立了新的上層社會階級。有的新王朝的統治者在初期企圖維持本族文化與社會制度，甚至企圖同化漢人。如女眞族占領華北後，一度迫使漢人改換女眞服裝和髮式，並且禁止族際通婚。金世宗努力恢復女眞族的風俗。這種本土運動失敗後，很多女眞人就大量的採取漢人的制度和風俗。有的外來的統治者如元代的蒙古人則對漢人的制度和文化作有限制的借取。不過，非漢族朝代的文化終於會受到漢文化的衝擊。漢族人口上的優勢和統治族群對族際通婚限制的放鬆促進了對少數民族的涵化和同化的趨勢。換言之，游牧民族對漢人社會的一個很大的影響是有相當多的族人被漢族所同化，加入中原漢族的社會而成爲漢族社會的一分子。幾年前出版的《劍橋中國史》第六冊，也就是遼、金、元三代的歷史，對金代女眞族的漢化，有如下的一段描述：[8]

　　　女眞人很快的轉變了他們的生活方式，全心全意的適應著中
　　國的規範；而在這個過程中，失去了他們的語言，以及基本

8　Herbert Franke Twitchett, *Cambridge History of China*, Vol.6, p.645.著者譯文，中文本，頁737。關於女眞漢化，參考姚從吾，〈女眞漢化的分析〉，《宋遼金史論集》，頁278-290。

上他們原來的文化，雖然他們保留了一些女真的制度和戰士
的精神。

　　另一方面，也有不少的族人抗拒同化。如金代的金世宗企圖恢復
女真族的固有文化。蒙古民族在元代的漢化程度則遠不如金代的女真
族。明代建立的過程，若干蒙古族人向北遷移而脫離了漢族的社會。
目前有一些漢學家認為「漢化」一詞不妥。而以「文明化」來代替。
可是，女真人「文明化」的來源仍然是漢文化。[9]至於清代，近來也
有人認為清代的滿洲統治族群中有一些人相當成功的保留了滿族的社
會組織和風俗習慣。主張今後不必用漢化的觀念來研究中國歷史，這
種看法引起了辯論。[10]
　　即使有人仍然認為多數外來民族被漢人社會吸收，還是需要注意
當兩個文化接觸時，其間發生的是互動而不是單向的流動和影響。

三、文化方面的影響

　　由於社會和文化的影響難於強行劃分，上文中在討論非漢族對漢
族社會的影響時，已經提及一些文化方面的影響。本節則專注於文化

9　如包弼德(Peter Bol)在他討論金代漢人知識分子的文章裡，不用「漢
　　化」，而用所謂「文」（即他對「文明」，civilization的中文翻譯）。看
　　"Seeking Common Ground: Han Literati under Jurchen Rule," *Harvard Journal
　　of Asiatic Studies*, Vol. 47, No. 2 (1987), pp. 461-538.

10　參看Evelyn S. Rawski, "Reenvisioning the Qing: The Significance of the Qing
　　Period in Chinese History," *Journal of Asian Studies*, 55.4(1996), pp. 829-850.
　　Ping-ti Ho, "In Defense of Sinicization: A Rebuttal of Evelyn Rawski's
　　"Reenvisioning The Qing," *Journal of Asian Studies*, 57.1 (1998), pp. 123-155.

的互動。

(一)遼金文化與漢文化的交流

在思想的層次，漢族一向認為漢人與夷狄應當分別。如「非我族類，其心必異」的看法，是認為不同民族的文化必然有差異。宋代開始禁止國人出界，也禁止外人入界，是上述思想之於政策的表現。

由於自古以來漢族認為中原文化的層次遠高於四夷，所以認為對外人應當「以德懷遠」，也就是說，那些願意嚮化的部落，就讓他們「夷狄入中國則中國之」。對於那些比較野蠻的部落則可以採取「恩威並施」的策略，加以籠絡或控制。

宋代以前，中國的中原地區已經受到很大的外來文化的影響，尤其是唐代，簡單的說，中央亞細亞和西域輸入中原的事物包括：音樂、舞蹈、魔術、特技、馬球、突厥和其他部族的服裝，外國食物如葡萄酒、蔗糖、餅類和麵食，烹調方法，以及各種教派等。[11]

唐代以後，外來文化的輸入比較少，仍然對中原文化有影響。契丹佛教文化對宋人的影響，很明顯的見於遼代寺廟和佛塔的建築。遼代佛塔是直接來自印度的建築風格與中國原有的結構合併而產生的新形體。實體塔不能自內攀登，空體塔多為白色。此外山西應縣的木塔尤其特出。在繪畫方面，遼墓裡的彩色壁畫表現游牧生活的民族風格。[12]

北宋婦女喜歡使用契丹化妝品，模仿契丹婦女的化妝，稱為「佛妝」。彭汝礪(1042-1095)有一首詩的題是〈婦人面塗黃而吏告以為瘴疾問云謂佛妝也〉，詩曰：

11　Ping-ti Ho,〈前引文〉, p.134.

12　楊樹森，《遼史簡編》(瀋陽：遼寧人民出版社，1984)，頁314-316、321-324。

有女天天稱細娘，（自註：胡謂婦人有顏色者曰細娘。）

眞珠絡髻面塗黃。

華人怪見疑爲瘴，

墨吏矜誇是佛妝。[13]

　　北宋京城裡，很多男女喜歡異族的服裝。如男子著「番樣」頭巾，青綠衣；婦女衣「銅綠兔褐」之類及「襪褲」。又有「契丹鞍，夏國劍，高麗秘色，皆爲天下第一」。北宋政府對於胡服，都明令禁止。[14]

　　北宋人王陶一首題爲〈異服〉的詩中有以下的詩句：

辛有嘆被髮，趙靈喜胡服。

遂成陸渾戎，終有沙丘辱。

用夷反變夏，亡禮以從俗。

……

爾來豪俠兒，往往異裝束。

耀武何必然，御戎有前躅。

余敢告司關，異服宜禁肅。[15]

　　所謂「亡禮以從俗」，其實可以用來描寫河北和山西北部在契丹

13　傅璇琮、倪其心、孫欽善、陳新、許逸民編，《全宋詩》（北京：北京大學出版社，1991-1993）卷905，頁10635-10636。

14　劉銘恕，〈宋代遼金文化之南漸〉，《中國文化研究所彙刊》第6卷（1946），頁92-94。

15　《全宋詩》卷518，頁6293。

人統治下的漢族。如出使契丹的蘇頌的詩〈和晨發柳河館憩長源郵舍〉有句云：

> 服章幾類南冠繫，星土難分列宿躔。
> 安得華風變殊俗，免教辛有嘆伊川。

蘇頌自注云：「虜中多掠燕薊之人，雜居番界，皆削頂垂髮以從其俗。惟巾衫稍異，以別番漢耳。」沈括也有類似的觀察：「燕、薊八州，衣冠語言皆其故俗，惟男子靴足幅巾而垂其帶。女子連裳，異於中國。」[16]

在這些地區裡，漢族仍然是多數，而且有些漢人仍然保存著自己的服裝，如蘇轍的詩云：

> 奚君五畝宅，封戶一成田。
> 故壘開都邑，遺民雜漢編。
> 不知臣僕賤，漫喜殺生權。
> 燕俗嗟猶在，婚姻未許連。[17]

不過，因為契丹人才是統治者，很多漢人亡漢人之禮以從契丹之俗了。

宋遼建立和平關係後，雙方互派使節賀新年、賀皇帝和皇后的生日、弔祭去世的皇帝和皇后，以及外交交涉。隨著使節的交換，通常

16　《全宋詩》卷531，頁6415。
17　蘇轍，《欒城集》(上海：上海古籍出版社，1987)卷16，頁397。

也交換禮物。從交換的禮物可以知道兩國間名貴貨物的交換。當然這些禮物也就互相影響到皇室和高官的生活。以下是契丹使節獻給北宋皇帝禮物的記載：

> (景德二年)十一月。國母遣耶律留寧等來賀承天節。奉書，致御衣七襲、金玉鞍馬四匹、散馬二百匹、錦綺、春肉、羊鹿舌、酒鼠果。……答以藥物。國王遣耶律委演等致御衣五襲、金玉鞍馬四匹、散馬二百匹、錦綺、弓矢、鷹鶻等。
> 十二月。遣使……紫青貂鼠翻披、或銀鼠鵝頂鴨頭納子、塗金銀裝箱、金龍水晶帶。……
> 白鹽、青鹽、牛、羊、野豬、魚、鹿腊二十二箱、新羅酒、海東青。……[18]
> (大中祥符元年)九月。致母遺書及遺物，玉釧、琥珀、瓔珞、瑪瑙瓶盤、犀玉壺、良馬等。[19]
> (慶曆四年)四月，西征所獲馬三百匹，羊二萬口。又獻九龍車一乘。[20]

以上的禮物中有魚。北人的「達頭魚」，見於北宋官員的詩作中。梅堯臣的一首詩題是：

> 北州人有致達頭魚于永叔者，素未聞其名，蓋海魚也。分以

18　《宋會要輯稿》，蕃夷一，頁7690。
19　同上，頁7694。
20　同上，頁7700。

爲遺，聊知異物耳。因感而成詠。[21]

歐陽修得到這種魚以後，分給友好一嘗。按達頭魚疑爲頭魚，產於契丹境內的混同江。而歐陽修得到的達頭魚來自滄州，雖然不像是來自契丹，「京師人不識此魚」。不過，當時高級官員中有人知道「頭魚」是契丹的土產。[22]此外，經由使節的往來，契丹的烹調方法也傳入中國。[23]

　　宋遼朝廷對於對方來賀或有其他任務的使節都給予禮物。使節所經過的地方，也和對方陪伴的使人或地方官交換禮物。據陳襄出使的報告，遼使送給宋使的禮物包括：

　　麂一隻，酒四瓶。
　　水晶碁子、蓯蓉、郁李仁。
　　顆鹽、鹿脯。
　　麋角、松實、魚。[24]

　　從遼朝輸入的貨物中，有用來黏物的「魚膠」。劉攽有詩詠這種來自遼水的強力膠，可以「羽箭」和「宜婦人貼花鈿」，句曰：

21　《全宋詩》卷260，頁3321-22。
22　契丹皇帝於「春捺缽」在混同江「鉤魚」，舉行「頭魚宴」。參看傅樂煥，〈遼代四時捺缽考五篇〉，《中央研究院歷史語言研究所集刊》，第10本(1948)，頁228-229。契丹皇帝接見宋使，置宴鉤(鈎)魚以饗。見劉摯，〈王開府行狀〉，《全宋文》卷1678，頁110。
23　契丹使節中有廚師隨行，見拙著《宋遼關係史研究》，頁38。也許契丹人爲北宋朝廷所烹調的宴席中包括了頭魚。關於遼金文化對漢文化的影響，參看劉銘恕，〈宋代遼金文化之南漸〉。
24　《全宋文》卷1090，〈神宗皇帝即位使遼語錄〉，頁574-578。

漢家金繒撫絕域，遠夷畏威亦懷德。

南琛北珍不自惜，譯官賈人多未識。

此膠出從遼水魚，居人釣魚取專車。

秋風時節候可折，白羽鋪綴隨呵噓。

……25

　　歐陽修的一首詩，題爲「試院聞作奚琴」，是描寫他聽到奚琴的彈奏而有所感觸，其首兩聯曰：

奚琴本出奚人樂，奚虜彈之雙淚落。

抱琴置酒試一彈，曲罷依然不能作。26

既然歐陽修是在試院裡聽琴，可見不但奚琴已經傳入中土，而且有人會彈奏。

　　宋代初年，軍中已經有契丹歌流行。北宋末年燕雲原屬於遼朝治下的百姓入居京師，把契丹歌曲也傳入中土。隨之而來的有一些契丹語言。27

　　漢族和非漢族的交往，無論是和平還是戰爭，武器是互相採借的一項重要的物品。宋遼之間的貿易，沒有馬匹，所以宋人向女眞和西方部落買馬。與西人的交易，除馬以外，還有武器如「蕃刀」，極爲當時人寶愛。孔武仲有〈賦張芸叟蕃刀〉詩，句云：

25　《全宋詩》卷604，頁7137。詩題爲「和陸子履魚膠亦名阿膠可以羽箭又宜婦人貼花鈿。」

26　《全宋詩》卷299，頁3764。

27　劉銘恕，前引文，頁96-98。

王師前年下靈州，先生奉詔爲參謀。

軍書堆案不足道，欲斬名王懸髑髏。

官供器械如山積，裝結雖巧體質浮。

傳聞蕃刀最可用，買置不惜千金酬。

……28

(二)金代統治華北的影響

　　女眞建國前，就已經以進貢和貿易的方式與宋有相當長的關係。向宋輸出的貢物包括馬匹、罽錦等紡織品、金器、刀劍、藥物等。29北宋開封的相國寺是外國販賣貨物的一個中心。有蕃刀、蕃笛、絹畫蕃國士馬等。到了金代，則更是「寺中雜貨，皆胡（金）俗所需而已」。30

　　金代女眞族占據華北，與漢族間的互相影響較遼人和漢人間的影響爲深。金代初期女眞統治者曾經以嚴刑峻法迫使漢人胡服辮髮，並且不准兩族間通婚。但是不久就無法實行。大體而言，女眞族人被漢文化涵化的程度，在西元1150年代開放族際通婚，採行中原制度後，就逐漸深化。

　　雖然如此，北方漢人穿著女眞服裝，採借女眞風俗的情形，相當普遍。

　　女眞人睡炕，於金代傳入中原。如朱弁的〈炕寢三十韻〉有句曰：

28　《全宋詩》卷880，頁10248。

29　《宋會要輯稿》，蕃夷三之一，頁7697；七之二一，頁7836。

30　《全金詩》卷7，頁96-97。

風土南北殊，習尚非一躅。

出疆雖杖節，入國暫同俗。

淹留歲再殘，朔雪滿崖谷。

禦冬貂裘敝，一炕且跧伏。

……[31]

　　女真的飲食習慣也有一些傳入中原，如朱弁有一首詩題是：「北人以松皮為菜，予初不知味，虞侍郎分餉一小把，因飯素，授廚人與園蔬雜進，珍美可喜，因作一詩。」[32]趙秉文提到的「抹里湛酒」[33]和「松糕」，似乎也是外來的酒和點心。[34]女真射柳的習慣，在金代仍可見到。如李俊民詩〈觀射柳〉：

羽箭星飛霹靂聲，追風馬上一枝橫。

平生百中將軍手，不意今朝見柳營。[35]

　　女真人提倡和參與漢人文學的創作，不僅見於上層的知識分子，也見於一般百姓。金末文學方面最重要的趨勢是通俗文學亦即院本的流行。元曲的作家有女真人李直夫，即蒲察李五。曲調中有女真和蒙古詞句，也有以女真人聲調詠唱的「風流體」，以及女真人的手舞。[36]

31　同上書，頁96。

32　同上書，頁95。

33　同上書，卷71，頁467。

34　同上書，頁400。

35　同上書，卷92，頁257。

36　參看拙著《女真史論》（台北：食貨出版社，1981），頁119-120。

　　女眞文化和習俗也對南宋有影響。宋金議和後，榷場和走私貿易發達。金人送給南宋朝廷的禮物包括金器和紡織品。[37]所謂「胡服」、「胡樂」、「胡舞」等，爲杭州市民模仿。如南宋政府於1131年和1132年所下的禁令，很清楚的顯示了這種現象：「街市無鄙之輩，插帶掉篦，及著臥棘，用長藤爲馬鞭，聚眾于酒肆，吹唱鷓鴣，手撥葫蘆琴，跪膝勸酒。有傷風教。」又「爾來臨安府士庶，服飾亂常，聲音亂雜。如插掉篦，吹鷓鴣，撥胡琴，作胡舞之類，已降指揮嚴行禁止外，訪聞歸朝，歸正等人，往往不改胡服；及諸軍有仿效蕃裝，所習音樂，雜以胡聲。乞行下諸軍及諸州縣，並行禁止。」[38]可見南宋都城甚至州縣都受到女眞文化的影響。

　　歷代外來的影響，深入民間。若干從外界傳入或非漢族統治期間所留下的文化事物，很難追究是何代何時的產物。就飲食而言，在主食方面的各種麵食，如受到伊斯蘭教徒引入的各種麵餅和牛羊肉泡饃。點心中的例子如薩其馬和蘇州至今流行的胡餅。[39]

四、結論

　　由於文化的融合包含了有史以來漢民族與內外諸少數民族文化之間的各種交流，當我們討論契丹和女眞民族對於傳統中國的影響時，已經不容易分辨在中國傳統文化中，何者是少數民族的影響或貢獻。

37　李心傳，《建炎以來繫年要錄》（《叢書集成》）卷150，紹興十三年十一月己酉，頁2420。

38　劉銘恕，前引文，頁99。

39　孟元老撰，鄧之誠注，《東京夢華錄》（北京：中華書局，1982）卷2，頁73，提及「胡餅」。鄧注云，胡餅已見於《晉書》，頁76。

同時，當漢民族和外來民族接觸時，什麼是漢民族的文化，應當先予以說明，才能進一步分析何者是漢文化，何者是外來的文化。由於篇幅的限制，無法將宋代的漢文化加以說明。又由於傳統的記載受到記錄者，也就是漢人知識分子社會文化背景的限制，對於少數民族的貢獻和影響，比較忽略，而特別重視少數民族被漢族同化的事蹟。因此增加了我們研究少數非漢族對中國文化的影響的困難。

從現有的資料看來，我們可以說，漢族文化與非漢族文化間的關係是互相影響的關係。在遼金元三代中，遼朝只占據了漢族文化地區的一小部分，因此契丹人的漢化大致限於上層階級。同時，在契丹人統治下，若干漢人有胡化的情形發生。金代女眞人入主華北，接受漢文化的影響很深。對於漢族的影響比較薄弱。元代蒙古人統治了全部的漢人地區，卻仍然保存了相當多的本身的文化。同時蒙古習俗對漢人也發生了相當大的影響。毫無疑問的，文化的採借是互相的而不是單向的。傳統中國文化發展的過程中吸收和融合了很多外來的因素。

值得我們進一步思考的一個問題是：非漢族對於中國的傳統文化的發展有沒有負面的影響？另一個問題是：中國傳統王朝致力於達到大一統，是否有一個因素是爲了抵禦外侮？這些都是大問題，非本文所能回答。

原載《宋旭軒教授八十榮壽論文集》，新店：宋旭軒論文集編委會，1992。

金朝在中國歷史上的地位

概觀

　　中國歷史在五代時期(西元第10世紀)出現了南北的區分。源於東北契丹族建立的遼朝(907-1125)、女真建立的金朝(1115-1234)和北方蒙古的元朝(1279-1368)相繼興起，令漢族的朝代面臨外來的威脅和挑戰。遼朝因援助後晉得到燕雲十六州之地，進入長城以內。北宋建立後，與遼連年戰爭，最後於景德元年(遼統和二十二年，1005)初和遼締訂〈澶淵誓書〉，自此兩朝各有皇帝，並且宋稱遼爲北朝，遼稱宋爲南朝。南北對峙的局面在金朝占據中原(西元第12世紀初葉)後更進一步。金人從皇統元年(宋紹興十一年，1141)和南宋的和約中取得超越南朝的地位，也稱霸於東亞。從金末的動亂到蒙古崛起，蒙元席捲半個歐亞大陸，外來勢力最後壓倒漢族的勢力，造成亙古未有的大動亂。忽必烈統一中國，對於被外族統治的漢族來說，實在是一個艱苦困難的歷程。西方和日本的一些史家認爲遼金元清四個朝代，應當稱爲所謂「征服王朝」。

　　本文的重點在討論金朝的重要性。如果談征服王朝，金朝應當算是第一個「征服王朝」。遼朝雖然占據遼燕雲十六州而進入長城之內，但是燕雲十六州不是契丹侵略中原得到的戰利品，而是936年後

晉石敬瑭割讓給契丹的。所以契丹取得這塊土地，不能算是征服中原的結果。而且遼朝只擁有中國北部的一部分。金朝則侵略和滅亡北宋，和南宋對峙。統治淮河以北的中原一百餘年(1127-1234)。

遼、西夏和金三個王朝的歷史地位，一直在中國傳統修史者和近代學者中有些爭議。元代修遼宋金史時，有人反對修《遼史》和《金史》，主張宋朝是正統王朝，應當將遼和金的歷史附於《宋史》之後。結果當時編史的學者將宋遼金三史都視爲正史。[1]

現代中國史家討論遼金元清的重要性，有以下的意見。姚從吾師認爲遼金元時期是華夏民族與邊疆民族間的又一次民族大混合。漢族在這個期間受到又一次的挑戰，而中原儒家大同文化歷經風霜，終於屹立不搖。[2]

陳述強調遼金兩代是中國歷史上的重要朝代。遼金是又一次的北朝。當時南北雙方都是用南朝、北朝相互稱呼的。[3]他認爲遼金三百年中國歷史發生的重大變化是：一，草原上建置城寨，溝通了長城南北。二，開發建設了祖國東北、北方，穩定了祖國疆域。三，政治思想和制度的承襲及其發展。所謂政治思想是唐代用少數民族爲官，不

1　參看李錫厚、白濱、周峰，《遼西夏金史研究》(福州：福建人民出版社，2005)，前言，頁2-3。陳芳明，〈宋遼金史的纂修與正統之爭〉，《食貨月刊》2卷8期(1972)，頁398-411。Hok-lam Chan, "Chinese Official Historiography under Mongol Rule: The Composition of Liao, Chin, and Sung Histories," in John D. Langlois, Jr., ed., *China under Mongol Rule* (Princeton: Princeton University Press, 1981).

2　姚從吾，〈國史擴大綿延的一個看法〉，《東北史論叢》，上冊，頁1-26。

3　陳述，〈遼金兩朝在祖國歷史上的地位〉，《遼金史論集(一)》(上海：上海古籍出版社，1987)，頁2-3。

分彼此；及尊重民族地區傳統，不多直接干預。[4]

　　張博泉論金史在國史中的地位說：首先，女眞族建立的一個王朝的斷代史，同整個國史的研究是聯繫著的。其次，金朝在發展中不僅與漢族建立的王朝有繼承和發展的關係，對北方民族建立的不同層次的政權也有繼承和發展的關係。第三，金與南宋爲南北朝，是屬於後南北朝。金朝是以南北朝爲主並與多個中國王朝、列國和列部並存的時期。它在發展中不僅與它以前的遼與北宋發生關係，也與同時並存的王朝發生關係。在這三個不同層次的關係和聯繫中顯示出金朝的地位和影響。[5]

　　關履權不談漢族的正統觀念，而認爲遼金史甚至西夏史都是獨立的專史。在歷史領域裡，不能帶有任何民族偏見。在宋朝與遼金西夏等民族政權的關係中，應當持民族平等的態度，而不能以封建正統觀念來看待這種關係，置遼金西夏史於無關重要的地位。[6]

　　蕭啓慶從宋金元三朝的經濟文化的比較立論。認爲在經濟方面，從農業、礦冶和人口來看，南宋的發展都優於金朝。在社會方面，南宋繼承北宋繼續發展，而金朝則在原有的社會結構上增加了征服者的統治，並且因戰爭的破壞和新統治者爲穩固政權而形成階級社會。在文化教育方面，金朝比較保守。結論是由於金元等征服王朝的介入，

4　同上，頁3-6。

5　張博泉，〈金史的研究與思考〉，《東北亞歷史與文化》（遼瀋書社，1991），頁438-444。參看張博泉，〈論中國東北各民族加入一體國家的同一性發展過程〉，程尼娜、傅百臣，《遼金史論叢——紀念張博泉教授逝世三周年論文集》（長春：吉林人民出版社，2003），頁1-33。

6　關履權，〈宋史的歷史地位〉，《兩宋史論》（鄭州：中州書畫社，1983），頁1-17。

確實對中國近世經濟社會發展造成負面的影響。[7]

魏復古(Karl A. Wittfogel)對遼金元清四個王朝提出「征服王朝」(Dynasties of Conquest)的觀念。魏復古認爲這些王朝是依靠武力征服在中國建立統治的模式。他指出這四個王朝中，遼和元採取漢族文化較少，而金和清則接受漢文化較多。[8]「征服王朝」這個觀念，普遍爲日本學者接受，並提出一些不同的意見。他們稱遼金元清王朝是異民族的征服王朝或北亞王朝。[9]

德國漢學家傅海博(Herbert Franke)在一篇講稿中說，在金朝統治下對中國文化的一個決定性因素是1161年以後民族對抗逐漸減少，形成一個包括漢人和漢化女眞人和契丹人的新知識分子精華，這個階層甚至越來越趨向於把自己看作是中國傳統的保存者而不是侵略者的後裔，當蒙古人成爲北中國的新主人時，這些金國末年的知識分子眞正作爲中國社會準則的傳播者而行動。沒有金統治下中國傳統的留存，中國文化不可能經過蒙古屠殺之後倖存下來。[10]傅海博和英國漢學家崔瑞德(Denis Twitchett)在所編的《劍橋中國史》第六卷的導論中，指出遼金元三朝都以不同的方式建立政權統治漢人，也以不同的程度接受中國的文明。源出通古斯系的女眞族，在歷史上第一次建造一個獨立而強大的政權。金朝滅亡後幾個世紀，其後裔再度興起，建立清

7 蕭啟慶，〈中國近世前期南北發展的歧異與統合──以南宋金元時期的經濟社會文化爲中心〉，《元代的族群文化與科舉》(台北：聯經出版公司，2008)，頁1-22。

8 Karl A. Wittfogel and Feng Chia-sheng, *History of Chinese Society: Liao* (905-1125) (Philadelphia, 1949), "Introduction."

9 參看鄭欽仁，李明仁編譯，《征服王朝論文集》(台北：稻鄉出版社，1999)。

10 黃時鑒譯，〈福赫伯關於金史的兩篇講稿〉，《中國史研究動態》(1981年12期)，頁23-24。

朝，統治全中國。該書的著者對於征服王朝的影響提出重要的問題：遼金元的統治是否表示中國社會、經濟、政治制度和文化的發展倒退？從宋代開始的所謂早期近代時期是否中斷？宋代的發展是否達到了極限，因為漢族菁英分子沒有注重實際的問題？為何明朝沒有恢復宋朝的統治方式，而承繼了金元制度和更早的唐朝模式？[11]這些都是值得史家思考的問題。

遼金元清四個朝代在中國的興亡成敗，可以供歷史研究者測試和反映中國制度和文化的穩定性。少數民族入主中原前後，接觸的是多數漢族高度發展的文化和制度。他們作為外來統治者，對中原制度和文化的態度是既有選擇，也有排斥。在擇善而從之外，當然也有他們的創新和改造。遼朝的兩元統治方式，就是因應以少數貴族統治多數漢族的嘗試。但是契丹和女真在建立新朝時，除了中原漢族的制度外，沒有其他文明的文化和制度足以提供他們參考和借鏡，所以外族的統治對於中原的文化傳統，沒有太多的改變，也因此凸顯中原制度和文化的穩定。

中央集權

在政治制度方面，中國歷史從宋朝開始，君主專制的加強，是學者公認的趨勢。金朝的統治，也處於這個大趨勢之中。女真初起時有所謂部落酋長和部民的合議制，同時君主的繼承也和漢族的嫡長繼承

11 Herbert Franke and Denis Twitchett.eds., *The Cambridge History of China, Vol. 6, Alien Regimes and Border States, 907-1368* (Cambridge University Press, 1994), "Introduction;" Chapter 3, "The Chin Dynasty." 中譯本《劍橋中國遼西夏金元史》，史衛民等翻譯(北京：中國社會科學出版社，1998)。

不同。金初君主採取中原制度時，引起宮廷鬥爭和爭議。一方面中央爲了樹立君主的權威，採用中原的皇帝制度。極力將權力集中於皇帝，對抗和翦除華北軍閥的地方勢力；並且建立嫡長繼承制，免除爭取皇位的鬥爭。另一方面在對宋用兵時，爲求有效的運用武力，建立新制度以簡化爲原則，即不採取唐宋以來的三省制度，而將權力歸於一省(尚書省)，由皇帝直接指揮。

中央集權的達成，需要武力。君主和主張中央集權的大臣，在激烈的內鬥中除去了華北地方分權的勢力，其後入主中原，運用暴力和指揮御史來鎮壓漢臣的派別(即所謂黨爭)。君主權力的提高，也具體表現在杖刑的濫用。而這種殘暴的政治，似透過元代，影響到明朝的專制。我認爲，唐宋制度裡的政治衝突和妥協，並沒有和女眞的民主傳統合流，反而兩種制度裡的專制和野蠻的成分接合在一起，促成了政治的殘暴化。這種殘暴化在後來的朝代中繼續演進。金初爲鞏固政權，曾經以殘酷的手段實施「女眞化」運動，逼迫漢人薙髮及穿女眞服裝，又興文字獄，製造黨禍。[12]而處罰罪犯使用杖刑頗濫。如〈刑〉志：「金法一杖折徒，累及二百。州縣立威，甚者置刃於杖，虐如肉刑。」[13]出使金朝的樓鑰報告：「金法，士夫無免捶撻者，太守至撻同知。又聞宰相亦不免，惟以紫褥藉地，少異庶僚耳。」[14]金

---

12 見拙著，〈金代女眞統治中原對於中國政治制度的影響〉，《邊疆史研究集——宋金時期》(台北：臺灣商務印書館，1971)，頁111-126、113。有關這個問題的討論，見蕭啓慶，〈蒙元統治對中國歷史發展影響的省思〉，《元朝史新論》(台北：允晨文化公司，1999)，頁74-77。

13 《金史》(北京：中華書局本)卷45，頁1014。

14 拙著〈金代的政治衝突〉，《歷史語言研究所集刊》(第43本第1分，1971)，頁143；參看陳學霖，〈樓鑰使金所見之華北城鎮——《北行日錄》史料舉隅〉，《金宋史論叢》(香港：中文大學出版社，2003)，頁199-240。

代的統治，對中原制度和文化也有負面的影響。[15]

在金代君臣集中權力的過程中，曾經於天會十五年(1137)將華北大權給予新成立的行台尚書省。汴京(開封)的行台尚書省是中央尚書省的分枝，是中央無力控制新取得的廣大土地時所用的權宜之計，而領行台尚書省事完顏宗弼在華北享有極高的權力。當海陵王掌握大權後，就廢除了這個機構(天德二年，1150)，在華北直接實行中央集權。章宗明昌五年(1194)，政府為治理黃河，徵發大量民夫，設立行台尚書省，由中央派參知政事(副相)為行尚書省事，負責治河。事畢即廢。次年，為北方邊防，命左丞相夾谷清臣行尚書省事於臨潢。此後為北方修邊塞，南方備禦南宋的北伐，因勢設立，如泰和六年(1206)設行尚書省於汴京。但金宋和議後罷去。金代末期，蒙古入侵，地方勢力崛起，政局不穩。都城於1214年遷到汴京。在各地設立了相當多的行台尚書省，如中都、大名、河北、山東、益都、河東、陝西、關陝、遼東、上京、鞏昌、徐州、衛州、京東、鄧州、河南、中京、息州、陳州等。這時都稱為行省。多數行省的職務是指揮軍事，但是也掌握地方行政。

行台尚書省是元代行中書省的先導。蒙古侵略華北初期，為爭取地方勢力的合作，也像金朝一樣，將行尚書省的名號和權力給予這些所謂「世侯」。其實也是權宜之制。窩闊台開始規劃行政區域，利用金朝的制度，後來就把地方上的最高行政機關稱為行尚書省。忽必烈即汗位後，仿金制，建立中書省，滅宋後，遍置行省。正式成立了永久的行省制度。[16]

---

15 參看蕭啟慶，〈蒙元統治對中國歷史發展影響的省思〉。

16 參看孟憲君，〈試論金代的行省〉，《遼寧師範大學學報》(1995年5期)，頁76-79；魯西奇，〈金末行省考述〉，《湖北大學學報(哲學社會科學

　　金初諸帝尊崇孔子，祀孔，建孔廟，興廟學，以儒家的道理治
國。君臣討論應當如何建立制度時，有的大臣認為不必採用遼的制
度，而應當「遠引前古，因時制宜，成一代之法」。顯然所謂「遠引
前古」，並非從女眞族的歷史中去尋找，而是談到中國的上古。結果
他們選擇自唐朝以來至遼宋的禮儀法制，採取考試制度甄選人才。金
代重視科舉，遠勝遼元兩代。金代中期，世宗(在位：1161-1188)即
位後，採取恢復女眞文化的政策。在制度方面重要措施之一，是在科
舉考試甄選漢人人才之外，另行建立女眞科舉制度。這個制度的創
立，是因為一方面也許多數的女眞文人無法和漢族士人競爭，另一方
面需要於女眞貴族之外，利用考試制度從一般女眞平民中選取官員。
同時，女眞科舉制也是恢復女眞語言文化的重要工具。金世宗的這項
創舉，足以表現女眞民族在統治中原時的政治和社會智慧。世宗的這
項創舉，也被元朝和清朝模仿。[17]

　　金代政治制度方面另一個特點是重用胥吏。這一點也為元朝仿
效，元朝政治之特色為重吏治。[18]

<hr />

(續)——————————————————

　　　版)》(1995年1期)，頁56-63。王明蓀，〈論金代之行臺尚書省〉，《遼金
　　　元史論文稿》(台北：槐下書肆，2005)，頁123-152。Herbert Franke, "The
　　　Chin Dynasty," in Herbert Franke and Denis Twitchett, eds., *The Cambridge
　　　History of China,* Vol. 6, *Alien Regimes and Border States, 907-1368* (Cambridge
　　　University Press, 1994), pp. 267-268. 劉子健則另有看法，認為元設行臺尚書
　　　省是因為不喜歡宋朝的中央集權。見〈金代與南宋在思想史上的再估
　　　價〉，《華學月刊》，第111期(1981)，頁52-56。

17　拙著，〈金代的女眞進士科〉，《邊疆史研究集——宋金時期》，頁64-
　　　76。參看薛瑞兆，《金代科舉》(北京：中國社會科學出版社，2004)，頁
　　　31-32。

18　劉子健，〈金代與南宋在思想史上的再估價〉，頁52。王明蓀，〈元代的
　　　儒吏之論與儒術緣飾吏治〉，《遼金元史學與思想論稿》(新北：花木蘭文
　　　化出版社，2009)，頁229-248。

軍事控制

與中央集權相輔相成的統治方法是軍事控制。當女眞占據了華北地區後，終於決定直接統治。於是大舉從東北移民到中原。據南宋記載，在1133年之前，大部分的女眞人已經移居華北。[19]女眞族以少數民族入主中原，必須在軍事征服後，實施軍事控制。其制度是將原有的猛安謀克制帶到中原，分布在軍事上重要的據點。一方面監視及控管各地的漢人百姓，另一方面實施類似屯田的制度，分配土地和耕牛給猛安謀克部民，讓他們能夠自己在地方立足。

猛安謀克在女眞起兵發動征服戰爭以前已經存在。金太祖完顏阿骨打將猛安謀克組織成爲戰鬥單位，即猛安爲千夫長，謀克爲百夫長。在作戰時又將其他族群納入此一制度，即將猛安謀克授予漢人、渤海人和契丹人。熙宗時(1135-1149)罷去漢人和渤海人猛安謀克，同時猛安謀克逐漸發展成世襲的職位。相較於漢人百姓，猛安謀克享有軍事權力和各種優待如賦稅的負擔甚輕。這些女眞部民與漢農民雜處，本來不許與漢人通婚，直至章宗時(泰和六年，1191年)解禁。[20]

猛安謀克的駐防制度，是女眞族統治中原地重要制度。傅海博認爲這個制度具有特殊的通古斯面貌。17世紀和較後的滿洲八旗組織似

19　參看拙著，《女眞史論》(台北：稻鄉出版社，2003)，頁75-81。三上次男，《金代女眞の研究》(東京：滿日文化協會，1937)，頁269-270；此書又列爲《金史研究一：金代女眞社會の研究》(東京：中央公論出版，1972)。中譯本由金啓悰譯，《金代女眞研究》(哈爾濱：黑龍江人民出版社，1984)。

20　《女眞史論》，頁75-81。

是金制的繼續。[21]

版圖擴張和東北的發展

金代在東北的疆域，東方遠達鄂霍次克海和庫頁島，北部以外興安嶺爲界。西北至貝加爾湖東部。西邊與西夏爲鄰。南方則與南宋對峙，於金皇統元年(宋紹興十一年，1141)與宋訂立和約，劃定疆界，東以淮水，西至大散關，包括唐、鄧兩州。在中國的邊疆，遼金兩代崛起的根據地終於在元代成爲其版圖的一部分，也就是後來中國的版圖東北部分形成的雛形。[22]

遼金兩朝在東北的開發，可以從人口的增加，地方行政單位的設立，看出其貢獻。遼金兩代在初期發動侵略宋朝的戰爭時都大量俘虜漢人，移至東北，充實內部。金毓黻曾經將遼金二史所載遼金時期東北戶數比較，發現金代戶數比遼代增加了兩倍。最近的研究顯示的結果是遼代戶數五萬七千餘，相較於金代的十一萬四千戶，金代大約爲遼之一倍。[23]

東北和內蒙地區在遼代已經在大量移民於此並建造城市。金代沿襲遼舊，繼續發展。女眞族在遼代時，已有城寨。興起後，一方

21　黃時鑒譯，〈福赫伯關於金史的兩篇講稿〉，頁17。

22　張博泉、蘇金源、董玉瑛，《東北歷代疆域史》(長春：吉林人民出版社，1981)，第六章，〈金代東北疆域〉。

23　拙著，〈遼金時期漢人的北邊〉，《中外關係國際學術研討會論文集》(台北：淡江大學，1989)，頁7-14。金毓黻，《東北通史》，頁524-531；范壽琨，〈金代東北的漢人〉，《社會科學戰線》，1986年2期，頁221-225。王明蓀，〈東北內蒙地區金代之政區及其城市發展〉，《遼金元史論文稿》，頁211-249。

面廢除部分遼州縣，另一方面新的州縣城鎮也不斷建置。據考古調查，金代在東北和內蒙建置的城鎮達600座左右。這個數目爲遼之兩倍餘。[24]

思想和文化的傳承

金朝的國號雖然是用漢語譯名，但是象徵女眞族的傳統。大金所代表的是女眞完顏部興起阿祿阻水產金之地立國的傳統，既有地緣的體認，也有本族固有文化的特徵。[25]女眞人入居中原，其風俗習慣自然對漢族也有影響，如髮式、衣著、飲食、炕床，以至提倡音樂、戲劇等。

僅僅維持女眞族的傳統，以及以強制的手段實行女眞化，顯然無法得到廣大漢人的接受。金朝君臣於對宋用兵之初，爲了掩飾對中原的侵略行爲，就致力於利用「弔民伐罪」的宣傳來爭取漢人的認同。天會三年(1125)，大金元帥府牒宋宣撫司，譴責宋人自毀盟約，決定興師問罪。[26]滅北宋後，告諭諸路立廢趙氏，立張邦昌爲楚主，是爲了弔民伐罪：指趙主「天厭其德，民不聊生。尙又姑務責人，罔知省己。遂奉聖詔，伐罪弔民。」[27]這種宣傳自然是爲了建立以少數民族入主中原的合法性。金人取得中原及臣服南宋後，致力於建立正統的中國式王朝。強調已經取得中原的正統，認爲南宋是在金朝的朝貢系統下的屬國，甚至貶抑南宋爲島夷。海陵王甚至企圖征服南宋，統一

24　王明蓀，〈東北內蒙地區金代之政區及其城市發展〉。

25　陳學霖，〈大金國號之起源及其釋義〉，《金宋史論叢》，頁1-32。

26　佚名撰，金少英校補，〈牒南宋宣撫司問罪〉，《大金弔伐錄校補》，頁96-97。

27　〈行府告諭亡宋諸路立楚文字〉，《大金弔伐錄校補》，頁458-464。

天下。女眞統治者時常自稱中國。如「太祖、太宗威制中國。」元好問寫道：「嘗論公大夫仕於中國全盛時，立功立事，易於取稱，故大定、明昌間多名臣。」[28]女眞人也自稱「華人」。[29]

尤其在章宗和宣宗朝，爲確立正統的地位，命群臣討論五德終始的理論。經過仔細論辯，最後放棄代表金人本土的金德，而確定土德，繼承宋朝的火德。[30]

過去學者一般忽略金代的思想。近年來在思想方面已經認識到金代漢族學者在思想上的貢獻。金代知識分子繼承了北宋的儒學和古文運動，喜好蘇軾和司馬光的文學和史學，其後也受到南宋理學（或道學），尤其是朱熹的影響。不過，晚金至元初的儒學比較重視實際的事務和道德修養，而不特別偏重哲學思考。也有人批評南宋的道學，認爲其中太多佛學的成分。[31]金代漢人文人的思想，有尊從儒家的文士如趙秉文（1159-1232），頗有創新者如王若虛（1174-1243）和元好問（1190-1257）。[32]金末，文人談論的是所謂心學，這應當是金代儒者的

28 元好問，〈資善大夫吏部尚書張公神道碑〉，《元好問全集》（太原：山西人民出版社，1990）卷20，頁535。引自董克昌，〈大金在東亞各國中的地位〉，《黑龍江民族叢刊》，2001.1:57-61。

29 董克昌文，頁57。

30 參看拙著《女眞史論》（台北：稻鄉出版社，2003），頁119-123；Hok-lam Chan, *Legitimation in Imperial China-Discussions under the Jurchen-Chin Dynasty (1115-1234)*；並參看池內功書評，見《東洋史研究》，頁169-179。陳芳明，〈宋遼金史的纂修與正統之爭〉，《食貨月刊》，2.8 (1972):398-411。

31 Hoyt Clevelan Tillman, "Confucianism under the Chin and the Impact of Sung Confucian Tao-hsueh," in Hoyt Clevelan Tillman and Stephen H. West, eds., *China under Jurchen Rule: Essays on Chin Intellectual and Cultural History* (State University of New York Press, 1995), pp. 71-114. 參看劉子健，〈金代與南宋在思想史上的再估價〉。

32 張博泉，〈金代文化的發展及其歷史地位〉，《社會科學戰線》，1987.1:189-196。

創意。[33]

其次，金代思想上的一個特色是三教合一的思想。代表人物是李純甫(1177-1223)的以佛學爲首的三教合一，和代表道教的王重陽(1113-1170)所創的全眞教，主張道、儒、佛合一。道教還有大道教和太一教，都是在金代創立的教派。其中尤以全眞教頗受金朝帝王貴族的欣賞和支持。弟子丘處機曾被成吉思汗召見討論養生之道，而且在蒙古入侵中原時，可以保護百姓。

族群衝突與融合

在金代女眞人的統治下，女眞、契丹、渤海以及奚等民族，與漢族全面接觸，他們和漢族之間，發生了涵化甚至漢化的過程。[34]

中國歷史上的同化(assimilation)，就是漢化或華化（英文作Sinicization）。社會學家Alba和Nee對於同化所下的定義是：「同化是

33　邱軼皓，〈吾道──三教背景下的金代儒學〉，《新史學》(2009)，頁59-113。

34　看汪榮祖、林冠群編，《胡人漢化與漢人胡化》(嘉義：中正大學台灣人文研究中心，2006)。尤其拙著〈同化的再思考〉，頁41-56。美國的社會學家和人類學家討論同化問題特別多。他們大致認爲，同化是一個過程，在這個過程中，一個族群與另一個族群接觸時，採取該族群的文化，並且與其通婚和整合。社會學家認爲同化有兩個層次：文化採借即涵化(acculturation)；族群認同 (identity) 和社會整合（包含通婚）即同化(assimilation)。有的文化人類學者則認爲涵化包含了同化，即同化是涵化的最後的一個階段。簡單的說，這兩個觀念的差異在於一個族群可以被另一個族群涵化，即採取其文化，但是並不一定放棄自身的認同，而與另一個族群融合。再者，在涵化和同化的過程中，涵化可以很快的發生，而同化的發生較緩慢。

族群的區別及其相關之文化和社會的差異的消失。」[35]這是一個價值
判斷最少的定義。他們認為不同的族群和種族中，同化的過程有不同
的速度。[36]同化並非必然，而且不同族群之間的文化和社會的差異有
不同的結果。[37]

金朝入主中原之初，曾經採取遼制，不過有些大臣如完顏希尹和
完顏宗憲，主張建立新的國家時應當選擇過去王朝較好的制度。宗憲
建議：「方今奄有遼宋，當遠引前古，因時制宜，成一代之法。何乃
近取遼人制度哉？」希尹同意他的建議，並且很器重他。[38]而較激烈
的軍事領袖則曾經企圖將漢人女真化，以暴力迫令漢人改用女真髮式
和服裝。不從者遭到殺害。到了熙宗(在位：1135-1149)和海陵王完
顏亮(在位：1149-1161)時，不但停止了女真化政策，反而改用漢化
政策，如採取中原的儒家政治理念，皇帝傳位的嫡長制及其他政治制
度、禮儀，甚至風俗習慣等。雖然如此，仍然發生了皇位繼承的流血
鬥爭，以及對漢族官僚的壓迫甚至集體殺害。北宋初期發生過有關皇
位傳承的鬥爭，也有一些壓迫大臣的案件，但是不如金代的嚴重。

金世宗(在位：1161-1189)不滿意海陵王的漢化政策，採取一些
措施來恢復女真文化，如成立女真學校，命女真貴族子弟學習女真語
言和文字，讀漢人經典的女真文譯本，參加女真進士科的考試，以及
命令女真族人不可放棄騎射。不過，世宗並沒有取消過去熙宗和海陵

---

35 Richard Alba and Victor Nee, *Remaking the American Mainstream: Assimilation and Contemporary Immigration* (Harvard University Press, 2003), p.11: "We define assimilation as the decline of an ethnic distinction and its corollary cultural and social differences."

36 Alba and Nee, *Remaking the American Mainstream*, p. 38.

37 Alba and Nee, *Remaking the American Mainstream*, p. 275.

38 《金史》卷70，〈完顏宗憲傳〉。

王採用的漢人制度。[39]世宗時期的種種措施屬於以恢復女眞原始文化
爲中心的努力，或是本土運動，抑或上溯古代中原文化，其結果並不
能讓世宗滿意。[40]

金初女眞貴族常以漢文人爲師。完顏希尹拘留宋使洪皓，爲他教
子。金熙宗的老師是燕人韓昉，而張用直是海陵王父子之師。章宗完
顏璟（在位：1190-1208）自幼時學女眞文和漢字經書，老師是進士完
顏匡和司經徐孝美等，受了很深的漢文教育，他的書法仿宋徽宗的
「瘦金體」。金代皇帝依原則不可以他族女子爲皇后，但是嬪妃頗多
從各族選來，包括漢人。金朝最後的三位皇帝都是漢人婦女所生：衛
紹王母是世宗元妃李氏，宣宗母劉氏，哀宗生母王氏是宣宗的淑妃。
同時，很多女眞人學習漢文典籍，和漢族文人交往，能夠吟詩作文。

章宗雖然仍然繼續其祖父的女眞化政策，但是女眞人在民間的駐
防與漢人百姓雜處，其結果是不能避免互相通婚。因此章宗於1191年
取消了漢人和女眞人不得通婚的禁令。[41]

在金朝滅亡後，多數女眞人終於和漢族融合。原因之一是很多
女眞人原來就有漢姓，王朝既然不存在，女眞人就使用或改用漢
姓。當然其中也有避免被多數漢人歧視甚至迫害的考慮。元代將華
北的各色民族，包括漢人、女眞人、契丹人、渤海人、奚人，一律

39　參看《女眞史論》。
40　姚從吾師認爲世宗的文化政策是以古代中原制度爲師，見〈金世宗對於中
　　原文化與女眞舊俗的態度〉，《東北史論叢》，下冊，頁118-174。三上次
　　男認爲是女眞文化復興的運動。參看拙著，〈金代中期的女眞本土化運
　　動〉，《思與言》7卷6期（1970），頁25-29；及《女眞史論》中第五章，
　　〈世宗時代第改革運動〉。
41　拙著，〈金元之際女眞與漢人通婚之研究〉，《邊疆史研究集》，頁77-
　　86。

稱爲漢人。[42]這是政治上的措施，似乎是一種同化政策。

　　對於遼金元清各代的漢化問題，至今仍然引起爭論。饒斯基質疑何炳棣關於清朝滿洲人漢化的研究，認爲滿洲人始終維持其認同（identity），而且還指出中國過去少數民族（契丹、女眞、党項、蒙古）建立政權後，都沒有漢化。何炳棣提出反駁，堅持中國歷史就是漢化史。[43]Shepherd主張應分辨涵化（acculturation）與同化（assimilation），不能認爲滿洲人保持認同就沒有涵化。[44]Elliott認爲滿洲統治表面是儒化，實際是獨裁。與同化相反，滿洲統治者保持他們的族性（ethnicity）及認同。[45]雖然滿洲人高度涵化，但八旗社區仍存在，滿人仍自我認同。[46]饒斯基在新著中並沒有改變看法，仍然堅持四個少數民族建立的王朝(契丹、党項、女眞和蒙古)都抗拒漢化。[47]

42　劉浦江，〈說漢人〉，《遼金史論》(瀋陽：遼寧大學出版社，1999)。

43　看Evelyn S. Rawski 對何炳棣關於清代漢化研究的質疑, "Reenvisioning the Qing: The Significance of the Qing Period in Chinese History," *The Journal of Asian Studies* 55. 4(1996): 829-850; 何炳棣的反駁，見 "In Defense of Sinicization: A Rebuttal of Evelyn Rawski's Reenvisioning the Qing," *The Journal of Asian Studies*, 57.1(1998):123-155.

44　John R. Shepherd主張應分辨涵化與同化，見 "Rethinking Sinicization: Processes of Acculturation and Assimilation," in Bien Chiang and Ho Ts'ui-p'ing, *State, Market and Ethnic Groups Contextualized* (Taipei: Institute of Ethnology, Academia Sinica, 2003), pp. 133-150.

45　Mark Elliott, *The Manchu Way: the Eight Banners and Ethnic Identity in Late Imperial China* (Stanford University Press. 2001), p. 347. 黃培反駁Rawski等，見Pei Huang, *ReOrienting the Manchus: A Study of Sinicization, 1583-1795* (Cornell University East Asian Series, 2011).

46　Elliott, p.353.

47　Evelyn S. Rawski, *The Last Emperors: A Social History of Qing Imperial Institutions* (Berkeley: University of California Press，1998), "Introduction," esp. p. 7. 她的主張見注20，引1996之文，沒有修改。事實是Rawski的金代歷史知識有限。例如誤以洛陽爲金朝從1215到1233年的首都(p.18)。謂

　　總之，漢化一詞似應改為華化，其意義或僅指文化的層面的涵化，而不涉及同化和認同。學者另提出「文明化」或「士人化」，值得學界討論。[48]

結語

　　女眞民族在中國邊疆崛起，建立金朝，以少數民族入主中原，在12世紀中曾經稱霸東亞。金朝的地位，是將唐宋的文化與遼金文化糅合，擔任承先啓後的角色。13世紀下半，蒙元統一南北，則承繼了較多的北方傳統。從此在政治方面，君主專制繼續增強，社會方面，形成族群從衝突到融合，經濟和文化方面則有中斷也有繼續。以漢族為主的明朝，在制度上及統治的方式上和隔代的宋朝有異，而超越明朝而起的清朝，則是金代女眞民族的後裔，凸顯東北民族建立的王朝在中國歷史上的特殊地位及其影響。

參考書目

佚名編，金少英校補，李慶善整理，《大金弔伐錄校補》（北京：中
　　華書局，2001）。

脫脫等，《金史》（北京：中華書局點校本）。

(續)————————————

　　　金、元皆允許兄弟與子弟繼承，但p. 98注4只舉蒙古為例。
48　包弼德提出文明化代替漢化。見Bol, Peter K., "Seeking Common Ground:
　　Han Literati under Jurchen Rule," *Harvard Journal of Asiatic Studies*, 47:
　　2(1987), pp. 461-538. 蕭啓慶主張士人化，見〈論元代蒙古色目人的漢人化
　　與士人化〉，《元代的族群文化與科舉》，頁55-84。

三上次男，《金代女眞の研究》（東京：滿日文化協會，1937），頁
　　269-270；此書又列爲《金史研究一：金代女眞社會の研究》（東
　　京：中央公論社，1972）。中譯本由金啓悰譯，《金代女眞研
　　究》（哈爾濱：黑龍江人民出版社，1984）。

王明蓀，《遼金元史學與思想論稿》（新北：花木蘭文化出版社，
　　2009）。

王明蓀，〈東北內蒙地區金代之政區及其城市發展〉，《遼金元史論
　　文稿》（台北：槐下書肆，2005），頁211-249。

王明蓀，〈論金代之行臺尚書省〉，《遼金元史論文稿》，頁123-152。

汪榮祖，林冠群編，《胡人漢化與漢人胡化》（嘉義：中正大學臺灣
　　人文研究中心，2006）。

李錫厚、白濱、周峰，《遼西夏金史研究》（福州：福建人民出版
　　社，2005）。

金毓黻，《東北通史》（台北：樂天出版社，1971）。

周良霄，〈程朱理學在南宋、金、元時期的傳播及其統治地位的確
　　定〉，《文史》37（1993）：139-168。

邱軼皓，〈吾道──三教背景下的金代儒學〉，《新史學》，20.4
　　（2009）: 59-113。

孟憲君，〈試論金代的行省〉，《遼寧師範大學學報》，1995.5:76-
　　79。

姚從吾，〈金世宗對於中原文化與女眞舊俗的態度〉，《東北史論
　　叢》（台北：正中書局，1959），下冊，頁118-174。

姚從吾，〈對於國史擴大綿延的一個看法〉，《東北史論叢》，上
　　冊，頁1-26。

范壽琨，〈金代東北的漢人〉，《社會科學戰線》，1986.2:221-

225。

張博泉，〈金代文化的發展及其歷史地位〉，《社會科學戰線》，1987。1:189-196。

張博泉，〈金史的研究與思考〉，《東北亞歷史與文化》（瀋陽：遼瀋書社，1991），頁438-444。

張博泉、蘇金源、董玉瑛，《東北歷代疆域史》（長春：吉林人民出版社，1981），第六章，〈金代東北疆域〉。

張博泉，〈論中國東北各民族加入一體國家的同一性發展過程〉，程尼娜、傅百臣，《遼金史論叢——紀念張博泉教授逝世三周年論文集》（長春：吉林人民出版社，2003），頁1-33。

陳述，〈遼金兩朝在祖國歷史上的地位〉，《遼金史論集（一）》（上海：上海古籍出版社，1987），頁1-9。

陳芳明，〈宋遼金史的纂修與正統之爭〉，《食貨月刊》2.8(1972): 398-411。

陳昭揚，〈征服王朝下的士人——金代漢族士人的政治，社會，文化論析〉（新竹：清華大學博士論文，2007）。

陳學霖，〈大金國號之起源及其釋義〉，《金宋史論叢》，頁1-32。

陳學霖，《金宋史論叢》（香港：中文大學出版社，2003）。

陶晉生，《女真史論》（新北：稻鄉出版社，2003）。

陶晉生，〈同化的再思考〉，汪榮祖，林冠群編，《胡人漢化與漢人胡化》（嘉義：中正大學台灣人文研究中心，2006），頁41-56。

陶晉生，〈金元之際女真與漢人通婚之研究〉，《邊疆史研究集》，頁77-86。

陶晉生，〈金代女真統治中原對於中國政治制度的影響〉，《邊疆史研究集——宋金時期》，頁111-126。

陶晉生，〈金代中期的女眞本土化運動〉，《思與言》7,6(1970):
　　25-29。

陶晉生，〈金代的女眞進士科〉，《邊疆史研究集——宋金時期》
　　(台北：臺灣商務印書館，1971)，頁64-76。

陶晉生，〈金代的政治衝突〉，《歷史語言研究所集刊》43.1
　　(1971):143。

陶晉生，〈遼金時期漢人的北遷〉，《中外關係國際學術研討會論文
　　集》(台北：淡江大學，1989)，頁7-14。

黃時鑒譯，〈福赫伯關於金史的兩篇講稿〉，《中國史研究動態》
　　1981.12: 23-24。

彭琦，〈宋元時期的三教調和論〉，《宋代歷史文化研究》
　　2000.116-129。

董克昌，〈大金在東亞各國中的地位〉，《黑龍江民族叢刊》
　　2001.1:57-61。

趙琦，《金元之際的儒士與漢文化》(北京：人民出版社，2004)。

劉子健，〈金代與南宋在思想史上的再估價〉，《華學月刊》
　　111(1981)：52-56。

劉浦江，〈說漢人〉，《遼金史論》(瀋陽：遼寧大學出版社，
　　1999)。

魯西奇，〈金末行省考述〉，《湖北大學學報(哲學社會科學版)》
　　1995.1: 56-63。

鄭欽仁，李明仁編譯，《征服王朝論文集》(新北：稻鄉出版社，
　　1999)。

薛瑞兆，《金代科舉》(北京：中國社會科學出版社，2004)。

蕭啓慶，〈中國近世前期南北發展的歧異與統合——以南宋金元時期

的經濟社會文化爲中心〉，《元代的族群文化與科舉》（台北：
聯經出版公司，2008），頁1-22。

蕭啓慶，〈蒙元統治與中國文化發展〉，《元代的族群文化與科
舉》，頁23-54。

蕭啓慶，〈論元代蒙古色目人的漢人化與士人化〉，《元代的族群文
化與科舉》，頁55-84。

蕭啓慶，〈蒙元統治對中國歷史發展影響的省思〉，《元朝史新論》
（台北：允晨文化公司，1999），頁74-77。

關履權，《兩宋史論》（鄭州：中州書畫社，1983）。

Alba, Richard, and Victor Nee, *Remaking the American Mainstream:
Assimilation and Contemporary Immigration*(Cambridge, MA:
Harvard University Press, 2003).

Bol, Peter K., "Seeking Common Ground: Han Literati under Jurchen
Rule," *Harvard Journal of Asiatic Studies*, 47: 2(1987): 461-538.

Chan, Hok-lam, "Chinese Official Historiography under Mongol Rule:
The Composition of Liao, Chin, and Sung Histories," in John D.
Langlois, Jr., ed., *China under Mongol Rule* (Princeton: Princeton
University Press, 1981).

Chan, Hok-lam, *Legitimation in Imperial China—Discussions under the
Jurchen-Chin Dynasty (1115-1234)*.

Elliott, Mark C., *The Manchu Way: the Eight Banners and Ethnic Identity
in Late Imperial China* (Stanford, CA: Stanford University Press.
2001).

Franke, Herbert , and Denis Twitchett, eds., *The Cambridge History of
China, Vol. 6, Alien Regimes and Border States, 907-1368* (Cambri-

dge and New York: Cambridge University Press, 1994), "Introduc-
tion;" Chapter 3, "The Chin Dynasty." 中譯本：史衛民等譯，《劍
橋中國遼西夏金元史》(北京：中國社會科學出版社，1998)。

Ho, Ping-ti, "In Defense of Sinicization: A Rebuttal of Evelyn Rawski's
Reenvisioning the Qing," *The Journal of Asian Studies*, 57.1
(1998):123-155.

Huang, Pei, *ReOrienting the Manchus: A Study of Sinicization, 1583-1795*
(Cornell University East Asian Series, 2011).

Rawski, Evelyn S., *The Last Emperors: A Social History of Qing Imperial
Institutions* (Berkeley: University of California Press, 1998).

Rawski, "Reenvisioning the Qing: The Significance of the Qing Period in
Chinese History," *The Journal of Asian Studies* 55. 4 (1996): 829-
850.

Shepherd, John R., "Rethinking Sinicization: Processes of Acculturation
and Assimilation," in Bien Chiang and Ho Ts'ui-p'ing, *State, Market
and Ethnic Groups Contextualized* (Taipei: Institute of Ethnology,
Academia Sinica, 2003), pp. 133-150.

Tillman, Hoyt Clevelan. "Confucianism under the Chin and the Impact of
Sung Confucian Tao-hsueh," in Tillman, Hoyt Clevelan and Stephen
H. West, eds., *China under Jurchen Rule: Essays on Chin Intellectual
and Cultural History* (NewYork: State University of New York
Press, 1995), pp. 71-114.

Wittfogel, Karl A., and Feng Chia-sheng, *History of Chinese Society: Liao
(905-1125)* (Philadelphia: American Philosophical Society, 1949).
傅斯年講座，2010年12月17日。

金代政權合法地位的建立

當一個政權建立後，統治者必須取得合法的地位(Legitimacy)，讓人民相信他獲得了某種權力來統治。合法的地位有時建立在天授神權的迷信或宗教信仰的基礎上，或建立在統治者家族的血統上。至於統治者兼有上述兩種因素，如古埃及的法老，及統治者的家族自古延續至今，而形成一個傳統，如日本的天皇，也賦予統治者以合法的地位。這種現象和現代所謂大眾的同意(consensus)不盡相同，可以說是同意的一種特殊的形式。現代國家常以社會各階層合作的形式，透過選舉產生統治者，由憲法和議會賦予他們統治的權力。

合法與否常是政治宣傳的必要項目。通常一個政權的合法與否建立在一般人的是非觀念之上，也就是建立在其各種措施的好壞和正確與否之上。合法的統治既然比不合法的有效，統治者不僅要建立他的政權的合法地位，也要繼續不斷的維持這一地位。即使在今日的集權國家，也以民主和公意來號召，選舉時更要得到絕對多數的選票。

為了使政權合法，統治者通常採取兩類措施，一為使自身與普遍的信仰相符合。例如拿破崙為自己加冕後，和奧國公主結婚，以確立在大眾心目中他的皇帝地位。另一方法為改變一般人對於統治者合法地位的觀念。如共產國家利用歷史發展的階段理論來證明無產階級專

政的必然性及合法性。[1]

本文企圖從金代統治者爭取及維持合法地位的努力中，了解女眞人怎樣樹立其政權的思想基礎，及如何適應中原的社會和文化。由於金代是女眞人依賴武力來統治多數的漢民族，他們合法地位的建立和維持，自然較漢族的王朝爲困難。但是，從這些少數民族努力以地位的合法化來掩蓋其侵略和入主中原的不合法事實來看，也許可以對中原傳統王朝究竟依靠那些標準來建立合法地位，有新的了解，因爲在少數民族建立政權的努力中，對於某些標準的利用，特別突出。金代合法政權的建立，更有一層障礙，就是南宋的存在。所以在政治宣傳方面，不得不特別注意和南宋爭奪正統。[2]

一、金朝侵略北宋時的政治宣傳

金人侵略北宋，擄去徽欽二帝，及扶植僞楚政權，都採用中原傳統的「弔民伐罪」的觀念，作種種政治宣傳，企圖說服宋人改朝換代的必要。在女眞人發動侵略時，發表了一些文告來問罪。如天會三年（1125）十一月三十日，金元帥府牒宋宣撫司問罪，首先指出金有大恩於北宋，兩國聯盟，使北宋得以報宋朝向遼歲輸金帛之恥。並責徽宗不守盟誓：

1　參考 Carl J. Freidrich, *Man and His Government: An Empirical Theory of Politics*(New York: McGraw Hill, 1963), Chapter 13, "Ligitimacy and Politics Obligation."

2　本文初稿曾向歷史語言研究所討論會提出報告，並將英文稿在1975年於美國舉行的「中國歷代合法化」討論會中提出。原稿包含的遼代部分，已另行發表於拙作《宋遼關係史研究》（台北：聯經出版公司，1984)一書第3章中。

……大宋皇帝感斯大義，遂立嚴誓，卜於子孫，久敦信約。
何期立渝盟誓，手書稱詔。搆我邊臣，使為叛亂。賊殺宰
輔，邀回戶口。……今議聊整問罪之師，且報納土之由。[3]

同時，並以檄書公開指責宋帝。檄書中首先說明金人滅遼是「奉天伐
罪」：

往者遼國運衰，是生昏德，自為戎首，先啓釁端。朝廷爰舉
義師，奉天伐罪。

繼之歷數宋人敗盟的罪名，興師問罪：

蓋聞古所重慎者兵也，兵而無名，非三代仁義之謂也。其或
仗順臨逆，以直加曲，斯萬世之王道焉。反是則甚無謂也。
今奉宣諭，興師問罪。[4]

　　金人侵滅北宋後，發表「行府告諭兩路撫慰指揮」，解釋滅宋是
為了「弔民伐罪」：

乃命行府，興師問罪。去春兵抵汴京，上皇方知深悔，亟行
禪位。嗣主求哀，願畫三鎮，復修舊好。無何誓墨未乾，盟
言已變。密令堅守，遣兵救援。陰搆使人，潛圖禍亂。遂奉

3　佚名，《弔伐錄》(四部叢刊三編)卷上，頁12上下。
4　同上，頁15下。

宣旨，重申弔伐。……[5]

不僅如此，新統治者還要求其百姓對於「弔民伐罪」有正確的反應。如女眞軍破眞定後，集舊進士七十三人赴安國寺試策。出的試題是「上皇不道，少主失信」。七十二人詆毀宋主，只有褚承亮不肯而被黜。[6]

金人滅北宋後，一時沒有直接統治中原的計畫，遂以張邦昌爲傀儡，樹立「楚」政權。在冊立張邦昌的冊文裡，首先指出宋主「以怨報德，紀綱弛紊。況所退者非其罪，所進者非其功。賄賂公行，豺狼塞路。天厭其德，民不聊生。尙又姑務責人。罔知省己。父既無道於前，子復無斷於後。」所以「徵師命將，伐罪弔民。」但是「今者國既乏主，民宜混同。然念厥初，誠非貪土。遂命帥府，與眾推賢。僉曰太宰張邦昌……實天命之有歸，乃人情之所傒擇。……」[7]

後來立劉豫的僞齊政權，仍然強調女眞人不貪中原土地。天會八年(宋建炎四年，1130)冊劉豫的詔文說：

既昧神明，迺昭元鑒。京城摧破，鼎祚淪亡。兀併爾疆，以示不貪之德；止遷其主，用彰伐罪之心。建楚新封，守宋舊服，庶能爲國，當共息民。不料懦夫，難勝重任，妄爲退讓，反陷誅鋤。重念斯民，亂於無主。久罹塗炭，未獲昭

5　同上，卷下，頁18下。
6　張金吾輯，《金文最》(蘇州：蘇州書局，1895)卷42，佚名，〈褚先生墓碣〉。
7　《弔伐錄》卷下，頁35下-36上。

蘇。不委仁賢，孰能保定？……8

等到天會十五年(宋紹興七年，1137)，金人決定入主中原，廢劉豫的詔書另有一套說辭：

> 朕丕席洪休，光宅諸夏，將俾內外，悉登太平。顧自濁河之南，以爲鄰壤之界。灼見先帝，舉合大公。罪則遄征，固不貪其土地；從其變置，庶共撫其生靈。建爾一邦，逮今八稔。尚勤吾戍，安用國爲？寧負而君，無滋民患。已降帝號，別膺王封。罪有所歸，餘皆罔治。將大革於弊政，庶一陶於新風。……9

總之，金代開國的兩個皇帝，都被宣傳爲執行「弔民伐罪」的明主。皇統五年(1145)，完顏宗弼「增上太祖諡號議」中，歌頌太祖道：

> 恭惟太祖武元皇帝，聖德格天，神功蓋古，遵晦待時，弔民伐罪。定萬全之策，慷慨以誓師；乘百勝之威，談笑而定亂。……10

後來金世宗於大定二十五年(1185)至東北巡幸，途中在太祖起兵處(今吉林扶餘縣東北)立「大金得勝陀頌碑」，碑文說：

8　徐夢莘，《三朝北盟會編》(台北：文海本)卷141，頁2上。
9　同上，卷181，頁1下-2上；李心傳，《建炎以來繫年要錄》(叢書集成本)卷117，紹興七年十一月乙巳條。
10　《金文最》卷29，頁1下。引自《大金集禮》。

> 遼季失道，腥聞於天。迺眷東顧，實生武元。皇矣我祖，受
> 天之祐，恭行天罰，布昭聖武。……[11]

至於太宗滅宋取中原，金人歌頌他達成了「萬里共貫，六合一家」的大功。[12]

太宗的繼承人熙宗於廢劉豫後，一度聽完顏昌(撻懶)的建議，把黃河以南的地區歸還南宋。但是既誅昌之後，就改變政策，復取河南地。這時的宣傳，仍以金朝取得了天命，不可違抗這天命為辭：

> 況河南中原之地，實惟所授。天與不取，縱敵長寇，為患滋
> 甚。亦使人心久則異，異則生變。抑又保聚完具，蔓草難
> 圖，而使生靈愈罹殘毒，不能休息。……[13]

後來金人歌頌他入主中原，「廢齊國以省徭賦，柔宋人而息兵戎。世格泰和，俗躋仁壽。混車書於南北，一尉侯於東西。」[14]

二、尊崇孔子與採行考試制度

金代從太祖時即已開始採取中原的制度。最初頗有模仿遼朝「兩元制度」的傾向，即以漢制治漢人，以女真制治女真，但是後來卻超

11　看田村實造，〈大金得勝陀頌碑の研究〉，《東洋史研究》第2卷第5號
　　(1937)，頁405-437；第2卷第6號(1937)，頁542-560。引文在頁543。
12　張暐等，《大金集禮》(廣雅叢書)卷3，「天會十三年奉上太宗諡號」冊
　　文。
13　《金文最》卷2，頁10下，引自要錄。
14　《大金集禮》卷4，「大定十九年奉上孝成皇帝諡號」。

過了遼制，而全面採用中原制度。

金的制度不完全採自宋朝，而是企圖「遠引前古」，超越遼宋。太宗時完顏宗憲和完顏希尹就是這種主張的代表。宗憲建議：「方今奄有遼宋，當遠引前古，因時制宜，成一代之法。何乃進取遼人制度哉？」希尹很贊成，說：「而意甚與我合。」[15]所以天眷二年(1139)大臣請定臣制的奏箚有以下的議論：

> 臣等謹案：當唐之治朝，品祿爵秩，考覈選舉，其法號為精密。尚慮拘牽，故遠自開元所記，降及遼宋之末，參用講求。有便於今者，不必泥古；取正於法者，亦無循習。[16]

據金初被女真人拘留的宋使洪皓的觀察，金朝的「官制、祿格、封蔭、諱謚，皆出宇文虛中；參用國朝及唐法制，而增損之。」[17]就其中禮儀和法律而言，頗多沿襲唐制。因此可以說金代的制度和法律，除了保存少數女真原有習慣外，是博採遼、宋和唐制。

金人對於中國制度的採取具有相當的彈性，已如上述。他們的基本立國精神，則是很早就採用了儒家的政治理想。這一點可以由祀孔、建孔廟、興學校以及採取考試制度這些措施中見其一斑。

在祀孔和建孔廟方面，天會七年(1129)，金兵入山東，至兗州，都元帥完顏宗輔即曾謁宣聖廟，並將發掘孔氏陵墓的軍人處死。[18]熙

15　《金史》(百衲本)卷70，〈宗憲傳〉。

16　徐夢莘，《三朝北盟會編》卷166，頁6下引《金國聞見錄》中的〈奏請定臣制箚子〉。

17　洪皓，《鄱陽集》(清同治九年〔1860〕三瑞堂刊本)卷4，頁10。

18　孔元措，《孔氏祖庭廣記》(續古逸叢書)卷3，頁18上。

宗於天眷三年(1140)復封衍聖公。[19]次年，親祭孔子廟，「北面再拜」，對侍臣說：

> 朕幼年游俠，不知志學。歲月逾邁，深以爲悔。孔子雖無位，其道可尊，使萬世景仰。大凡爲善，不可不勉。[20]

到了海陵王時代，規定凡地方官到任，先謁宣聖廟，再詣其他神廟。[21]又下令：「州縣建孔子廟。」[22]當時有人這樣頌揚他：

> 洪惟聖上，學本生知，聖由天縱。内焉聰明，惟天時憲；外焉制作，與古若稽。鼎新不世之規模，鼓動斯民之視聽。置國子監於中都，設祭酒博士司業之員，以作新人材。又命天下州縣，許破係省錢，修蓋文宣王廟。舊有膳學田產，緣兵火沒官者，許給還之。其於本行禮教，崇學重道之風，洋洋乎四表矣。(時在正隆元年)[23]

州縣修孔子廟和立學的措施，是以儒家的道理作爲治理國家的根本原則。當時人又說：

> ……斯所以明君哲后，有意帝王之治者，莫不詔郡縣立學，

---

19 《金史》卷4，頁7，天眷三年十一月癸丑條。
20 同上，皇統元年二月戊午條。
21 孔元措，《祖庭廣記》卷3，頁19上。
22 張金吾，《金文最》卷34，「威縣建廟學碑」。又「京兆府重修府學碑」云：「謹按尚書首批送禮部節文，應有宣聖廟去處，即便修整。」
23 同上，「威縣建廟學碑」。

春秋享先聖先師於廟焉。[24]

不過孔廟的祭祀，當時並不太講求，僅「造茶食等物，以大小椀楪排設。用留司樂，以樂工爲禮生，率倉場等官陪位。」直到大定十四年（1174），才恢復固有的隆重典禮，追諡孔子爲文宣王。[25]其原因是上述簡陋的祀儀「未合古禮。伏睹國家承平日久，典章文物，當燦然備具，以光萬世。……」[26]此外，又將孟子移位與顏子相對，其冠服與顏子相同。[27]

在考試制度的採用方面，金朝開國時就任用了不少遼朝的進士。於取得燕雲地區後開始舉行考試。天會元年（1123），考試制度開始正式舉行，成爲漢人入仕的主要途徑。到了海陵王恢復殿試，制度完備。當時人記其事道：

> 我國家經文緯武，進用賢能。每三歲設科，以經史取士。鄉升之府，府升之朝，而皇帝臨軒賦業，見賢焉然後用之。誠夸越敻古之制也。[28]

考試制度完全是中原的制度，不包含女眞文化的成分。後來雖然設有「女眞進士科」，命女眞人以女眞文應考，但是考試的內容仍是

24　同上，「京兆府重修府學碑」。

25　《大金集禮》卷36，「宣聖廟祀儀」。孔元措，《祖庭廣記》卷2，頁15上。

26　《大金集禮》卷36，「宣聖廟祀儀」。

27　《金史》卷35，「禮」八。按孟子配享，於宋元豐七年已曾實行。看孔元措，《祖庭廣記》卷3，頁13上。

28　《金文最》卷34，「京兆府重修府學碑」。

女眞文翻譯的中原經史。金代取士的數目很大，元初因有「金以儒亡」的論調。[29]

三、金代中期對於建立正統地位的努力

女眞人以邊疆的少數民族入主中原，在各方面的措施，都要向中原的傳統看齊，讓漢人覺得他們入主中原不過是又一次的改朝換代。以下將從金初在國際關係方面，世宗在禮樂方面，和章宗在正統朝代的德運方面的努力，來觀察金代正統地位的建立。

在金朝建立合法地位的過程中，最大的困難是南宋的存在。南宋延續漢人王朝的統緒，威脅金王室的地位。金人爲了造成改朝換代的印象，除了一再聲明他們有充分的理由「討伐」北宋以外，無論如何不能容忍趙氏繼續其王室的統緒。這是他們擄去徽欽二帝及其家屬，扶植張邦昌、劉豫僞政權，以及屢次侵略南宋的主要原因。太祖和太宗在對宋戰爭和交涉都取得上風，所以金人認爲這兩個君主能夠「交鄰有道，得宋國之服從。」[30]太宗做到「萬里共貫，六口一家。」[31]

在南侵戰爭形成對峙的局勢後，宋金終於在1142年成立和議。金朝取得了正統的地位，迫使宋高宗稱臣進貢。就國際關係而言，金朝的地位超過極盛時期的遼朝，因爲南宋是以金爲中心的國際系統中的一個附庸。所以熙宗的這一大成就被稱讚爲「南越致祈天之請」。[32]

29　參看拙著，《女眞史論》（台北：食貨出版社，1981），第3章及第5章第2節。

30　《大金集禮》卷3，「天會三年奉上太祖謚號」。

31　見註12。

32　《大金集禮》卷1，「皇統元年冊禮」。

皇統五年(1145)，完顏宗弼在〈增上太祖謚號議〉中建議用「興運」兩個字，解釋：「肇啓皇圖，傳序正統，謂之興運。」[33]這是金人文書中第一次提到「正統」。雖然熙宗已經在國際上取得了惟金獨尊的地位，他的繼承人海陵王仍然不滿足。因爲正統的建立，應當在中原達到「大一統」。歐陽修曾經指出：「居天下之正，合天下於一，斯正統矣。」[34]蘇東坡說：「正者所以正天下之不正也，統者所以合天下之不一也。」[35]也許是受了北宋正統論的影響，海陵王認爲「天下一家然後可以爲正統」。[36]他頗不以孔子歧視夷狄爲然：

> 又一日與翰林承旨完顏宗秀、左參知政事蔡松年語：朕每讀魯語，至於夷狄雖有君，不如諸夏之亡也。朕竊惡之。豈非渠以南北之區分，同類之比周，而貴彼賤我也？二子皆唯唯以對。[37]

他很同情前秦苻堅，認爲苻堅應有正統帝紀：

> 亮以漸染中國之風，頗有意於書史。一日讀晉書，至苻堅傳，廢卷失聲而歎曰：雄偉如此，秉史筆者不以正統帝紀歸之，而以列傳第之，悲夫！[38]

33　《大金集禮》卷3，「增上太祖尊謚」，頁43。
34　《歐陽文忠公文集》(四部叢刊)卷16，〈正統論〉上。
35　《東坡文集》(四部備要)卷21，「後正統論三首」，「總論一」。
36　《金史》卷129，〈李通傳〉。
37　《三朝北盟會編》卷242，頁8下-9上，引張棣，〈正隆事迹〉。
38　同上，頁8下。

　　海陵王統一天下的願望未能實現，其後的金世宗和章宗雖然不再
企圖以武力統一天下，卻並未放棄建立金朝正統地位的努力。世宗時
代與南宋恢復和平關係，金人稱爲「楚子請盟」和「遠人來附」。[39]
章宗時討論德運，無視於南宋的存在，將在下文討論。

　　金世宗一生致力於恢復女眞人固有的文化。他的措施中有一些是
糅合中原與女眞文化的。大定十二年(1172)，他決定封長白山神爲
「興國靈應王」，理由是中國向來有封冊名山大川的典禮，而「長白
山在興王之地，比之輕餘諸州鎮山，更合尊崇。」[40]在討論郊祀時，
世宗說：「本國拜天之禮甚重，今汝等言依古制築壇，亦宜。我國家
紬遼宋主，據天下之正，郊祀之禮，豈可不行？」[41]除了恢復女眞固
有文化外，因爲金朝已據有正統，所以也要制禮作樂。金世宗是金朝
在這一方面的主要人物，當時人說他「憲唐虞之稽古，監殷夏以從
周」。[42]金史「禮」志的序言這樣說：

　　　世宗既興，復收嚮所遷宋故禮器以旋。迺命官參校唐宋典故
　　沿革，開詳定所以議禮，設詳校所以審樂。以宰相通學術
　　者，於一事之宜，適一物之節。文既上聞，而始彙次。至明
　　昌初，書成，凡四百餘卷，名曰：金纂修雜錄。凡事物名
　　數，支分派別，珠貫綦布，井然有序，炳然如丹。又圖吉凶
　　二儀，鹵簿十三節，以備大葬；小鹵簿九節，以備郊廟。而

39　《大金集禮》卷2，「大定七年冊禮」。
40　《大金集禮》卷35，「長白山封冊禮」。《金史》卷35，「禮」八，「長
　　白山」。
41　《金史》卷28，「禮」一，頁3上，「郊」。
42　《大金集禮》卷2，「大定十一年冊禮」，李石等的議論。

命尚書左右司春官兵曹太常寺，各掌一本，其意至深遠也。
是寓內阜安，民物力康，而維持幾百年者，實此乎基。嗚
呼，禮之爲國也，信矣。[43]

可知當時曾設有機構考定古制，寫成專書。《金史》的編者認爲這一
次大規模的制禮作樂，和金代能夠維持政權有密切的關係。

世宗努力想做一個中國式的理想君主，在他和群臣討論政事的時
候，常提到唐太宗的事功。他設譯經所，翻譯中國經史爲女眞文，其
中包括《貞觀政要》一書。他雖然竭力想恢復女眞文化，但是最後卻
獲得「小堯舜」的雅號。由於漢化和爭正統，世宗末年竟稱四周鄰國
爲「蠻夷」。大定二十六年(1186)討論熙宗的諡號，有「威」字，其
解釋爲：「蠻夷率服曰威，猛以強果曰威。」[44]

到了章宗時代，制度的典章制度不再恢復女眞制度，而完全援引
中原古來的成法。同時並詔有司，「稽考典故，許引用宋事」。[45]明
昌四年(1193)，開始討論德運，繼續努力建立正統地位。五年，「初
用唐宋典禮」。[46]六年，禮部尚書張暐等進《大金儀禮》一書。[47]泰
和四年(1204)，始祭三皇五帝四王，及夏以後至唐代的十七君。[48]同
年，增修州郡宣聖廟學，諸縣增建孔廟。[49]這些措施中，最值得注意
的一件事是關於德運的討論。金人議德運始自章宗初政，延續到宣宗

43　《金史》卷28。
44　《大金集禮》卷4，頁61。
45　《金史》卷9，大定二十九年二月乙酉。
46　《金史》卷10，正月己巳。
47　同上，十二月戊午。
48　同上，卷12，二月庚戌及三月戊寅。
49　同上，二月癸丑。

貞祐四年(1216)。詳細情形已見另文,此處不贅,祇就其大旨作一點
申論。[50]

　　當時討論德運,共有三種主張,即金德、木德和土德。主張金德
的理由是女眞崛起初興時的符應以及和金有關,不必顧及德運的傳
承。再者,這些人否定宋的存在,主張直接繼唐的土德,算起來也應
當是金。主張木德的人意在繼承同是外來王朝的遼。遼朝屬水,所以
金朝應當是木。主張土德的人承認北宋的正統火德,繼承北宋的德運
是土德。結果章宗決定金的德運是土,繼承北宋。也就是放棄了女眞
族本位的金,和外來契丹民族的水,而直接繼承中原正統王朝。

　　在這些討論中特別值得注意的是女眞人穆延烏登等的意見,主張
宋當爲土德,土生金。也就是改變北宋的火爲土。他們相信金朝已經
取得了中原的正統,視周邊的民族,包括南宋在內,爲「四夷」。他
們頌讚太祖定國號爲金這件事說:

> 美哉!得德運之正,而協天之符瑞,以致四夷咸懷,六合同
> 風。干戈永息,禮樂興隆。八十餘年,寂然無事。[51]

章宗既定德運爲土,趙秉文撰〈上尊號表〉內有這樣的話:

> ……闢儒館以崇文,繪功臣而屬武。恢土德以大中原之統,
> 繚塞垣以杜外夷之患。[52]

50　見拙著《女眞史論》,頁98-101。陳學霖有專著,已於University of
　　Washington Press出版,書名爲*Ligitimation in Imperial China*.

51　參見同上,頁100。

52　趙秉文,《閑閑老人滏水文集》(四部叢刊)卷10,頁9上。

這件事對於金朝的地位有決定性的影響。元代討論宋遼金地位時，雖然漢人多以宋爲正統，但是也不能抹殺金朝已經取得的合法地位，所以最後不決定正統誰屬，而以宋遼金三史皆爲正史。[53]

此外，還有兩個值得一提的插曲。一是章宗決定不繼遼統後，罷修遼史。[54]原因是宋人求和，大臣建議北宋的運曆到靖康間已經完結，而由金來繼承。金既然不繼遼統，自然沒有必要根據修前代史的傳統來修遼史。另一個插曲是宣宗時有人建議再論德運，認爲女眞是黃帝之後，應當爲黃帝立廟。[55]此事雖未經採行，卻反應當時人爲女眞人在遠古找正統根據的努力，並與章宗始祭三皇五帝等君王之事相呼應。

關於德運的討論，相當的抽象，也不容易看出金朝決定以土德來幫助其正統地位，究竟有多大的效用。畢竟金朝沒有一天下，而南宋和北宋又是一脈相承。尤其世宗和章宗並沒有滅亡南宋的打算，而安於南北對峙之局。這種局勢影響到金朝知識分子對於大局的看法。擁護金朝正統地位，認同於金朝的知識分子如趙秉文，在文章中屢次指宋人爲「淮夷」、「島夷」，宋兵爲「賊將」、「醜虜」，宋地爲「蠻荒」。他又主張蜀漢應有正統，並指出行仁義的君主，即使僅據有天下的一隅，仍可繼承中原的統緒。正如女眞起自東北，如果行仁義，也可以入主中原。[56]至於王若虛，則提出另一種看法，以爲天下

53 參看陳芳明，〈宋遼金史的纂修與正統之爭〉，《食貨月刊》2卷8期（1972），頁398-411。

54 修端，〈辨遼金宋正統〉，元文類，卷45：「秦和初，朝廷先有此論，故選官置院，創修遼史。後因南宋獻議告和，臣下奏言，靖康間宋祚已絕，當承宋統。上乃罷修遼史。」

55 《金史》卷107，〈張行信傳〉。

56 參看拙著，〈金代的中國知識分子〉，《中央研究院國際漢學會議論文

不必一統。這也是在分裂時期裡一種獨特的理論。[57]

四、結論

女眞統治者在建國之初採取了中原儒家政治思想，作爲立國的基礎。對於與儒家思想有關的制度和習俗，也作了相當的採借。女眞君主憑藉中原的皇帝制度，樹立君主的權威，並且注意維持和保存有關皇帝權威的一切禮儀和標誌。

爲了掩飾對中原的侵略行爲，女眞人致力於宣傳中原君主失去天意和民心，將軍事侵略正名爲弔民伐罪。金朝迫使南宋稱臣，和國際地位的提高，這些事實都有助於國內政權的鞏固及誘使漢人向女眞政權認同。雖然金朝並沒有達到統一天下的目的，但是卻取得了國際系統中的領導地位，接受「四夷」的朝貢，使南宋淪爲「夷狄」。

在政治宣傳中，初興的神話和符應，與中原古聖王的認本家，以及強調正統，都是重要的項目。章宗決定繼承北宋的德運，顧及到現實情況，遠較否定北宋地位爲實際。值得注意的是繼承遼朝的主張甚爲微弱，而在所有的討論中都無視於南宋的存在。

原載《勞貞一先生八秩榮慶論文集》，台北：臺灣商務印書館，1981。

(續)————————————

集》(台北，1981)，頁987-988。

57　同上，頁988，並參看《女眞史論》，頁115-116。

金代的中國知識分子

在異族政權統治下的中國知識分子，其活動較在傳統中國王朝統治下者多一個層次，亦即其對異族政權的態度，影響其原有的活動範圍與方向。

在討論金代的中國知識分子之前，必須簡述遼代中國知識分子活動的大概情形，一方面作為了解金代知識分子的背景，另一方面由於金代若干官僚知識分子培育於遼代，不明瞭遼代之情況即難把握這些知識分子的活動與想法。遼代政治上的顯著特徵是「兩元政治」，即以遼制治契丹，以漢法治漢人。這一政治結構並大致依照遼帝國南北兩個部分，亦即農業區域與游牧區域而劃分，契丹人以少數民族治理多數的漢族，其依賴漢族官僚的情形自不言可喻。但契丹運用漢人官僚，在初期多為顧問，直至中葉以後，漢人大家族勢力擴張，遂使契丹統治者與漢人豪族合流。遼末有所謂「韓、劉、馬、趙」四大家族，直至元初北方人仍能稱道。元王惲有一篇文章記述遼太師趙思溫的族系，文末曰：

> 趙氏自五季迄今，三百餘年，子孫蕃衍，幾於千人。忠傳學斷，世濟其美，越不事宦游者，學術行義，亦昭晰於時，與

韓劉馬共稱爲燕四大族,至比唐李、鄭、崔、盧。[1]

其餘三族,韓氏爲將相世家,韓德讓在遼聖宗時任大丞相,掌軍政大
權,其他族人顯赫者,亦多任軍職。惟傳至金初韓企先,則於遼末中
進士第,復改仕金朝,歷官至宰相,次金之建國,著有功勳。[2]劉氏
中之劉六符,爲遼興宗時之外交家,與宋富弼談判,交換〈關南誓
書〉,造成遼在外交上之大勝利。至金初,其後人劉彥宗亦爲遼進
士,仕金爲侵宋漢軍都統及金人之參謀。元初郝經寫道:

> 〔房山先生〕漢中山靖王之後,唐盧龍節度使俘有幽州,傳
> 姓授節數世,入契丹爲王公數十人。如劉六符者,尤其貴顯
> 者也。終始契丹二百餘年,入金源氏,爲燕四大族,號劉、
> 韓、馬、趙氏。[3]

這些大族的特點,一爲於遼開國時,族人出將入相,建有大功,
因而奠定子孫爲官的基礎,兼有政治、經濟大權。一爲遼末族人多攻
進士科,於取得進士資格後入仕,並爲金朝開國君臣所重用,因而能
維持大族根基,至金中葉不衰。但大族之維繫不能全賴科舉。金代大
族由於不掌兵權,至金末逐漸淹沒無聞,一爲大族具有地方勢力,故
易爲外族統治者招攬籠絡,利用之以便於統治。故四大族亦依外族統

---

1   王惲,《秋澗先生大全集》(四部叢刊初編)卷48,〈盧龍趙氏家傳〉,頁
     10上下。

2   《遼史》(仁壽本)卷74,〈韓知古傳〉;卷82,〈韓德讓傳〉、〈韓德威
     傳〉、〈滌魯傳〉、〈制心傳〉。《金史》卷78,〈韓企先傳〉。

3   郝經,《陵川文集》(四庫珍本四集)卷35,〈房山先生墓銘〉,頁1上。

治者以維持其地位。此亦金初君臣招攬燕雲大族之原因。再者，遼金以少數外族建國，其統治結構頗有封建色彩，利用漢人豪族治理廣大漢地漢民，故頗依賴唐末以來藩鎮勢力。劉伱、趙思溫皆東北藩鎮。其子孫亦由於入仕遼金，得以維繫大族於不墜。反觀五代、宋初，由於中原戰亂頻仍，藩鎮兼併，以至宋初中央集權，建立科舉以進用文人，世家大族倖存者無幾。由是可知燕雲一帶豪族掌握地方大權，其來有自，且爲外族統治者所倚仗。最後，這些世族能夠維繫唐以來的中原文化，而限制了外族的影響。[4]

金室完顏氏，興起極爲迅速，除於滅遼後利用燕雲豪族如韓、劉二家外，亦於滅宋後俘擄宋文人、大臣爲顧問或官僚。故金初運用之漢人，儼然有兩大系統，一爲燕雲豪族，一爲宋臣或宋治下之文人。二者之思想、背景皆不同，故北宋系統官僚、文人之活動及遭遇，頗異於燕雲大族，今試舉數例說明於下。

燕雲地區的漢士人，與金朝合作的，大都是遼進士。他們世代在異族統治之下，爲異族征服者任用，並無現代的民族意識，所以從遼改朝換代到金，他們對於政權態度，並沒有什麼不同。例如原來仕遼，轉而仕金的左企弓，力勸金人不要放棄已經占領的燕地給宋人，作詩勸金主道：

> 君王莫聽捐燕議，一寸山河一寸金。[5]

4　元好問，《元遺山先生全集》（台北：成文出版社影印《九金人集》本）。卷33，〈致樂堂記〉，頁941：「予行天下四方，惟燕析木之分，風土完厚，有唐三百年雅俗之舊，而不爲遼霤之所變遷。」

5　徐夢莘，《三朝北盟會編》（台北：文海影印）卷14，頁3上。

　　雖然他們做金人的顧問，或導引金人侵宋，可是就文化傳統而言，他們並不主張以女眞文化來取代中原的漢文化。他們中有一些人仍然傳播中原的文化，雖然他們建立的制度，並不完全是宋的制度，而多半是沿襲唐代的。例如韓企先是建立金朝制度最具貢獻的一個人。劉彥宗協助左副元帥完顏宗望治理燕地時，勸宗望以考試制度取士。又如韓昉熟知中原古禮，爲金廷重用以定禮制，並出使高麗，以中國外交禮節折服高麗人。[6]

　　北宋系的士人，則對金廷的態度頗有歧異，茲先舉與女眞統治者不能徹底合作，或根本不合作的數例如下：

　　北宋大使宇文虛中，於宋末出使時被金將完顏希尹扣留，作爲他的顧問和諸子的家庭教師。他幫助完顏希尹採用了不少唐、宋的制度。據同時人洪皓說，金朝的「官制、祿格、封蔭、諱諡，皆出宇文虛中，參用國朝〔宋〕及唐法制，而增損之。」後來金世宗也說：「熙宗尊諡太祖，宇文虛中定禮儀。」[7]但是他「恃才輕肆，好譏訕。凡見女眞人，輒以礦鹵目之。貴人達官，往往積不能平。虛中嘗撰宮殿牓署，本皆嘉美之名；惡虛中者摭其字以爲謗訕朝廷，由是媒孽以成其罪矣。」[8]皇統六年(1146)，虛中被羅織謀叛罪名處死。由於他提及高士談家裡藏書比他自己還要多，高士談也被株連。

　　從宇文虛中和高士談的詩句裡，可以明顯的看出來他們的故國之思。如宇文和高士談的一首〈又和九日〉：

6　《金史》卷125，〈韓昉傳〉。

7　參看《金史》卷79，〈宇文虛中傳〉；洪皓，《鄱陽集》(洪三瑞堂刊本)，〈拾遺〉，頁9下；卷4，頁10上。

8　《金史》卷79，〈宇文虛中傳〉。

老畏年光短，愁隨秋色來。

一持旌節出，五見菊花開。

強忍玄猿淚，聊浮綠蟻盃。

不堪南向望，故國又叢臺。[9]

又如高士談的〈題禹廟〉有這樣的句子：

可憐風雨胼胝苦，後世山河屬外人。[10]

其〈庚戌元日〉詩句，更是感人：

舊日屠蘇飲最先，而今追想尚依然。

故人對酒且千里，春色驚心又一年。

習俗天涯同爆竹，風光塞外只寒煙。

殘年無復功名望，志在蘇君二頃田。[11]

可惜他的一點小小的歸隱希望，也無從達到。

至於洪皓，被羈留金境15年，於宋金達成和議後被遣還。洪皓被扣留時，也是被完顏希尹保護。洪皓是希尹諸子的教師，但並未任官，所以他譏宇文虛中「賣國圖利，靡所不為」。[12]類似洪皓被留的宋使，還有不少，如張邵、朱弁、滕茂實等，但以洪皓滯留金國最

9　元好問，《中州集》（上海：中華書局，1963），甲集第1，頁9。

10　同上，甲集第1，頁42。

11　同上，頁45。

12　洪皓，《鄱陽集》卷4，「乞不發遣趙彬等家屬箚子」。

久，聲譽亦因之大著。此外被金人所執不仕者，有何宏中和司馬
朴。

何宏中於北宋末年中武舉，官至河東河北統制，金人入侵，糧盡
被擒，拒絕金人的任命，因而下獄。後來出獄，投身道教，自號「通
理先生」。臨終作詩云：

> 馬革盛屍每恨遲，西山餓死亦何辭。
> 姓名不到中興曆，自有皇天后土知。[13]

司馬朴是司馬光的姪孫，金人授以官，「托疾不拜」。[14]至於滕茂
實，元好問說他「名節凜然，不愧古人」。他在〈臨終詩〉裡，自
歎：

> 形影自相弔，國破家亦殘。
> 呼天竟不聞，痛甚傷肺肝。

祇望「裹尸以黃幡，題作宋臣墓」。[15]

以上諸人，不列入《金史》的〈隱逸傳〉中。〈隱逸傳〉中所記
褚承亮的事跡，與上述諸人有類似處，即不願在異族王朝之下做官。
褚承亮於宣和元年中進士。金人破真定，拘籍境內進士考試，與諸生
對策：

13　厲鶚，《宋詩紀事》（台北：中華書局）卷40，頁936-937。《中州集》，癸
　　集第10，頁506所載略有不同。

14　《中州集》，癸集第10，頁500。又朱弁、張邵皆見《宋史》卷373。

15　《中州集》，癸集第10，頁502、504。

> 策問：「上皇無道，少帝失信。」舉人承風旨，極口詆毀，
> 承亮詣主文劉侍中〔即劉彥宗〕曰：「君父之罪，豈臣子所
> 得言耶。」長揖而出。劉爲之動容。餘悉放策，凡七十二
> 人。遂號七十二賢榜。[16]

〈隱逸傳〉贊指出：「金世隱逸不多見，今於簡冊所有，得十有二人
焉。」[17]其實宋亡不仕金而退隱的人很多，茲再舉宋進士姚孝錫一
例。北宋亡時，孝錫年僅25歲，元好問描寫他的退隱生涯是這樣的：

> ……因家五臺，善治生，亭榭場圃，富於遊觀。賓客日盈其
> 門。州境歲饑，出家所藏粟萬石振貧乏，多所全濟，鄉人德
> 之。中年之後，以家事付諸子，放浪山水間，詩酒自娛，醉
> 軒其自號也。[18]

　　以上諸例，在傳統中國的改朝換代時，亦常發生。惟當新朝由外
族建立時，遭遇反抗活動較中國漢族王朝的改換時爲多。而且知識分
子亦加入反抗行動；本文不擬討論北宋末年太學生的復國運動及其他
行動，但應當指出，在金朝統治之下，漢族知識分子亦嘗領導多次反
抗的活動，最著名的例子是海陵王南侵時，河北知識分子辛棄疾起而
抗金，爲另一領袖耿京派赴南宋求援。其後耿京失敗，辛棄疾即留在
南方，繼續其抗敵宣傳活動。
　　與上述少數北宋系文人的行爲相反，多數文人參與新朝的考試制

16　《金史》卷127，〈諸承亮傳〉。

17　同上，卷末。

18　《中州集》，頁506。

度而入仕。上文「七十二賢」之外，僅褚承亮一人不願做官而已。女
真族於西元1127年滅北宋後，大量起用北宋官員，並且決定「以華制
華」，樹立漢人傀儡政權。張邦昌、劉豫先後成爲楚和齊的領袖。前
者還不敢明目張膽的做傀儡皇帝，後者則鑑於前者的失敗，成爲徹底
的傀儡，圖與南宋爭衡。

就金人而言，樹立漢人政權，一方面可以招徠中原人士，安定新
朝；另一方面可以利用新朝，與南宋爭奪正統，甚至以齊國來侵滅南
宋。齊國雖不能滅宋，但是卻能爲金人安定華北，吸收知識分子充實
官僚制度，及爲金朝統治華北的計畫鋪路。西元1137年，當金人完成
直接統治華北的準備工作後，齊國就被廢除。[19]

在眾多與金政權合作的北宋系文人中，值得注意的是蔡松年。蔡
松年是北宋大官蔡靖的兒子，蔡靖向金軍投降後，松年就落籍眞定，
爲金政府服務。他曾隨金將完顏宗弼侵宋，與宗弼建立良好關係。宗
弼爲相後，松年亦漸重要。在這時的一件大事，是宗弼消除漢人的朋
黨。當時燕雲系統官員，在韓企先的提拔下，以田穀爲首，引用他們
一個小集團的人物。蔡松年、許霖、曹望之企圖與田穀結納不成，田
穀並且譏諷蔡松年的父親降金一事。於是許霖出面控告田穀結朋黨。
宗弼當國，將田穀、奚毅、邢具瞻、王植、高鳳庭、王倣、趙益興和
龔夷鑒處死，其妻子及所往來孟浩等34人徙海上。[20]金末元好問論這
次黨禍，以爲其慘烈遠過元祐黨禁。他認爲黨禍之起是由於小人進讒

19 關於楚、齊政權，參看朱希祖，《僞楚錄輯補》（台北：中華書局，1959台
    初版）；《僞齊錄校補》（重慶：獨立出版社，1944）。

20 參看拙著，〈金代的政治衝突〉，《中央研究院歷史語言研究所集刊》，
    第43本第1分（1971），頁143-146。

言。21

　在現存蔡松年的文集,《蕭閑老人明秀集》中,找不出此次黨禍的蹤跡,而且從蔡松年交往的友人中,知道他和邢具瞻、高德輝(即鳳庭)都有私交。從蔡松年的詩看來,可注意的是他對早日退隱的嚮往,和他的道家傾向。例如他在幾首詩序裡提及他想擇地歸隱,而「事與願違」的不得已。22他的詞中屢詠魏晉風流,也許暗示他欲仿效當時退隱之風,以及金朝局勢與南北朝的擾攘不安相似。23至於傾向佛道,和談玄的風氣,在金初似頗為流行。如《明秀集》所載,蔡松年自號「蕭閑老人」,他的朋友梁慎修是「虎茵居士」,田秀實是「雙清道人」,施宜生「道號三住老人」,吳激「道號東山散人」,趙粹文「號隱春道人」,松年的舅舅許採則是精於煉丹的「丹房老人」。24

　這樣看來,蔡松年和他的朋友似並不積極從政。「田穀黨禍」固然源於黨派之爭,但異族統治者使用暴力手段壓制朋黨,則似不能完全歸過於《金史》中描寫的「小人」如蔡松年等。《明秀集》的注釋人魏道明也是金朝人,他在蔡松年與高德輝和邢具瞻的贈答詩注出,高德輝「皇統中以鉤黨死,非其罪也,人哀悼之。」邢具瞻「皇統中

21　《遺山先生全集》卷29,〈忠武任君墓碣銘〉,頁905。
22　《明秀集》(《九金人集》)卷1,頁1164,〈雨中花〉序云:「……久與世接,所謂不有外難,當有內病。故謀為早退閑居之樂。……丁巳以來,三求官河內,經營三徑,遂將終焉。事與願違,俯仰一紀,勞生愈甚。……」卷2,頁1167,〈水龍吟〉序云:「松年與吳激相約於懷、衛間退隱,爾後事與願違,遑遑未暇。」
23　如《明秀集》卷1,頁1160-1161的〈念奴嬌〉第二首及其後序。元好問認為此歌反映「其平生自處」。見《中州集》,頁22。
24　《明秀集》卷1,頁1156,梁慎修;頁1163及1167,田秀實;頁1165,施宜生;卷2,頁1178,趙粹文;卷3,頁1180,許採。

以黨議死，時人哀悼之。」[25]魏道明如果認爲蔡松年是小人，應當對高、邢二人之死負責，也許就不會費心爲蔡的詩作注了。後來王若虛論唐代朋黨，就說過皇帝「爲朋黨之根」的話。[26]

金初熙宗、海陵兩朝，致力於建立中國式的王朝，大量採取中原制度和透過考試錄用漢人。初年尚有南北選的限額，保障燕雲人士（即「北選」）的利益，但是世宗大定以後，錄取進士不限名額，取士亦增多。結果金朝在所有邊疆民族建立的朝代中，是最重視考試制度，而取士最多的一朝。元好問有一段話描寫這種情況：

> 維金朝自大定以還，文治既治，教育亦至。名氏之舊與鄉里之彥，率由科舉之選。父兄之淵源，師友之講習，義理益明，利祿益輕。一變五代遼季衰陋之俗。迄貞祐南渡，名卿材大夫布滿臺閣。……[27]

這時期漢人已逐漸消除了民族間的界限，而參與金政權的穩定工作。世宗和章宗時代掌權的漢人如張萬公、石璘、董師中和胥鼎等，都受到重用而忠於金朝。當時文豪趙秉文可以當作忠於金朝的中國文人的一個例子。

趙秉文不是出於世家大族，於大定二十五年(1185)中進士後，做過地方官，後來任命爲翰林侍講學士、禮部尚書、翰林學士修國史。元好問說他：

---

25 同上，卷1，頁1163、1172。

26 王若虛，《滹南王先生文集》(《九金人集》)卷26，頁434。

27 元好問，《元遺山先生文集》卷17，〈內相文獻楊公神道墓銘〉，頁821。

> 若夫不溺於時俗，不汩於利祿，慨然以道德仁義性命禍福之
> 學自任，沉潛乎六經，從容乎百家，幼而壯，壯而老，怡然
> 渙然之，死而後已者，惟我閑閑公一人。[28]

並且稱頌他生於「河朔鞍馬間，不本於教育，不階於講習，紹聖學之
絕業，行世俗所背馳之域」，「主盟吾道四十年，未嘗以大名自
居。」[29]所謂「吾道」即指儒家之道。趙秉文完全沒有一點與宋朝的
文化關係，反而詆毀南宋。他稱讚金章宗道：

> 秩曠古之無文，定國朝之大禮。生徒遍學校，冠蓋環橋門。
> 煥乎之文，足以藻飾百度；赫然之怒，足以震疊萬方。始以
> 殷高之明，鬼方肆伐；終然宣后之烈，淮夷來舒。故得尊宋
> 增幣以乞盟，阻鞨革心而效順。西服銀夏，東撫辰韓，歲時
> 相望，琛賮入貢。[30]

又列舉宣宗的功績：

> 大金受命，傳休累聖，薄海內外，罔不稟令。大安失御，不
> 蠲厥政。胡馬南牧，華風不競。……降虜效順以革心，島夷
> 畏服而獻鹹。堂上之兵不殺，目中之虜如掔。方將歸馬大

28　同上，卷17，〈閑閑公墓銘〉，頁814。

29　同上，頁816。

30　趙秉文，《滏水集》（《九金人集》）卷10，〈章宗皇室實錄表〉，頁192-193。

　　漢，洗兵中原，重新日月，再造乾坤。[31]

　這兩段文字中，把宋人和蒙古相提並論，稱宋人爲「淮夷」、「島夷」。蒙古的「胡馬南牧」致使中原「華風不競」，而「華風」無疑的包含了已經成了華人的女眞人。

　　趙秉文確認金朝已經據有中國正統。章宗和宣宗兩朝，發生了金朝德運的討論，章宗決定金朝的德運是土，承繼了北宋，而忽視南宋。這一決定在宣宗時再加確定。趙秉文稱頌章宗定土德這件事說：

　　恢土德以大中原之統，繚塞垣以杜外夷之虞。[32]

　金朝不僅據有中原正統，而且已經成了中國王朝，與「外夷」對比。趙秉文屢次指宋人爲「淮夷」、[33]「島夷」，[34]宋兵爲「賊將」、「醜虜」，[35]宋地爲「蠻荒」，[36]足見當時北方人士不但忽視南宋的「正統」，而且認爲南宋已淪爲夷狄。

　　趙秉文是儒家的信徒。他認爲「盡天下之道，仁而已矣。仁不足，繼之以義。」「不仁而得天下者，亦有之矣；不仁而世數長久者，未之聞也。」[37]他論西漢、東漢、魏晉皆以此爲基礎。稱頌有

31　同上，卷18，〈宣宗哀冊〉，頁264。
32　同上，卷10，〈上尊號表〉，頁194。
33　同上，〈平章授左副元帥謝表〉，頁196。
34　同上，〈平章左副元帥謝宣諭賜馬鮫具兔鶻匹段藥物表〉，頁197。
35　同上，〈謝宣諭擒賊將田俊邁表〉，頁197；「謝宣諭破蔡州賊……」，頁198。
36　同上，頁198。
37　同上，卷14，「論」之「總論」，頁236-237。

「公天下之心」的君王，反對征伐。他鄙棄以征伐爲能事的曹操、劉裕，甚至來自夷狄的苻堅。[38]他對於蜀漢的看法，值得一提：

> 仲尼編詩，列王黍離于國風，爲其王室卑弱，下自同於列國也。春秋：諸侯用夷禮則夷之，而進於中國則中國之。西蜀僻陋之國，先主武侯有公天下之心，宜稱曰漢。漢者，公天下之言也。自餘則否。[39]

這個主張和南宋朱熹以蜀漢爲正統的主張竟不謀而合。不過朱熹是從蜀漢繼漢正統立論，影射南宋亦因繼北宋統緒而有正統。趙秉文則從「仁」的觀點立論，認爲行仁義的君主，雖然僅據有偏僻的地方，也可以繼承中原的統緒。正如女眞起自東北，如果行仁義，也可以入主中原。

與趙秉文同時的王若虛，是承安二年(1197)的經義進士，著有〈五經辨惑〉、〈史記辨惑〉等文多篇。他的文章裡也鄙視宋朝，例如他對宋太祖的統一天下，提出獨特的看法。首先，他指出歐陽修在《五代史》中寫南唐遣徐鉉見宋太祖的故事，所發議論不當。宋太祖對徐鉉說，宋主與南唐主既爲父子，不能分爲二家。歐陽修的議論是：「王者之興，天下必歸於一統，可來者來之，不可者伐之，期于掃蕩一平而後已。周世宗征淮南詔，掊撼前事，務較曲直以爲辭，何其小哉！」若虛則說：

38 　同上，頁237。
39 　同上，〈蜀漢正名論〉，頁241。

歐公之言過矣！自古出師，未嘗無名，而加人之罪者，必有
辭而後可。曲直之理，正所當較也。宋主此舉，果何名而何
辭哉！偶鉉及父子之喻，因得以是而折之。夫父子固不當爲
兩家矣，而宋之與唐，何遽有父子之分哉！

他繼續討論「大一統」的觀念：

天下非一人之所獨有也。此疆彼界，容得分據而並立。小事
大、大保小，亦各盡其道而已。有罪則伐，無罪則已，自三
代以來莫不然，豈有必皆掃蕩，使歸于一統者哉！

他又指出周世宗對待江南很有「德度」，遠過於宋主，並且評歐陽修
「曲媚本朝，妄飾主闕，在臣子之義，雖未爲過，而史書垂世之言，
安可不出于大公至正邪？不載〔此事〕可也。」[40]
　　王若虛於金亡後不仕。與王若虛同屬「純儒」的元好問，是金末
元初的大文豪。他的詩文中反映了對金的故國之情。例如〈看山〉：

慘慘悲去國，鬱鬱賦卜居。
不采西山薇，即當葬江魚。……[41]

又如〈太原〉：

40　王若虛，《滹南王先生文集》卷26，頁435-436。
41　《元遺山先生全集》卷2，頁699。

南渡衣冠幾人在，西山薇蕨此生休。[42]

又如〈贈馮內翰二首〉序云：

故國已非，而喬木猶在。[43]

作爲亡金遺臣，元好問入元以後也不仕。

趙秉文既然已經「認同」於金朝，則自然主張儒者應當積極參與政權。他指出儒家的「大中之道」或「天道」是有爲的，他說：「聖人之所謂中者，將以有爲也。」[44]儒者對於政治，應當採取什麼態度？他在〈適安堂記〉裡說得比上述「有爲」更清楚。他的朋友任子山作草堂，榜曰「適安」，自稱「吾名不隸於仕版，身不涉於行伍，足不跡於是非之場，口不涉於是非之境。未酉而寢，過卯而起，每興極意會，則登臨山水，嘯咏風月，翫泉石，悅松竹。手執周易一卷，與佛老養性之書數冊，以適吾性而已，吾安焉，子其爲何如？」趙秉文答道：

先生之爲適則一，其所以爲適則異。予以嵇康之適於鍜，阮籍之適於酒，與夫聖賢之適於道，有以異乎？苟以適性爲事，則斥鷃無羨於天池之樂，桀跖無顏冉之德。其于適性一也，而靜躁殊途，善惡異趣。此向郭之失，晉宋之流所以蕩而忘返者也。且夫禮以斂情，樂以導和，仁之勝不仁，義之

42　同上，卷8，頁749。
43　同上，卷10，頁767。
44　《滏水集》卷1，〈中説〉，頁69-71。

> 勝不義，皆非以適性爲事。苟以採山釣水爲適，則忘其君；
> 聲色嗜欲爲適，則忘其親。忘親則不仁，忘君則不義。不仁
> 不義，子安之乎，而且奚適哉？……[45]

由此可見趙秉文反對士人所抱的退隱的人生觀，若以適性爲事，就是
不仁不義，也就不能做到「安」。他勸人「種德」，不應計較一時的
得失，「少忍而待善惡之定，其責報也亦可必矣。」他甚至以田蚡爲
例，說：「田侍郎蚡等以直道被誣陷，子孫勃興者十八九。此木之再
榮，水之洄洑者也。」[46]換言之，即使遭到田蚡的黨禍，人亦不應當
氣餒失望。

　　趙秉文的這種議論，並不能令人心服。金末統治者重用官僚
（吏），而不太喜歡知識分子，所以知識分子大都對政治有疏離感。除
此之外，尚有兩個原因，使知識分子對於政治抱著「有來且當避，未
至吾何求」的態度。[47]其一是在金宣宗時，女眞大將溫迪罕福興與河
南府治中高庭玉交惡，指高有異志，而興大獄。高庭玉死於獄中，名
士如龐鑄（才卿）、雷淵（希顏）、辛愿（敬之）等都被牽連、拷掠。[48]此
後很多名士都無仕進意。其二是政府對待文士動輒使用杖刑，大爲知
識分子所不滿。[49]

　　辛愿「不爲科舉計，且未嘗至京師，眘然中州一逸士也。」曾對

45　同上，卷13，〈適安堂記〉，頁223-224。
46　同上，卷13，〈種德堂記〉，頁227。
47　《元遺山先生全集》卷2，〈放言〉，頁696。
48　劉祁，《歸潛志》（知不足齋叢書）卷4，高庭玉條；《金史》，卷127，辛
　　愿傳；元好問，《元遺山先生全集》卷31，〈張伯英墓銘〉，頁919；當時
　　張伯英變姓名，「稱道人王守素」。
49　《歸潛志》卷7，頁11上下。

王鬱說：

> 王侯將相，世所共嗜者，聖人有以得之，亦不避。得之不以
> 道，與夫居之不能行己之志，是欲澡其身而伏於廁也。[50]

王鬱也主張「仕宦本求得志，行其所知，以濟斯民。其或進而不能
行，不若居高養豪，行樂自通，不爲世網所羈」。[51]

金朝末年在思想方面有兩個特點，一個是個儒學方面繼承唐宋的
傳統，但在若干方面卻有自由的批評精神。另一個是非純儒的學者，
篤信佛教，而主張儒、釋、道三教合一。前者以王若虛爲代表，後者
以李純甫爲代表。

王若虛，博學強記，官至翰林直學士。元好問說他死後，「經學
史學文章人物，公論遂絕」。[52]著有《慵夫集》（已佚）、《滹南遺老
集》45卷。文集中有〈五經辨惑〉、〈論語辨惑〉、〈孟子辨惑〉、
〈史記辨惑〉、〈諸史辨惑〉、〈新唐書辨〉、〈君事實辨〉、〈臣事
實辨〉、〈議論辨惑〉、〈著述辨惑〉、〈雜辨〉、〈文辨〉等，議論
甚多可取者。王若虛於《論語》，指出過去解《論語》的人有三過：

> 過于深也，過于高也，過于厚也。聖人之言，亦人情而已，
> 是以明白而易知，中庸而可久。學者求之太過，則其論雖美
> 而要爲失其實，亦何貴乎此哉！……知此三者，而聖人之實

50　同上，卷2，頁5上下。
51　同上，卷3，頁5下-6上。
52　《中州集》，己集第6，頁286。

著矣。[53]

又論宋儒的功過道：

> 宋儒之議論，不爲無功，而亦不能無罪焉。彼其推明心術之
> 微，剖析義利之辨，而斟酌時中之權，委曲疏通，多先儒之
> 所未到，斯固有功矣。至于消息過深，揄揚過侈，以爲句句
> 必涵氣象而事事皆關造化，將以尊聖人而不免反累，名爲排
> 異端而實流入于其中，亦豈爲無罪也哉！[54]

換言之，王若虛的態度是客觀的，要還古人的本來面目。他論五經及
史書其實也抱持了同樣的態度。他對司馬遷有嚴厲的批評，例如他反
對將貨殖之事編入列傳，並且攻擊司馬遷的看法。

> 貨殖傳云：無嵒處奇士之行，而長貧賤，好語仁義，亦足羞
> 也。貧賤而羞，固已甚謬，而好語仁義者，又可羞乎？遷之
> 罪不容誅矣。[55]

這一點及其他批評，引起南宋洪邁的反應：

> 太史公書，若褒贊其高古簡妙，殆是模寫日星之光耀，多見
> 其不知量。近年得滹南經史辨惑，論史記者十一卷。採摭之

53　《滹南王先生文集》卷3，〈總論〉，頁354-355。

54　同上，〈論語辨惑序〉，頁354。

55　同上，卷12，頁388。

業科舉，又學詩以道意，學議論以見志，學古文以得虛名。頗喜史學，求經濟之術。深愛經學，窮理性之說。偶於元學，似有所得。遂於佛學，亦有所入。學至於佛，則無可學者，乃知佛即聖人，聖人非佛；西方有中國之書，中國無西方之書也。[76]

他認爲儒釋道「三聖人之教，不絕如髮，互相矛盾，痛入心骨。」遂「欲以區區之力，尚鼎足而不至於顛仆耳。或又挾其眾也，譁而攻僕，則鼎覆矣，悲夫！雖然，僕非好辯也，恐三聖人之道，支離而不合，亦不得已爾。……」[77]

他以爲「宋伊川諸儒，雖號深明性理，發揚六經聖人心得，然皆竊吾佛書者也。因此大爲諸儒所攻。」劉祁說他：「每酒酣，歷歷論天下事，或談儒釋異同，雖環而攻之，莫能屈。世豈復有此俊傑人哉！」[78]李純甫著有《中庸集解》、《鳴道集說》等書，後者是批評宋儒不懂佛學之作。他對周、張、二程，以及南宋張九成、張栻、朱熹等，無一不評。他自己認爲「自莊周後惟王績、元結、鄭厚與吾比其所學也」。[79]按鄭厚是南宋人，紹興五年進士，他的議論是最被王若虛攻擊的，也就是說鄭厚並非「純儒」。

李純甫在金末文學和儒學方面都有影響。文學方面，「其辭雄希簡古，人皆宗之，文風由此一變。」儒學和政治方面，他提拔後進最

76　〈重修面壁庵碑〉，列入張金吾，《金文最》（台北：成文出版社，1967），頁444。

77　《鳴道集說》（台北：中國子學名著集成編印基金會，《中國子學名著集成》第四五冊，影印明鈔本1978），頁194-195。

78　《歸潛志》卷9，頁15上；卷1，頁6上下。

79　同上。

多。趙秉文祇獎掖了麻九疇和李獻能二人，李純甫則提拔了周嗣明、張轂、李經、王權、雷淵、劉從益、宋九嘉等。

北宋滅亡後，若干知識分子拒絕與新建立的金政權合作，有些雖然接受新政權的任命，而仍心懷故國，有些則爲新朝效命。其最積極反對新朝的，則起而反抗。新政權於壓制這些反抗之餘，加強了對士大夫的控制，並演成文字獄和黨禍。

金朝在政權穩定後，致力於籠絡漢族知識分子，到了中葉，多數知識分子轉而與政府合作，甚至與金朝認同，反指南宋爲夷狄之邦。同時又以儒家忠君思想爲基礎，主張對金效忠。金亡以後，少數知識分子對金懷故國之思，而入元不仕。

金朝末期知識分子表現了兩種特色：一是對政權發生疏離感，而對佛道二教之興趣愈益濃厚，此種趨勢或於全眞教及其他佛道教派之興起，具有影響。一是知識分子對於傳統政治及學術提出批評。部分原因是在金朝統治之下，政治局勢與傳統王朝者不同，統治者不以政治力量提倡儒家學說，因而有較自由的環境。部分原因是當政權衰落時，放鬆了對知識分子的控制。最後，也許知識分子鑑於傳統儒家政治與學術思想不足以維繫宋朝，遂對傳統發生懷疑，而加以批評。

原載《國際漢學討論會論文集》，台北：中央研究院歷史語言研究所，1981。

南宋利用山水寨的防守戰略

南宋末年，四川守將利用余玠的設防山城戰略，給予入侵的蒙古大軍以決定性的打擊。余玠的貢獻以及蒙古大汗蒙哥可能戰死於合州釣魚山下的史實，經吾師姚從吾先生揭露後，已爲學者所熟知。本文的目的在探討南宋時期是否還有別人曾經使用過余玠所運用的相似的戰略。由於涉獵不廣，探討的範圍以時間言，是宋高宗時期爲主；以地區言，則是從湖北到兩淮一帶爲主。[1]

一、建炎時期中原的山水寨和城守一瞥

建炎初，中原大亂，官民、潰兵和土豪往往入山避亂。例如建炎元年(1127)九月，宋將王彥與金人戰，敗績，奔太行山聚眾。[2]二年二月，馬擴入眞定(今河北正定)五馬山寨聚兵，得皇弟信土榛於民間，奉之總制諸寨。在同年秋，山寨爲金人所破之前，五馬山寨是宋

1　姚師最早的一篇有關余玠的文章，載《大陸雜誌》10卷9期(1955)，頁267-271，題爲〈宋余玠設防山城對蒙古入侵的打擊〉。作者此文原稿於20年前姚師的研究班上完成，今略加修改，就正同好。

2　《宋史》(百衲本)卷24，〈高宗紀〉。

人在河北抗金的一個重要據點,可惜高宗不肯給予強有力的支持。[3]
同年,金將在熙州(今甘肅臨洮)發動攻擊,達闌以軍五百入六盤山十
六寨,降宋官八十餘,民戶四千,獲馬二千匹。[4]

　　在建炎二、三年的宋金戰爭中,宋人的防禦力量極爲薄弱,往往
是實行無計畫無方法的城守,被金兵一一擊破。當時著名的守城戰役
如楚州(江蘇淮安)之役(四年九月)、陝州(河南今縣)之役(四年正
月),都是城破,守將(趙立和李彥仙)壯烈犧牲。祇有建炎元年至二
年宗澤守汴京是比較成功的。宗澤的方法是在汴京城外建立山水寨防
禦網:

　　　〔宗澤〕乃渡河約諸將共議事宜,以圖恢復。而於京城四壁
　　　各置使以領招集之兵。又據形勢立堅壁二十四所於城外沿
　　　河,鱗次爲連珠砦,連結河東、河北山水砦忠義民兵。於是
　　　陝西、京東西諸路人馬,咸願聽澤節制。[5]

　　紹興年間宋人守城方法有長足的進步。但是本文不擬討論。

二、建炎末、紹興初的徙治入山水寨

　　建炎中,紹興初,金兵屢次南下,而華南盜賊橫行,百姓在這兩
重的摧殘和壓迫之下,頗多聚眾入山區或湖沼避難。茲舉數例於下:

3　參看拙著〈南宋初信王榛抗金始末〉,收入《邊疆史研究集——宋金時
　　期》(台北:臺灣商務印書館,1971),頁24-32。
4　《金史》(百衲本)卷66,〈特進達闌傳〉。
5　《宋史》卷360,〈宗澤傳〉。

(1)滁州神山(今安徽滁縣)──「神山在全椒縣西。輿地紀勝：在縣
西三十里有洞極深。州志：山在縣西少北，有洞曰石門，洞深數十
丈，亦曰神仙洞。可容百餘人，常燥不溼。相傳宋南渡時，民嘗避
亂其中。」[6]

(2)應山山寨(今湖北應山)──建炎四年，群賊犯應山，〔連〕萬夫
率邑人數千保山砦，賊不能犯。寇浪子者以兵至，圍之三日，卒破
之。……(萬夫)為賊所害。[7]

(3)咸寧縣成山寨(今湖北咸寧)──「在縣西五里，周迴十餘里，可
容數千人。四壁峭峻，惟一徑可入。宋建炎間，民聚糧保守，賊不
能窺。」[8]

(4)盱眙縣三臺山(今縣)──「在盱眙縣西南一百五十里。縣志：三
臺山有三峰，東西南鼎立，上可屯十萬眾。宋建炎中，劉綱保聚於
此。」[9]

(5)盱眙縣清平山──「在盱眙縣西南八十五里，亦名青山。宋紹興
初，劉澤保聚於此，金人不敢近。其城壘故址猶存。」[10]

　　這一類例子極多。以下再舉例說明州縣府和百姓一同遷移到山水
寨內避賊防敵的情況。

　　建炎三年八月，宋知滁州向子伋率軍民徙居瑯玡山寨。軍隊約二
千人。同年十月，滁州為大盜李成所陷。瑯玡山寨中「惟有澗水，不
足以供數萬人之食，雨中皆食炒米，多得渴病。」李成執殺向子伋，

6　《嘉慶重修一統志》(台北：中國文獻出版社影印)卷130。
7　《宋史》卷453，〈連萬夫傳〉。
8　顧祖禹，《讀史方輿紀要》(台北：新興書局影印本)卷76，湖廣二。
9　《一統志》卷134，泗州。
10　同上。

以其眾充軍。[11]又湖北廣濟縣北60里有鼓角山,「上有九斗坪,頗寬廣。宋建炎初君甄采集眾守禦於此。故寨猶存。」[12]此外如湖北孝感,建炎間移治柴貢砦。[13]澧州(今湖南澧縣)於建炎四年寓治陶家市山砦。[14]峽州(今湖北宜昌)亦於建炎中移治石鼻山。[15]

除避盜外,在敵人入侵之際,前線地區的地方官常因不敵而率官民退守山水寨。這些小據點有時候很能夠發揮牽制作用,或者成為游擊戰的大本營。有些在敵後的山水寨首領,被南宋政府任命為地方官,擇險而守,與金人作長期的游擊戰。

建炎三年十一月,歷陽縣(今安徽和縣)丞王之道率遺民據山寨以守。[16]至次年六月,又有和州進士龔楫率民丁襲金人於新塘,為金人所殺。「時和州無為軍(今縣)鎮撫使趙霖雖已受命,然寓治水寨,未入城。水寨之眾乘間掠敵營。完顏宗弼乃築堡新塘,以遏絕濡須之路。楫率二千人襲之,入其營,獲敵兵數百,所掠男女盡縱之。楫歸,道遇敵救大至,其眾多赴水死,楫為敵所得,……臠割之。」[17]

南宋對金游擊戰最成功的一次是紹興元年(1131)張榮在江蘇通州(今南通)的縮頭湖擊敗金將完顏昌的戰役。宋人的記載說:

11　李心傳,《建炎以來繫年要錄》(廣雅叢書,以下簡稱《要錄》)卷28,十月辛卯條。據《一統志》卷130,滁州關隘:琅琊山寨在州西南十里瑯琊山中。「宋建炎三年,郡守向子伋相視險阻,乃因山砦築城,周十里,為門二,東曰回馬,西曰太平。寇李成逼城下,子伋堅守踰旬,糧盡援絕,寇悉眾攻之,城陷。今基址猶存。」

12　《讀史方輿紀要》卷76。

13　《宋史》卷88,〈地理志〉。

14　同上。

15　同上。

16　《要錄》卷29。據《一統志》卷131和州歷湖條,亦名歷陽湖,一曰麻湖。「宋建炎三年,金人破和州,軍士多潰圍出保麻湖。」

17　《要錄》卷34,四年六月庚辰條。

先是，張榮在通州，以地勢不利，乃引舟入縮頭湖，作水寨
以守。金右監軍〔完顏〕昌在泰州〔今泰縣〕，謀久駐之
計。至是以舟師犯榮水寨。榮亦出數十舟載兵迎敵。望金人
戰艦在前，榮皇遽欲退，不可。徐謂其眾曰：無慮也！金人
止有數艦在前，餘皆小舟。方水退，隔淖不能上岸。我捨舟
而陸，殺棺材中人耳。遂棄舟登岸，大呼而殺之。金人不能
騁，舟中自亂，溺水陷淖者不可勝計。昌收餘眾奔楚州（今
淮安）。榮獲昌子壻佛寧，俘馘其眾。[18]

紹興二年張玘以河南白馬山等山寨為據點破敵的一役，也值得一
提。《宋史》記此事如下：

先是，〔劉〕豫持詔撫諭。……玘囚其使，至是亦戮之。於
是偽齊河南安撫孟邦雄、總管樊彥直據洛陽，兵直抵長水
（在今河南洛寧縣西南），玘遣將陳俊守白馬山，謝皐守船板
山，梁進守錦屏山，盡匱精銳，金兵深入，玘戰東關，三砦
響應，金兵潰。玘率精騎三千，一日夜馳三百里，黎明抵河
南，邦雄就擒，彥直遁去。[19]

這一役中的白馬山，在八年後又出現於史籍。紹興十年（1140），

18　《要錄》卷43，紹興元年三月條，又見徐夢莘，《三朝北盟會編》（台北：
　　文海影印本）卷145，頁13上下。今查縮頭湖在江蘇興化縣東十里，名得勝
　　湖，舊名率頭湖，一作縮頭湖。《輿地紀勝》：宋建炎中張榮、賈虎率山
　　東義軍敗金將撻懶（即完顏昌）於率頭湖，因更名得勝湖。

19　《宋史》卷453，〈張玘傳〉。

金將李成數爲宋知河南府李興所敗，乃向金都元帥完顏宗弼求援，得蕃漢軍數萬。李興聽說後，認爲眾寡不敵，即棄城，寓治於永寧(今洛寧縣)的白馬山。與李成相拒數月。宋廷以李興孤軍難守，糧餉不易抵達，命令李興退師。李興率軍民萬人南歸。[20]

在敵後據山寨打游擊著名的有翟興和翟琮父子。建炎四年，宋兼知河南府(洛陽)翟興寓治於伊陽山寨(在今寶豐縣西)。至紹興二年，劉豫誘其部下殺翟興。但興子琮繼續守伊陽次年，乃突圍奔襄陽。[21]

從這些例子看來，地方政府因實際的需要而遷移到險要易守的山水寨，在南宋初年相當普遍。甚至政府下令移治，如紹興四年十一月，命滁、和諸州移治保聚。[22]

南宋邊境的山水寨，以及在敵後的游擊隊，都被金人叫做「賊」。如《金史》記載破漣水「水寨賊」一事：

> 十二年(金天會十二年即宋紹興四年，1134)，〔阿里〕與高彪監護水運。宋以舟師阻亳州河路，擊敗之，追殺六十餘里，獲其將蕭通。破漣水(江蘇今縣)水寨賊，盡得其大船。遂取漣水軍，招徠安輯之。[23]

20　《要錄》卷137，紹興十年九月；卷140，紹興十一年六月。據《河南通志》、《一統志》、《方輿紀要》，白馬山有二：一在滑縣東；一在洛陽縣東北三十里，即邙山北垂。洛寧附近的白馬山應即後者。

21　《宋史》卷452，〈翟興傳〉；《要錄》卷33，建炎四年五月乙丑；《要錄》卷67，紹興三年八月乙未。並參看《讀史方輿紀要》卷51，河南六汝州寶豐縣；《宋史》卷475，〈劉豫傳〉。

22　《宋史》卷27，〈高宗紀〉，紹興四年十一月甲子。

23　《金史》卷80，〈阿里傳〉。

力居多。吳玠原爲裨將，子羽獨器重他，向張浚推薦。張嵲也是他推薦的。劉子羽曾經向朝廷獻八策，其中第一件事就是據險置寨：

> 淮甸郡縣，不必盡守故城，各隨所在，據險置寨，守以偏將。敵長驅深入，則我綴其後，二三大將，浮江上下，爲之聲援。[29]

「不必盡守故城」的觀念，正是鑑於兩宋之際城守失敗而提出的革命性的觀念。可惜劉子羽的八事，「後皆不行」。但是我們仍然可以發現劉子羽的確是個有見識的將才。當時川陝的防守，大都是固守關隘和因山設防。劉子羽參與其事，並且有實際作戰的經驗。紹興三年二月，金將薩里千陷饒風關，入興元府(今陝西南鄭縣)：

> 子羽與吳玠謀守定軍山，玠憚之，遂西。子羽亦退屯三泉縣。……玠復往守仙人關。……子羽以潭毒山形斗拔，其上寬平有水，乃築壁壘，凡十六日而成。其眾稍集。既而統制官王浚又以五千人至，於是軍勢復振。[30]

這次金人入侵，未能得逞。

---

29 《要錄》卷155，紹興十六年(1146)十月。劉子羽於此時去世。八事何時所上則不可考。

30 《要錄》卷63，紹興三年二月己亥。參看《會編》卷158，頁9上-12上，劉子羽墓誌。嚴如煜、鄭炳然等，《漢中續修府志》(台北：學生書局影印)卷5，山川下，頁14上；潭毒山在沔縣西八十五里。

四、紹興末年的因山設防和楊存中的計畫

紹興三十一年(1161)金主亮南侵，淮南的宋人又紛紛遷入山水寨避敵。其中以水寨爲避敵之所而又能夠發生力量的，是廬州(今安徽合肥縣)的焦湖水寨。是年十月，金人圍廬州，地方官楊椿率兵突圍出守焦湖水寨。至十二月，楊椿發動夜襲，殺金帥高定山，收復廬州。[31]但是也有移治時毫無秩序和計畫，以致百姓損失慘重的情形，如濠州劉光時的做法：

> 初，北境有被逐將渡淮者，武功大夫忠州團練使劉光時疑寇
> 至。是日，遂驅民入橫澗山，謂之移治。居民皆棄其資產而
> 去，生理蕩然。……光時坐貶秩。[32]

移治雖然有利亦有弊，但是在不得已的情形下，政府祇有允許地方官去做。紹興三十一年六月，南宋政府下令，「聽淮南諸州移治清野」。[33]

采石戰役之後，鑑於一些孤立的城市無法抗禦入侵的敵軍，御營宿衛使楊存中(即沂中)和淮西制置使李顯忠等，提出了在淮南淮西地區的新防禦計畫，也就是不守故城，因山設防的守禦方法。今介紹楊

31　《宋史》卷32，紹興三十一年十月癸丑，及十二月庚子條。焦湖據《一統
　　志》卷122，廬州府山川即巢湖，在合肥縣東南六十里，原來名濼湖、樵
　　湖，及焦湖。

32　《要錄》卷190，紹興三十一年五月己亥條。

33　《要錄》卷190及《宋史》卷32，紹興三十一年六月丙寅條。

存中等的方案如下：

> 廬州地勢難守，四經殘破。舒州(潛山縣)地勢襟帶，居諸郡
> 之中。乞移淮西帥司就舒州知州兼領。廬州管下合肥、慎縣
> (合肥西北)、舒城(今縣)盡歸舒州。將見今廬州作爲合肥
> 縣，陞爲軍使兼知縣。令建康府駐箚諸軍差統領官一員，充
> 沿淮都巡檢使，將官兵千人，馬二百，於合肥屯戍，每歲或
> 半年一易，聽本路帥司節制。和州屢經殘破，民不安業。東
> 西關險阻，古來控扼之所，今若移和州於西關，移含山縣
> (今縣)於東關，相去三、四里。和州欲改作歷陽軍，使兼知
> 縣，差將副各一員，將本部官兵於城內屯駐。光州(今河南
> 光山縣)、濠州、安豐軍(今安徽壽縣)今欲移併，附山爲
> 嶮。濠州入橫澗山，安豐軍入暗澗，光州欲爲光山縣，移入
> 太蘇山(商城縣東40里)，隸安豐軍，候有秋農隙及諸軍休息
> 稍蘇修築。所有居民，使之遷徙，仍附山裡外撥田，永爲己
> 業，官給錢買牛具種糧，沿淮中渡(河南光山縣北)、霍邱
> (今縣)、花靨(壽縣西北)、壽春，及見今光、濠，並改作
> 堡。每堡差將官一員充知寨，將帶兵二百，馬三十，令江
> (江西九江)、池(安徽貴池)，建康駐箚諸軍均差，並聽合肥
> 屯駐統領官同節制。[34]

這一計畫的要點是以舒州爲中心，建立依險要作爲據點的防禦系統。凡不易守禦的州縣政府都遷入新據點內，例如和州的東關：「其

---

34 《要錄》卷197，紹興三十二年二月庚子條。

他峻險，周圍皆石。又通鑑注：東關，即濡須口，亦謂之柵江口，在兩山間，濡須口在和州界，爲東關。七寶山在無爲軍界，爲西關，兩山相對，中爲石梁，鑿石通水。」[35]原來縣城，改建堡寨。此外並以屯田配合。

但是由於給事中金安節等的反對，此一計畫未能實行。金安節認爲當時急務以戍兵爲首，屯田次之，修城堡以控要害又次之。盧州之合肥，和州之濡須是古來控扼孔道。在這兩處築壁壘，再廣開屯田，通漕運，即可固守。[36]

五、張浚的依山設防

中興名相張浚，在紹興初鎮守川陝，是利用地形，依山設防。三年，金將薩里千寇蜀口，入梁(陝西南鄭)、洋(今縣)，蜀中大震，劍南諸州都計畫移治。張浚爲宣撫處置使，亦下令移潼州(四川三臺縣)。軍隊都憤怒不願移治，甚至毀掉榜文。後來因劉子羽寫信給張浚，說明他將盡力抵禦，不讓敵人入蜀，張浚才中止移治之舉。[37]

依山設防是很辛苦費力的事，而且不容易看出效果。紹興六年，張浚回到安徽所作的一次築城工作，並不成功：

> 進屯盱眙，右僕射張浚命依山築城。……是役也，興於盛夏，自下運土而上者，皆有日課。望青采斫，數十里間，竹木皆盡。劚掘新舊塚莫知其數，人甚苦之。城成，無水可

35　《一統志》卷131，和州。
36　《宋史》卷386，本傳。
37　《要錄》卷64，紹興三年四月辛卯條。

守，亦無樵采。[38]

雖然如此，張浚在隆興元年(1163)布置兩淮防務時，仍舊採用扼守險要的原則，「治高郵、巢縣兩城爲大勢，修滁州關山以扼敵衝，聚水軍淮陰，馬軍壽春。大飭兩淮守備」。[39]滁州的石駝山，「群山列峙，溪澗環錯，爲州境屏蔽」。據說就是張浚設防的地點。[40]次年，張浚巡視江淮：

> 凡要害之地，皆築城堡。其可因水爲險者，皆積水爲匱。增置江淮戰艦，諸軍弓矢器械悉備。時金人屯重兵於河南爲虛聲脅和，有刻日決戰之語。及聞浚來，亟撤兵。[41]

六、葉適實行的堡塢防守系統

葉適於開禧二年(1206)六月知建康府，兼沿江制置使，三年二月，爲寶文閣待制兼江淮制置使，至同年九月。他在任內實施了一套堡塢防守系統。當時正值金人入侵之後，兩淮殘破，流民及山水寨保聚者達三十萬家。葉適主張設堡塢，讓流民依山阻水，自相保聚。他說：

> 故堡塢之作，山水寨之聚，守以精志，行以強力；少而必

38　《要錄》卷101，紹興六年五月壬辰條。
39　《宋史》卷361，〈張浚傳〉。
40　《一統志》卷130，滁州石駝山。
41　《宋史》卷361，〈張浚傳〉。

精，小而必堅。毋徇空言，而妨實利。則今日之所行，與漢
唐之屯田，六朝三國春秋之壘壁，彼各有以施之，不相謀而
相得也。[42]

他的具體計畫是這樣的；

初，淮民被兵驚散，日不自保。適遂於墟落數十里內，依山
水險要為堡塢，使復業以守。春夏散耕，秋冬入堡。凡四十
七處。又度沿江地，創三大堡。石跋則屏蔽采石，定山則屏
蔽靖安，瓜步則屏蔽東陽、下蜀，西護溧陽，東連儀真，緩
急應援，首尾聯絡。東西三百里，南北三、四十里。每堡以
二千家為率，教之習射。無事則戍，以五百人一將；有警則
增募新兵，及抽調諸州禁軍二千人，並堡塢內居民，通為四
千五百人，共相守戍。而制司於每歲防秋，別募死士千人，
以為劫砦焚糧之用。因言堡塢之成，有四利。大要謂：敵在
北岸，共長江之險。而我有堡塢以為聲援，則敵不敢窺江。
而士氣自倍，戰艦亦可策勳。和、滁、真、六合等城，或有
退遁，我以堡塢全力助其襲逐，或邀其前，或尾其後，制勝
必矣。此所謂用力寡而收功博也。三堡就，流民漸歸。而侂
胄適誅，中丞雷孝友劾適附侂胄用兵。遂奪職。[43]

42　《水心集》，《四部備要》卷2，狀表，〈安集兩淮言省狀〉。
43　《宋史》卷434，本傳。詳見《水心集》卷2，〈定山瓜步石跋三堡塢
　　狀〉。以《宋史》所載較為扼要，故錄於此。據《一統志》卷131，石跋鎮
　　在和州東北三十里，「宋開禧中，州守周虎嘗築石跋城於浮沙河口之北。
　　即此。」卷319，南康府一，山川：定山在江西星子縣東北十餘里濱江。卷
　　73，江寧府：瓜步山在六合縣東南二十里。東臨大江。

可惜這一系統建立後不久，葉適就離職了。除了使流民歸業外，看不出來在防守上究竟有多大成效。

七、崔與之的五砦防禦系統

崔與之於嘉定七年(1214)以直寶謨閣權發遣揚州事，主管淮東安撫公事。當時金人南遷，以汴京爲都城。南宋懷疑金人即將進迫，崔與之以爲選守將，集民兵是邊防最重要的工作。他到任後：

> 浚濠廣十有二丈，西城濠勢低，因疏塘水以限戎馬。開月河，置釣橋。州城與堡砦城不相屬，舊築夾土城往來，爲易以覽。因滁有山林之阻，創五砦，結忠義民兵。金人犯淮西，沿邊之民得附山自固。金人亦疑設伏，自是不敢深入。[44]

這種以山寨和城鎮聯合起來的防守系統，雖然區域不大，卻頗有功效。金人入侵，崔與之認爲必不能久駐，他指出：

> 今山砦相望，邊民米麥已盡輸藏，野無可掠。諸軍與山砦併力勤逐，勢必不能久駐。[45]

結果不出他所料，金人深入無功而退。

44　《宋史》卷406，本傳。
45　同上。李昂英，〈崔清獻公行狀〉，見《崔清獻公集》(叢書集成)附錄僅謂：「宜擇守將，集兵民，以固基業。」

八、宋末因山設防戰略的普遍使用

因山設防的戰略，在宋末相當普遍。除余玠以外，還有一些守將運用此一戰略，時間在余玠創八柱守蜀之前。

孟珙是宋末名將，他的父親孟宗政，曾經在山區打過游擊：

> 孟宗政，字德夫。絳州(山西新絳)人。父林，從岳飛至隨州(湖北隨縣)，因家焉。宗政自幼豪偉有膽略，常出沒疆場間。開禧二年(1206)，金將完顏董犯襄、郢，宗政率義士據險游擊，奪其輜重。[46]

孟珙是將門虎子，善於在山地作戰，如剿滅武仙之役。他也曾經在江陵疏三海，因水設防。在因山設防方面，他的措置如下：

> (珙)兼知光州，冬，兼知黃州。丙申春(1236)，韃寇黃兩耳山下，瞰城中。公跨山爲城，綿亘西北，以護大城。慮軍民雜處，因高阜爲兩堡，曰齊安，曰鎮淮，以居(諸軍)。後屢攻，皆敗之。[47]

46　《宋史》卷403，本傳。

47　劉克莊，《後村先生大全文集》(四部叢刊初編)卷143，頁9上，「孟少保神道碑」。「諸軍」二字據《宋史》卷412，本傳補。本傳又云孟珙「剏章家山，毋家山、兩堡爲先鋒、虎翼、飛虎營。」鎮淮砦據《方輿紀要》，在黃岡西北，以當時黃州屬淮南西道，故取鎮淮爲名。參看張仲炘、楊承禧等，《湖北通志》(台北：華文書局影印)卷35，關隘一。

其實孟珙創設的山寨還有軍山，在應山縣西六十里。[48]此外，黃安縣北八十里的天臺山，「高百餘仞，四面皆石壁，惟石磴一徑可上。約廣數畝，頂廣夷，可容千家。」是宋端平、嘉熙間，當地人入山避敵的地方。以下錄〈天臺山立寨記〉，以見其詳：

> 勘會端平初，襄漢淮西爲兵擾亂。丁酉歲(1237)浮，光失守，民無所歸。彼時奮發忠赤，欲立寨安眾，而難得地利。獨此山鼎峙，形勢險峻，……遂集眾在上創寨。……連月攻打，莫敢近傍。由是光、信殘破之民，擁堡來依，屯聚十萬眾，果能全活。戊戌(1238)，丞相史嵩之都督荊湖，孟珙制置，差官旌賞。請總眾防擴江西，授命加職，連歲捍守獲捷。淳祐三年(1243)，義陽李太守知黃州，……經理九村，捍禦五關。自入寨，究心措置，收拾草莽間逃難者於江南。乃載種分布耕養。每年寇犯境，剿殺敗退。前後擒大頭目回回漢子無數，(下闕)都制楊將軍芮、御帶鄭太杜、提舉黃州守備。……陞推委令提督白石、黑石、三角山、木蘭洞、獅子崖、王(下闕)峰、德勝、齊安十寨，一民無遺。……宋淳祐戊申(1248)五月旦日黃州(下闕)元義民總黃陂縣提督光黃諸山寨本山駐箚(下闕)胡大興刻石，帳前統制余(下闕)。[49]

此文記載天臺山立寨於1237年，至1248年立石記事時，除天臺山寨外，已經另立十寨。並且有總管諸山寨的官員。

48　《湖北通志》卷35。
49　同上，卷104，〈金石志〉12，頁44上-45上。

另外一位建立湖北山寨防禦網的人是吳淵。他在嘉熙三年（1239）四月，就任權工部尚書沿江制置使知江州。朝廷付以光豐蘄黄之事，他遂著手建立山寨網。「凡荊司空山、燕家山、金剛臺三大砦，嵯峨山、鷹山、什子山等二十二小砦。團丁壯，置軍，分立隊伍。星聯棋布，脈絡貫通。無事則耕，有警則禦。」[50]

這些山寨中的金剛臺山在河南商城縣南30里，宋紹興初張昂據此爲寨，嘉熙元年，爲光州寓治。[51]司空山在安徽太湖縣北，山中有洗馬池。[52]其他的鷹山和雞鳴山，在湖北英山縣，什子山在麻城縣，嵯峨山在黃陂縣，[53]將湖北東部安徽西部和河南南部聯合成爲一個山寨網。吳淵的父親吳柔勝，曾經招安一個土豪游擊首領，就是孟珙的父親孟宗政。[54]因此吳淵和孟珙之間也許有一點關係。至少，當吳淵建山寨時，湖北東部已經在孟珙管轄之下出現了一些山寨，而由吳淵加以系統化的整理和發展。

值得注意的是，余玠的老家蘄州（湖北蘄春縣）正在吳淵設防的區域之內。余玠是否曾受這種設防方式的影響，雖然不可得知，但是至少這一方式在南宋長期的使用，到了宋末，已經成爲一種必需的防守方法了。孟珙是余玠的前任，在四川作宣撫使兼知夔州，是嘉熙四年（1240），並且曾經和蒙古軍隊作戰。余玠赴四川上任前，「道過珙」，後來孟珙又予以支援。余玠的「八柱守蜀」觀念，是否受了孟珙的影響呢？還是「英雄所見略同」？

---

50 《宋史》卷416，〈吳淵傳〉。
51 《河南通志》卷8，山川。《宋史》卷88，〈地理志〉。
52 何治基等，《安徽通志》（台北：華文書局）卷24，山川，頁10上。
53 鷹山、雞鳴山見《一統志》卷133，六安州；什子山見《湖北通志》卷7及《宋史》卷88，〈地理志〉；嵯峨山見《湖北通志》卷6。
54 《宋史》卷400，〈吳柔勝傳〉。

在余玠到四川之前(1242)，四川已經有了因山設防的基礎。守臣高稼和桂如淵曾經大量建立堡寨。高稼於寶慶三年(1227)通判沔州(治陝西略陽)，兼桂如淵的幕職。這時他向桂如淵提出建議：

> 稼首言蜀以三關爲門戶，五州爲藩籬。自前帥棄五州，民無
> 固志。一旦敵至，又有因糧之利，或遂留不去。今亟當申
> 理，俾緩急有所保聚。如淵然之。乃刱山砦八十有四，且募
> 義兵五千人。與民約曰：敵至則官軍守原堡，民丁保山砦，
> 義兵爲游擊。庶其前靡所掠，後弗容久。[55]

《宋史·地理志》記載四川徙治山寨，在余玠到任前，共有五處：
(1)遂寧府(遂寧縣)——端平三年(1236)，兵亂，權治蓬溪砦。
(2)瀘州(瀘縣)——嘉熙三年(1239)，築合江之榕山。四年，又築合江之安樂山爲城。淳祐二年(1242)，又城神臂崖以守。
(3)榮州(榮縣)——端平三年擇地僑治。
(4)播州(貴州遵義縣)——端平三年，以白綿堡爲播州。
(5)閬州(閬中縣西)——端平三年兵亂，淳祐三年移治大獲山。[56]
其中閬州大獲山上有大獲城。宋紹定中，都統孫臣、王堅所築。淳祐三年，兵亂，制置使余玠築此城爲閬州治，以蒼溪縣爲倚郭。[57]

55 《宋史》卷449，〈高稼傳〉。
56 《宋史》卷88、89。其中播州據道謨等撰，《貴州通志》(台北：華文書局)卷3，建置，於宣和三年廢遵義軍爲砦，後復爲軍。至嘉定十一年復爲砦，端平三年以白綿堡爲播州(頁48上)。
57 《四川通志》卷51，頁10下。參看姚從吾，「前引文」，頁268。西南師範學院歷史系編，《釣魚城史實考察》(1961)，頁20。

這裡的王堅，就是孟珙的部將，後來繼承余玠守蜀，致蒙古憲宗於死。此外播州的冉璡、冉璞兄弟爲余玠畫策，定「八柱守蜀」的方案，可能也受了一點他們家鄉移治堡寨的影響。

九、南宋末年的山水寨舉例

南宋最後的二十年中，甚至於朝廷覆亡以後，仍然有人以山寨爲根據地，作最後的奮鬥。除了著名的釣魚山之外，還可以找到其他地區的例子。

(1) 劉源野人原寨——景炎中(1276-78)，懷寧人劉源與張德興起義兵，立寨於司空山，克復黃州壽昌軍(今湖北鄂城縣)。元將昂吉爾來攻，源堅守三年，終於力竭而戰死。[58]

(2) 張德興司空山寨——宋亡，有安撫張德興立寨於此，以圖恢復。此即吳淵首先創立山寨的原址。[59]

(3) 陳子敬黃塘寨——文天祥攻贛，贛州人陳子敬與他合作，忠效甚著。空坑兵敗，復聚兵屯黃塘砦。連結山寨，不降元朝。元軍大舉進攻，砦潰，陳子敬不知所終。[60]

(4) 彭震龍義岡營——宋末，永新人彭震龍聚里中豪士數百人響應文天祥。永新(江西永新)城潰，震龍不敵，遂屯兵於蓮花廳(今縣)東二十里義岡嶺上，抗拒元朝。至今營溝舊址猶存。[61]

58　《一統志》卷111，安慶府三，人物。又見卷110，安慶府二，關隘。

59　同上，卷110，安慶府二，關隘。

60　《宋史》卷454，〈何時傳〉。趙之謙等，《江西通志》(台北：華文書局)卷52，山川，吉安萬安縣有黃塘巖，不知是否陳子敬聚兵處。又見《一統志》卷327。

61　《一統志》卷328，吉安府二，古蹟。

十、結語

每當中國發生變亂，盜賊蜂起的時候，必然有很多人遷移到山區裡保聚。南北朝時期，華北有大量的塢堡出現；[62]南宋初年，在戰區和敵後都有山水寨義兵的活動。後來兩淮的山水寨，接連不斷的有官民屯聚。有些是地方政府臨時疏散避敵的處所，有些是民眾避亂的地區。這些原來是零星散見的小據點，逐漸發展為有計畫的區域防禦。從安徽西部、湖北、河南交界一帶，以至於川陝都有這種山水寨，令北方騎兵南下時難以一一攻滅。

在這些地方，有人利用山水寨作游擊戰，也有人提議建立整體性的防禦網。雖然這些游擊戰和防禦網在南宋末期以前並沒有很著成效，但是政府和民間一直在利用和充實這種戰略，則是事實。到了宋朝末年，終於普遍的被地方官和將領們採用。其中獲得最大成功的，就是四川釣魚城的防禦戰。本文所引用的資料顯示，這種防禦戰並非偶然出現的，也不是余玠發明的。它是南宋山水寨防禦戰略發展到最高峰時，給予侵略者最有力的一擊。

原載《食貨月刊》7卷1.2期，1977。

---

62 看金發根，《永嘉亂後北方的豪族》（台北：中國學術著作獎助委員會，1964）。

岳飛與完顏宗弼

　　南宋名將岳飛(1103-1141)和金朝大將完顏宗弼(又名兀朮、烏珠。卒年1148)，是宋金對峙初期中的兩個關鍵人物。岳飛在南宋中興諸將中戰功最著。不但穩定了南宋初立國的基礎，阻止了金軍南下，而且有潛力恢復中原。能戰始能和，岳飛的貢獻加強了南宋朝廷與金談判的實力。完顏宗弼是從金朝建國到與南宋講和期間的重要人物。在西元1141年議和的前幾年中，完顏宗弼是金朝的主將都元帥，於1140年復取河南地時，與岳飛在戰場上交手。雖然岳飛獲得節節勝利，卻受阻於朝廷的保守政策，在缺乏支援的情況下，岳飛受詔班師，未能達到收拾舊山河的志願。其後完顏宗弼一手造成宋金和約，取得了宋人的臣服。如果比較岳飛和完顏宗弼的事功及個人的遭遇，一方面可以清楚地顯示兩人的貢獻，另一方面似可以反映宋金朝立國基礎的不同及政策的差異。

　　本文的重點在比較宋金雙方有關岳飛和完顏宗弼的史料，以追溯兩人在戰場上交手的經過，及指出史料中有關兩人記載的誇張失實之處，求得較為客觀的史實。由於過去討論岳飛的專著和論文極多，本文中不擬重複徵引。[1]宋人著作在量的方面遠過於金人。在豐富的南

1　關於岳飛的專著如鄭廣銘《岳飛傳》(增訂本，北京：北京人民出版社，

宋史料中，既有記事詳細的《三朝北盟會編》和《建炎以來繫年要
錄》等書，又有關於岳飛事跡的《金佗稡編》。不過，諸家記載中頗
多牴觸失實及浮誇附會。部分原因是秦檜及其黨徒竄改史書，淹沒史
料。宋人諱言失敗和屈辱，也是一個原因。就後者而言，例如1141年
和議成，《繫年要錄》中略去高宗稱臣的字句，而僅見於《金史‧宗
弼傳》。[2]《金史》雖稱良史，但是記事過於簡略，也有錯誤。例如
關於宗弼收復河南地的日期有誤，並且略去對宋的重要戰役。宋人記
岳飛與宗弼的爭戰，頗多不見於《金史》，如《金佗稡編》載宗弼侵
略江南，在廣德境內與岳飛六戰皆敗。[3]《金史》卷84〈完顏昂傳〉
載，完顏昂與岳飛相拒，及岳飛以兵十萬號百萬攻東平。事在1139
年，但那一年宋金之間並無戰事。[4]又如1134年金齊聯軍南侵，《金
佗稡編》以兀朮(宗弼)為主將，《金史》於此役只記載宗翰、宗弼辯
論應否出師，結果「使撻懶帥師至瓜洲而還」。宗弼既反對出師，大

(續)───────────────

　　1983)、王曾瑜《岳飛新傳》(上海：上海人民出版社，1983)；論文集如
　　《岳飛研究》(杭州：浙江古籍出版社，1988)、《岳飛研究(第二集)》(鄭
　　州：中原文物編輯部，1989)，二者都由岳飛研究會編。關於完顏宗弼，參
　　考張博泉〈略論完顏宗弼〉(《學習與探索》1983年第五號，頁122-128)及
　　拙著〈金完顏宗弼論〉(陶希聖先生九秩榮慶祝壽論文集編輯委員會編)、
　　《國史釋論》上冊(台北：食貨出版社，1987)，頁141-146。

2　李心傳《建炎以來繫年要錄》(叢書集成本)卷142，頁2292-2293，引《紹
　　興講和錄》經李心傳刪取附注，以備參考。《金史》卷77，〈完顏宗弼
　　傳〉則載：「臣構言：今來畫疆，合以淮水中流為界。……」事實上，金
　　人歸還河南地於宋時，高宗已經稱臣。紹興十年，金人復取河南地，高宗
　　詔諭諸路大將各竭力圖大計，詔書中有云：「不憚屈己，連遣信使，奉表
　　稱臣。……」

3　岳珂編，王曾瑜校注《鄂國金佗稡編校注》(北京：中華書局，1989)，下
　　冊卷19，頁925，967。

4　《金史》卷84，〈完顏昂傳〉。參看《金佗稡編》，頁490-491。

概此役他並沒有參加。[5]

一、岳飛和宗弼交戰的經過

完顏宗弼在1126年金人南下圍攻汴京時，已經擔任前鋒，「以三千騎薄汴城，宋上皇出奔，選百騎追之。弗及。」並且曾經攻占岳飛的家鄉湯陰。[6]

宋金史料都記載岳飛和宗弼對敵始於1129年。金人於康王就位後，再度發動侵略戰爭，「金賊兀朮與〔岳〕侯軍連年拒戰」。[7]

同年11月，宗弼率軍南下，於馬家渡過江。《金佗稡編》記杜充遣岳飛等17人，「領兵二萬，從都統制陳淬與虜敵。戰方酣，大將王瓊以數萬眾先遁，諸將皆潰去。獨先臣力戰。會暮，後援不至，輜重悉為潰將引還，士卒乏食。乃全軍夜屯鍾山。遲明，復出戰，斬首以數千百計」。[8]《繫年要錄》記其事云，杜充命都統制陳淬督統制官岳飛、劉綱等17人，將兵三萬人與戰。陳淬戰死，「岳飛等皆引去」。[9]《金史》則載，「宗弼渡江，敗宋副元帥主充軍於江寧。」「軍渡采石，擊敗岳飛、劉立、路尚等兵，獲芻糧數百萬計。」[10]此役岳飛並未戰勝。在宗弼趨臨安途中，《稡編》記岳飛邀擊於廣德境中，六戰

5　《金史》卷77，〈劉豫傳〉。

6　《金史》卷77，〈宗弼傳〉。

7　徐夢莘，《三朝北盟會編》（台北：文海出版社影印本，1962）卷207，頁3上，〈岳侯傳〉。參看《金佗稡編》，頁88。

8　《金佗稡編》，頁99。

9　《要錄》卷29，十一月壬戌、丙寅，頁574、576。

10　《金史》卷3，十一月壬戌；卷81，〈王伯龍傳〉。參看《金佗稡編》，頁103。

皆捷。此事不見於《金史》，似是小勝。[11]

1130年春，宗弼從建康退師。宋金史料記此事也有出入。《粹編》記是年五月，岳飛敗宗弼於建康，宗弼奔淮西。而《要錄》則記宗弼於四月渡江北返，五月，岳飛擊金人於靜安，獲勝。[12]《金史》則避談建康之戰，僅記宗弼「渡江北還」。[13]此役岳飛戰勝，但對手是宗弼渡江北還後留在建康的軍隊。

其後的幾年裡，岳飛的主要功勞在安定江南，收復荊襄。1130年金人立劉豫的傀儡政權後，南北的戰爭大都發生在宋齊之間。金人有時參於對宋的侵略，如1130年九月宗弼敗張浚軍於富平。次年十月，吳玠大敗宗弼於尚原。兩年以後(1133)的十一月，宗弼復攻和尚原，「克之」。[14]

1134年九月，金齊聯軍渡淮侵宋。宗弼亦在軍中。岳飛進軍淮西。十月，韓世忠捷於大儀。十二月，岳飛將牛皋、徐慶敗劉豫子劉麟於廬州。[15]岳飛和宗弼在此役並未交手。

岳飛於1134年建節為清遠軍節度使。到了1137年，累積軍功，擢升為宣撫使，遷武階官最高的太尉。[16]

同一期間，完顏宗弼由右監軍升任右副元帥，是金人在華北僅次於左副元帥完顏撻懶等將領。[17]1139年七月，完顏宗磐、宗雋謀反被

11　《粹編》，頁105。

12　《粹編》，頁120；《要錄》卷32，四月丙申；卷33，五月壬子。

13　《金史‧宗弼傳》。

14　《金史‧宗弼傳》載和尚原戰敗後，「明年復攻和尚原，克之。」誤。

15　《要錄》卷83，十二月壬辰。參看《粹編》，頁275-292。王曾瑜認為《行實編年》誇張戰績。

16　關於岳飛的官銜，看龔延明，〈岳飛官銜繫年與考釋〉，《岳飛研究》第一集，頁145-217。

17　《金史》卷44，〈兵志〉：侵宋時元帥府置元帥及左、右副元帥，左、右

殺。宗弼為都元帥,進封越國王,成為金朝的最高統帥。八月,殺撻懶。次年夏,領行台尚書省事,更掌握了中原的行政大權。

金朝的主和派首腦撻懶(昌)既被翦除,宗弼請收復河南、陝西地。《金史・熙宗紀》載:

> 五月,詔元帥府復取河南、陝西地。命都元帥宗弼以兵自黎
> 陽趨汴,右盡軍撒離合〔喝〕出河中,趨陝西。
> 是月,河南平。
> 六月,陝西平。

這段記事既簡略,也有錯誤。岳飛班師是七月的事,那時才可以說宗弼取得河南地。[18]《金史》卷77〈宗弼傳〉的記事稍詳於本紀:

> 宗弼由黎陽趨汴,右監軍撒離喝出河中,趨陝西。宋岳飛、
> 韓世忠分據河南州郡要害,復出兵涉河東,駐嵐、石、保德
> 之境,以相牽制。宗弼遣孔彥舟下汴、鄭兩州,王伯龍取陳
> 州,李成取洛陽,自率眾取亳州及順昌府,嵩、汝等州相次
> 皆下。時暑,宗弼還軍於汴。岳飛等軍皆退去,河南平。

其中謂岳、韓分據河南州郡要害,略去宗弼攻順昌府大敗於劉錡,又敗於岳飛收復鄆城、潁昌二役。

(續)———————————————————————————

　　　　監軍,左、右都監。都元帥以諳班孛極烈為之,恆居守而不出。
18　施國祁於《金史詳校》(百部叢書本)卷1,頁24上,指出此點。但他不認為
　　史官有誤,而是宗弼當時透過秦檜,已經預知高宗將召回岳飛,故提前向
　　金廷奏捷。這一看法只可姑備一說。

《金史》卷68〈阿魯補傳〉有一段文字記述宗弼取汴，岳飛等收復許、潁、陳三州：

> 宗弼復河南，阿魯補先濟河，撫定諸郡，再爲歸德尹、河南路都統。宋兵來取河南地，宗弼召阿魯補與許州韓常、潁州大臭、陳州赤盞暉，皆會於汴，阿魯補以敵在近，獨不赴。而宋將岳飛、劉光世等果乘間襲取許、潁、陳三州，旁郡皆響應。其兵犯歸德者，阿魯補連擊敗之，復取亳、宿等州，河南平，阿魯補功最。

文中劉光世應是劉錡之誤，自金人歸河南地於宋後，潁州即一直在宋軍把守之中，當時陳規是知順昌府，劉錡是東京副留守。潁州並未曾被大臭占領。岳飛襲取許、陳二州，可以和《會編》所載相印證：

> 世忠取海州，〔張〕俊取亳州，又取宿州。飛取蔡州，又取陳州。京東、西皆響應。[19]

岳飛取許州，即潁昌之捷。至於傳中所謂「復取亳、宿等州」，是其後金人復入淮西，攻占曾被張俊、王德一度收復的兩州。

關於岳飛北伐至潁昌，《金史》還有一條文字透露岳家軍深入的消息，見卷82〈僕散渾坦傳〉：

> 〔僕散渾坦〕爲宗弼扎也。天眷二年，與宋岳飛相拒。渾坦

19　《會編》卷205，頁9上下，〈淮西從軍記〉。

> 領六十騎深入覘伺，至鄢陵敗宋護糧餉軍七百餘人，多所俘獲。

按這段記事中的天眷二年，應為天眷三年之誤。天眷二年（紹興九年），金人將河南地歸還宋人，那一年中宋金間沒有任何戰事，《金史》中的年代時常誤載，如卷81〈王伯龍傳〉，把他從元帥府復河南等事跡都記錄在天眷元年之下。此外，天眷二年中，岳飛的軍隊也從來沒有到過鄢陵。所以僕散渾坦攻擊岳飛的護糧餉軍一役，應當發生在岳飛北伐的過程中。[20]這雖然是一個小遭遇戰，但是渾坦「深入」敵陣偵察，敗宋護糧餉軍，也就是到了宋軍的後面。鄢陵位於潁昌東北，開封和朱仙鎮之南。這條史料足以證明岳家軍已經越過潁昌和鄢陵，達到朱仙鎮了。

以上〈宗弼傳〉載李成取洛陽之事，亦見卷79〈李成傳〉：

> 宗弼再取河南，李興據河南府。成引軍入孟津，興率眾薄城，鼓譟請戰，成不應。日下昃，興士卒倦且飢，成開門急擊，大破之。興走漢南，成遂取洛陽、嵩、汝等。河南平。

按金人將河南地歸還宋人後，洛陽即由河南府兵馬鈐轄李興等防守。宗弼復取河南地時，命李成攻河南府。五月，李成陷河南府，宗弼就命他為知府。七月，岳飛部將張應、韓清復西京，李成遁走。[21]李成數為李興所敗，向宗弼求援，宗弼遣援軍蕃漢軍數萬人前往。李

20　王曾瑜引此條於《粹編》，頁487，注2，謂金歸河南地後，仍出兵襲擾。按遍查宋金二史及《會編》、《要錄》，天眷二年雙方無戰事。

21　《要錄》卷135，五月己丑條。又，卷137，紹興十年七月癸卯條。

興以眾寡不敵，遂棄城奔永寧的白馬山。[22]以上宗弼和李成二傳所載取河南，是指紹興十年九月，洛陽等地爭奪戰的結果。也就是說，《粹編》記宗弼於潁昌戰敗後，一度後撤，似並非誇大其詞。[23]

1141年春，宗弼再度渡淮南下。二月，楊沂中等敗金兵於柘皋。但金人於三月陷濠州。岳飛援淮西，進兵到定遠，而濠州已失陷。岳飛這次出師沒有和宗弼交戰。

《金史》卷66〈宗秀傳〉還有一段關於岳飛的記事：

> 宗弼復取河南，宗秀與海陵俱赴軍前任使。宋將岳飛軍於亳、宿之間，宗秀率步騎三千，扼其衝要，遂與諸軍逆擊敗之。

這是誤以張俊軍為岳飛軍。岳飛的軍隊只有在援淮西時才向濠州進發，抵達定遠時，張俊等已經敗退。岳飛未嘗軍於亳、宿之間，〈宗秀傳〉的記事是把當時北伐的宋軍都視為岳家軍。

總之，岳飛與完顏宗弼之間的主要戰爭是宗弼復取河南地時發生的。宋人的記載都指出岳飛獲得了重要的勝利。《金史》雖然諱言戰敗，從〈阿魯補傳〉和〈僕散渾坦傳〉裡兩段有關的文字，仍然可以看出來岳家軍確實攻占了許、陳等州，而且於潁昌之役後繼續進軍到達朱仙鎮。宗弼也許一度從開封後撤，也許準備後撤。若非岳飛受詔班師。宗弼或退出河南，或與岳飛決戰，是那時歷史可以發展的方向。

22　同上，卷137，九月戊申條。又見《會編》卷204，九月七日戊申條。

23　《粹編》，頁568：「兀朮疑京城之民應先臣，夜棄而出，北遁百里。先臣始班師。」頁572，注8，王曾瑜採此說。

二、岳飛和宗弼的功績

　　從上引《金史》中的一些關於岳飛的錯誤的記載，可以大致知道在南宋諸將中，岳飛是金人的主要敵人。如1139年岳飛以兵十萬攻東平，1140年軍於宿、亳之間，及出兵到河東等記載，或出於錯覺，以為南宋北伐之師都是岳家軍；或因北方豪傑假借岳家軍的聲威，起而抗金。都可以反映岳家軍的影響之巨。雖然《金史》對宗弼復取河南後岳飛的北伐有所隱諱，但也沒有捏造岳飛敗走。《金史‧完顏綱傳》還保存了金人對岳飛的正面評價：「威名戰功，暴於南北。一旦見忌，遂被參夷之誅，可不畏哉！」[24]

　　岳飛戰功彪炳，為南宋諸將之冠。他成名早，升遷快，官職也高。不過，他在政治上受了宋朝立國制度上的限制，不會也不能發揮作用。他反對和議最力，因此遭到高宗和秦檜的疑忌。他的結局，竟和完顏宗弼有天壤之別。

　　宋人關於完顏宗弼的記事，雖然強調他的失敗，卻並沒有批評他在戰略或戰術上有什麼大錯誤，反而記錄了一些事跡，予人以一員勇將的印象。如黃天蕩之役前，宗弼親登鎮江的金山龍王廟探查宋軍虛實，幾為韓世忠部下俘獲。[25]和尚原之戰，宗弼中流矢二，僅以身免。[26]這些事跡可以和宋降將酈瓊的話印證。他說宗弼「親臨陣督戰，矢石交集，而王免冑，指麾三軍，意氣自若，用兵制勝，皆與孫、吳合，可謂命世雄材矣。至於親冒鋒鏑，進不避難，將士視之，

24　《金史》卷98。
25　《要錄》卷32，建炎四年三月丁巳條。
26　同上，卷48，紹興元年十月乙亥條。

孰敢愛死乎！宜其所向無前，日闢國千里也。」不像南宋諸將出兵時，身在數百里外，謂之持重。[27]

宗弼是金朝的主戰派，他立有顯赫的戰功，而且東西奔馳，縱橫南北，力敵南宋六將(四大將及吳玠、吳璘)。最後因宋人求和，乃一手造成和約，臣服宋帝，取得外交上的大勝利。[28]宗弼位兼將相，幫助熙宗平定內亂，集權於中央。自宗翰死後，宗雋、宗磐、昌和希尹相繼死於政爭，大局賴宗幹和宗弼來維持，才得以穩定。所以《金史‧宗弼傳》贊說，宗翰死後，「時無宗弼，金之國勢亦日殆哉。世宗嘗有言曰：『宗翰之後，惟宗弼一人。』非虛言也。」

三、關於岳飛和完顏宗弼的傳說

從完顏宗弼渡江追擊宋高宗開始，他就給宋人一個殘暴好戰的印象。他在江南停留半年之久，攻打城鎮，燒殺劫掠，和韓世忠大戰於黃天蕩，當時已經是宋人的大敵。後來和岳飛交戰，最後和宋廷訂立了臣服南朝的和議，宗弼成為漢民族小說戲劇中人人厭惡的侵略者。

宋高宗對宗弼既怕又恨。宗弼復取河南地時，高宗於1140年五月詔諭諸路大將竭力防守，並且頒布賞格，「募有能生擒烏珠者，除節度使，賜銀帛五萬匹兩，田千頃，第一區。」[29]次月，樞密院下討烏珠等檄書於諸路宣撫司，其中大罵宗弼：

27　《金史》卷79，〈酈瓊傳〉。

28　《三朝北盟會編》卷206及208，《繫年要錄》卷141至144錄有宗弼和宋廷的來往書信，值得進一步研究。

29　《要錄》卷135，紹興十年五月戊戌；《會編》卷200，頁10上-11上。

> 惟彼烏珠，號四太子，好兵忍殺，樂禍貪殘。陰蓄無君之
> 心，復為倡亂之首。戕殺叔父，擅奪兵權。既不恤壯士健馬
> 之喪亡，又豈念群黎百姓之困苦。……罪在一夫謀己之私，
> 毒被寰宇兆民之眾。

並且再次宣布賞格，捉殺宗弼。[30]

　　同年十月，高宗對大臣說：「朕若親提一軍，明賞罰以勵士卒，必可擒取烏珠。」[31]仍想以重賞來擒殺敵人的首腦。這樣認定宗弼是金人中最好戰、最殘暴的首惡，使宗弼惡名昭彰。

　　宗弼的最大的敵人是岳飛。由於岳飛的冤死發生於和約訂立的前夕，後世遂疑秦檜勾結宗弼，而宗弼必欲置岳飛於死地。小說和戲劇中就對兩人的對立大為渲染，甚至描寫秦檜妻王氏和宗弼有染，共同害死岳飛。明末《岳飛破虜東窗記》描寫兀朮被岳飛殺得大敗，只好把身邊的秦檜送回南宋，由他來設計陷害岳飛。吳玉虹著《如是觀》傳奇中的兀朮，地位高於宗翰和宗望，漢名錯作完顏亮。也是兀朮把秦檜夫婦送回南朝做奸細，但是他們的陰謀不能得逞，岳飛並未冤死，而是繼續打敗金兵，收回東京。兀朮求和不成北遁，岳飛迎接徽、欽二帝回朝，高宗斬秦檜及檜妻王氏。

　　清初的《十二金牌彈詞》和錢彩著《精忠岳傳》，都以兀朮為侵略北宋，攻下開封，及追擊宋主的主將。他屢次為岳飛所敗，只好和奸臣秦檜共謀害死岳飛。故事裡還有不見於宋代史籍的宋守臣陸登兵敗自殺，兀朮收養了其子陸文龍，王佐斷臂說陸文龍反金，投奔岳飛

30　《要錄》卷136，六月甲辰朔條。
31　同上，卷138，十月壬辰條。

的情節。至今連環圖畫仍在流傳這些故事。

戲台上的宗弼，則不僅不是無能之輩，而且殺法屬害，極為威猛。惟其如此，才更能顯出岳飛的偉大。[32]

以上這些民間文學和戲劇反映了漢民族對女真民族的敵視，因此貶低了宗弼的成就和地位。就女真民族的觀點來說，宗顏宗弼是他們傳說中的大英雄。松花江下游的赫哲族流傳著兀朮的故事，如〈葛門主格〉一則，敘述四太子兀朮攻打北宋的經過，以兀朮為招降張叔夜，攻下汴京，擄去宋二帝的主將。若干細節和《精忠岳傳》相似，不過採取的是女真人的立場，極力宣揚兀朮的英雄事跡。兀朮在東北女真族的心目中，是超過所有金代君主和將相的英雄。[33]

四、結論

綜合宋金史料來觀察岳飛和完顏宗弼交戰的經過，可以知道兩方面的史料可以互相補充。岳飛和宗弼之間的主要戰役，是西元1140年的郾城和潁昌等役。《金史》的〈熙宗紀〉和〈宗弼傳〉諱言失敗，但是〈阿魯補傳〉載有岳飛襲取許、潁、陳三州，《僕散渾坦傳》更說明岳飛的大軍已經深入開封附近。這兩條史料可以幫助解決岳飛是否進軍到朱仙鎮的問題。

岳飛和宗弼的事功和際遇形成強烈的對比。這個對比反映宋金制度的差別，和軍事政策的不同。南宋初年兵荒馬亂，政局動盪。自從苗、劉之亂後，高宗就對諸將處處防範，逐漸加強控制。他認為諸將

32　以上參看拙著，〈金完顏宗弼論〉。

33　凌純聲，《松花江下游的赫哲族》(南京：民族出版社，1934)，頁553-558。參看前引拙著。

尊重朝廷，重於收復失地。金朝完顏氏的崛起則倚仗家族成員爲將相。熙宗時叔父宗弼安內攘外，對內翦除跋扈的宗室大將，以求集權於中央；對外有全權指揮諸將及辦理外交。和南宋以文人掌軍權，顯然有異。

不過，金朝的家族統治並沒有穩定政局。完顏昌之死也許是企圖反叛，熙宗殺完顏希尹則是因他與宗弼有隙而成冤獄。[34]甚至最後熙宗也成了宮廷鬥爭的犧牲品。

總之，金朝的政策是重外輕內，軍事和外交固然成功，制度的建立和內政的改革卻不足以維持內部的安定。南宋的政策是重內輕外，爲達到內部穩定的目的，對外則不免屈膝求和。

原載《岳飛研究——岳飛暨宋史國際學術研討會論文集》。北京：中華書局，1996。

---

34 參看〈完顏希尹神道碑〉，見李澍田主編，陳相偉等校注，《金碑匯釋》（長春：吉林文史出版社，1989），頁57-108。

同化的再思考

涵化，同化，漢化，華化

　　過去中國歷史學家研究漢化問題，最早的定義見陳垣所著《元西域人華化考》一書，他舉例說明華化的意義是：登進士第並改漢姓漢名者，華化已深；生於夷域而行中國禮義者，是形夷而心華也；以西域人而工中國詩，純華化也；但華學者學習華文，翻譯漢籍，則並沒有華化。[1]姚從吾寫遼金漢化的論文，卻沒有解釋究竟什麼是漢化。到了1960年代，學者對於漢化的定義，如孫同勛在《拓拔氏的漢化》一書中，引用人類學家賴費德等人於1935年出版之《涵化》一書的定義，即「涵化包括那些當具有不同文化的個人集團之間發生直接而不斷的接觸與引起任一或兩個集團原有文化模式變化時所產生的現象。」又引克勞伯的定義：「文化接觸時對文化所發生的影響。」[2]個人在《女真史論》一書中對於同化的看法是根據美國人類學家華來士的定義，並加以修改：「在同化中，從屬的群體試圖幾乎全部放棄現存的不適當的文化，而進入文化上主宰的群體的社會中，並採取其

1　陳垣，《元西域人華化考》(台北：世界書局本)卷一，「華化意義」，頁3-7。
2　台灣大學文史叢刊，1962。

文化(僅僅保存若干浮淺的殘餘文化特質)。」[3]蕭啓慶討論蒙古人的
漢化時,也討論漢化的定義為:「同化所指涉的現象乃為兩個民族或
群體長期接觸而導致文化上所屬群體放棄其原有文化並全部接受文化
主宰群體的文化,與後者融為一體,不可區分。」他的定義是參考華
來士和我所修改的定義而來。他並且指出同化是一個過程,同化之深
淺也是相對的。[4]

　　由於美國的社會是移民社會,移民和同化問題是美國學術界的重
要問題,所以美國的社會學家和人類學家討論同化問題特別多。他們
大致認為,同化是一個過程,在這個過程中,一個族群與另一個族群
接觸時,採取該族群的文化,並且與其通婚和整合。社會學家認為同
化有兩個層次:文化採借即涵化(acculturation);族群認同(identity)
和社會整合(包含通婚)即同化(assimilation)。[5]有的文化人類學者則
認為涵化包含了同化,即同化是涵化的最後的一個階段。簡單的說,
這兩個觀念的差異在於一個族群可以被另一個族群涵化,即採取其文
化,但是並不一定放棄自身的認同,而與另一個族群融合。再者,在
涵化和同化的過程中,涵化可以很快的發生,而同化的發生較緩慢。

　　總而言之,中國歷史上的同化(assimilation),就是漢化或華化,英
文作Sinicization。社會學家Alba和Nee對於同化所下的定義是:「同化

3　《女真史論》(台北:食貨出版社,1978),頁4;新版(台北:稻鄉出版
　　社,2003);Jing-shen Tao, *The Jurchen in Twelfth-century China: A Study of
　　Sinicization* (Seattle: University of Washington Press, 1976).
4　〈論元代蒙古人之漢化〉,《蒙元史新研》(台北:允晨文化公司,1994),
　　頁221。
5　Herbert J. Gans, "Towards a Reconciliation of 'Assimilation' and 'Pluralism': The
　　Interplay of Acculturation and Ethnic Retention," *International Migration Review*,
　　Vol. 31, No.4 (1997), 875-892, esp. 881. 他指出涵化和族群認同之間並不矛
　　盾,甚至有的族群領袖私下仍是在同化的過程中。見頁883。

是族群的區別及其相關之文化和社會的差異的消失。」[6]這是一個價
值判斷最少的定義。他們認為不同的族群和種族中,同化的過程有不
同的速度。[7]同化並非必然,而且不同族群會發生不同的結果。[8]

今天我們談同化或漢化,要問的是:什麼是同化?同化這個觀念
已經死了嗎?[9]如果還沒有死?怎樣研究?同化是不是單向的發展?
同化是不是一種過程?中國歷史上的漢化有什麼問題?

幾種觀念和理論

學者對於同化有幾個不同的觀念。比較說來,完全同化是所謂的
熔爐論。美國過去曾經有學者和政客提倡將所有少數民族,包括原住
民和新移民,都強制放棄原來的文化,以融入美國社會。1964年哥頓
提出的涵化和結構同化理論,把同化說得比較清楚,影響相當大。他
的研究有系統的作多重的探討。認為同化是階段的單向過程,有必然
性,也不能反轉。[10]主張這種理論的學者是所謂的同化論者(assimi-
lationist)或涵化論者(acculturationist)。二次世界大戰之後,學者根據

---

6 Alba and Nee, *Remaking the American Mainstream: Assimilation and Contemporary Immigration*(Harvard University Press, 2003), p.11: "We define assimilation as the decline of an ethnic distinction and its corollary cultural and social differences."

7 Alba and Nee, *Remaking the American Mainstream*, p. 38.

8 Alba and Nee, *Remaking the American Mainstream*, p. 275.

9 N. Glazer, "Is Assimilation Dead?" *The Annals of the Academy of Social and Political Sciences*, 530 (1993):122-136.

10 Milton M. Gordon, *Assimilation in American Life: The Role of Race, Religion, and National Origin* (New York: Oxford University Press, 1964). 參看Richard Alba and Victor Nee,"Rethinking Assimilation Theory for a New Era of Immigration," in *International Migration Review* (Vol. 31, No. 4), pp. 826-874.

實地的研究，發現各個族群的文化幾乎都具有繼續存在的性質。允許
各族群的文化存在，可以避免移民與當地人之間的各種衝突，和移民
不適應而產生的各種問題。於是發展了多元文化論(pluralism或multi-
culturalism)。主張這一種理論的學者是所謂的多元文化論者(pluralist
或multiculturalist)或族群本土文化論者(ethnic retentionist)。[11]例如
1960年代，Glazer和Moynihan研究紐約市的不同族群的同化，結論是
只有德裔遺民被盎格魯人(即白人)同化了，但是二次世界大戰後德國
文化還有復甦的現象。其他族群在宗教上的分歧減弱，不過，族群融
合的未來則不確定。[12]

　　社會科學家研究涵化和同化的課題，角度和途徑，方面頗廣。同
化的觀念，還有直線同化(straight-line assimilation)，研究移民從第一
代到二、三代繼續不斷同化的過程。部分的同化(segmented
assimilation)，探討第二代移民的背景，和如何進入主流社會的不同
階層。結構同化(structural assimilation)研究移民如何進入一個國家的
社會經濟結構。[13]社會經濟同化(socioeconomical assimilation)探求移
民的社會流動，牽涉到移民原來的背景，和少數族群與本土族群在
參與勞動市場和教育方面差異。包含了教育、職業、收入等課題。
空間的同化(spatial assimilation)，討論移民的生態環境、居住地區與

11　Herbert J. Gans, "Toward a Reconciliation of 'Assimilation' and 'Pluralism': The Interplay of Acculturation and Ethnic Retention," *International Migration Review* (Vol. 31, No. 4), pp. 875-876.

12　Nathan Glazer and Daniel P. Moynihan, *Beyond the Melting Pot: The Negroes, Puerto Ricans, Jews, Italians, and Irish of New York City* (The M.I.T. Press, 1963), pp. 310-315.

13　Min Zhou, "Segmented Assimilation: Issues, Controversies, and Recent Research on the New Second Generation,"*International Migration Review*, Vol. 31, No. 4, pp. 983-984.

社會流動的關係。族群階層論(ethnic stratification)比較歷史上一個族群如何控制別的族群(如用制度和強制的手段),及二者間社會距離的遠近。[14]以及政治同化(political assimilation),研究現代國家的建造過程,少數族群的同化。[15]

不過,社會學和人類學的觀念與理論不能全部都搬到中國來作歷史研究。人類學家的研究工作大都限於文明社會中少數比較占劣勢的族群採取占優勢的多數族群的文化,如美國印第安人的涵化。社會學家研究的是一國之內少數民族的同化,如外國移民到美國後,被美國多數的族群即盎格魯人(白人)同化。在亞洲歷史上,有很多的同化先例,是被征服者的從事農業的民族被少數征服者(通常是游牧民族)所影響而發生的社會文化互動。如中國歷史上,少數征服者被所征服的多數的漢人同化。這種情形在近代歷史上很少找到。因此,這些歷史上的問題只有歷史學家才能解答。社會學家和人類學家遇到這種情形,就無從發展理論。也就是說,美國人類學者研究的理論,尤其是他們的定義不適合於中國歷史上的個案。西方學者對於歷史上的社會文化互動,很少研究。馬林諾夫斯基曾在討論戰爭與文化間的關係的一篇短文中說,戰爭是文化進步和文化傳播的重要因素。但是有建設性的征服在人類進化中則很少發生。「征服在積極的文化結果上最豐

---

14 Alba and Nee, pp. 835-841.
15 David Levinson, *Ethnic Relations: A Cross-cultural Encyclopedia* (Santa Barbara: ABC-Clio, 1994), "Assimilation", pp.15-18. 又Alejandro Portes and Min Zhou, "The New Second Generation: Segmented Assimilation and Its Variants," in Steven Vertovec, ed., *Migration and Social Cohesion* (Cheltenham UK, Northampton, MA, USA: Edward Elgar Publishing Limited, 1999), pp. 467-489. Walker Connor, *Ethnonationalism: the Quest for Understanding* (Princeton University Press, 1994), Chapter 7, "Ahistoricalness: the Case of Western Europe," p. 183 引Karl Deutsch 之文。

富時，是富有、定居、和平而經濟充裕的文化臣服於一個政治上有效率，有組織的力量之下——亦即一般而論，在游牧、畜牧與軍事上強有力的群體之下。」他承認這種看法是基於歷史的觀點，但是他沒有繼續談下去，因為在這方面人類學家要讓位給歷史學家。[16]由此可見，若干歷史上的現象和問題，非社會和人類學家所能解答。就征服而言，因為現代世界上一民族征服另一民族的事例越來越少，只有歷史才能給我們過去的個案和資料。

參考社會科學的觀念和理論還有一種困難。如上所說，美國人類學家和社會學家的觀念和理論，來自他們對少數居於劣勢的族群被多數的強勢族群(即盎格魯人)同化，或移民的涵化和同化的研究。運用他們的觀念和理論，即使利用他們的定義也必須小心。多年前，我的舊作《女真史論》中討論金代女真的漢化。[17]此書出版後，在美國曾有兩篇書評不同意我的主張。主要在於質疑漢化的定義方面的問題。為什麼呢？因為我的定義是參考了美國文化人類學者的定義。而那種定義是從他們研究美國的少數民族的同化過程得來的。後來我在中文版中試圖把定義的問題澄清。

更進一層，現代社會學家研究的觀念，方法和資料的取得，對於歷史研究者來說，還有一種困難。第二次世界大戰以後美國移民的情況和之前很有差別。戰後移民的數目大，也不像從前移民主要來自歐洲。戰後移民的社會經濟背景複雜，移民後的去向和遭遇也不像戰前的歐洲移民那樣簡單。而且至今涵化和同化仍在進行中(有很多移民

16. B. Malinowski, "War—Past, Present, and Future," in Jesse D. Clarkson and Thomas C. Cockran, eds. *War As A social Institution: The Historian's Perspective* (New York: AMS Press, 1966), p. 27. Originally published in 1941.

17 《女真史論》。

才不過兩代)。對新的情況的研究也正在進行，而且新的研究方法和理論較以前細緻，調查資料也非常豐富。歷史研究者無法得到調查資料，很難利用一些現代社會科學家的觀念和方法來做研究。例如我們研究金世宗對漢文化的態度，就只能根據《金史》中的記載，於是研究者就有不同的解讀。而在中國史書裡像金世宗這樣留下來的記載已經是很難得的了。

從傳統到現代的漢化說

過去中國的思想家、史學家、政治人物都認為中國一向能夠同化外族。孔子稱讚管仲，管仲尊王攘夷，所以孔子免於被髮左衽。孟子又謂「吾聞用夏變夷者，未聞變於夷者也。」中國人大都相信「夷狄入中國則中國之。」頗多現代史家也持有類似的看法。如錢穆認為宋元明清史上一件值得大書特書的事要算民族之再融合，而這再融合就是契丹、女真、蒙古、滿洲，「但最多得不到三百年的時期，或則全部為中國文化所同化，或則一部分的消融在中國民族的大爐裡，不再有他特殊的存在。」並將中國文化比作電氣爐子，可以融化一切接近它的人。[18]可以說這是中國的熔爐論。

姚從吾在〈國史擴大綿延的一個看法〉一文中提出國史上文化的「五大醞釀」和「四大混合」的說法，認為中國的儒家大同文化從未被外族征服。所有的邊疆民族都全部或部分的歸化於中華文化，而從無用夷變夏的情形發生。這一說法是認為中國四周的各民族都屬於中華民族，構成中華文化的支流。並確認已經華化的邊疆民族即使入主

18　〈宋以下中國文化之趨勢〉，《思想與時代》，31(1944)，頁22。

中原，並非「外族征服者」。因此在他的四大混合中，除秦漢、隋唐的兩次以外，另外兩次是元朝、清朝的統一，而不認爲元清是外來王朝。應當注意的是，姚從吾並不認爲所有的邊疆民族全部被中國同化，如上文中他認爲邊疆民族「全部或部分」的歸化於中華文化，而並不是全部。文中並且指出突厥等族不接受漢文化。也就是說，姚從吾並不主張邊疆民族全部被同化。[19]

我在1981年出版的《女眞史論》這本書說明女眞人在進入華北之前就已經從事農耕，侵滅北宋後，大舉移民華北。金朝統治者運用漢人官僚，採取中國制度，深受漢文化的影響。雖然金世宗力求女眞文化的復興，極力保存女眞文化和語言，但是到了金章宗的時代，漢化程度已深，允許漢人和女眞人通婚。兩者之間開始融合。

近年來關於漢化的討論

近年來關於遼金兩代的漢化的討論，主要仍是以中原漢族文化爲中心來立論。宋德金引元人許衡的看法，認爲「北方民族的漢化如何，往往是決定其政權能否長期存在的因素」。許衡的話，「反映了一定歷史事實」。[20]張博泉在《金史論稿》書中對於遼金兩代的演變，認爲是「自行漢制，變夷狄之鄉爲冠帶之邦」，「遼、金兩個王朝在北方的建立，也導致政治、經濟、文化的北移。」又說，漢族與北方民族關係的變化，「在各民族的發展、進步以互相影響作用中，有力地維繫了以漢族爲主體、以華夏文化爲核心的中華民族的發展，

19　《東北史論叢》(台北：正中書局，1959)，上冊，頁1-26。
20　〈金代女眞的漢化、封建化與漢族士人的歷史作用〉，《宋遼金史論叢》，第二輯(北京：中華書局，1991)，頁325。

促進了各民族間共同進步，加強了中華民族的共同的心理狀態和共同
的國家的深厚感情。」[21]黃仁宇談中國史，也認爲遼金有意與無意之
中自動漢化。[22]劉浦江在〈金朝的民族政策與民族歧視〉文中，提出
和其他遼金史家比較不同的看法，結論是：「終金之世，民族歧視政
策並沒有發生根本的改變。」他也討論漢族的胡化傾向。[23]蕭啓慶論
及蒙古四大家族時，指出這幾個家族的漢化有深淺程度的差異，如木
華黎家之漢化較深，博爾朮、博爾忽兩家漢化較淺。[24]在討論蒙元時
代高昌偰氏的漢化一文中，指出移居中原的少數民族漢化的程度之深
淺與個人所屬種族、社會階層、家庭背景與居住中原時間之長短有
關。結論謂偰氏爲漢化程度最高的家族之一，「但由其姓名與婚姻兩
方面的表現看來，偰氏並未放棄原有之族群認同而與漢族融爲一體。
在當時政治體制之下，文化上之漢化及原有族群認同之維持可說是偰
氏在元朝長保尊榮之重要策略，與當時漢化較深之蒙古、色目家族並
無不同。唯有在蒙元征服政權瓦解之後，留居中原及遷入高麗之偰氏
子孫始不得不改變原有族群認同而消融於當地主流社會之中。」[25]從
上引蕭啓慶關於高昌偰氏的研究，可以發現偰氏歷經了涵化的過程，
在元代保留了他們的民族認同，直到元朝滅亡以後才眞正與其他族群
融合。

21　《金史論稿》（長春：吉林文史出版社，1986），頁21-22。
22　《赫遜河畔談中國史》（台北：時報文化公司，1989），頁232。
23　劉浦江，《宋遼金元史》，1996.3，頁37-52。收入《遼金史論》（瀋陽：遼
　　寧大學出版社，1999），頁58-86；〈説漢人〉，頁113-127。
24　蕭啓慶，〈元代四大家族〉，《元代史新探》（台北：新文豐，1983），頁
　　276、208-209。
25　〈蒙元時代高昌偰氏的仕宦與漢化〉，《元朝史新論》（台北：允晨文化公
　　司，1999），頁296。

西方學者的意見和辯論

最早引用文化人類學的理論來提出漢族不能吸收外族的學者是衛特福格爾(Wittfogel，也作魏復古)，他在和馮家昇合著的《中國遼代社會史》這本書中，指出遼代契丹人並沒有被漢族同化，而形成了漢文化和契丹文化之外的「第三種文化」。[26]

蘇俄學者服羅貝夫(M.V. Vorob'ev)在1975年出版的《女真與金朝》書中反對女真漢化說，認為女真人始終保持著他們的文化，金朝代表了中古通古斯社會超然和原始的創造力。[27]

近年來西方學者對於中國歷史上的同化問題的研究，包弼德認為「漢化」一詞不妥，而以「文明化」來代替。主張將女真人採取漢人政府制度、風俗習慣、甚至語言，和價值建構、社會轉變加以分別，採取制度並不表示女真人不能維持他們的自我認同(identity)。他認為漢化一詞使此一分辨模糊，用來做分析是有問題的。他進一步指出女真人的轉變不是漢化，而是文明化；他們仍然能夠認同女真的傳統文化，認為他們仍是女真人。[28]他的意見也為另一位研究滿洲歷史的柯

---

26 Karl A. Wittfolgel and Feng Chia-sheng, *History of Chinese Society: Liao* (*907-1125*) (Philadelphia: American Philosophical Society, 1949), "Introduction."

27 Vorob'ev, *The Jurchen and the State of Chin*(1975), 見Gilbert Rozman, ed., *Soviet Studies of Premodern China* (Ann Arbor: Center for Chinese Studies, The University of Michigan, 1984) p. 75.

28 Peter Bol, "Seeking Common Ground: Han Literati under Jurchen Rule," *Harvard Journal of AsiaticStudies*, Vol. 47, No. 2(1987), pp. 461-538.文中不用漢化一詞，而以他所謂的「文」，即他對文明(civilization)一詞的翻譯。包氏的論辯中所舉的例子以金世宗為維持女真文化的努力為主，並沒有討論那些主張漢化和實際上採行漢文化或認同漢文化的人士。

勞絲蕾接受。認為漢化一詞「觀念不清，思維無力，而且不能用在實際的歷史研究上」。[29]但是她並沒有提出解釋。對於制度與文化的採取有別於價值建構和認同，是值得我們去進一步探討的。個人覺得包氏分別文化的採借和有些女真人堅持自我認同，其實就是涵化和同化兩個層次或兩個階段的不同，所衍生出來的現象。再者，什麼是女真人文明化的來源？除了受到一些契丹文化的影響之外，他們有沒有創造出所謂的「第三種文化」？他們文明化的來源是不是仍然是中原的漢文化？

提出比較強烈的質疑的學者，如美國的饒斯基(Evelyn Rawski)教授，在一次重要的演講中，認為何炳棣關於清代滿洲族被漢族同化的看法不正確，指出清代的成功並非採用漢人的制度和文化的結果，而是利用他們與中央亞細亞非漢人民族的聯繫，以及對非漢人地區和漢人地區採取不同的政策。同時滿人完全控制了政權，沒有被中原文化同化。滿洲族群中有些人相當成功的保留了他們的社會組織和風俗習慣。不僅滿族力求維護自身的文化，饒氏追溯前代，認為過去的征服王朝，如遼金元時期中，契丹人、女真人和蒙古人也都保持他們原有的文化，沒有被漢族同化。她的主要論點是這三朝的統治者都保持他們原有的語言和文字。她在結論中指出：「漢化──認為所有非漢人民族進入中國後，最終都被中國文化所同化的論點，是20世紀漢人民族主義者對過去的解釋。應當把漢化從中國歷史研究中的中心論點除去，注意的焦點放在當前的研究課題上。」何炳棣反駁Rawski的論點，何氏討論中國歷史上外族與漢族的融合，堅持滿族漢化說，認為

29　Pamela K. Crossley, "Thinking about Ethnicity in Early Modern China," *Late Imperial China*, 11, No.1(1990), p. 2.

中國的歷史就是漢化的歷史。他批評饒氏所謂外族沒有同化的主要論點，即契丹、女真、蒙古和滿清都保留自身語言。他指出清帝國對邊疆政策和對漢地政策的運用和漢化過程並非矛盾的而是互補的。也就是說對不同的民族用不同的制度，並不表示滿人就沒有漢化。最後他主張用華化一詞。[30] John R. Shepherd認為涵化是採取另一族群的習慣和生活方式；同化是一個人認同另一族群。涵化是多方面的變化，不應用一個解釋架構來討論各個面向。[31]

我認為，由於滿洲統治者將過去入主中原的少數民族的歷史引以為鑑，因此關於清代努力保存滿人文化的史料較前代為多，饒氏的主張可以根據史實來討論，但是她對於過去少數民族的歷史則似所知有限，以致講詞中頗多錯誤。例如她指出遼金元和清朝統治下所發行的銅錢正面是漢字，而背面都有他們自己的文字，就是一個錯誤。其結果是對於歷代史實所作籠統的概括並不妥當。尤其所附參考書完全不列中國及華人史家有關漢化的著作，甚至指漢化論者都是20世紀的民族主義者，我們不能了解她是否認為華人研究清史都有偏見？

對於同化的誤解，大概來自學者沒有分辨涵化和同化屬於兩個層次，以為凡同化發生時，一個族群及其文化完全消失在另一個族群中，並且強調族群的認同。饒斯基認為漢化論者都是民族主義者，是

---

30 Evelyn S. Rawski, "Reenvisioning the Qing: The Significance of the Qing Period in Chinese History," *Journal of Asian Studies*, 55.4（1996）, pp. 829-850. Ping-ti Ho, "In Defense of Sinicization: A Rebuttal of Evelyn Rawski's Reenvisioning the Qing," *Journal of Asian Studies*, 57.1（1998）, pp. 123-155.

31 關於這場辯論，參看John R. Shepherd, "Rethinking Sinicization: Processes of Acculturation and Assimilation, in Bien Chiang and Ho Ts'ui-p'ing, *State, Market and Ethnic Groups Contextualized*（Taipei: Institute of Ethnology, Academia Sinica, 2003）, pp. 133-150.

不理性的指控，而且似並不清楚近年有關同化和涵化的研究。[32]她似不認為同化是一個過程，也有程度的差異。但是早在1928年美國社會學家已經認識到，涵化和同化的過程在多方面速度不同，因此兩個不同的民族間文化的差異就會影響到同化的程度。這樣說來，最終的融合(amalgamation)有的比較容易，有的比較困難，有的甚至根本不能達到。[33]近年來對於美國移民的第二、三代的研究尤其可以看到同化的歷程是複雜的，而且發生很多問題。[34]有的學者在研究美國移民的第二代個案時，覺得族群認同及同化是相當複雜的過程，因此提議應當對同化的觀念再思考。[35]也有學者如Gans即指出在美國關於移民的研究，清楚的看到涵化和同化在移民的第二、三代進行著。[36]

熔爐論已經為多數社會和人類學家所不取，反對同化論的學者大概認為這個名詞具有種族中心和意識形態的偏見，而與多元文化的現實脫節。[37]可是這並不是說涵化和同化的觀念已經不見於學術界的討論。相反的，這樣的觀念仍然流行。雖然早期的同化論有不足之處，但是Alba和Nee認為社會科學的同化觀念提供了了解和陳述很多個人

32　參考書目中沒有任何有關同化或涵化的著作。

33　見Robert E. Parker, "Human Migration and the Marginal Man," in Werner Sollers,ed., *Theories of Ethnicity: A Classical Reader* (Macmillan Press, 1996), pp.163-164.

34　Ruben G. Rumbaut, "Assimilation and Its Discontents: Between Rhetoric and Reality," *International Migration Review*, Vol. 31, No. 4, pp. 923-974.

35　Yen Le Espiritu and Diane L. Wolf, "The Paradox of Assimilation: Children of Filipino Immigrants in San Diego," in R.G. Rumbant and Alejandro Portes, eds., *Ethnicities: Children of Immigrants in America* (University of California Press, 2001), pp. 182-183.

36　Herbert J. Gans之說見Werner Sollors, ed., *Theories of Ethnicity*, pp. 425-459, 特別是1995年寫的"Epilogue" pp. 452-459.

37　Alba and Nee, *Remaking the American Mainstream*, p. 863.

和族群經過幾個世代與主流整合最好的途徑。他們相信同化的觀念和理論仍然具有很大的讓我們了解美國現代族群情況的力量。[38]即使對於同化論提出很多批評的Richard H. Thompson，仍然認爲在1800年之前，傳統中國雖然被「野蠻民族」侵略了很多次，蒙古和滿洲族甚至成功的統治中國，但是中國人同化這些外族，並且把他們統合的能力，使中國得以維持自主和獨立，只可說是了不起的成就。[39]

近年來討論中國歷史上同化問題的西方學者，雖然有不同的意見，但是研究族群問題時大都不能避免同化的現象和問題。我們可以舉出很多西方學者著作中討論漢化，並認爲漢族的確同化外族的例證。《劍橋史》第六冊關於遼金元三代歷史的部分，對於金代女眞族的漢化是這樣寫的：

> 女眞人很快的轉變了他們的生活方式，全心全意的適應著中
> 國的規範；而在這個過程中，失去了他們的語言，以及基本
> 上他們原來的文化，雖然他們保留了一些女眞的制度和戰士
> 的精神。[40]

另外一部討論金代女眞文化的女眞統治下的中國的著作中第一頁就如此說：

38　Alba and Nee, *Remaking the American Mainstream*, pp. 827, 863.

39　Thompson, *Theories of Ethnicity: A Critical Appraisal*, p. 130.

40　Herbert Franke and Denis Twitchett, Cambridge History of China,,Vol. 6, *Alien Regimes and Border States, 907-1368* (Cambridge University Press, 1994), p. 645. 著者譯文。中文譯本，頁737。這是牟復禮的意見。

金朝是一個多民族的國家,統治了中原的大部分,而且比任
何過去外來征服者建立的朝代的漢化更深。[41]

　我之所以引用多數西方漢學家的意見,是強調這些學者並非20世
紀的民族主義者,而他們的意見似乎和所謂的民族主義者相同。
　多年來,研究佛教在中國的發展的學者,都認為佛教傳入中國
後,被中國文化吸收,也就是佛教的漢化。例如美國學者格里哥來
(Peter N. Gregory)討論宗密的近著,書名就是《宗密與佛教的漢
化》。在導論中他這樣寫:

在6世紀末隋朝建立之前,中國的佛教已經經歷了幾個世紀
的發展和同化。……
關於宗密思想的研究不僅對於了解晚唐佛教的主要發展很重
要,也聚焦點於中國思想史裡時常重現的論題,而這些是了
解佛教怎樣調適於中國文化價值的複雜過程,和怎樣改變這
些價值的重要論題。[42]

在結論裡他有如下的敘述:

宗密對儒家採用的調和途徑使儒家的用語充滿了佛教的內
涵。因此,佛教之所以能夠在中國的思想裡存活,是讓它自

41　Hoyt C. Tillman and Stephen H. West, eds., *China under Jurchen Rule* (Albany: State University of New York Press, 1995),"Introduction."

42　Peter N. Gregory, "Introduction," *Zong-mi and the Sinification of Buddhism* (Princeton, N.J.: Princeton University Press, 1991), p. 3, 20.

己變得不顯眼。既然已經完全滲透到中國思想的聯想和形式
中，佛教就不必假裝還是獨立的思想傳統。[43]

當然，也有學者呼應饒斯基的主張。Mark C. Elliott在*The Manchu
Way*書中以八旗制度爲主要論點說明滿族利用八旗來維持其族群認
同。統治者利用儒、法是表面，私下則是獨裁。他們保持了族性
（ethnicity）及認同。[44]

我之所以引用西方漢學家的意見，是強調這些學者並非20世紀的
民族主義者，而他們的意見似乎和所謂的民族主義者相同。

觀念的澄清

從上文的討論，可以知道有的觀念需要澄清。首先要指出，所謂
漢化一詞「觀念不清，思維無力，而且不能用在實際的歷史研究
上。」是站不住腳的說法。「漢化」就是同化，如同美國學者討論同
化（assimilation），實際就是少數族群融入美國的主流文化。在文化人
類和社會學的研究中，「同化」和「涵化」（acculturation）仍然經常
出現，而且有不同面向的同化。如近來有關於移民的居住分布與同化

---

43   Peter N. Gregory, *Zong-mi and the Sinification of Buddhism*, p.311.

44   *The Manchu Way: The Eight Banners and Ethnic Identity in Late Imperial
China*（Stanford University Press, 2001）, pp. 346-347. 據Jack D. Eller, "Ethnicity
is ultimately a construction, like all other forms of social and cultural life; within
the range of action which history and tradition provide, there is considerable room
for human inventiveness and the play of the passions and desires of the present,"
in *From Culture to Ethnicity to Conflict* (1999), p. 7-48.

的研究,即所謂「空間同化」(spatial assimilation)。[45]

其次,有的學者用「認同」(identity)一詞來反駁同化,好像一旦有一個族群(如滿洲人)忽然認同過去的文化,當時已經發生過的涵化或同化就消失了。事實上認同是可以改變的,就像政治上改變立場,文化上改變時尚,認同有可變性(malleability),並非一成不變的金科玉律。[46]

再者,學者使用「同化」和「涵化」這兩個觀念時應當分辨兩者的不同,而不應混淆。事實上,學者討論的同化,也許只屬於涵化的層面,而不是真正的同化。[47]

結論

總之,在中國歷史中,漢族和周邊少數民族間的互動,以及有些少數民族進入中原,建立朝代後與被統治的多數漢族間的互動或互相影響,是值得我們繼續探討的重要課題。像現代美國的多民族移民社會一樣,過去中國的社會也在相當長久的時期中是多民族移民社會。族群和種族的同化問題是當代美國社會上最重要的問題之一,也是中國過去和現代所面臨的重要問題。因此對於同化的歷史研究工作,還是應當進行。如何炳棣所說,中國的歷史就是一部同化的歷史,美國

45　Alba and Nee, *Remaking the American Mainstream*, pp. 836-837.

46　認同是可變的(malleability):"For the same person, the salience, the intensity, and even the definition of ethnic identity may vary from situation to situation," *Remaking the American Mainstream*, pp. 96-97.

47　如上引John R. Shepherd之論文,討論的是涵化,並且論及台灣原住民認同的改變。

學者Alba和Nee也說同化是了解美國自殖民時期以來的中心問題。[48]
同時，既然中國和美國有著同樣的涵化和同化的問題，兩方面對這些
問題的研究，自然應當多加互相的參考和切磋。從過去的討論中，我
們可以認識到文化的採借是互相的而不是單向的。傳統中國文化發展
的過程中吸收和融合了很多外來的因素，也不盡然能夠完全將少數統
治者融化。

　　原載汪榮祖、林冠群編，《胡人漢化與漢人胡化》。嘉義：中正
大學台灣人文研究中心，2006。

48　Alba and Nee, 前引文, p. 827.

略論邊疆民族在中國歷史上的重要性

　　本文所要討論的，是邊疆民族，尤其是西北、北方和東北的游牧民族和半游牧民族在中國歷史上的地位。[1]由於南方和西南的邊疆民族未曾入主中原和建立正史上的朝代，在這裡將不涉及。

一、邊疆民族入侵中原的頻繁及其原因

　　正史上有若干朝代是由邊疆民族所建立的，從這一點就可以清楚地看到邊疆民族在中國歷史上的重要性。西人衛特福格爾(Karl A. Wittfogel)曾經把典型的中國朝代和征服王朝列表如下：

　　衛氏的表指出邊疆民族和漢民族的對立，而且他們在中國歷史上的地位和漢民族是相等的。不過就遼並未入主中原和金祇統治了華北的事實看來，以遼金各成一個時期和唐宋相當，似乎過分強調了征服王朝的重要性。我覺得不如將遼金元三代併成一個時期，來得恰當。

1　本文是著者於民國五十八(1969)年十二月十二日應東海大學歷史學系邀請所作講演的原稿。承蒙該系惠允發表，特此誌謝。因爲是講演的大綱，所以並沒有加注釋。

I.典型的中國朝代	II.征服王朝(和「滲透王朝」)
1.秦漢(221 B. C.-A. D. 220)	
2.五胡亂華和南北朝時代的南朝和北方的中國朝代(220-581)	
	3.魏「拓跋」(386-556)及其他拓跋魏前後的北方野蠻朝代
4.隋唐(581-907)	
5.宋(960-1279)	
	6.遼「契丹」(907-1125)
	7.金「女眞」(1115-1234)
	8.元「蒙古」(1206-1368)
9.明(1368-1644)	
	10.清「滿洲」(1616-1912)

　　日本學者田村實造將邊疆民族入主中原的朝代分爲兩個時期。從4世紀到6世紀，即從五胡亂華到北朝是民族大遷移時期，可以和西方的民族大遷移比較。從10世紀到14世紀的遼金元各代構成征服王朝時期。田村氏的分期著重這兩個時期的差異。從以上兩個學者的意見，我們可以看到邊疆民族和漢民族在歷史上對峙的情形。不僅如此，從中亞和北亞歷史的觀點來看，除了以上指出的諸民族以外，還有匈奴、柔然、突厥、回紇等未建立中國朝代的民族和漢民族對立。

　　關於中亞民族的遷移和北亞民族不斷的向南流動和侵擾的原因，有幾種不同的意見。有人以爲中亞民族的遷移是由於氣候的突變，通常是乾旱，迫使他們流向其他地區求生存。有人以爲游牧民族人口的膨脹，使他們不得不從農耕民族掠奪或搾取糧食和日用品。經濟和文化方面的原因似乎特別重要。除了人口等壓力和糧食缺乏以外，游牧民族和東北亞漁獵民族羨慕中國的文明和財富，而導致互市、掠奪甚至入侵等種種現象的發生。

　　對於邊疆民族，有一些因素是利於他們侵略農耕定居的民族的。其中最主要的因素是他們作戰技術的優越。游牧民族倚賴馬匹來增加

作戰時的機動性，使他們能夠出沒無常，專門挑選敵方防禦比較薄弱的地方施以突擊。在遼金元時代，尤其是元代，游牧民族將以騎兵為中心的一套技術發揮到了頂點，能夠稱霸歐亞。雖然隨著蒙古帝國的瓦解，游牧民族對於農耕民族的威脅力逐漸減弱，但是直到16、17世紀，他們仍在製造歷史，如印度蒙古王朝的建立(16世紀)和滿洲的入關。我們可以說在火藥的有效使用以前，游牧民族在作戰方面是優於農耕民族的。

僅僅憑藉強大的武力，邊疆民族並不一定能夠成功的入主中原，和長久的維持新政權。他們必須發展有效的政治組織來維持征服王朝。因此第二個對於邊疆民族有利的因素，是他們通常在中國的邊區建立所謂「邊際國」或「牧農政權」。這些政權的領袖，能夠了解游牧和農業兩種社會的長處和短處，利用農業國家的降人和農民組織政府和增加生產，然後抓住機會侵擾農業國家的邊境，甚至發動征服戰爭，以建立新王朝。

對於農耕民族，也有一些因素幫助他們成功的抵禦游牧民族的侵略。第一個因素是農業民族可以把握機會分化外族，或乘外族衰弱的時候，加以大舉攻擊。歷史上中國朝代致勝外族，有不少利用外族內部的衰弱的時機的例證。歐陽修在《五代史記》裡對於這一點有一段說得很中肯的話：

> 自古夷狄之於中國，有道未必服，無道未必不來。蓋自因其衰盛。雖嘗置之治外，而羈縻制馭恩威之際，不可失也。其得之未必為利，失之有足為患，可不慎哉。

其次，我們也不可以低估農耕民族對於游牧民族防禦工作的效

能。一般來說，游牧民族侵略農耕民族並不能夠經常成功。相反的，
純粹游牧民族成功的征服和控制農耕民族的歷史例證並不多。以中國
為例，從五胡亂華到南北朝，中國境內受了不少游牧民族的侵擾，但
是這些民族並沒有統治全部的中國。匈奴和突厥沒有征服漢唐。祇有
蒙古人是成功的征服了中國，但是為期不過90年。況且蒙古人的擴張
是世界史上一個很特別的現象。當時各農業國家內部的衰弱，幫助了
蒙古人的征服工作。至於滿洲人則並不是純粹的游牧民族。他們在入
關前已經相當的漢化，而且有很健全的政治組織。他們的成功也帶有
偶然的成分。這一點在比較女眞和滿洲的先後擴張，和南宋南明的成
敗，可以看出一些端倪。以西方為例，拜占庭帝國在西元1453年滅亡
於土耳其人之前，從沒有讓游牧民族攻進過君士坦丁堡。以上這些無
非說明了定居民族國防力量的強大。

　　農耕民族的文化發展層次較高，人口眾多，即使在他們的國家覆
滅，游牧民族建立新政權之後，他們仍然能夠維持文化的同一，甚至
能夠同化外來的統治者，隨著他們推翻征服王朝的，往往是游牧民族
融化在農耕民族之中，這一點也是對於農耕民族有利的因素。

二、邊疆民族對於中國文明發展的影響

　　這是一個相當複雜的問題，也是一個極饒興味、而且亟待再加以
深入研究的問題。在這裡只就管見所及，大略舉出幾種比較明顯的影
響。

　　首先要指出的是文化上的影響。這一點可以從幾方面來觀察。第
一、環繞中原的不同的邊疆民族是中國文化和其他文明間接接觸的媒
介。他們把中國文化裡的若干成分帶到其他地區去。也把其他地區的

文化介紹到中國來。帶進中國的成分，在物產和技術方面有小麥、高粱、玻璃、葡萄和車輪等，中國向外輸出的有絲、茶、羅盤、紙、紙幣、火藥和印刷術等。第二、邊疆民族自己的文化也影響中國文明的發展，如樂器(胡琴、琵琶之類)，服裝(窄袖衣褲、皮靴和旗袍)和家具(胡床)等的輸入。第三、邊疆民族不斷的從中國北方和西北滲透和入侵，也使中國的人口隨著向南流動，而在華南定居和開發。因此北方民族向南遷移的時期，如五胡亂華和南北朝時期，以及遼金時代，都有助於中國文化向南的傳播和華南的開發。

由於缺乏高度文明的民族易於接受高度發展的文明中的思想和宗教，中國的邊疆民族通常都接受儒家思想作為立國的依據。例如清末朝廷對於中國傳統的執著程度，竟超過典型的中國朝代。外來宗教在中國，也在邊疆民族的統治下比較容易傳布。例如五胡亂華和南北朝時期佛教的盛行，遼金時代佛教的普及，金元之際受了佛教和儒家影響的全真教的興起，以及元代喇嘛教的流行等，都有賴邊疆民族的推動。

在思想方面，還有一點不可忽略的影響。那就是邊疆民族建立王朝以後，採用基於尚賢思想的考試制度來籠絡漢人。但是他們大都偏重考試的形式，而限制其內容。八股雖然起源於明代，但是以朱子四書一家之言取士，卻始於元朝。這樣強制中國智識分子讀死書，是控制思想的一種方法。不僅如此，清代大興文字獄和禁閱若干書籍，也是控制輿論的一種方法。在遼金元時期，我們找不出什麼大思想家來。即使清初出現了大思想家如黃宗羲、顧炎武等，仍然是明代作育的。清代學者注重辭章的考據，未嘗不是在征服王朝統治下學術思想受了拴制的一個反應。

在文學和藝術方面，邊疆民族有很大的貢獻。由於信仰佛教，邊

疆民族的君主和貴族提倡佛教藝術。結果雲岡和龍門的佛教雕刻，到今天還存在。在文學方面，金元之際戲曲的盛行，似乎不僅是由於中國士大夫在仕途不得意才轉向文學創作發展，而且也是邊疆民族喜愛和提倡通俗文學的結果。

在政治上的統一和中國近代版圖的形成方面，邊疆民族有極大的貢獻。由於大部分的邊疆民族都接受中國文化，他們都對於中原的政府有向心力。無論邊疆民族曾經入主中原與否，他們最後都沒有使中國分裂成獨立的小邦。同時他們也把中原的文化帶到他們的原居地去。由於文化的廣被，中國的政治控制也就自然的隨著到了邊疆。再者，蒙古和滿洲在王朝確立以後的東征西討的工作，更確定了現代中國的版圖。沒有這些征服工作和征服後妥當的治理政策，西藏、新疆、內蒙和東北都很難說一定會包含在中國的版圖裡面。

在政治組織方面，邊疆民族的滲透和入主中原，尤其是遼金元各代，加強了中央集權和提高了皇帝的權威，造成了高度中央集權的君主專制政體。固然北朝的門閥制度提高了外來貴族和中原豪族的社會和政治地位，因而在隋唐時代產生了三省分立，互相制衡的政治制度，但是在遼金元和清代，這種制衡卻被破壞，而以一省制代替。也就是說，在征服王朝的時期，君主獲得了中國士大夫的幫助，削減了貴族的力量，並且提高了君主的權力。

在外交方面，漢族和邊疆民族交往的經驗，似乎影響到近代和西洋人的外交政策。中國長時期的受著邊疆民族的威脅，除了充實國防力量，如從事經濟改革以加強國力，如漢代主張鹽鐵專賣和宋代王安石變法所代表的改革以外，又建築長城和邊牆，及使用種種外交手段，例如遠交近攻、以夷制夷、和親與「朝貢貿易」等。由於中國文化在東亞沒有相當的對手，使中國人覺得驕傲。由於中國的鄰居大都

願意接受中國的文化，使中國人認為：夷狄既然願意被同化，何不以文化來感化他們？這種經驗幫助了「種族中心主義」（ethnocen-trism）的成長，也影響到19世紀清廷用對待邊疆民族的政策和態度來對待西洋人。這是目前中西學者正在研究和辯論的問題。

在社會方面，五胡亂華以後的北朝社會，是深受胡族影響的門第社會。邊疆民族統治中原的初期，往往有這種趨勢，就是少數統治者將土地分割給宗室和貴族，並且由類似中古歐洲的騎士的戰士(如金代的猛安謀克和清代的八旗)來維持社會秩序。中國的農民成了供養這些上層社會人物(包括中原士大夫)的工具。不過在遼金元和清代，除了上述的這種情形以外，邊疆民族似乎並沒有影響到中國社會的基本結構。他們必須和中原的士大夫、官僚、鄉紳和商人合作。因而征服王朝統治下的社會，舊秩序仍然被維持著。這也許是為什麼中國的文物制度在屢經邊疆民族統治以後，仍然能夠繼續存在的一個主要原因。

在經濟方面，邊疆民族入主中原以後，大都維持原有的經濟制度，便利他們的榨取。但是占領和分封土地，往往令他們重視土地賦稅而忽略了商業。在唐宋時代盛極一時的商業經濟，顯示在征服王朝時代逐漸走向下坡。只有元代由於蒙古勢力廣被亞洲，促成東西交通和貿易的發達，不過元代的商業是大部分操縱在西域人手裡的。田村實造最近指出，中國近代化現象最顯著的時期是宋代和明末清初。但是這兩個時期之間似乎並不銜接。這是因為兩者之間有長期的停滯。他認為金元統治對於宋明之間經濟發展不連續的現象，有很大的影響。這是一個值得我們再思考和研究的問題。

三、結語

　　以上大致討論了邊疆民族和漢族在歷史上的密切關係，和邊疆民族的重要地位。我們大致可以看出來，邊疆民族對於中國文明的發展，有很多的貢獻。在文學、藝術和音樂方面，他們使中國文明的內容更豐富。在政治方面，他們幫助了隋唐制度的建立。元清的大一統，在中國版圖的形成上更是重要。從另一個觀點來看，可以發現專制政體的加強、思想的控制，以及經濟發展的中斷等，似乎導致了近世中國人較前更為保守的現象。

　　這些只是個人綜合中外學者的研究所得到的初步結論，很多問題仍待繼續研究。我相信不但邊疆史本身值得我們去探討，而且研究中國歷史，也應當注意邊疆民族的貢獻和影響，才能夠對於歷史有更清楚的了解。

　　原載《中華文化復興月刊》4卷1期，1971。

中國歷史上的分裂時期

引言

　　若與世界上其他的歷史文明比較，中國的文明有一個最突出的特點，就是從古至今一直持續的存在，而其他的古文明都早已走入歷史。這一點是一般西方史家寫中國歷史時必定強調的。如果比較中國和歐洲的歷史，中國的地理位置不像歐洲那樣容易受到外來文化的衝擊。中國內部的地理也不像歐洲的地理那樣南北隔絕，而形成南北不同的文化。佛教的宗派不像歐洲基督教那樣的分化為天主教和新教。此外，還有民族和文化上的因素。民族方面，少數民族難於影響多數的漢族。文化方面，儒家的倫理和對家族的重視，加上共同的文字，也很有凝聚力。

　　西方在羅馬帝國崩潰以後就未能再造統一的大帝國。中國在漢朝滅亡後，雖然分裂的時間很長，最後卻有隋唐帝國的再現。此後除了五代的短暫分裂外，元、明、清都是統一的朝代。一直到清朝結束後，才再度出現分裂的狀況。

　　統一或分裂是當前的熱門話題。從歷史上的分裂時期來探討當前的分裂，也許是一件有意義的事。我今天談這個問題，希望引起大家的注意和研究過去分裂時期的興趣。中國人是一個特別注意歷史傳統

的民族，時常從過去來了解現狀，或將過去解決問題的方法或先例應用於現代。

　　從過去到現代，談統一的多，談分裂的少，雖然從來就有「話說天下大勢，分久必合，合久必分」這句話。我們學歷史的人，都知道中國過去分裂的時期相當長，但是古往今來，人們通常認為中國應該統一，統一才是正常的，分裂是不正常的，是暫時的。學歷史的人，似乎不必人云亦云，而要以歷史事實為根據。

一、分裂的原因及歷史上的分裂時期

　　分裂是怎樣造成的？簡單的說，有幾種情況：

　　中央政府崩潰，如果沒有人能夠繼之重建強大的政府或另一個朝代，就形成分裂的局面。漢代和唐代滅亡後的三國和五代屬於這種情況。

　　外族的滲透或入侵，使漢族王朝崩潰。如果外族不能統一中國，也就形成了分裂。如北宋被金朝滅亡後形成的金和南宋對立。

　　中央政府並未崩潰，但地方勢力膨脹，使中央政府無力控制。春秋戰國群雄並立和唐末藩鎮割據就是兩個很好的例子。 在這種情形下，中央政府並未完全崩潰，朝代仍然存在。

　　歷史上的分裂時期有多長？這個問題需要先界定何謂統一，在什麼情形下算是分裂。如唐代後期，藩鎮林立，應否看做分裂時期？這一點放下不細談，姑且算是在唐朝的統一時期。[1]以下大概的計算一

1　萬劍雄的《普天之下》（台北：萬象出版社，1993）一書以朝代的版圖大小　為標準計算統一的時間。

下分裂的時間。[2]

從周的建立(1122B.C.)到今年,共3134年,其間分裂的時間是:

春秋戰國	722-221B.C.	共500年
三國至魏晉南北朝	220-589A.D.	370年
五代	907-960	53年
宋遼金至元初	960-1279	320年
清末至北伐統一	1912-1928	16年
國共對峙	1949-2012	63年

以上合計,共達1300年以上。而此外的若干朝代在建立之初,如隋末至唐初,以及朝代崩潰之前如漢末、唐末、明末清初,都有分裂時期,沒有計算在內。統一時期則約1800年(1811年)。

二、分裂時期的若干現象

爲了便於討論,我把分裂時期的若干現象分成三個方面來觀察。但這並不是說這三方面已包含了所有的現象,也不是說這三個方面是互不牽涉的。事實上,有些現象並不全屬於政治的領域,它們和社會、文化、思想都有關係。

這三方面是政治和外交;社會經濟;和文化思想。

---

2 關於統一的討論,見楊松華,《大一統制度與中國興衰》。北京,2004;楊向奎,《大一統與儒家思想》(北京:中國友誼出版社,1989);蕭啓慶,〈元朝的統一與統合〉,《元朝史新論》(台北:允晨文化公司,1999),頁13-42。

1.政治外交方面

分裂時期指同一時期內有兩個或兩個以上的政權同時存在。這些政權各有各的政治制度。中國古代據說有「萬國」，春秋時期國的數目仍然不小。這些政權和後來的分裂時期的朝代相似，如三國、南北朝、五代、遼、金、西夏等，都具有或多或少程度的獨立自主。即使用現代獨立國家的標準來檢視，這些政權都具有土地、人民和主權三個條件，它們可以稱爲國，亦即西方所謂的state。當這些存在並且互動時，就有了「多國系統」（multi-state system）。

甚至當一個弱國向強國進貢時，多數弱國仍具有上述的三個條件，如五代時的南唐、吳越等國，屬國如高麗、越南也具有此等條件。

南北朝時期，和後來的宋遼、宋金的對峙，南北政權的政治體制有差異，這些差異是由於政權屬於不同的民族。不同民族有不同的社會文化及政治制度。在政治上南北似在競賽。[3]

這些獨立自主的國，特別重視國土與國界。如北宋時期與遼、南宋和金都訂立條約，劃分國界。宋和遼還有劃界交涉。北宋君臣常把收復燕雲十六州當作一個大目標，而北宋的滅亡和「祖宗之地尺寸不可與人」的主張很有關係。

從外交方面來觀察，尤其能夠凸顯獨立的國與國的關係。首先要確定分裂時期國與國間的關係是不是外交關係。儘管現代史家常把中國歷史上的少數民族當作中華民族的一部分，但是在當時，中原政權

3　參看楊聯陞，〈朝代間的比賽〉，《國史探微》（台北：聯經出版公司，1983），頁43-59。

認爲邊疆少數民族建立的國家是外國(《宋史》有〈外國傳〉),所以國際關係是需要外交的,而不是「內交」。即使同屬漢族的國與國之間的關係,也有外交,如春秋戰國時期中原諸國間的關係、五代時期國與國的關係,也都屬於外交的範圍。

分裂時期國與國間的關係,有不平等的,也有對等的。即使兩國之間的關係並不平等,如金和南宋,但南宋雖向金進貢稱臣,對內皇帝仍稱帝。有獨立的政府和軍隊、經濟制度。其政府並非地方政府。

對等的關係,如南朝與北朝、北宋與遼。這種關係建立在互相稱帝的條約上,也反映在缺乏封貢關係,及建立對等的貿易關係上。外交使節的交往,稱「來聘」而不稱「來貢」。

當同時存在的政權不止兩國時,國際關係就呈現了複雜性。這種關係在春秋戰國時代已經存在。五代時,南唐結契丹對付華北的王朝,吳越則結北方王朝對付南唐。於是在外交政策方面出現了「以夷制夷」、「以夷攻夷」、「遠交近攻」的運用。就較弱的政權而言,可以採取雙重外交的策略。如南北朝時期的柔然、高句麗同時向劉宋和北魏進貢。遼宋對峙時,西夏和高麗也有時候同時對遼宋進貢,對宗主國有雙重的承認。

北宋時期,同時存在著分別以宋和遼爲中心的兩個「世界秩序」(world order)。宋和遼都努力尋找盟邦,以平衡對方的勢力。當宋遼和西夏三國鼎立時,宋曾聯遼制夏。西夏也屢以遼爲支柱與宋交涉。

分裂時期的外交政策還包括和親。以親屬關係把兩個對立的政權結爲一家,也許是對天下的另一種解釋,就是,雖然「天無二日,地無二王」,二王實際的存在,卻是兩個兄弟,仍然是天下一家。遼和西夏建立了親屬關係,而宋遼之間則並非實質的親屬關係。

分裂時期,尤其當分裂的成因是周邊少數民族向中原擴張,則分

裂後的戰爭似比統一時期爲多，而內亂也不少。

2. 社會經濟方面

分裂時期，不同的政權在社會經濟方面會出現競爭的現象。戰國時秦因社會經濟的改革（重農戰）成功，而併吞六國。北朝的社會經濟改革，是利用均田制和府兵制來充實國力。既防止南朝的北上，又可以威脅南朝，終於由隋達成統一。五代時期，北方朝代更迭頻仍，南方雖然四分五裂，卻相對的比較安定，文化的發展遠超北方的五代，如晚唐五代佛教文化在南方大有發展，唐末天下大亂，士人紛紛南下。南唐文人既多，在文學、藝術的成就也高。宋朝建立後，大量羅致南方文人。

漢族政權和外族對立時，常以停止貿易來牽制或影響游牧民族的經濟。如宋對西夏。但是這種政策無效時，則以付歲幣和歲賜的方式購買和平。

由於外來的滲透或侵略使中國分裂，外來的王朝持久的存在，把他們的社會文化帶進中原。他們一方面影響了被統治的漢族，另一方面則保持了其原有的社會文化，或與中原文化混合，產生新的文化。這樣就和保持原有中國文化特質的王朝發生差別。分裂的時間愈長，不同政權統治下的社會文化上的差別愈大。南朝與北朝，遼和北宋，南宋和金社會文化的不同，是大家熟知的。而由於文化社會的差別，又反過來加深了維持分裂局面的需要。

3. 文化與思想方面

在分裂初期，文化和思想似會遭到破壞。但是分裂後的政權，沒有統一帝國的高壓，彼此也有競爭的現象。沈剛伯以史學爲例，說

「中國文化大變遷的時代，也是史學邁進一步的時候。反過來說，時代安定，不太變動，則史學反而比較沉寂。唐代文化極盛的時候，文藝、經濟、政法等都有大發展，可是以史學來說，反而前不如南北朝，後不如兩宋。」[4]

在不同的政權統治下，文化和思想自然不一定向相同的方向發展，也就是不會定於一尊。南宋和金對峙，一直有文化的交流，相互的激盪產生新的思想和觀念。金朝出現了新的道教教派全眞教，也有佛教的新思想，代表人物是丘處機和李純甫。後者著《鳴道集說》批評兩宋的反佛理論，提倡三教合一。其激烈的論調如：

> 學至於佛，則無可學者。乃知佛即聖人，聖人非佛；西方有中國之書，中國無西方之書。

國的觀念和天下觀念矛盾

國是實際的存在，天下是理想。國與天下有時並存，如北宋人認為天下已經大一統，遼人則對高麗誇稱他們才「一統正朔」。這種宣傳可說是基於大一統的夢想或神話（myth）。同時，宋朝君臣又稱對方是北朝，而遼則稱宋朝是南朝。宋人既自稱已經達成一統，卻稱遼為外國，外國的君主是皇帝。

強調正統

以據有正統地位作宣傳，常是分裂時期一個突出的現象。南北朝

4　沈剛伯，《史學與世變》（台南：仙人掌出版社，1970），頁6。杜維運持不同看法，見《學術與世變》（台北：環宇出版社，長春藤文庫，1970）。

時，北朝指南朝爲島夷。遼人和宋人爭正統，稱宋人是「汴寇」。金朝君臣大談德運論，自認承繼了北宋(土德繼宋的水德)，否認南宋的存在。文人趙秉文的文章裡稱南宋爲島夷、淮夷、醜虜等。

未居天下之中的政權常以文化傳承爲理由來強調正統。[5]這點表現於歷史的寫法，北宋思想家認爲已經得到正統，所以司馬光以三國中的魏爲正統。南宋偏安江南，理學家朱熹則以蜀爲正統，反映朱熹所處時代與政治局勢的現實。金朝趙秉文也以蜀爲正統，他的理由和朱熹不同，意思是有道的政權(蜀和金)雖僻處一隅，也有資格擁有正統和入主中原。

與正統有關的一個觀念是引用五德終始論。金朝君臣討論德運，曾提出繼唐、繼遼、繼宋，或以金爲德運。繼宋的目的是以土德繼承了北宋的火德，否認南宋的存在。或以金的起源出產金，以金爲德運，則是沒有繼承中原的任何朝代。

另一個觀念是以「中興」做宣傳。南宋建立號稱中興。台灣中興已經幾十年。

承認和主張分裂的言論

儒家論大一統始於《春秋公羊傳》：所謂「王正月」就是「大一統」。後漢豪門世族強大，皇帝的地位削弱，對於《公羊傳》的解釋出現了不同的聲音，反映在班固的《白虎通》(三正)：「王者所以存二王之後，何也？所以尊先王，通天子之三統也。明天下非一家之所有，謹敬謙讓之至也。」所謂王者存二王之後，與本朝爲三，是對大一統的新解釋，認識天下有時候不屬於一家。

5　關於正統，參看饒宗頤《中國史學上之正統論》(台北：宗青，1970)。

北宋儒者重《春秋》，尊王攘夷，南宋朱熹以正統代大一統。遼金兩朝以外族建立政權，也爭取一統的地位。遼朝的文人劉輝因見宋朝歐陽修的《五代史記》把遼列於史書之末，建議應該把趙宋事蹟附於遼的國史之末。[6]可見漢族的劉輝承認分裂和主張分裂，承認分裂的現實。金朝漢族文人王若虛論宋朝滅後周，得天下不正。又反對宋太祖統一，說天下不必一統：

> 天下非一人之所獨有也。此疆彼界，容得分據而立。小事大，大保小，亦各盡其道而已。有罪則伐，無罪則已。自三代以來莫不然。豈有必皆掃蕩，使歸於一統者哉！（周）世宗既服江南，（不併江南）……德度如此，其視宋主，何啻天壤，而反以較曲直爲小乎！[7]

宋末元初人鄧牧（1247-1306）著《伯牙琴》，自稱「三教外人」，說：「欲爲堯舜，莫若使天下無樂乎爲君。」他把社會上不合理之事歸因於秦統一：

> 不幸而天下爲秦，壞古封建，六合爲一，頭會箕斂，竭天下之財以自奉，而君益貴；焚詩書，任法律，築長城萬里，凡所以固位而養尊者，無所不至，而君益孤。惴惴然若匹夫懷一金，懼人之奪其後，亦已危矣！天生民而立之君，非爲君也。奈何以四海之廣，足一夫之用邪？（君道）

6　《遼史》卷104，〈劉輝傳〉。
7　王若虛，《滹南遺老集》（《四部叢刊》）卷26，〈君事實辨〉，頁10。

他希望出現堯舜時代的社會，也就是道家的理想社會。

　　元代修遼宋金三史，認爲三朝的歷史都是正史，正式承認天下是分裂的。

三、對分裂時期的評估

1. 政治上的競爭可以使各個政權改良，甚至可能形成皇帝制度以外的政治制度。
2. 即使有的朝代是外來少數民族建立的，分裂時期的各政權仍然保持相同的社會文化上的大傳統。但是文化上的競爭促使各地文化發展，文化和學術思想更多元。
3. 經濟上的競爭促使各地經濟繁榮。

　　相對的，可以和統一時期對照。

1. 政治上，統一王朝可以運用大量的人力物力來抵抗外侮。中國帝制的形成，團結起來一致對外是否一個重要原因，值得研究。
2. 統一王朝可以促成民族的融合。
3. 統一王朝可以促進文化的融合和對外傳播。
4. 近代中國的統一，避免被列強瓜分。

結論

　　從以上很粗略的大綱，可以得到幾點觀察：

1. 中國歷史上的分裂時期相當長。
2. 在分裂時期中，並立的政權常以統一爲理想。以宣傳和教育的方式爭取合法性。認爲歷史上一直有大一統的傳統的理想，在每一個時

代只有一個政權據有合法的地位。

3. 另一方面,則體認到現實的問題,與敵國和平共存。

這種對現實的體認,顯現在承認敵國的存在,尊重其統治者為對等的皇帝,嚴守疆界的劃分。即使一國與對方之間並不平等,仍能努力維持獨立性。

4. 實力相當的兩國或三國,有時各有其世界秩序,亦即各自基於封貢關係的小天下。有時候較弱的政權實行雙重外交,承認兩個小天下同時存在。

5. 從分裂到統一,大概必須訴諸武力。在宣傳方面強調自身得到天意,合法化武力的運用。

原載東海大學中國文學系編,《2005年文史哲中西文化講座專刊》。台北:文津出版社,2006。

院士叢書
宋遼金史論叢

2013年11月初版
2019年5月初版第三刷
有著作權・翻印必究
Printed in Taiwan.

定價：新臺幣650元

著　　　者	陶　晉　生
叢書主編	沙　淑　芬
校　　　對	吳　美　滿
封面設計	蔡　婕　岑

出　版　者	中　央　研　究　院	總　編　輯	胡　金　倫
	聯經出版事業股份有限公司	總　經　理	陳　芝　宇
地　　　址	新北市汐止區大同路一段369號1樓	社　　　長	羅　國　俊
編輯部地址	新北市汐止區大同路一段369號1樓	發　行　人	林　載　爵
叢書主編電話	(02)86925588轉5310		
台北聯經書房	台北市新生南路三段94號		
電話	(02)23620308		
台中分公司	台中市北區崇德路一段198號		
暨門市電話	(04)22312023		
郵政劃撥帳戶第0100559-3號			
郵撥電話	(02)23620308		
印　刷　者	世和印製企業有限公司		
總　經　銷	聯合發行股份有限公司		
發　行　所	新北市新店區寶橋路235巷6弄6號2F		
電話	(02)29178022		

行政院新聞局出版事業登記證局版臺業字第0130號

本書如有缺頁，破損，倒裝請寄回台北聯經書房更換。　ISBN　978-986-03-8825-1 (精裝)
聯經網址 http://www.linkingbooks.com.tw
電子信箱 e-mail:linking@udngroup.com

國家圖書館出版品預行編目資料

宋遼金史論叢 / 陶晉生著 . 初版 .
新北市 . 聯經 . 2013年11月 .
560面；14.8×21公分 . (院士叢書)
ISBN 978-986-03-8825-1（精裝）
[2019年5月初版第三刷]

1.宋遼金元史　2.文集

625.07　　　　　　　　102022795